Fahrzeuglackierer

Das Nachschlagewerk für Ausbildung und Beruf

**Fahrzeuglackierer/
Maler und Lackierer**

264 S., vierfarbig
978-3-14-**231610**-9

Übersichtlich und modern
- → großes Format
- → modernes Layout
- → durchgängig vierfarbig
- → zahlreiche anschauliche Tabellen, Fotos und Zeichnungen
- → Sachwortverzeichnis in deutscher und englischer Sprache

*Laden Sie das **Inhaltsverzeichnis** des Tabellenbuchs direkt auf Ihr Smartphone. Voraussetzung: Kompatibles Smartphone und Internetanbindung*

D1674414

Wirtschafts- und Sozialkunde/ Englisch

exakt!

Wirtschafts- und Sozialkunde für
gewerblich-technische Ausbildungsberufe

➜ Schülerbuch
368 Seiten, vierfarbig,
978-3-14-**225360**-2,

➜ Lösungen
978-3-14-**225361**-9.

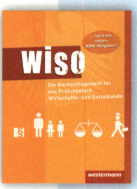

wiso

Ein Nachschlagewerk für das Prüfungsfach
Wirtschafts- und Sozialkunde

➜ 80 Seiten, zweifarbig,
978-3-8045-**3521**-3.

Englisch

für gewerblich-technische Ausbildungsberufe

➜ Schülerbuch
200 Seiten, vierfarbig,
978-3-14-**245010**-0,

➜ Arbeitsheft
978-3-14-**245012**-4,

➜ Audio-CD
978-3-14-**245014**-8.

➜ Weitere Informationen zum vollständigen Berufsbildungsprogramm
erhalten Sie im Internet unter www.westermann.de/berufsschule

Bernhard Finkenzeller, Uwe Herrmann, Klaudia Knötschke,
Anke Lohan, Uta Mengel, Michael Riedel

Fahrzeuglackierer

Lernfelder 5–12

Unter Mitarbeit von
Markus Dempf,
Klaus Littmann
und der Verlagsredaktion

westermann

1. Auflage, 2012

© 2012 Bildungshaus Schulbuchverlage
Westermann Schroedel Diesterweg Schöningh Winklers GmbH, Braunschweig
www.westermann.de

Redaktion: Wolfgang Rund
Satz und Layout: deckermedia GbR, Vechelde
Umschlaggestaltung: boje5 Grafik und Werbung, Braunschweig
Druck und Bindung: westermann druck GmbH, Braunschweig

ISBN 978-3-14-**231611**-6

Inhaltsverzeichnis

Lernfeld 9 – Lackierverfahren anwenden

Lernfeld 10 – Design- und Effektlackierungen ausführen

Lernfeld 11 – Oberflächen aufbereiten

Lernfeld 12 –
Mobile Werbeträger gestalten

Anhang

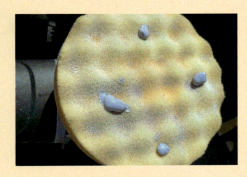

5

Lernfeld 5
Erstbeschichtungen durchführen

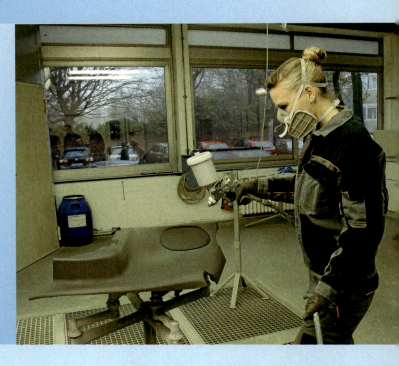

Kundenauftrag
▶ Lackieren eines neu montierten Kotflügels

Arbeitsauftrag

Das Autohaus Meister ist ein Neukunde und lieferte zum ersten Mal ein Fahrzeug zur Reparatur.

Ein Volkswagen Modell Golf III, 5-türig, Erstzulassung 06/97 soll einen neuen Kotflügel/rechts erhalten. Der alte Kotflügel ist durchgerostet, so dass sich eine Reparatur nicht mehr lohnt. Der Farbton des Fahrzeuges ist Candyweiß mit der Codenummer LB9A.

Das benötigte Teil ist bereits vom Autohaus bestellt und an den Fahrzeuglackierbetrieb geliefert worden.

Auszuführende Arbeiten

1. Prüfung der Werksgrundierung auf Eignung als Beschichtungsuntergrund.

2. Ausführen von Füllerarbeiten mit anschließenden Schleifarbeiten.

3. Lackieren der Teile in der Wagenfarbe Candyweiß LB9A.

4. Vorstellen des Lackierbetriebes.

Leistungsbeschreibung

Prüfung der Werksgrundierung

Die schwarze Werksgrundierung ist auf Haftfestigkeit und auf die Verträglichkeit mit der Füllerbeschichtung fachgerecht zu prüfen.

Füller- und Schleifarbeiten ausführen

Der Kotflügel ist mit 2K-Füller in drei Spritzgängen zu beschichten, um genügend Schichtdicke aufzubauen. Nach der Trocknung ist er zu schleifen und für die Lackierung vorzubereiten.

Objektbeschreibung

Lackieren der Teile in der Wagenfarbe Candyweiß LB9A

Der gefüllte Kotflügel ist mit wasserverdünnbarem Basislack (umgangssprachlich Wasserbasislack) im Farbton Candyweiß zu lackieren und nach entsprechender Ablüftzeit mit 2K-Acrylklarlack zu beschichten.

Der durch Korrosion zerstörte Kotflügel rechts konnte nicht mehr repariert werden und muss daher gegen ein Neuteil ausgetauscht werden.

Das vom Autohaus gelieferte Ersatzteil ist bereits mit einer werksmäßig aufgebrachten Grundierung versehen.
Die Grundierung ist gleichmäßig, aufgetragen und lässt keine Beschichtungsmängel erkennen.

Der Kotflügel weist keinerlei Dellen oder Deformierungen auf.

Präsentation des Lackierbetriebs

Da das Autohaus Meister ein Neukunde ist, beauftragt Sie der Arbeitgeber, dem Kunden Ihren Lackierbetrieb, mit den entsprechenden Arbeitsbereichen, vorzustellen.

1 Lackierbetrieb

2 Materiallager

3 Lackmischraum

4 Kompressor und Kältetrockner

5 Aggregat der Lackierkabine

5.1
Der Lackierbetrieb

In der Regel sind die Bereiche eines Fahrzeuglackierbetriebs in einem Gebäude zusammengefasst. Die Bereiche gliedern sich in die Vorbereitungszone, in den Lackierbereich, in die Trockenkabine und in die Nacharbeitszone. Sollte der Betrieb über eine Karosserieabteilung verfügen, ist diese von den anderen Bereichen räumlich getrennt. Die Gründe für diese Gliederung sind, neben den Reinheitsanforderungen, die Vorschriften des Brand- und Explosionsschutzes.

Ergänzt werden diese vier Bereiche durch Einrichtungen wie z. B. einem Lager und einem Mischraum (Abb. 3). Dieser sollte mit einer Mischbank und einer Computerpräzisionswaage ausgestattet sein, um die entsprechenden Lackrezepturen exakt zu mischen.

Des Weiteren gibt es einen Raum für die Aggregate (Abb. 4) für z. B. Kompressor, Kältetrockner und Druckkessel zur Drucklufterzeugung. Ein anderer Raum beinhaltet die Be- und Entlüftungsanlagen (Seite 12, Abb. 1) der Lackierkabine.

Vorbereitungszone Lackierbereich Trockenkabine Nacharbeitszone

Betriebsbereiche:

A   Werkstatt/Vorbereitung/Bereitstellung
A1 Lackierung/Trocknung
A2 Arbeitsbereich Karosseriebau
B   Lackierung
C   Trocknen
D   Nacharbeitszone
E   Technikraum

F, G Lackmischraum mit Mischbank
H   Lagerräume
H1   Lager für lösemittelhaltige Produkte
I   Büro
J   Sozialbereich
K   Kundenbesprechung/Ausstellung/Verkauf

1

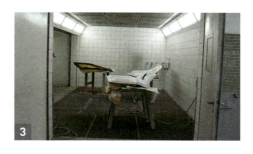

1 Betriebsbereiche

2 Vorbereitungs-
  zone

3 Lackierkabine

4 Aufbau einer
  Lackierkabine

■ **Die Vorbereitungszone**
In der Vorbereitungszone werden
die Fahrzeuge auf die eigentliche
Lackierung vorbereitet. Dabei fallen
leichte Demontagearbeiten wie z. B.
das Entfernen eines Stoßfängers. Das
Fahrzeug wird gereinigt, abgedeckt und
geschliffen. Grob- und Feinspachtelar-
beiten werden hier ebenfalls durchgeführt. Oft werden auch Grundierungen
und Füller gespritzt.
Es ist von Vorteil, wenn diese Arbeitsplätze mit einer Absaugeinrichtung und
Trennvorhängen ausgestattet sind. In
der Vorbereitungszone sollte ein ste-
tiger Unterdruck herrschen, um eine
Ausbreitung von Staub zu vermeiden
(Abb. 2).

■ **Der Lackierbereich**
Zentraler Punkt des Lackierbereichs
ist die Spritz- oder Lackierkabine. Hier
werden die vorbereiteten Teile oder
Fahrzeuge lackiert.
Um Oberflächenfehler möglichst gering
zu halten, ist auf absolute Sauberkeit in

der Kabine zu achten. Außerdem muss
eine gleich bleibende Temperatur von
23 °C ± 5 °C und eine relativen Luft-
feuchtigkeit von 65 % ± 5 % herrschen
(Abb. 3).

Bei den Lackierarbeiten entsteht
Farbnebel (Overspray), der durch eine
besondere Luftführung in den Bodenfil-
tern aufgefangen wird.

■ **Ablauf der Luftführung**
Die durch die Vorfilter angesaugte Zuluft strömt an einem Brenner vorbei
und wird dabei erwärmt. Dann wird
sie durch den Deckenfilter in die Spritzkabine eingeblasen. Die Luft strömt
an dem zu lackierenden Teil vorbei
und nimmt dabei das Overspray mit.
Durch die Bodenfilter gelangt die Luft in
den Abluftkanal. Lösemittelbestandteile
werden durch einen Aktivkohlefilter
ausgefiltert, bevor die gereinigte Luft
durch den Abluftkamin ins Freie gelangt
oder in den Kreislauf zurückgeführt
wird (Abb. 4).

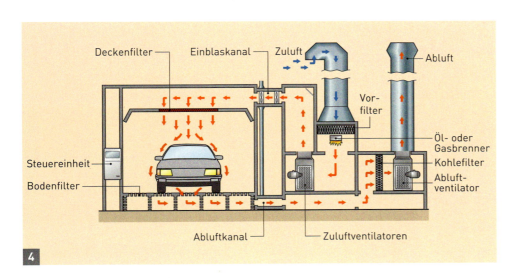

1 Frequenz-
   steuerung

2 verschmutzte
   Taschenfilter

3 Filtermatte

4 Bodenfilter

5 Deckenfilter
   mit Beleuchtung

Es herrscht immer ein leichter Überdruck in der Spritzkabine. Dieser sollte zwischen 3–10 Pascal (Pa) liegen, um Umgebungsstaub aus der Kabine zu drücken.
Der Zuluftstrom wird bei älteren Kabinen durch Luftklappen geregelt. Diese haben den Nachteil, dass sich der Luftstrom nur stufenweise regeln lässt.

Bei modernen Kabinen wird die Kabinenzuluft mit einer Frequenzsteuerung geregelt. Diese drosselt den Strom der Zuluftventilatoren, die dadurch ihre Umdrehungszahl verringern. Mit einer Frequenzsteuerung lässt sich die Zuluft in die Kabine stufenlos regeln. In einer Stunde sollte zirka 250 Mal ein Luftwechsel stattfinden (Abb. 1).
Frequenzsteuerungen sind wesentlich energiesparender, als Steuerungen mit den älteren Klappen.

Eine weitere Energieeinsparung in den Lüftungsanlagen, wird mit den Wärmetauschern erzielt. Diese gewinnen Restwärme aus der Abluft und geben sie wieder an die Zuluft ab. So muss die Zuluft nicht mehr so stark aufgeheizt werden. In den warmen Sommermonaten muss man

jedoch die Wärmetauscher aus dem Luftkreislauf entfernen, da sich sonst die Kabinentemperatur nicht mehr unter 28 °C regeln lassen würde.
Sollte sich der Überdruck in der Kabine nicht mehr unter 10–15 Pa drosseln lassen, ist es unbedingt notwendig, die Bodenfilter zu wechseln.

$$1 \text{ Pa} = 1 \frac{N}{m^2} = 1 \frac{kg}{m \cdot s^2}$$

$$1 \text{ bar} = 100\,000 \text{ Pa}$$

Die Entsorgung der Bodenfilter muss mit der örtlichen Abfallbehörde geklärt werden. Die Wechselzeiten der Filter sind individuell, je nach Lackieraufwand eines Betriebes (Abb. 2–5).
In einigen Betrieben werden statt Bodenfilter Nassabscheider eingesetzt. Dort werden die Lackpartikel und Lösemittel über eine wasserberieselte Oberfläche in ein Becken geleitet. Der dabei entstehende Lackschlamm und das verwendete Wasser müssen von Zeit zu Zeit als Sondermüll entsorgt werden. Diese Entsorgung ist mit erheblichen Kosten verbunden.

Um Lackierfehler zu vermeiden und optimale Lackierergebnisse zu erzielen, ist die Beleuchtung der Lackierkabine von großer Bedeutung. Jede Kabine sollte mit ausreichenden Tageslichtleuchten ausgestattet sein. Tageslichtleuchten sind notwendig, um Farbtondifferenzen (Metamerie) zu vermeiden. Die Beleuchtung sollte eine Leuchtstärke von 1000 Lux aufweisen (⤳ LF 4).
Diese müssen, wie alle in einem Lackierbereich angebrachten elektrischen Anlagen und Geräte ,explosionsgeschützt sein.

■ Die Trockenkabine

In der Trockenkabine werden die lackierten und bereits abgelüfteten Objekte getrocknet. Hierbei wird die Luft auf ca. 60 °C–80 °C erwärmt. Die erwärmte Luft beschleunigt die physikalische Trocknung und lässt chemische Erhärtungsvorgänge schneller ablaufen (Abb. 6).
Oft sind Lackierkabine und Trockenkabine durch ein Rolltor oder eine Schiebetür verbunden. Durch ein Schienen- bzw. Rollwagensystem lassen sich ganze Fahrzeuge vom Lackierbereich seitlich, ohne große Anstrengung, in die Trockenkabine schieben. Dieses System gewährleistet einen hohen Durchfluss an Fahrzeugen, da die Lackierarbeiten nicht durch Trockenzeiten unterbrochen werden.
Die Trockenkabinen sind die größten Energieverbraucher in einer Lackiererei. Um hohe Kosten zu vermeiden, werden in neuen Kabinen vermehrt Umluftanlagen eingesetzt. Dies bedeutet, dass die einmal erwärmte Luft in einem Kreislauf zirkuliert und nur teilweise durch vorgewärmte Luft ersetzt wird. Die Temperatur wird dadurch konstant gehalten.
Meist aus Platzgründen finden auch Kombi-Kabinen Verwendung. In ihnen kann sowohl lackiert als auch getrocknet werden. Diese lohnen sich jedoch nur bei relativ geringen Lackiermengen.
Begründung: Nach der Trockenphase ist die Kabine zum Lackieren zu stark erwärmt und müsste erst wieder auf die vorgeschriebene Temperatur abkühlen. Damit ist also die Lackierkabine für einige Zeit nicht einsetzbar.

■ Die Nacharbeitszone

Diese Zone wird auch als **Finishbereich** bezeichnet. Hier werden die Abdeckungen der getrockneten Objekte entfernt. Sollten kleine Nachbesserungen nötig sein, werden diese ebenfalls in diesem Bereich durchgeführt (Abb. 7).
Kleine Staubeinschlüsse werden herausgeschliffen und die Oberfläche mittels Poliermaschinen auf Hochglanz poliert.

Wurden Teile des Fahrzeuges abmontiert lackiert, so erfolgt in diesem Bereich deren Montage am Fahrzeug. Dem Kunden sollte stets ein sauberes Auto übergeben werden. Aus diesem Grund erfolgt in der Nacharbeitszone eine Innen- und Außenreinigung des Fahrzeuges.

6 Trockenkabine

7 Nacharbeitszone

1   Gebinde mit VOC-Angabe

5.2
VOC – Verordung und Decopaint Richtlinie

Die VOC-Verordnung und die Decopaint Richtlinie begrenzen die flüchtigen organischen Verbindungen (VOC engl. volatile organic compounds). Die Begrenzungen haben zum Ziel, durch Reduzierung der Lösemittelemission zum Schutz der Bevölkerung und der Umwelt beizutragen. Die VOC-Emissionen belasten, zusammen mit anderen Luftschadstoffen, die Umwelt. Es kann zur Bildung von Ozon kommen. In Bodennähe können erhöhte Ozonwerte beim Menschen zur Reizung der Schleimhäute, Lunge und Augen kommen. Weiterhin können Kopfschmerzen, Atembeschwerden und Hustenreiz ausgelöst werden. Bei Pflanzen kann bodennahes Ozon zu Wachstumsstörungen oder zur vorzeitigen Alterung führen.

5.2.1
VOC-Verordnung

Die 31. BImSchV-Verordnung (Bundesimmissionsschutzverordnung/VOC-Verordnung) regelt die Begrenzung der Emissionen flüchtiger organischer Verbindungen bei der Verwendung organischer Lösemittel in bestimmten Anlagen. Hierin sind Tätigkeiten und Anlagen beschrieben, denen ein bestimmter Schwellenwert an VOC zugeordnet werden. Beim Überschreiten dieser Schwellenwerte werden die Anlagen melde- und überwachungspflichtig.

5.2.2
Decopaint Richtlinie

Die ChemVOCFarbV oder Decopaint Richtlinie (Verordnung zur Begrenzung der Emissionen aus lösemittelhaltigen Farben und Lacken) beschränkt die VOC-Emission aus Beschichtungsstoffen, und Anlagen, die nicht der VOC-Verordnung unterliegen. Der VOC-Gehalt wird in Gramm (g) VOC je Liter (l) Lack angegeben.

Von der ChemVOCFarbV sind alle Gewerbe- und Handwerksbetriebe sowie Privatpersonen betroffen, die Farben und Lacke zur Beschichtung von Bauwerken, ihren Bauteilen und dekorativen Bauelementen sowie zur Fahrzeugreparaturlackierung verwenden.

In der Verordnung sind Produktkategorien angegeben, in die jedes Beschichtungsmaterial eingeordnet wird. Jedes Produkt ist mit einem VOC-Grenzwert belegt worden. Die aufgeführten Höchstgrenzen des VOC-Gehalts dürfen nicht überschritten werden. Die Angaben des VOC-Gehaltes beziehen sich auf das gebrauchsfertige Produkt.
Die Grenzwerte für den VOC-Gehalt wurden in zwei Stufen eingeführt.

- Die erste Stufe (vom 01.01.2007) gestattete höhere Grenzwerte.
- Die zweite Stufe (gültig seit 01.01.2010) verschärfte die Grenzwerte.
- Die wichtigsten Produkte und Produktkategorien für die Fahrzeuglackierung sind in Tabelle 1 aufgeführt.

Der dazugehörige VOC-Grenzwert und der tatsächliche VOC-Gehalt des gebrauchsfertigen Produkts muss auf dem Gebinde deutlich lesbar sein (Abb. 1).

Tab. 1: Produktkategorien und VOC-Gehalte nach der Chem VOCFarbV (Auszüge)

Produktkategorie (Auszug)		VOC-Gehalt g/l
a)	Vorbereitungs- und Reinigungsprodukte, z. B. Geräte- reiniger, Lackentferner, sämtliche Entfettungsmittel sowie Silikonentferner	850
	Vorreiniger zur Entfernung von Oberflächenverschmutzung	200
b)	Spachtel Spritzspachtel	250
aa)	Füller	540
bb)	Grundbeschichtungsstoff, z. B. Sealer	540
cc)	Wash-Primer (Grundierungen mit Phosphorsäure)	780
d)	Basis- und Decklacke	420
e)	Speziallacke, z. B. Steinschutzlacke, Lacke für militärische Anwendungen, Lacke in Sprühdosen (Aerosole)	840

5.2.3
Einhaltung der ChemVOCFarbV

Das Bundesministerium für Umwelt, Na- turschutz und Reaktorsicherheit ist für die Einhaltung der ChemVOCFarbV verant- wortlich. Dieses überträgt die Überwa- chung an die zuständigen Behörden der Länder; meist sind dies die Umweltämter. Die Hersteller von VOC-haltigen Produk- ten sind verpflichtet, die korrekten Anga- ben über das Produkt unaufgefordert an die zuständige Behörde zu übermitteln. Zahlreiche Beschichtungsprodukte erfül- len die Grenzwerte der ChemVOC-FarbV nicht. Das trifft z. B. auf Beschichtungs- stoffe auf Basis Alkydharz und Nitrocel- lulose zu. Diese Produkte müssen ersetzt oder modifiziert werden. Eine Umstellung der Anwender und Händler auf emissions- ärmere Produkte ist unumgänglich. Mög- lichkeiten für eine Umstellung sind:

- wasserbasierte Lacke,
- Pulverlacke,
- festkörperreiche Lacke (High-Solid Lacke oder Ultra-High-Solid Lacke),
- UV-härtende Lacke.

Aufgaben zu Kapitel 5.2

1. Zu welchen körperlichen Beschwerden können Beschichtungsstoffe führen, deren VOC-Gehalt bei über 900 g/l liegt?

2. Beschreiben Sie den Unterschied zwischen VOC-Verordnung und der Decopaint Richtlinie.

3. Erklären Sie, warum Pulverlacke und UV-härtende Lacke als sinnvoller Ersatz für VOC-haltige Produkte dienen können.

1 Optischer
   Schaden

2 Benetzungsprobe

5.3
Prüfmethoden

Bevor nachfolgende Arbeiten ausgeführt
werden können, muss eine Untergrund-
prüfung stattfinden, um spätere Lackschäden zu verhindern.

5.3.1
Augenschein

Die Werksgrundierung wird zuerst auf
optische Schäden untersucht, die während
des Transports entstanden sein könnten.
Hierbei ist auf Kratzer und Dellen zu achten (Abb. 1).

5.3.2
Benetzungsprobe

Eventuell vorhandene Öle und Fette auf
dem Kotflügel können durch die Benetzungsprobe nachgewiesen werden. Hierzu
wird Wasser auf die Oberfläche gespritzt.
Wenn das Wasser abperlt und Wasserin-
seln bildet, sind schmierige Flächen vorhanden (Abb. 2). Diese müssen mit einem
geeigneten Reiniger gereinigt werden,
da sonst Fette und Öle beim Schleifen in
die Oberfläche eingearbeitet werden und
zu Lackierfehlern (z. B. Kratern) führen
könnten.

5.3.3
Gitterschnitt/Klebebandtest

Die Haftung der Beschichtung kann den
Gitterschnitt nach DIN EN ISO 2409 geprüft werden. Hierbei wird mit einem
Kopfmesser die Lackschicht 6 x
- im Abstand von 1 mm bei Schichtdicke
  unter 60 µm,
- im Abstand von 2 mm bei Schichtdicke
  von 60–120 µm,
- im Abstand von 3 mm bei Schichtdicke
  über 120 µm
eingeschnitten, danach wird rechtwinklig
ein Querschnitt zum Längsschnitt durchgeführt. Dazu können entweder spezielle
Messer mit mehreren Klingen (Abb. 3)
oder ein Messer mit entsprechender
Schnittschablone benutzt werden. Hierzu
und zu den passenden Schnittabständen
bei unterschiedlichen Bedingungen macht
DIN EN ISO 2409 ausführliche Angaben.

Anschließend an den Schnitt kann zusätzlich der Klebebandtest durchgeführt werden. Dazu wird ein in der Norm definiertes
Klebeband auf das entstandene Schnitt-
raster geklebt, angedrückt und senkrecht
wieder abgezogen (Abb. 4). Die Belastung
der Beschichtung wird hierdurch erhöht.
Das so entstandene Gitter kann nach der
Tab. 1 beurteilt werden. Das Messergebnis
wird als Gitterschnittwert protokolliert. In
den Abb. 5–6 sind z. B. die Gitterschnitt-
werte 1 und 2 dargestellt.

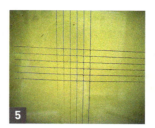
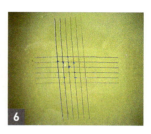

5.3.4
Lösemitteltest

Die Tragfähigkeit einer Beschichtung kann mit einem Lösemitteltest überprüft werden. Dabei wird festgestellt, ob die Werkslackierung lösemittelempfindlich ist und ob eine Verträglichkeit mit der Füllerbeschichtung gewährleistet wird. Hierzu wird mit einem lösemittelgetränkten Baumwolllappen an einer wenig sichtbaren Stelle gerieben und festgestellt, ob sich der Lack anlöst, abfärbt, anquillt oder klebt (⬅⮕ LF 1).

Sollte eine lösemittelempfindliche Schicht vorhanden sein, muss die weitere Beschichtung angepasst werden, damit keine Lackfehler auftreten. Eine extrem lösemittelempfindliche Schicht sollte möglichst entfernt werden.

3 Gitterschnitt mit dem Kopfmesser

4 Klebebandtest

5 Beispiel für Gitterschnitt-kennwert 1

6 Beispiel für Gitterschnitt-kennwert 2

Tab. 1: Auswertung des Gitterschnitttestes nach DIN EN ISO 2409

Gitter-schnitt-Kennwert	Beschreibung	Aussehen der Oberfläche im Bereich des Gitterschnittes, an der Abplatzung aufgetreten ist (Beispiel für sechs parallele Schnitte)
0	Die Schnittränder sind vollkommen glatt; keines der Quadrate des Gitters ist abgeplatzt.	–
1	An den Schnittpunkten der Gitterlinien sind kleine Splitter der Beschichtung abgeplatzt. Abgeplatzte Fläche nicht größer als 5 % der Gitterschnittfläche.	
2	Die Beschichtung ist längs der Schnittränder und/oder an den Schnittpunkten der Gitterlinien abgeplatzt. Abgeplatzte Fläche größer als 5 %, aber nicht größer als 15 % der Gitterschnittfläche.	
3	Die Beschichtung ist längs der Schnittränder teilweise oder ganz in breiten Streifen abgeplatzt, und/oder einige Quadrate sind teilweise oder ganz abgeplatzt. Abgeplatzte Fläche größer als 15 %, aber nicht größer als 35 % der Gitterschnittfläche.	
4	Die Beschichtung ist längs der Schnittränder in breiten Streifen abgeplatzt, und/oder einige Quadrate sind ganz oder teilweise abgeplatzt. Abgeplatzte Fläche größer als 35 %, aber nicht größer als 65 % der Gitterschnittfläche.	
5	Jedes Abplatzen, das nicht mehr als Gitterschnitt-Kennwert 4 eingestuft werden kann.	–

1 Abdeckpapier in
  unterschiedlichen
  Größen

2 Abkleben mit
  Abdeckpapier

3 Abdeckfolie auf
  Konfektionier-
  gerät

4 Abgedecktes Kfz
  mit Abdeckfolie

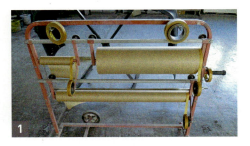

5.4
Abdeckarbeiten/
Abklebearbeiten

Überall, wo Bauteile und Objekte geschliffen, ent- oder beschichtet werden,
müssen angrenzende Bereiche vor Verschmutzung geschützt werden. Auch ein
vorsichtigeres Arbeiten könnte dies in
fast allen Fällen nicht verhindern. Vor der
eigentlichen Lackierung muss das Auto
sogar komplett abgedeckt werden, da sich
sonst Overspray auf Bereichen absetzen
würde, die eigentlich nicht beschichtet
werden sollten.
Am einfachsten ist die Verschmutzungs-
vermeidung, wenn Anbauten demontiert
oder Gegenstände aus dem gefährdeten
Bereich entfernt werden. Ist dies nicht
möglich, müssen diese Partien abgedeckt
werden, um nicht verunreinigt zu werden.
Zum Abdecken werden Abdeckpapier,
-folie, -laken/-hauben und „flüssige Ab-
deckfolien" verwendet. Papier und Folie
werden mit Klebebändern am Untergrund
befestigt. Alle Abdeckmaterialien müssen
so beschaffen sein, dass sie von Grundierungen, Füller und Lack nicht durchdrun-
gen oder angelöst werden. Darüber hinaus
müssen die Abdeckmaterialien aufgrund
der Temperaturen in Trockenkabinen
ebenso hitzeresistent sein.

5.4.1
Abdeckpapier

Abdeckpapier wird trotz des vermehrten
Einsatzes von Folien noch immer häufig
verwendet. Dieses Papier muss lösemittelfest sein und darf sich bei Kontakt mit
Schleifwasser nicht sofort anlösen. Es
wird in unterschiedlichen Größen angeboten. Gängige Breiten sind 20 cm, 60 cm,
90 cm und 150 cm. Zum besseren Kon-
fektionieren des Abdeckpapiers können
an der Wand befestigte oder fahrbare
Ständer mit Abrisskante verwendet werden. Man kann an diesem Ständer eine
Klebebandrolle anbringen, so dass das
Klebeband direkt auf den Papierbogen
aufgezogen wird (Abb. 1–2).

5.4.2
Abdeckfolien

Zum Abdecken werden meistens Kunst-
stoffplanen aus Polyethylen (PE) verwendet, deren Dicke und Reißfestigkeit je nach
Anwendung variiert. Die meisten Abdeck-
folien müssen befestigt werden; einige
sind mit Klebestreifen am Rand versehen
oder selbstklebend. Folien werden in Rollen geliefert, die auf Konfektioniergeräte
zur leichteren Entnahme gespannt werden
können (Abb. 3–4).

5 Abdedecktes Kfz
mit Abdecklaken

6 Applikation
von flüssigem
Abdeckfilm

7 Unterschiedliche
Klebebänder

8 Abgeklebtes
Fahrzeug (Ganz-
lackierung) vor
dem Finish

5.4.3
Abdecklaken/Abdeckhauben

Fahrzeuge können mit Abdecklaken bzw. -hauben aus temperaturbeständigen und nicht brennbaren Kunstfasern beim Lackieren geschützt werden. Nur der Bereich um den eigentlichen Schaden muss mit Abdeckpapier abgeklebt werden, während der Rest des Fahrzeugs durch das Laken vor Overspray geschützt wird. Dank der Anwendungsmöglichkeit über mehrere Wochen und Monate wird weniger Papier- oder Kunststoffmüll produziert. Nachteilig ist die Tatsache, dass sich auf einem mehrfach verwendeten Laken Staubpartikel ablagern, die beim Lackier- oder Trocknungs-/Härtungsvorgang auf die lackierte Fläche geraten können (Abb. 5).

5.4.4
Flüssiger Abdeckfilm

Der flüssige Abdeckfilm ist ein Gemisch aus Wasser und Vinylharzen. Er wird mit einer Spritzpistole auf das gesamte Fahrzeug mit Ausnahme der zu lackierenden Fläche aufgetragen und bindet Staub und Schmutz auf der Oberfläche und in den Hohlräumen des Fahrzeuges. Nach den Finisharbeiten kann der Film mitsamt den anhaftenden Verunreinigungen abgewaschen werden. Das Schmutzwasser darf aus Umweltschutzgründen beim Abwaschen nur in einen Ablauf mit Feststoffabscheider eingebracht werden. Kunststoffverdecke von Cabrios sowie tagesleuchtfarbene Fahrzeuge können nicht mit diesem Film versehen werden, da er den jeweiligen Untergrund schädigen würde (Abb. 6).

5.4.5
Klebeband

Zur Befestigung von Folie und Papier werden unterschiedliche Klebebänder verwendet, die in Rollen geliefert werden. Basismaterial sind Papier und Textilien, die mit Kunststoffen verarbeitet werden (Abb. 7). Klebebänder müssen mehreren Belastungen, wie z. B. UV-Strahlung, Wasser, Lösemittel, Wärme, Kälte usw. eine möglichst lange Zeit widerstehen können und sich rückstandslos entfernen lassen. Die üblicherweise in Lackiereien verwendeten Kreppbänder enthalten einen hohen Bestandteil an Cellulose, die aus Holz gewonnen wird. Diese Bänder werden imprägniert, damit sie beim Kontakt mit Wasser oder wässrigen Beschichtungsmaterialien sich nicht anlösen oder aufweichen.

1 **Abklebevorgang**

2 **Abkleben von Fensterleisten**

3 **Abklebearbeiten mit Schaumstoffklebeband**

4 **Verwendung von Radhüllen zum Füllerspritzen**

Diese Klebebänder werden meistens in Breiten von 19 mm, 25 mm, 30 mm und 50 mm geliefert.

Soll ein Band zum scharfen Abkleben, z. B. beim Ansatz zu Anbauteilen (Abb. 1) oder zum Maskieren einer Designlackierung, verwendet werden, darf es nicht vom Lack hinterlaufen werden. Hierzu werden meistens glatte Kunststoffbänder in Breiten von 3 mm bis 12 mm verwendet.

Die Fläche, die abgeklebt werden soll, muss trocken, frei von Trennmitteln und staub- sowie schmutzfrei sein.

Am Klebeband darf beim Aufbringen nur leicht gezogen werden, da es sich sonst wieder löst. Es bietet sich an, in kurzen Intervallen mit einem Finger über die verklebte Stelle zu streichen, um die Adhäsion zu verbessern.

Um Klebstoffrückstände beim Abziehen des Klebebands zu vermeiden und keine Ablösungen vom Untergrund zu erhalten, ist das Klebeband in einem Winkel von etwa 30° abzuziehen, ohne dabei ruckartig zu handeln.

Zum Abkleben von Fenstergummileisten kann man herkömmliche Kunststoffklebebänder verwenden (Abb. 2). Ragt das Gummi allerdings über die zu lackierende Fläche, verwendet man ein Klebeband mit einem harten Kunststoffstreifen, der unter das Gummi geschoben wird. Nach

dem Entfernen der Trägerfolie wird der Klebestreifen so über das Gummi geklebt, dass es ein wenig angehoben wird und der zu applizierende Lack bis unter die Leiste gelangt.

Klebebänder dürfen i. d. R. nicht mehr als ein Jahr gelagert werden. Der Lagerort muss kühl, trocken und dunkel sein. Andernfalls verändern die Klebebänder ihre Eigenschaften.

5.4.6 Schaumstoffklebeband (Soft Tape®)

Zum Abkleben von Karosseriefalzen und -öffnungen an Türen, Motorhauben und Heckklappen und zum Herstellen feiner Übergänge beim Beilackieren an Karosseriekanten bietet sich Klebeband aus PE-Schaum an (Abb. 3). Dieses Klebeband besteht aus einem elliptischen, in der Länge konfektionierbaren Strang, der an einer Seite über eine druckempfindliche Klebekante verfügt. Man setzt das Klebeband ohne Spannung auf die gewünschte Position, drückt es leicht an und schließt somit z. B. die Einstiegskante zwischen Tür und Seitenwand. Somit setzt sich beim Lackieren kein Overspray in diesem Falz ab.

5.4.6 Radhüllen

Zum Schutz der Räder werden spezielle Radhüllen eingesetzt, die aus einem ähnlichen Material wie die Abdecklaken hergestellt werden (Abb. 4). Sie sind an der Innenseite mit einem Bogen aus Draht versehen, der hinter den Reifen gesteckt wird. Günstigere Radhüllen mit geringerer Haltbarkeit werden aus reißfestem Papier hergestellt.

5.5
Arbeitszeitermittlung

Jede ausgeführte Arbeit am Kfz muss in einer Kalkulation/Werkstattrechnung festgehalten werden. Hierzu wird die Arbeit je nach Werkstatt in Arbeitswerten oder Stundenverrechnungssätzen angegeben. Diese entstehen unter Verrechnung mehrerer Faktoren, wie z. B. den Lohnkosten, Gemeinkosten sowie Gewinn- und Wagniszuschlägen.

5.5.1
Arbeitswert

Jeder Automobilhersteller gibt für die Ausführung einer bestimmten Arbeit, z. B. Füllerarbeiten, einen Arbeitswert (AW) vor. Dieser Wert gibt den Bruchteil einer Stunde an und stellt eine zeitlich festgelegte Leistungseinheit dar. Jede Stunde ist in 10 oder 12 AW zu je 5 bis 10 Minuten eingeteilt. Anschließend erfolgt je nach Schwierigkeit der auszuführenden Arbeit ein angemessener Preis pro AW, z. B. 3,50 €/AW für die Füllerarbeit. Allerdings sind nur Vertragswerkstätten an die AW-Vorgaben des Herstellers gebunden. Werkstattketten und freie Werkstätten bestimmen ihren AW selbst, was zu unterschiedlichen Angebotspreisen führt.

Einige Werkstätten führen ihre Rechnungen wie im Beispiel mit AW-Angaben und Preisklassen €/Std. an (Abb. 1). Jede Klasse beinhaltet einen bestimmten Schwierigkeitsgrad, der einem Stundenlohn zugeordnet wird.

Beispielaufgabe
Ermitteln Sie in Abb. 1 den Preis von 1 AW.

1   Rechnungsauszug

Tab. 1: Beispielrechnung

Gegeben:	– KL 2 = 100,00 € – AW = 4 – Zeitbasis 10 AW = 1 Std.
Gesucht:	1 AW
Lösung:	$\dfrac{100,00\ €}{10\ AW} = 10,00\ EUR$ Somit beträgt 1 AW 10,00 €.

5.5.2
Stundenverrechnungssätze

Einige Betriebe geben nicht immer den AW an, sondern bedienen sich der Stundenverrechnungssätze.
Hierbei wird dem Kunden der Preis pro Arbeitsstunde angegeben. Der Zentralverband Deutsches Kraftfahrzeuggewebe (ZDK) in Bonn legt fest, dass der Arbeitslohn in deutschen Werkstätten 40 bis 120 € betragen kann. Jeder Betrieb muss seinen eigenen Stundensatz errechnen, da dieser meist von der Region, der Automarke und der Ausstattung der Werkstatt abhängt.

5.5.3
Lohnpreisberechnung

Bei der Berechnung des für den Kunden geltenden Stundenlohns werden zu dem **Stundenlohn des Gesellen** (Ecklohn) die **lohnabhängigen Gemeinkosten** sowie **Gewinn und Wagnis** addiert.

Rechnung

Arbeitslohn	Zeitbasis 10 AW = 1 Std.	Preis/KL 1 = 90,00 €/Std. Preis/KL 2 = 100,00 €/Std. Preis/KL 3 = 120,00 €/Std.

Arb.Pos.Nr./	Instandsetzungs-/Einzel-/Verbundarbeiten	KL	AW	Preis
0311011	beide Schlussleuchten aus-/einbauen	2	4	40,00

1

Lohnabhängige Gemeinkosten sind u. a. Lagermiete, Urlaubskasse, Stromkosten, Heizkosten, Löhne für Büropersonal, Fahrer und Hilfskräfte, Versicherungen usw. Der Zuschlag für Gewinn und Wagnis wird in einem prozentualen Anteil vom Unternehmer für sein unternehmerisches Risiko berechnet (Tab. 1).

Die Zuschläge werden jedes Jahr neu berechnet, um sich an neue Gegebenheiten wie z. B. Tariflohnerhöhungen anzupassen. Um die Lohnpreisminute auszurechnen, wird der Nettolohnpreis durch 60 Minuten geteilt (Tab. 2).

Zur Vereinfachung der Lohnpreisberechnung wird oft der Lohnmalnehmer verwendet, der mit dem Tariflohn multipliziert wird (Tab. 3). Hierbei wird ein verrechenbarer Stundenlohn von 100 € angenommen.

Zusätzlich müssen nun die Materialkosten (Nettowerkstoffpreis + werkstoffabhängige Gemeinkosten) und anschließend die Umsatzsteuer (MwSt.) dazu gerechnet werden.

Tab. 1: Rechenbeispiel Nettolohn

Stundenlohn (Ecklohn)	13,99 €
+ lohnabhängige Gemeinkosten, z. B. 120 % vom Ecklohn	+ 16,79 €
= Selbstkostenpreis	**= 30,78 €**
+ Gewinn und Wagnis, z. B. 10 % vom Selbstkostenpreis	+ 3,08 €
= Nettolohnpreis für eine Stunde (ohne Mehrwertsteuer)	**= 33,86 €**

Tab. 2: Rechenbeispiel Lohnpreisminute

Nettolohnpreis/Std. 60 Minuten	33,86 €/Std. 60 Min.
= Lohnpreisminute	**= 0,56 €**

Tab. 3: Rechenbeispiel Lohnmalnehmer

Stundenlohn	100,00 €
+ lohnabhängige Gemeinkosten, 120 % vom Stundenlohn	+ 120,00 €
= Selbstkostenpreis	**= 220,00 €**
+ Gewinn und Wagnis, z. B. 10 % vom Selbstkostenpreis	+ 22,00 €
= Nettolohnpreis	**= 242,00 €**
Nettolohnpreis Tariflohn	242,00 € 100,00 €
Lohnmalnehmer	**= 2,42**
13,99 · 2,42 = 33,86 €	

Aufgaben zu Kapitel 5.5

1. Berechnen Sie, wie sich der Preis der angegebenen Position in Abb. 1, S. 23 verändert, wenn die Zeitbasis 12 AW beträgt.

2. In einem Lackierbetrieb wird ein Stundenlohn von 13,05 € gezahlt. Die lohnabhängigen Gemeinkosten betragen 150 % und für Gewinn und Wagnis werden 13 % aufgeschlagen.
   a) Berechnen Sie den Nettopreislohn für 1 Stunde und 1 Minute.
   b) Berechnen Sie den Lohnmalnehmer.

5.6
Hebebühnen

Fahrzeughebebühnen dienen dazu, Fahrzeuge anzuheben, um an den Seiten oder an der Unterseite Instandsetzungsarbeiten durchzuführen. Die am meisten verwendeten Bauformen sind:

■ Scherenhebebühnen (Abb. 1),
■ Kurzhub-Hebebühnen,
■ Einstempel-Hebebühnen,
■ Zweisäulen-Hebebühnen (Abb. 2),
■ Viersäulen-Hebebühnen (Abb. 3).

5.6.1
Bedienung von Hebebühnen

Die eigenständige Bedienung von Hebebühnen dürfen nur Personen durchführen die das 18. Lebensjahr vollendet haben. Hierzu müssen sie vom Unternehmer ausdrücklich beauftragt und im Umgang unterwiesen sein. Der Unternehmer hat sich einmal jährlich im Rahmen der Unterweisung von der Befähigung des Bedieners ein Bild zu machen und dies zu dokumentieren. Es genügt nicht Merkblätter oder Bedienungsanleitungen zu überreichen. Damit einen sicheres Anheben des Fahrzeuges gewährleistet wird, müssen Lastverteilung und Tragfähigkeit der Hebebühne sowie die vom Hersteller vorgeschriebenen Lastenaufnahmepunkte des Fahrzeuges berücksichtigt werden. Bei einer Last bis zu 3000 kg beträgt die Lastverteilung 3 : 2, über 3000 kg 2 : 1. Dabei muss das schwerere Teil auf die kürzeren Tragarme aufgenommen werden.

Jede Hebebühne mit Gelenkarmen muss mit einer entsprechenden Gelenkarmsicherung ausgerüstet sein (Abb. 1, S. 26). Der **Steuerplatz** einer Hebebühne muss von einer stehenden Person erreichbar sein (Abb. 4). Ebenso ist es Vorschrift, dass die Hebelast, sowie der Raum unter der Hebebühne beim Betätigen einzusehen sind. Es ist ausdrücklich verboten die Hebebühne zu betätigen, wenn sich Personen unter der Last befinden. Ein Mitfahren während der Bedienung ist ebenfalls untersagt. Die Verantwortung dafür trägt die Person die das Gerät bedient.

1 Scherenhebebühne

2 Zweisäulenhebebühne

3 Steuerplatz

4 Viersäulenhebebühne

1 Lastverteilung

2 Hebebühnen-
unfall

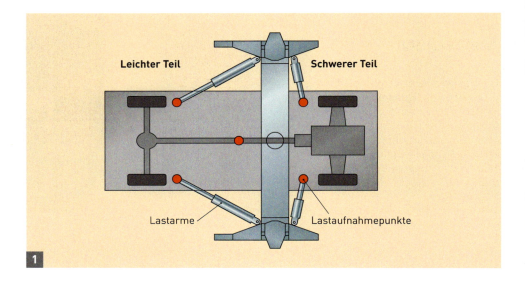

Leichter Teil   Schwerer Teil

Lastarme   Lastaufnahmepunkte

5.6.2
Wartung, Pflege und Prüfung

Zur Pflege der Hebebühne muss die Betriebsanleitung des Herstellers beachtet
werden. Bei hydraulischen Anlagen sollte
einmal wöchentlich der Ölstand kontrolliert
werden. Auch auf Korrosionsschäden ist
eine Hebebühne in angemessenen Zeiträu-
men zu prüfen. Dabei ist zu überprüfen, ob:
- der Sicherheitsabstand zum Fußboden
  eingehalten wird,
- die Stoppeinrichtung vor Erreichen des
  Bodens funktioniert,
- beim letzten Senkweg ein Warnsignal
  erklingt.

Des Weiteren sind Hebebühnen im Rahmen der Betriebssicherheitsverordnung
einmal jährlich durch eine befähigte Person zu prüfen. Diese Prüfung ist in einem
Prüfbuch zu dokumentieren.

5.6.3
Unfallgefahren beim Umgang
mit Hebebühnen

Eine wesentliche Unfallgefahr bei Hebebühnen ist das Abstürzen eines angeho-
benen Fahrzeuges. Dieses kann durch
Arbeiten mit einem großen Kraftaufwand,
zum Beispiel durch das Lösen von festsit-
zenden Schraubverbindungen, hervorgerufen werden.

Ebenso kann es durch Verschleiß an den
Lastarmen (Abb. 1), einer unwirksamen
Lastarmsicherung oder abgenutzten Gum-
miauflagen auf den Aufnahmetellern zu
einem Absturz kommen. Wird das Fahrzeug nicht an den vom Fahrzeughersteller
bestimmten Lastaufnahmepunkte angehoben oder werden dabei ungeeignete
Unterlegklötze verwendet, kann es auch
zu einem Abrutschen des Fahrzeuges
kommen (Abb. 2).
Eine weitere Gefahr ist das Quetschen
von Körperteilen durch unbeabsichtigtes
Absenken der Hebebühne. In diesem Fall
ist meist ein technischer Defekt, wie eine
Undichtigkeit im Hydrauliksystem oder ein
Fehler in der Steuerautomatik, ausschlag-
gebend.

5.7
Atemschutz

Fahrzeuglackierer kommen oft mit gesundheitsschädigenden Arbeitsstoffen in Kontakt. Um Gesundheitsgefährdungen zu vermeiden, ist ein Atemschutz als persönliche Schutzausrüstung unverzichtbar. Der entsprechende Atemschutz ist vom Arbeitgeber dem Arbeitnehmer zur Verfügung zu stellen.

Neben der Bereitstellung des Atemschutzes, müssen alle Mitarbeiter über die im Betrieb verwendeten Gefahrenstoffe und die dazu nötigen Schutzmaßnahmen einmal im Jahr informiert werden.

Im Lackierbetrieb werden zwei Arten von Atemschutz unterschieden:

■ Leichter Atemschutz,

■ Atemschutz.

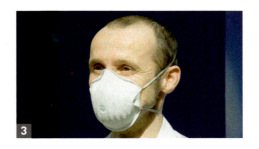

3 Partikelmaske (Staubmaske)

5.7.1
Leichter Atemschutz

Als leichter Atemschutz werden Masken zum Schutz vor Partikeln (feste oder flüssige Teilchen) bezeichnet. Sie sind unter anderem bei Schleifarbeiten zu verwenden und schützen gegen Stäube, Rauch und Nebel (Abb. 3).

Für asbesthaltige Stoffe sind diese Partikelmasken nicht eignet.

Partikelfilter werden in drei Filterstufen eingeteilt (Tab. 1).

Tab. 1: Filterstufen

Filter-stufe	Schutzwirkung
P1	Bis 4-fachen des Grenzwert
P2	Bis 10-fachen des Grenzwert
P3	Bis 30-fachen des Grenzwert

Die Zuordnung der Filterstufe zur Tätigkeit kann der Tab. 2 entnommen werden.

Tab. 2: Tätigkeiten und die richtige Filterstufe

Tätigkeit	Filterstufe	
Schleifen, Schneiden, Bohren	Rost, Eisen, Spachtelmasse/Füller	P1
	Zement, Holz, Stahl	P2
	Farben/Lacke/Rostschutzanstriche	P2
	Anti-Fouling-Lacke	P3
Schweißen	Baustahl, Zink	P2
	Löten	P2
Müllsortierung		P3
Spritzen	Basislack	P2
	Pflanzenschutzmittel (wässrige Lösung)	P2
Umgang mit:	Dieselruß/Rauch	P2
Schutz bei Allergien	Pollen	P1

1 Halbmaske

2 Zerlegte Maske

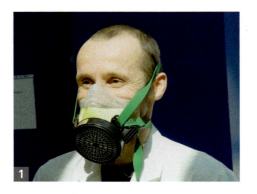

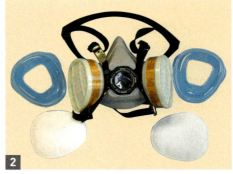

5.7.2
Atemschutz

Für den Atemschutz sind Masken, die gegen Gase, Dämpfe und Partikel geeignet sind, zu benutzen. Die zu verwendenden Atemschutzmasken werden in drei Kategorien eingeteilt:

- Halbmaske,
- belüftete Halbmaske,
- belüftete Vollmaske.

Filter und deren Anwendungsbereiche werden durch unterschiedliche Buchstaben und Kennfarben unterschieden (Tab. 1). Halbmasken werden meist mit Kombinationsfilter bestückt (Abb. 1). Das gilt sowohl für Partikelfilter mit dem Kennbuchstaben P und der Kennfarbe Weiß, als auch Filter für Gase und Dämpfe mit dem entsprechenden Kennbuchstaben A und der daraus resultierenden Kennfarbe.

So entsteht zum Beispiel die Kennung A2P2, die als gängige Kombination für Lackierarbeiten eingesetzt wird.

Die Lebenszeit eines Filters ist von der Einsatzdauer abhängig. Daher kann man keinen festen Zeitraum nennen. Wird bei der Verarbeitung jedoch das Lösemittel trotz Maske durch die Nase wahrgenommen, muss unverzüglich der Filter gewechselt werden.

Bei längeren Arbeitsunterbrechungen ist der Filter auszubauen. Die Maske ist in einem luftdurchlässigen Behälter zu lagern. Der Filter ist luftdicht zu verpacken. Dies verhindert einen schnelleren Abbau der Aktivkohle im A-Filter (Abb. 2).

Tab. 1: Filter-Anwendungsbereiche

Kennbuchstabe	Anwendungsbereich	Farbe
A	Gegen organische Gase und Dämpfe, z.B. Lösemittel wie Terpentin, Nitro-Verdünnung, Benzin, Toluol, Xylol mit Siedepunkt > 65 °C	Braun
B	Gegen anorganische Gase und Dämpfe, wie z.B. Chlor, Brom, Schwefelwasserstoff	Grau
E	Gegen saure Gase und Dämpfe, z.B. Schwefeldioxid, Hydrogenchlorid	Gelb
K	Gegen Ammoniak und organische Ammoniumverbindungen z.B. Dimethylamin	Grün
AX	Gegen niedrigsiedende organische Verbindungen mit einem Siedepunkt < 65 °C	Braun
P	Partikelfilter	Weiß

3   Halbmaske

4   Belüftete
    Halbmaske

5   Belüftete
    Vollmaske

Halbmaske
Halbmasken sind geeignet für Schleif-
arbeiten, leichte Lackierarbeiten und
Umfüllen von Lösemitteln. Vorteile dieser
Masken sind der geringe Preis, die leichte
Tragbarkeit und ein uneingeschränktes
Sichtfeld. Nachteile sind das erschwerte
Ein- und Ausatmen, die ungeschützten
Augen und das leichte Schwitzen unter der
Maske (Abb. 3).

Belüftete Halbmaske
Diese Masken sind bei längeren Spritzar-
beiten geeignet. Gegenüber den Halbmasken mit Filter ist hier ein leichtes Ein- und
Ausatmen möglich. Die Maske ist von der
Umgebungsluft unabhängig. Nachteile
dieses Maskentyps sind die ständige An-
bindung an einen Kompressor und die da-

mit eingeschränkte Reichweite sowie der
fehlende Augenschutz (Abb. 4).

Belüftete Vollmaske
Belüftete Vollmasken sind für gesundheitsschädliche Arbeitsverfahren, Strahl-
arbeiten und die Verarbeitung giftiger
Stoffe besonders geeignet. Der Benutzer
hat stets eine saubere Atemluft und ist
umgebungsluftunabhängig. Größter Vorteil dieses Maskentyps ist der Komplett-
schutz des gesamten Gesichtsfeldes.
Diese Maske ist von allen Maskentypen
die teuerste, aber auch die sicherste.
Einziger Nachteil ist der eingeschränkte
Sichtbereich (Abb. 5).

Die Zuordnung der Filter zur Tätigkeit
kann der Tab. 2 entnommen werden.

Tab. 2: Tätigkeiten und die zu benutzenden Filter

Tätigkeit	Gefahrstoff	Kurzzeichen
Abbeizen	Organische Lösemittel/Dichlormethan	AX
	Ammoniakhaltige Abbeizmittel	ABEK
Streichen	Lösemittelbasierende Lacke	A2
	Wasserbasierende Lacke mit Restlösemittel	A1
Spritzen	Lösemittelhaltige Lacke, Kunstharze	A2P2
	Isocyanathaltige Lacke	A2P2
	Pflanzenschutzmittel (organisch/verdampfend)	A2P2
Kleben	Lösemittelhaltiger Kleber	A1
Umgang mit:	Schwefeldioxid	ABE
	Hydrogenchlorid (Salzsäure)	ABE
	Ammoniak	K
	Waschbenzin/Nitroverdünnung	A2

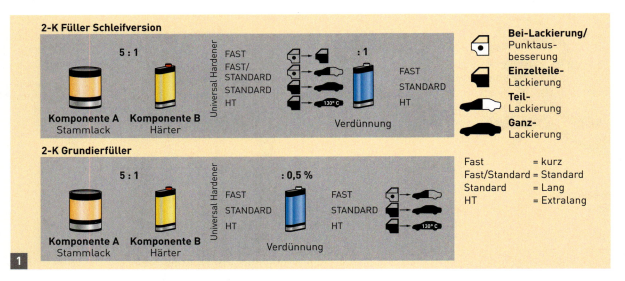

1   Darstellung von Mischungsverhältnissen

5.8
Mischungsverhältnisse

Aufgrund der VOC-Verordnung (Kap. 5.2) ist es für den Fahrzeuglackierer besonders wichtig auf genaue Mischungsverhältnisse der Beschichtungsmaterialien zu achten (Abb. 1). Die Lackindustrie hat eine Vielzahl neuer Produkte auf den Markt gebracht, die ohne Anmischen eingesetzt werden, z. B. Entfetter oder Pistolenreiniger mit dem Zusatz WB (Wasserbasis). Diese haben einen um ein Vielfaches geringeren VOC-Grenzwert (200 g/l) im Vergleich zu herkömmlichen Materialien wie die Nitroverdünnung (850 g/l). Die neuen Produkte erleichtern es dem Fahrzeuglackierer Emissionen zu senken. Die Reduzierung der Emissionen wird auch über die Erhöhung des Festkörpergehalts und gleichzeitige Reduzierung der Lösemittel erreicht. Dabei unterscheidet man zwischen Medium-Solid-, High-Solid und Very-High-Solid-Lacken (Tab. 1). Auf der anderen Seite gibt es aber auch neue Materialien, die der Fahrzeuglackierer nach genauesten Vorgaben und Mischverhältnissen anwenden muss, damit der VOC-Richtwert nicht überschritten wird.

5.8.1
Herstellung von Mischungen

Um bestimmte Materialeigenschaften zu gewährleisten oder die Verarbeitung des Materials zu erleichtern (LF 1), sind die genauen Mischungsverhältnisse einzuhalten. Für den Fahrzeuglackierer kommt erschwerend noch die Einhaltung der VOC-Verordnung dazu.
Zudem bestehen manche Rezepturen nicht nur aus zwei, sondern vielfach aus drei Komponenten.

Die Angaben der Mischungsverhältnisse können sich je nach Material unterscheiden:
- in Volumenteilen, z. B. 5 : 1 : 1, wie bei einem 2K-Füller (Abb. 1),
- in Prozenten, z. B. 5 : 1 + 5 %, wie bei einem 2K-Grundierfüller.

Tab. 1: Festkörperanteile

Lack	Festkörperanteil	Lösemittelanteil	Anwendungsbeispiel
Medium-Solid (MS)	< 60 %	> 40 %	Primer, Basislack
High-Solid (HS)	60–70 %	30–40 %	2-K Decklack, Klarlack
Very-High-Solid (VHS)	> 80 %	< 20 %	Füller, Klarlack

Auf jeden Fall sind die Angaben in den Technischen Merkblättern zu beachten. War es in der Vergangenheit üblich die Verarbeitungsviskosität problemlos durch die Zugabe von Verdünnungsmitteln einzustellen, so führt dies heute in der Regel schnell zum Überschreiten des Grenzwertes. Problemlos ist dies wiederum, wenn voll entsalztes Wasser (VE-Wasser) zum Verdünnen eingesetzt werden kann.

2 Skala der Mischverhältnisse bei einem Messbecher

3 Skala der Mischverhältnisse bei einem Messstab

5.8.2
Arbeiten mit dem Messbecher

Für das Anmischen nach genauen Mischverhältnissen ist der Mischbecher ein sehr gutes Hilfsmittel, da sich damit die richtigen Mengen der Bestandteile ganz genau einfüllen und dann mischen lassen.
Es gibt verschiedene Größen von Messbechern, so dass je nach benötigter Menge die entsprechende Größe (z. B. 385 ml, 750 ml oder 1400 ml) ausgewählt werden können. Die Messbecher sind bis zu einer Größe von 5000 ml erhältlich. Sie sind transparent, damit man die Füllmenge an der Skala gut ablesen kann.
Die aufgedruckten oder geprägten Skalen sind eine Mischtabelle für die Zugabe der einzelnen Komponenten. Jeder Messbecher gibt mehrere Mischverhältnisse für die Beigabe von Härter und Verdünnung an. Daher findet man Skalen für 1:1, 2:1, 3:1 usw., mit Komponenten A (Stammlack), B (Härter) sowie Angaben in % für die Verdünnung, z. B. 10 %, 20 % (Abb. 2).

5.8.3
Arbeiten mit dem Messstab

Eine schnelle und praktische, aber weniger genaue Methode ist das Mischen mit einem Messstab, der gleichzeitig als Rührstab fungiert (Abb. 3). Diese Stäbe gibt es für verschiedene Mischungsverhältnisse, z. B. 4:1 oder 5:1. Will man wie hier auf vier Teile Lack einen Teil Härter geben, so gibt man erst den Lack in den Messbecher und dann den Härter. Der Becher muss zylindrisch sein, um Messungenauigkeiten zu vermeiden. Als dritte Markierung findet sich dann wie beim Messbecher noch die Zugabe für die Verdünnung, die auch einem festen Verhältnis entspricht. Eine wichtige Rolle beim Mischungsverhältnis spielt die Umgebungstemperatur, die Art und Größe des Werkstücks (Tab. 2).
Dies gewährleistet die richtige Viskosität (20–24 s DIN 4 mm) für den Beschichtungsvorgang (⬛➡ LF 1) Alle Angaben beziehen sich auf eine Verarbeitungstemperatur von 20 °C.

Tab. 2: Härter-/Verdünnungsvarianten

Härter/Verd.	Temperatur	Objekt
Kurz	ab 15 °C	Teillackierungen , komplizierte Werkstücke
Standard	ab 20 °C	Ganz- und Teillackierungen
Lang	ab 25 °C	Ganzlackierung, Nutzfahrzeuge
Extralang	ab 30 °C	Ganzlackierung, Lastkraftwagen, Flugzeuge

5.9
Spritztechnik

Man unterscheidet in der Spritztechnik nach Nass- und Trockenspritzverfahren; Innerhalb der Nassspritzverfahren nach der Höhe des eingesetzten Drucks in Nieder-, Hoch- und Höchstdruckverfahren (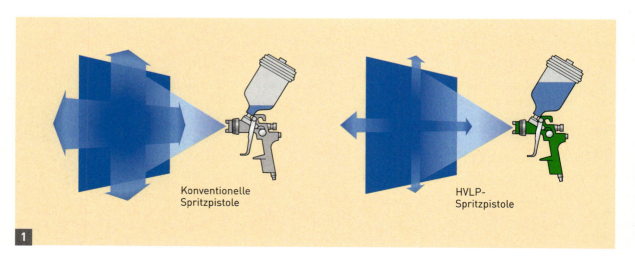➜ LF 1). Zu den Trockenspritzverfahren gehört die Pulverlackierung, die in der handwerklichen Fahrzeuglackierung allerdings kaum eine Rolle spielt, genauso wie das Höchstdruckverfahren (Airlessverfahren). Vielmehr wird in der handwerklichen Fahrzeuglackierung am häufigsten das Hochdruckverfahren mit handgeführten Spritzpistolen angewendet. In der industriellen Serienlackierung wird die Hochrotationszerstäubung (Kap. 9.2) eingesetzt.

5.9.1
Der Spritzvorgang

Beim Spritzlackieren wird das Beschichtungsmaterial durch den Luftdruck an der Düse in kleine Tröpfchen zerstäubt und mit dem Luftstrom auf den Beschichtungsuntergrund befördert. Beim Auftreffen zerfließen die Tröpfchen zu einem zusammenhängenden, dünnen, glatten und daher glänzenden Film. Allerdings birgt dieses Verfahren auch den Nachteil der Spritznebelbildung (Overspray).

Dabei handelt es sich um den Anteil des verspritzten Materials, der nicht auf das Werkstück und somit in die Umgebung gelangt.
Overspray (Abb. 1) wird einerseits durch Vorbeispritzen am Werkstück sowie durch seitlich abströmende oder zurückprallende, feine Lacktröpfchen von der Werkstückoberfläche verursacht.
Die entstehenden Verluste hängen sowohl von der Form des Werkstücks (Werkstückgeometrie) als auch von der verwendeten Sprühtechnologie und deren Handhabung ab.

HVLP-Spritzverfahren
Für die Verarbeitung von Lacken hat sich das HVLP-Verfahren (= High Volume Low Pressure – Hohes Luftvolumen bei niedrigem Druck) durchgesetzt. Der Eingangsluftdruck von ca. 3 bar bis 4,5 bar wird mit einem Druckumwandler (Airconverter) im Pistolengriff auf einen Düseninnendruck von max. 0,7 bar reduziert. Das Luftvolumen pro Minute liegt bei ca. 380 l im Vergleich zu ca. 600 l beim Hochdruckverfahren. Durch den hohen Lackübertragungsgrad (> 65 %) entsteht deutlich weniger Overspray, was den positiven Nebeneffekt hat, dass weniger Filtermatten verbraucht werden. Das HVLP-Verfahren hat aber nicht nur Vorteile. Hochviskose Materialine müssen stärker verdünnt werden und die Verarbeitungsgeschwindigkeit ist geringer. Die Oberfläche weist eine Struktur auf und ist nicht so glatt wie beim Hochdruck-Spritzverfahren.

Konventionelle
Spritzpistole

HVLP-
Spritzpistole

1

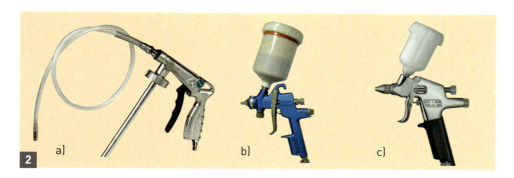

2 Spritzpistolen-
   typen

a) Unterboden-
   schutzpistolen

b) Fließbecher-
   spritzpistole

c) Dekorpistole

a)   b)   c)

5.9.2
Spritzpistolentypen

Hinsichtlich der Materialzuführung kann man Fließ- und Saugbecherpistolen unterscheiden. Zudem wird eine Unterscheidung hinsichtlich des Einsatzgebietes der Pistolen gemacht.

Saugbecherspritzpistole
Bei der Saugbecherpistole ist generell ein höherer Luftdruck erforderlich als bei Fließbecherpistolen. Das liegt daran, dass mit dem eingestellten Druck auch das Spritzgut aus dem Becher hochgesaugt werden muss, um es danach auf den Untergrund zu befördern.

Bei hohem Spritzdruck ist aber auch die Gefahr der Spritznebelbildung größer und somit auch die Lösemittelemission. Angesichts der VOC-Verordnung ist dieser Pistolentyp nicht mehr auf der Höhe der Technik und wird nur noch bei der Beschichtung von Unterbodenschutz verwendet (Abb. 2a). Hierbei kann eine Dose mit Unterbodenschutzmaterial direkt an die Spritzpistole angeschraubt werden.

Fließbecherspritzpistole
In der Fahrzeuglackierung hat sich die Fließbecherpistole (Abb. 2b) durchgesetzt. Die modernen Spritzpistolen erzielen auch bei niedrigerem Druck zwischen 0,7 bar und 1 bar gute Ergebnisse. Solche Pistolen sind mit dem Zusatz RP (RP = reduced pressure, reduzierter Druck) oder HVLP auf dem Markt zu finden. Die herkömmliche Hochdruckspritzpistole spielt aber weiterhin eine Rolle in der Fahrzeuglackierung, denn sie wird nach wie vor zum Auftrag hochviskoser Beschichtungsstoffe wie Spritzspachtel eingesetzt.

Dekorpistole
Für Spot-Repair, das Beilackieren und Dekorarbeiten verwendet der Fahrzeuglackierer gern kleinere und leichtere Spritzpistolen, die eine bessere und exaktere Führung für Detailarbeiten ermöglichen (Abb. 2c). Zudem gibt es für diese Pistolen spezielle Düsensätze, weil besonders mit Rundstrahl gearbeitet wird. Außerdem ist die Materialzuführung besonders exakt einstellbar. Gleichzeitig spart der Fahrzeuglackierer das Abkleben. Allerdings ist bei der Verarbeitung von Metallic-Lacken eine Farbtonabweichung möglich, da sich die Pigmente anders ausrichten.

Aufgaben zu Kapitel 5.9

1. Welche unterschiedlichen Spritzverfahren gibt es?

2. Nennen Sie verschiedene Spritzpistolentypen.

3. Was bedeutet die Abkürzung HVLP?

4. Nennen Sie Vor- und Nachteile des HVLP-Verfahrens.

5. Welche Pistoleneinstellungen sind für ein gutes Spritzergebnis wichtig?

1   Handhabung
    der Spritzpistole

2   Führen der
    Spritzpistole

5.9.3
Handhabung der Spritzpistole

Um exzellente Spritzergebnisse zu erzielen, ist neben einer gründlichen Vorbereitung des Untergrundes und der richtigen
Einstellung des Lackes auch die richtige
Handhabung der Spritzpistole unverzichtbar.

Der Abstand zum Spritzgut muss je nach
Pistolentyp ca. 15 cm–25 cm betragen
(Abb. 1a). Ist der Abstand zu gering, bilden
sich Läufer (Abb. 1b). Ist der Abstand zu
groß, trocknet der Lack an, bevor er auf
dem Spritzgut auftrifft und führt zu einer
Wolkenbildung (Abb. 1c).
Die Spritzpistole wird in einer zügigen
aber nicht hastigen Bewegung über das
Werkstück geführt. Zu langsame Bewegungen führen dazu, dass zu lange auf
eine Stelle gespritzt wird und Läufer entstehen.

Mit dem Spritzen wird nicht über dem
Werkstück begonnen, sondern neben diesem. Erst dann wird die Pistole über das
Werkstück geführt. Man setzt auch nicht
auf dem Werkstück aus, sondern zieht
über den Rand hinaus durch. Die Spritzpistole muss immer im 90°-Winkel über
das Werkstück bewegt werden, damit ein
gleichmäßiger Lackauftrag entsteht (Abb.
1d, Abb.2).
Jede Fläche wird erst mit einem Ne-
belgang belegt. Danach folgt ein satter
Spritzgang.

Es gibt Farbtöne, z. B. Rot und Gelb, die
schlecht decken. Man sollte nie versuchen
mit einem Spritzgang eine gut deckende
Fläche zu erzielen, denn das zu viel ge-
spritzte Material bildet meistens Läufer.

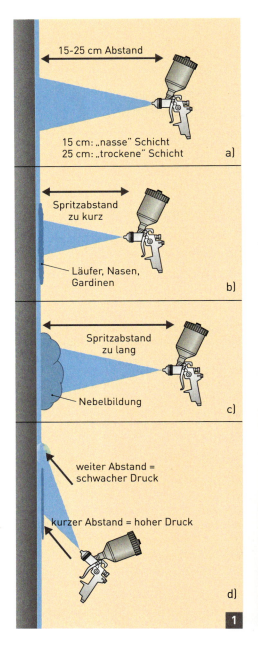

15-25 cm Abstand

15 cm: „nasse" Schicht
25 cm: „trockene" Schicht
a)

Spritzabstand
zu kurz

Läufer, Nasen,
Gardinen
b)

Spritzabstand
zu lang

Nebelbildung
c)

weiter Abstand =
schwacher Druck

kurzer Abstand = hoher Druck

d)

1

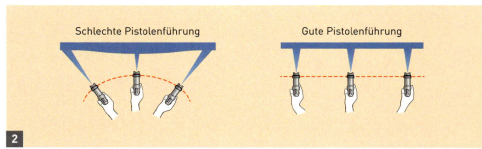

Schlechte Pistolenführung   Gute Pistolenführung

2

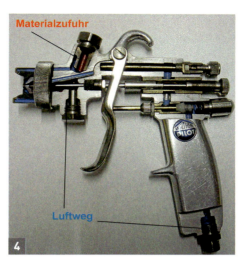

3   Pistolen-
     waschgerät

4   Luftweg im
     Düsenkopf

5   Werkzeugsatz
     und Düsennadeln

5.9.4
Vermeidung von Spritzfehlern

Neben der richtigen Spritztechnik, sind
der richtige Umgang mit den Pistolen und
deren Wartung sowie die richtige Einstellung der Spritzmaterialien wichtig für ein-
wandfreie Spritzergebnisse. Außerdem ist
für saubere Kleidung und einen sauberen
Arbeitsplatz zu sorgen.

Folgende Parameter sind vor dem
Spritzen zu überprüfen:
- Viskosität des Lackes,
- Sauberkeit des Lackes,
- Luftaufbereitung,
- Spritzdruck,
- Materialzufuhr,
- Düsengröße,
- Strahleinstellung.

Sind diese Parameter überprüft, kann mit
dem Spritzen begonnen werden und man
kann mit guten Ergebnissen rechnen.
Nach jedem Gebrauch sollten die Pistolen
sofort gereinigt werden. Man darf sie niemals über Nacht ungereinigt stehen lassen, da die feinen Düsen der Spritzpistole
leicht verstopfen.
In der Pistole ausgehärtete Lackreste machen die Pistole unbrauchbar. Zum Reinigen verwendet man das Verdünnungsmittel, das zum jeweiligen Beschichtungsstoff
gehört. Die meisten Werkstätten verfügen
über ein Pistolenwaschgerät (Abb. 3). Dies
hat den Vorteil, dass nur saubere Lösemit-

tel zur Reinigung verwendet werden und
die verschmutzten Lösemittel im Gerät
gleich aufbereitet und in den Arbeitskreis-
lauf zurückgeführt werden. Dies reduziert
den Verbrauch an Lösemitteln erheblich
und trägt gleichzeitig auch zum Umwelt-
und Gesundheitsschutz bei. Für die Reinigung der filigranen Düsen darf nur das
vom Hersteller vorgeschriebene Werkzeug
benutzt werden. Dazu gehören mitgelie-
ferten Schraubenschlüssel für die Demontage der Bauteile und die entsprechenden
Düsennadeln zum Reinigen der Düsen.

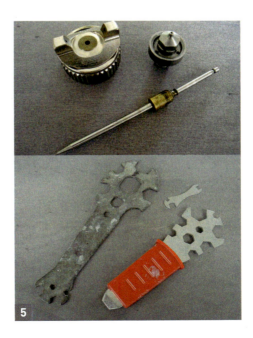

5.9.5
Behebung von Spritzfehlern

Auch wenn man alle nötigen Vorkehrungen getroffen hat, kann es sein, dass beim Spritzbild Fehler auftreten. Die Ursachen dafür zu kennen und schnell Abhilfe zu schaffen, ist wichtig für einen reibungslosen Betriebsablauf. Die häufigsten Fehler zeigt die Tabelle 1.

Tab. 1: Fehler beim Spritzen

Fehler		Mögliche Ursache	Abhilfe
	Spritzstrahl zu klein	Luftbohrungen und -kanäle verunreinigt	Luftdüse unter Reinigungsflüssigkeit mit geeigneter Reinigungsbürste reinigen und danach durch trockenblasen.
	Spritzstrahl schräg	Hornbohrungen verunreinigt	Sorgfältiges Reinigen der Luftdüse mit geeignetem Reinigungswerkzeug; ggf. Düsensatz ersetzen.
	Spritzstrahl sichelförmig	Hornbohrungen einseitig oder Stirnbohrungen verunreinigt	Luftdüse unter Reinigungsflüssigkeit mit geeigneter Reinigungsbürste reinigen und danach durch-/trockenblasen.
	Spritzstrahl einseitig	Farbdüsenspitze (Farbdüsenzäpfchen) und/oder Luftdüsenspitze beschädigt	Farb- und Luftdüsenspitze auf Beschädigung prüfen; ggf. Düsensatz ersetzen.
	Spritzstrahl gespalten	Zu hoher Zerstäubungsdruck	Eingangsdruck entsprechend dem Material einstellen.
		Viskosität des Materials zu gering	Viskosität richtig einstellen; eventuell kleinere Düsengröße verwenden.
Flatterstrahl		Farbdüse verstopft, Farbdüse lose, Stopfbuchse lose.	Farbdüse mit geeignetem Werkzeug reinigen. Lose Bauteile fest anziehen.

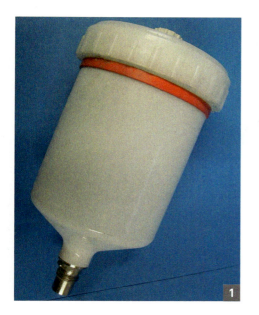

5.9.6
Lackierbechersysteme

Immer mehr Betriebe ersetzen die herkömmlichen Fließbecher der Spritzpistolen, Mischbecher und separaten Lackfilter
durch das RPS- oder das PPS-Bechersy-
stem (Abb. 1–2). Beide Systeme wurden
entwickelt, um Lösemittel zu sparen und
den Reini-gungsaufwand zu verringern.
Durch die in den Deckel integrierten Lack-
siebe ist ein Filtern des Lackes während
des Einfüllens in die Dose nicht mehr
notwendig.
Das Reinigen des herkömmlichen Lack-
bechers entfällt. Letztlich wird dadurch die
Produktivität in der Lackiererei gesteigert.
Die Bechersysteme gibt es in verschiedenen Größen und Gewindedurchmessern.

Ebenso werden unterschiedliche Filter
von 125 μm–200 μm Maschenfeinheit
angeboten.

Vergleich der Systeme
Beide Systeme sind sehr ähnlich. Sie
besitzen jedoch vereinzelte Vor- und
Nachteile (Tab. 2).
PPS-Becher sind für Überkopfarbeiten
geeignet, da sich der weiche Innenbecher
durch den Unterdruck zusammen zieht
und somit die Pistole immer mit ausreichend Lack versorgt wird (Abb. 3).

1 Herkömmlicher
   Pistolenlack-
   becher

2 RPS-Sysstem

3 PPS-Becher nach
   der Verarbeitung

Tab. 2: Bechersysteme

Tätigkeit	RPS	PPS
Verschließbar	X	X
Schneller Farbwechsel	X	X
Anmischen des Lackes erfolgt im Becher	X	X
Überkopfarbeiten möglich		X
Zeitaufwändiges Sieben entfällt	X	X
Luftzufuhr muss geöffnet und verschlossen werden	X	
Kontakt mit dem Lack wird auf Minimum reduziert	X	X
Adapter erforderlich		X
Leichtes Nachfüllen	X	Nur bei rPPS
Reste können gelagert werden	X	X
Leichtes Gewicht/ermüdungsfreies Arbeiten	X	X
Einfaches Reinigen des Pistolen-Farbkanals	X	

1   1-Schicht-Lkw-
    Lackierung

2   2-Schicht-Metal-
    lic-Lackierung

3   3-Schicht-Flip-
    Flop-Lackierung

4   Schleifprobe
    einer 1-Schicht-
    Lackierung

5   Schleifprobe
    einer 2-Schicht-
    Lackierung

5.10
Schichtaufbau

Bei der Fahrzeuglackierung unterscheidet
man unterschiedliche Schichtaufbauten. Dabei ist zu berücksichtigen, dass
Grundierung und Füller nicht als eigene
Schicht betrachtet werden.

Folgende Aufbauarten werden
unterschieden:
- 1-Schicht-Aufbau,
- 2-Schicht-Aufbau und
- 3-Schicht-Aufbau.

Wird eine Lackart, zum Beispiel Klarlack,
mehrmals aufgetragen, so zählt diese nur
als eine Schicht.

Bei einem **1-Schicht-Aufbau** wird in der
Regel ein 2K-Decklack auf eine Füllerschicht aufgetragen. Es wird kein Klarlack
verwendet. Dieser Aufbau wird oft von den
Fahrzeuglackierern als Uni-Lackierung
bezeichnet. Diese Ausdrucksweise ist jedoch nicht korrekt, da der Begriff uni die
Bedeutung **einfarbig** hat. 1-Schicht-La-
ckierungen finden bei der Pkw-Lackierung
immer weniger Verwendung. Bei der Lkw-
und Nutzfahrzeuglackierung wird dieser
Aufbau jedoch oft angewendet (Abb. 1).
Einen 1-Schicht-Aufbau erkennt man

durch eine Schleifprobe mit Nassschleifpapier. Färbt sich der Schleifabrieb in der
Farbe der Lackierung, handelt es sich eindeutig um diesen Aufbau (Abb. 4).

Ein **2-Schicht-Aufbau** ist die am meisten
verwendete Art der Fahrzeug-lackierung.
Wasserbasislack wird auf den Füller
appliziert und erhält anschließend eine
Beschichtung mit Klarlack. Als Basislacke
können sowohl Uni-Farbtöne, als auch
Metallic-Farbtöne verwendet werden
(Abb. 2).

Zur Prüfung, ob es sich um einen
2-Schicht-Aufbau handelt, wird wiederum
eine Schleifprobe angewendet. Hierbei
muss der nasse Schleifschlamm eine weiße, milchige Farbe besitzen (Abb. 5).
Bei einem **3-Schicht-Aufbau** wird wie bei
einem 2-Schicht-Aufbau eine Schicht Basislack auf den Füller aufgetragen. In der
Regel sind es Uni-Farbtöne. Dieser dient
als Grundton für den darauf folgenden
Effektlack. Der Farbton des Basislackes
richtet sich nach dem zu verwendenden
Effektlack. Als Effektlacke werden zum
Beispiel Candy-, Flip-Flop- oder Tages-
leuchtfarben eingesetzt (➡ LF 10).
Wird die Farbigkeit des Grundtones falsch
gewählt, kommt in der Regel auch kein
Effekt zur Geltung. Welcher Grundton zu
verwenden ist, gibt das technische Merk-
blatt vor. Nach der Trocknung des Effekt-
lackes wird die dritte und letzte Schicht
aufgetragen. Wie bei einer 2-Schicht-La-
ckierung erhält dieser Aufbau eine schüt-
zende und glänzende Klarlackschicht
(Abb. 3).

Daraus folgt, dass sich bei einer Prüfung
das gleiche Ergebnis wie bei einem 2-
Schicht-Aufbau ergibt.

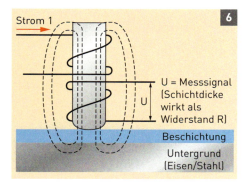

Strom 1

U = Messsignal
(Schichtdicke
wirkt als
Widerstand R)

Beschichtung

Untergrund
(Eisen/Stahl)

6 **Magnetinduktives Messverfahren**

7 **Elektronisccches Messgerät**

8 und 9 **Benetzen und Messen mit dem Messkamm**

5.11
Schichtdickenermittlung

In der Fahrzeuglackierung ist es beim Beschichtungsaufbau wichtig, die vom Hersteller vorgegebenen Schichtdicken der einzelnen Schichten einzuhalten, um bestimmte Funktionen zu gewährleisten wie z. B. die Schichtdicke einer KTL (Kathodische Tauchlackierung) den Korrosionsschutz gewährleisten soll. In der Industrie werden dazu im Testlabor auch Nassschichtdicken gemessen, um genaue Rückschlüsse auf die Trockenschichtdicke zu erhalten und so den Lackierprozess optimal steuern zu können. Dieses Wissen kann auch in der handwerklichen Lackierung wichtig sein. Die Nassschicht wird mit einem Messkamm gemessen (Abb. 8, 9). Der Fahrzeuglackierer misst allerdings vornehmlich Trockenschichten. Zerstörende Schichtdickenmessungen wie mit der IG-Uhr spielen in der Fahrzeuglackierung keine Rolle. Hierbei muss die Beschichtung an einer Stelle bis auf den Untergrund entfernt werden. Der mittlere der drei Füße überträgt den Höhenunterschied durch die Mechanik in der Uhr an eine Skala, auf der die Schichtdicke abgelesen werden kann.

In der betrieblichen Praxis haben sich zerstörungsfreie elektromagnetische Messverfahren durchgesetzt. Da es sich bei einer Fahrzeuglackierung nicht um eine einzige Schicht, sondern um einen Schichtaufbau mit mehreren Schichten (Grundierung, Füller, Basislack, Decklack) handelt, gibt es Messverfahren, die eine Messung jeder Schicht zerstörungsfrei und mit geringer Messungenauigkeit ermöglichen.
Die Messung von Schichtdicken spielt in erster Linie eine Rolle für Lackgutachten. Hierbei kann der KFZ-Sachverständige feststellen, ob große Spachtelflächen aufgrund einer Reparaturlackierung vorliegen, oder die Lackierung weitestgehend der Originallackierung entspricht. Es gibt vier Verfahren, die sich in der Praxis bewährt haben.

5.11.1
Das magnetinduktive Messverfahren

Das Prinzip des magnetinduktiven Messverfahrens nach DIN EN ISO 2178 ist das älteste elektronische Messverfahren und erlaubt es, die Schichtdicke unmagnetischer Beschichtungen, wie Lacke, auf ferromagnetischen Untergründen wie Stahl und Eisen zu messen.
Durch den Stromfluss I (Abb. 6) entsteht in der Sondenspitze ein magnetischer Fluss (gestrichelte Linie) durch die unmagnetische Beschichtung zum Untergrund. Je dicker die Schicht, desto geringer ist der magnetische Fluss, welcher am Messgerät als Schichtdicke abgelesen werden kann (Abb. 7).
Vor Gebrauch muss das Gerät für Stahl entsprechend den Anweisungen des Herstellers kalibriert werden. Dazu werden Kalibrierfolien zwischen eine glatte unbeschichtete Stahlplatte und die Messsonde gelegt.

1 Wirbelstrom-
  verfahren

2 Displayanzeige
  Ultraschall-
  messung

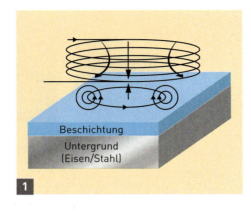

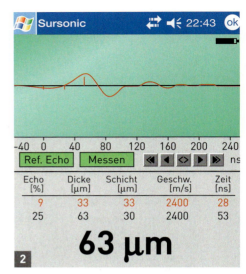

5.11.2
Das Wirbelstromverfahren

Ein weiteres elektromagnetisches Schichtdickenmessverfahren ist das Wirbelstromverfahren nach DIN EN ISO 2360. Das Verfahren eignet sich sowohl für die Messung nichtleitender Beschichtungen auf nicht ferromagnetischen Untergründen (z. B. Aluminium, Kupfer, Messing) als auch leitender metallischer Überzüge auf schlecht leitenden Untergründen (Glas, Kunststoff).

Im Gegensatz zum magnetinduktiven Verfahren wird mit einem hochfrequenten Strom I 1 von mehreren Megahertz (MHz) in der Messsonde gearbeitet (Abb. 1). Dies erzeugt Wirbelströme I 2 im Untergrund, die eine Wirkung auf das elektrische Feld in der Messsonde haben. Ändert sich der Abstand vom Untergrund, sprich die Schichtdicke des Materials, so ändert sich auch die Wirkung auf das elektrische Feld. Auch hier kann diese Änderung nach vorheriger Kalibrierung als Schichtdicke abgelesen werden.

5.11.3
Das Ultraschallverfahren

Beim Ultraschallverfahren nach DIN EN ISO 2808 sendet der Ultraschallkopf automatisch nach Aufsetzen auf die Probe Schallwellen aus. Beim Durchlaufen der Schicht bzw. Schichten bis zum Untergrund treten an den Schichtgrenzen der einzelnen Schichten Reflexionen auf, die

von der Sonde wieder empfangen werden können. Die Zeit, die ein Schallimpuls benötigt, um zum Untergrund durchzudringen bzw. eine Schicht zu durchdringen, gibt Aufschluss über die Schichtdicke. Ein Mikroprozessor im Gerät wertet die Messung anhand von Vergleichswerten entweder als Gesamtdicke oder als einzelne Schichten aus (Abb. 2).

5.11.4
Photothermisches Verfahren

Bei diesem auf einer Lasertechnik beruhenden Verfahren wird ein Laserpuls ausgesendet, der den Lack geringfügig erwärmt. Aus der Weiterleitung der Wärmestrahlung und ihrer zeitversetzten Reflexion vom Untergrund, gewinnt der Mikroprozessor im Gerät einen Rückschluss auf die Dicke der entsprechenden Lackschicht.
Der Sensor erreicht aus einem Abstand von 250 mm Genauigkeiten von bis zu ± 0,1 μm für Schichtdicken von 5 bis 200 μm. Der Vorteil dieser Messung ist, dass sie berührungsfrei erfolgt und somit auch für Nassschichten verwendet werden kann. Außerdem ist die Messung so schnell (ca. 0,1 s), dass sie problemlos zur Überwachung der Nassschichtdicken im Lackierprozess bei Serienlackierungen eingesetzt werden kann.

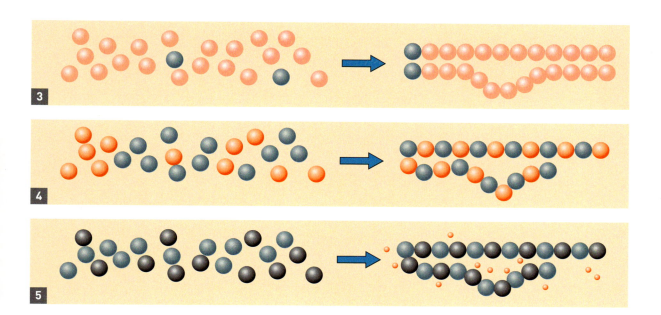

5.12
Filmbildungsarten und Bindemittelarten

Bei der Filmbildung von Beschichtungs-
stoffen unterscheidet man zwischen physikalischer und chemischer Trocknung.
Erfolgt die Filmbildung durch das Verdunsten von Löse- oder Dispergiermittel,
spricht man von physikalischer Trocknung
und chemische Härtung. Die chemische
Härtung erfolgt durch die Vernetzung des
Bindemittels. Die chemische Härtung
kann entweder bei Umgebungstemperatur
(Mindestfilmbildetemperatur beachten
⇨ LF 3) stattfinden oder bei erhöhten
Temperaturen durch Hitzezufuhr oder
Strahlung. Werden Temperaturen von bis
zu 80 Grad verwendet, spricht man von
forcierter Trocknung. Das Erhärten bei
höheren Temperaturen nennt man Einbrennen.

5.12.1
Bildungsreaktionen von Kunststoffen

Alle Kunststoffe, also auch Beschichtungsstoffe, werden durch eine der drei im
Folgenden beschriebenen Bildungsreaktionen hergestellt. Die am häufigsten
eingesetzten Beschichtungsstoffe des

Fahrzeuglackierers härten durch Polymerisation (Acrylate) oder Polyaddition (Poly-
urethanharze, Epoxidharze) aus.
Reaktive Beschichtungsmaterialien vernetzten chemisch durch Polyaddition und
Polykondensation. Die Reaktionen finden
auf der Oberfläche nach der Applikation
statt und werden durch die Umgebungsbedingungen beeinflusst.

Polymerisation
Bei der Polymerisation werden Monomere durch Umlagerung von Elektronen
miteinander verbunden. Eine Abspaltung
von Nebenprodukten findet dabei nicht
statt. Es reagiert meist nur eine Komponente („Harz", Monomer) unter Wärme
oder UV-Lichteinfluss oder nach Zugabe
eines Startreagenz (Radikalstarter, „Här-
terpulver", Initiator). Die Zugabemenge
des Startreagenz kann geringfügig variiert
werden (Abb. 3).

Polyaddition
Bei der Polyaddition werden Monomere
durch Umlagerung von Atomen und Bindungen miteinander verbunden. Ein Molekül wird an das nächste „addiert". Eine Abspaltung von Nebenprodukten findet dabei
nicht statt. Es reagieren meist zwei Komponenten. Zum Erreichen optimaler Eigenschaften muss das Mischungsverhältnis der
Komponenten exakt eingehalten werden.

3 Polymerisation

4 Polyaddition

5 Polykondensation

1   Polymerisation

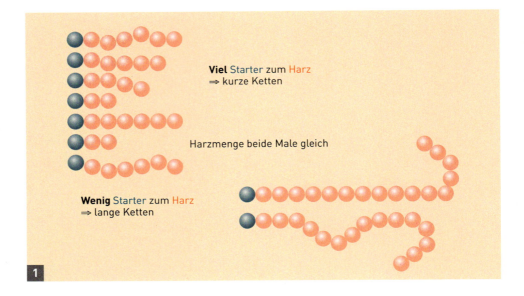

Viel Starter zum Harz
⇒ kurze Ketten

Harzmenge beide Male gleich

Wenig Starter zum Harz
⇒ lange Ketten

1

Polykondensation
Bei der Polykondensation werden Monomere durch Umlagerung von Atomen und
Bindungen und unter Abspaltung kleinerer
Moleküle (oft Wasser oder CO_2) miteinander verbunden. Es reagieren meist zwei
verschiedene Komponenten. Zur exakten
Reaktion und zum Erreichen optimaler Eigenschaften muss das Mischungsverhältnis der Komponenten exakt eingehalten
werden (S. 41, Abb. 5).

**5.12.2
Bindemittel**

Eine Vielzahl an unterschiedlichen Bindemittel und deren Kombination werden
im Lackiererhandwerk verarbeitet. Im
Folgenden werden eine Auswahl der wichtigsten Bindemittel und deren vorrangiger
Einsatzbereich beschreiben.

Acrylharze (Kurzzeichen AY)
Polyacrylate sind im Fahrzeuglackiererbereich vorwiegend als Basislack und

Überzugslack bei der Erstbeschichtung
und der Reparaturlackierung zu finden.
Acrylate können lösemittel- oder was-
serverdünnbar sein. Sie entstehen durch
Polymerisation von Acrylsäureestern oder
Methacrylsäureestern.
Acrylharze weisen hohen Glanz, Fülle
und hohe Härte auf, sind kratzfest und
polierbar.

Bei 2-komponentigen Acrylharzen erfolgt
die Aushärtung durch Zugabe einer zweiten Komponente, der Startreagenz. Je
nach Zugabemenge der Startreagenz kann
die Reaktion dieser Stoffe beschleunigt
werden. So führt zu viel Startreagenz zu
einer starken Verkürzung der Polymerket-
ten und damit zu schlechteren Eigenschaften. Die Härte des Beschichtungsstoffes
nimmt mit der Kürze der Ketten ab, bis hin
zu Klebrigkeit (Abb. 1).

Die allgemeine Formel von Acrylaten
verfügt über eine recht einfache Struktur.
(Abb. 2) Durch Veränderung der Ketten-
länge und Veränderung der Seitenketten
können die Eigenschaften variiert werden.

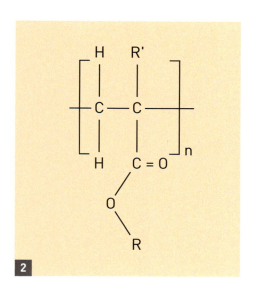

2 Allgemeine
Strukturformel
des Polyacrylats

3 Alkydharz-
grundierung

Eine Veränderung an den Seitenketten führt dazu, dass sich bei kurzen Seitenketten die Hauptketten gut aneinanderlegen können. Dadurch entstehen geordnete Strukturen, die die Beschichtung hart und fest machen.
Lange Seitenketten führen dazu, dass die Hauptketten voneinander entfernt liegen. Dadurch kommt es zu zufälligen Verknäulungen und die Beschichtung ist weich, mit geringer Festigkeit.

Die **festkörperreichen 2-K-Acrylsysteme**, die High-Solids, werden auf Grund des hohen Feststoffanteils (ca. 70 %) bevorzugt auch zur Beschichtung von Kunststoffteilen an PKWs eingesetzt.

Bei **thermohärtenden Acrylsystemen**, den Acryl-Einbrennlacken, erfolgt die Aushärtung über hohe Temperaturen. Diese Acrylate können mit Melaminharzen kombiniert werden, um die Licht- und Wetterbeständigkeit der Beschichtung zu erhöhen. Siehe Acrylat-Polyurethansysteme.

Alkydharz (Kurzzeichen AK)
Alkydharzlacke sind in der Kraftfahrzeuglackierung weitgehend von Acryl- und Polyurethanharzbeschichtungen verdrängt worden. Dennoch werden sie als wasserverdünnbare Grundierungen oder Primer eingesetzt, mit Melamin oder Styrol mo-

difiziert. Die Grundierungen sind lösemittel- und kratzempfindlich. Als Basis- und Überzugslack werden Alkydharzlacke mehr und mehr von PUR-Acrylharzlacken verdrängt.
Alkydharze werden aus Ölen und Polyestern hergestellt. Die Härtung erfolgt oxidativ und physikalisch. Das bedeutet, dass zum einen das Löse- und Verdünnungsmittel verdunstet und zum anderen der Sauerstoff chemisch eingebunden wird und eine Polymerisation beginnt (Abb. 3).

Der Einsatzbereich eines Alkydharzes ist vom verwendeten Öl (Triglycerid) abhängig. Man unterscheidet langölige (fette) Alkydharze, die einen Ölanteil von mehr als 60 % haben, mittelölige (mittelfette) Alkydharze, die einen Ölanteil von 45–60 % haben, kurzölige (magere) Alkydharze, die einen Ölanteil von unter 45 % haben.

Langölige Alkydharze weisen eine guten Verlauf, hohe Elastizität, leichte Verarbeitbarkeit bei Roll- und Streichapplikation auf. Allerdings besitzen sie lange Trockenzeiten. Aus diesem Grund beschränkt sich der Einsatz auf den Maler- und Bautenlackiererbereich.
Mittelölige Alkydharze sind durch die vermehrte Anwesenheit von OH-Gruppen polar. Sie können mit Aminoharzen kombiniert werden.

1 Chemische For-
   mel von Expoxid
   und Amin

2 Chemische For-
   meln von Isocya-
   nat und Alkohol

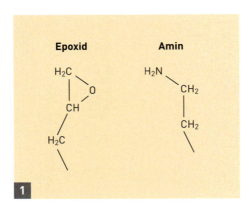

Die Härtung kann oxidativ erfolgen oder durch hohe Temperaturen als Einbrennlackierung. Mit abnehmendem Ölanteil sinkt die Elastizität des Beschichtungsstoffes. Mittelölige Alkydharze können als Grundierungen und Deckbeschichtungen bei der industriellen Automobilbeschichtung eingesetzt werden.

Die kurzöligen Alkydharze lassen sich mit unterschiedlichen Produkten modifizieren, z. B. mit Styrol, Acrylatmonomeren, Epoxidharzen oder Isocyanaten.

Kurzölige Alkydharze vernetzen über hohe Temperaturen oder über eine Additionsreaktion mit Isocyanaten. Die Urethan-Alkydharze trocknen schnell und weisen eine hohe Abriebbeständigkeit auf.

Mit Polyacrylaten oder Methacrylaten kombiniert sind sie elastisch, witterungs- und kratzbeständig und zeichnen sich durch gute Trocknungseigenschaften aus. Zum Einsatz kommen sie bei Grundierungen und Deckbeschichtungen.

Epoxidharz (Kurzzeichen EP)

Epoxidharze sind Reaktionslacke die durch Polyaddition entstehen. Sie bestehen meist aus der Epoxidharzgruppe, als Härter werden Amine eingesetzt (Abb. 1). Amine sind basische, meist ätzende organische Verbindungen. Sie ziehen an der Luft Wasser an und müssen daher gut verschlossen aufbewahrt werden.

Bei der Aushärtung muss immer eine reaktive Gruppe des Härters mit einer des Harzes reagieren. Das bedeutet, dass vom angegebenen Mischungsverhältnis auf keinen Fall abgewichen werden darf.

Aufgrund des chemischen Gerüstes, das meistens im Harz verwendet wird, werden Epoxidharze oft auch als Bisphenol-A-Harze bezeichnet.

Epoxidharze sind im ausgehärteten Zustand duromere Kunststoffe und zeichnen sich durch hohe Festigkeit, so wie durch Lösemittel- und Chemikalienbeständigkeit aus. Sie werden als wasserverdünnbare Dispersionen, als lösemittelhaltige oder lösemittelfreie Systeme angeboten. Lösemittelfreie Epoxidharze riechen kaum und setzen keine flüchtigen Bestandteile frei.

Epoxidharze werden bei der Herstellung von Bindemitteln für Beschichtungen für die kathodische Tauchlackierung (KTL) und für Pulverlacksysteme verwendet. Auf Grund der guten Haftungseigenschaften werden sie zumeist als Grundmaterial, als Haftgrundierung und Grundierfüller (2-K-Primer) benutzt. Sie werden allerdings zusehends von 2-komponentigen Acrylaten verdrängt.

Polyurethan (Kurzzeichen PUR)

Polyurethane sind zweikomponentige Reaktionslacke, die durch Polyaddition entstehen.

Sie bestehen aus einer Isocyanat- und einer Alkoholkomponente, die nur im angegebenen Mischungsverhältnis verwendet werden dürfen (Abb. 2).

Im Fahrzeuglackiererbereich ist die zweite Komponente meistens ein hydroxylgruppenhaltiges (OH-Gruppen) Acrylharz.

Die Isocyanatkomponente reagiert auch mit Luftfeuchte und muss daher sorgfältig

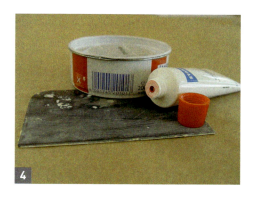

$HO-(CH_2)_6-OH$

Diol

+ $H_2C = CH$

+ Initiator

3

H   H
 \   /
  C = C
 /   \
HOOC   COOH

Maleinsäure

+ Styrol + Initiator

4

3 Bausteine
   eines ungesät-
   tigten Polyesters

4 UP-Spachtel

verschlossen bleiben, um nicht vorzeitig zu reagieren. Sollte im Anfangsstadium der Filmbildung Feuchtigkeit in das Gebinde gelangen, kann es zu unerwünschter CO_2-Bildung kommen.

Die 2-K-Acrylat-Polyurethansysteme sind aufgrund des hohen Vernetzungsgrades sehr hart, licht-, glanz- und wetterbeständig. Sie werden als Haftgrund und als High-Solid-Füller eingesetzt. Verwendung finden die 2-K-Acrylat-Polyurethansysteme zudem als pigmentierter Decklack bei einer Einschichtlackierung, so wie 1-komponentig als Klarlack bei Mehrschichtlackierungen.

Ungesättigter Polyester (Kurzzeichen UP)

Ungesättigte Polyester werden durch Polymerisation von mehrwertigen Alkoholen (Diolen) und Dicarbonsäuren (z.B. Maleinsäure) hergestellt (Abb. 3). Der Name „ungesättigt" rührt von den vielen Doppelbindungen im Produkt her. Während der Aushärtung polymerisiert das Lösemittel, meist Styrol, mit dem Molekül. Styrol ist gleichzeitig Lösemittel und Reaktionspartner. Da das Styrol als Reaktivverdünner eingebaut wird und nicht verdunstet, wird ein Volumenschwund vermieden.

Die Polymerisation wird durch einen Initiator (Peroxid als Radikalstarter), der vor der Verarbeitung hinzugegeben wird, angeregt.

Ungesättigte Polyester werden vorwiegend als Spachtel, bzw. Spritzspachtel in der Fahrzeugreparaturlackierung eingesetzt.

Polyvinylbutyral (Kurzzeichen PVB)

Polyvinylbutyral ist ein Polymerisationsprodukt das auf Grund seiner hohen Polarität besonders gut auf Metall haftet und deshalb als Haftgrund verwendet wird. In Kombination mit Phosphorsäure oder (basischem Zinkchromat) findet PVB Einsatz als Wash-Primer in der Korrosionsschutztechnik.

Aufgaben zu Kapitel 5.12

1. Erklären Sie den Unterscheid zwischen Polymerisation und Polyaddition.

2. Wie können die Eigenschaften von Acrylaten im Herstellungsprozess verändert werden?

3. Welche Eigenschaften besitzen 2-K-Acrylat-Polyurethansysteme, erklären Sie warum?

4a. Durch welche Reaktion härten ungesättigte Polyester aus?

4b. Benennen Sie die Reaktionspartner.

Tab. 1: Schutzstufen für Gefahrstoffe

- explosionsgefährlich,
- brandfördernd,
- hochentzündlich,
- leichtentzündlich,
- entzündlich,
- sehr giftig,
- giftig,
- gesundheitsschädlich,

- ätzend,
- reizend,
- sensibilisierend,
- krebserzeugend,
- fortpflanzungsgefährdend,
- erbgutgefährdend und
- umweltgefährlich.

5.13
Gefahr beim Umgang mit 2-Komponenten-Systemen

Beim Arbeiten mit 2-Komponenten-Systemen werden Gefahrstoffe verwendet, die gesundheitsschädigend sein können. Zu Gefahrstoffen zählen alle Stoffe, die mindestens eine der folgenden Eigenschaften besitzen (Tab. 1).
Die Verordnung zum Schutz vor gefährlichen Stoffen im deutschen Arbeitsschutz ist die Gefahrstoffverordnung (GefStoffV). Für die seit 2005 geltende Gefahrstoffverordnung ist das Arbeitsschutzgesetz (ArbSchG) die gesetzliche Grundlage.
Die Technischen Regeln für Gefahrstoffe (TRGS) bieten darüber hinaus Hilfen und Maßnahmen zum richtigen Umgang mit Gefahrstoffen. Ein Schutzstufenkonzept teilt die Arbeiten mit Gefahrstoffen in vier Schutzstufen von reizend bis krebserzeugend ein (Tab 2.).

Bei der Verarbeitung von 2-Komponenten-Materialien muss besonders große Sorgfalt auf das Tragen der persönlichen Schutzausrüstung gelegt werden (Atemschutz siehe Kap. 5.7).

Besonders wichtig ist die Benutzung und die regelmäßige Erneuerung der **Handschuhe**. Unterschiedliche Gefahrstoffe fordern unterschiedliche Handschuhmaterialien.

Die Europäische Norm teilt Handschuhe in drei Gruppen ein:

- **EN 388:** Schutzhandschuhe gegen mechanische Risiken.
- **EN 374:** Schutzhandschuhe gegen Chemikalien und Mikroorganismen.
- **EN 407:** Schutzhandschuhe gegen Wärme und Feuer.

Zusätzlich regelt die **EN 420** die allgemeinen Anforderungen an Schutzhandschuhe.

Tab. 2: Eigenschaften von Gefahrstoffen

Schutz-stufe	1	2	3	4
Stoffe	Reizende (Xi), gesundheitsschädliche (Xn) und ätzende (C) Gefahrstoffe bei niedriger Exposition, wenn die Maßnahmen der Schutzstufe 1 (TRGS 500) ausreichen	Reizende (Xi), gesundheitsschädliche (Xn) und ätzende (C) Gefahrstoffe bei höherer Exposition, wenn Schutzstufe 1 nach dem Ergebnis einer Gefährdungsbeurteilung nicht mehr ausreicht.	Zusätzlich, wenn sehr giftige (T+) und giftige (T) Gefahrstoffe beteiligt sind.	Zusätzlich, wenn krebserzeugende, erbgutverändernde und fruchtbarkeitsschädigende Gefahrstoffe (Kategorie 1 oder 2) verwendet werden.

Tab. 3: Passform Schutzhandschuhe – Handschuhgrößen (DIN 420)

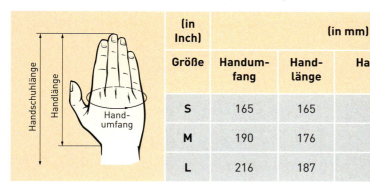

	(in Inch)	(in mm)		
Größe	**Handumfang**	**Handlänge**	**Handschuhmindestlänge**	
S	165	165	165	
M	190	176	176	
L	216	187	187	

1 Chemikalienfester Schutzhandschuh

2 Beispiel-Piktogramme Chemikalien

5.13.1
Allgemeine Anforderungen an Schutzhandschuhe (EN 420)

■ Gestaltung und Konstruktion
Die Handschuhe müssen den höchstmöglichen Schutz bei den spezifischen Einsätzen gewährleisten.
Bei Handschuhen mit Nähten darf die Naht die Leistungsfähigkeit des Handschuhes nicht beeinträchtigen.

■ Unschädlichkeit
Die Handschuhe dürfen keine Schädigung des Anwenders verursachen.
Der pH-Wert der Handschuhe muss zwischen 3,5 und 9,5 liegen.

■ Größe
Die Passformangaben können der Tab. 3 entnommen werden.

■ Kennzeichnung und Produktinformation
Jeder in der EU verwendete Schutzhandschuh muss folgende Kennzeichnungen tragen:
– Name des Herstellers,
– Handschuh- und Größenbezeichnung,
– CE-Kennzeichnung,
– entsprechende Piktogramme und geltende Leistungsindikatoren,
– Gebrauchsinformationen,
  z. B. einfache Ausführung für nur minimale Risiken oder mittlere und höchste Ausführung mit entsprechenden Piktogrammen (Abb. 1–2).
Die Kennzeichnung muss während der ganzen Lebensdauer des Schutzhandschuhes lesbar sein. Ist die Kennzeichnung aufgrund der spezifischen Eigenschaften des Handschuhes nicht möglich, muss sie auf der Außenverpackung angegeben sein.

1

Chemikalienfestigkeit   Geringe Chemikalienfestigkeit

2

Tab. 1: Einteilung der Schutzklassen

Gemessene Durchbruchzeit	Schutzklasse	Gemessene Durchbruchzeit	Schutzklasse
> 10 Minuten	Klasse 1	> 120 Minuten	Klasse 4
> 30 Minuten	Klasse 2	> 240 Minuten	Klasse 5
> 60 Minuten	Klasse 3	> 480 Minuten	Klasse 6

Schutzhandschuhe zum Schutz vor Chemikalien und Mikroorganismen

Diese Handschuhe schützen den Verarbeiter vor der Einwirkung von Chemikalien und/oder Mikroorganismen. Um einen wirksamen Schutz zu gewährleisten, müssen sie vor jeder Benutzung auf Beschädigungen überprüft und gegebenenfalls erneuert werden.
Die richtige Handschuhwahl ist zum einen abhängig vom verwendeten Beschichtungsstoff und zum anderen von der Permeation (Durchbruch) und der Degradation des Handschuhmaterials.

- **Permeation** (Durchbruch) beschreibt den Durchtritt von festen, flüssigen oder gasförmigen Stoffen im molekularen Bereich.

- **Degradation** beschreibt die Verschlechterung des Materials durch Einwirkung von Chemikalien.

Abgeleitet von Permeation und Degradation werden für jeden Handschuhtyp Schutzklassen von 0–6 abgeleitet, die die jeweilige gemessene Durchbuchzeit von Chemikalien aufführt (Tab. 1).

5.13.2 Sicherer Umgang mit Epoxidharz

Das Problem beim Verarbeiten von Epoxidharzen ist die Tatsache, dass die Inhaltsstoffe des Harzes allergieauslösend und sensibilisierend sein können.

Die Aminhärter sind ätzend, giftig und zum Teil allergieauslösend und sensibilisierend.

Sensibilisierte Personen können dann bereits auf zunehmend geringere Megen an Epoxidharzen allergisch reagieren. Daher sollte möglichst jeglicher Hautkontakt mit nicht ausgehärteten Epoxidharzen vermieden werden.

Persönliche Schutzmaßnahmen
- **Handschutz:** Tragen von Butylkautschukhandschuhen (Schichtdicke mindesten 0,5 mm) oder Nitrilkautschukhandschuhen (NBR), sofern der Epoxidharzhersteller keine anderen Angaben macht. Die Handschuhe müssen häufig gewechselt werden. Die Wechselhäufigkeit ist von der vom Hersteller angegebenen Durchbruchzeit abhängig (maximale Tragedauer nach TRGS, technische Regeln für Gefahrstoffe), beträgt jedoch niemals länger als einen Tag. Beschädigte oder an den Hautberührungsstellen verschmutzte Handschuhe müssen sofort gewechselt werden.

- **Augenschutz:** dicht abschließende Schutzbrille oder Gesichtsschutz tragen.

- **Atemschutz:** Voll- oder Halbmaske mit Filter A2P2.

- **Körperschutz:** Schutzkleidung benutzen, die im Falle der Verunreinigung sofort gewechselt werden muss.

5.13.3
Sicherer Umgang
mit Polyurethan

Die isocyanathaltigen Inhaltsstoffe des
Harzes sind giftig und sehr reaktions-
freudig. Sie können bei Hautkontakt mit
Bestandteilen der Haut reagieren und zu
starken Beschädigungen führen.
Isocyanatspritzer in den Augen können zu
schweren Augenschäden führen.
Isocyanate können akute und chronische
Schäden am Bronchialsystem hervorrufen.

Persönliche Schutzmaßnahmen
- **Handschutz:** Tragen von Nitrilkautschukhandschuhen (NBR), (Schichtdicke mindestens 0,4 mm) oder bei
  längerer Tragedauer bis maximal 8
  Stunden Handschuhe aus Fluorkautschuk (FKM, z. B. Viton®). Die Wechselhäufigkeit der Handschuhe ist von der
  vom Hersteller angegebenen Durchbruchzeit abhängig. Beschädigte oder
  an den Hautberührungsstellen verschmutzte Handschuhe müssen sofort
  gewechselt werden.

- **Augenschutz:** Dicht abschließende
  Schutzbrille oder Gesichtsschutz tragen.

- **Atemschutz:** Voll- oder Halbmaske mit
  Filter A2P2.

- **Körperschutz:** Schutzkleidung benutzen, die im Falle der Verunreinigung
  sofort gewechselt werden muss.

5.13.4
Sicherer Umgang mit
ungesättigtem Polyester

Bei der Verarbeitung von ungesättigtem
Polyester werden Peroxide als Initia-
tor hinzugegeben. Peroxide sind relativ
instabile, temperaturempfindliche
Verbindungen, die brandfördernd sind.
Peroxide sollten daher unbedingt von
Zündquellen ferngehalten werden (Abb. 2).
Einige Peroxide können bei Haut- oder
Augenkontakt zu starken Verätzungen
führen.

Persönliche Schutzmaßnahmen
- **Handschutz:** Tragen von Butylkautschukhandschuhen (Schichtdicke
  mindestens 0,5 mm) oder Handschuhe
  aus Fluorkautschuk (FKM z. B. Viton®).
  Die Wechselhäufigkeit der Handschuhe
  ist von der vom Hersteller angegebenen
  Durchbruchzeit abhängig. Beschädigte
  oder an den Hautberührungsstellen
  verschmutzte Handschuhe müssen sofort gewechselt werden.

- **Augenschutz:** Dicht abschließende
  Schutzbrille mit Seitenschutz oder
  Gesichtsschutz tragen.

- **Atemschutz:** Voll- oder Halbmaske mit
  ABEK-Filter.

- **Körperschutz:** Schutzkleidung benutzen, die im Falle der Verunreinigung
  sofort gewechselt werden muss.

1 EP-Gebinde mit
   Gefahrenzeichen

2 Peroxide mit
   Gefahrenzeichen

GHS

Das GHS, Globally Harmonized System of Classification, Labeling and Packaging of Chemicals (global abgestimmtes System zur Einstufung von Chemikalien) ist ein weltweit einheitliches System zur Kennzeichnung und Einstufung der Gefährdung durch Chemikalien. Das GHS wird innerhalb der Europäischen Union ab 2010 für Stoffe und seit 2015 für Zubereitungen eingeführt.
An Stelle der EU-Kennzeichen und Gefahrensymbole werden einheitliche Gefahrenpiktogramme und Signalworte, „Achtung" oder „Gefahr" verwendet. Die Risiko- und Sicherheitssätze (R- und S-Sätze) werden durch *Hazard Statements* (Gefährdungen) und *Precautionary Statements* (Sicherheitshinweise), verkürzt *H-* und *P-Sätze*, ersetzt. Zusätzlich werden besonders starke Gefährdungen innerhalb der Europäischen Union durch *EUH-Sätze* ergänzt.

Die H- und P-Sätze werden nach und nach gebräuchlich. Die Sätze sind mit vorangestelltem Buchstaben und einer dreistelligen Nummer versehen, die Aufschluss über die Art der Gefährdung und die zugehörigen Sicherheitsmaßnahmen geben. Im Folgenden sind einige Beispiele für Kodierungen nach GHS aufgeführt.

H-Sätze
Die „200-er" Reihe bezieht sich auf physikalische Gefahren.
- H224: Flüssigkeit und Dampf extrem entzündbar
- H224: Erwärmung kann Explosion verursachen

Die „300-er" Reihe bezieht sich auf Gesundheitsgefahren.
- H301: Giftig bei Verschlucken
- H311: Giftig bei Hautkontakt
- H331: Giftig bei Einatmen

Die „400-er" Reihe bezieht sich auf Umweltgefahren.
- H400: Sehr giftig für Wasserorganismen

P-Sätze
Die „100-er" Reihe bezieht sich auf Allgemeines.
- P103: Vor Gebrauch Kennzeichnungsetikett lesen

Die „200-er" Reihe bezieht sich auf Prävention.
- P232: Vor Feuchtigkeit schützen
- P234: Nur im Originalbehälter aufbewahren
- P261: Einatmen von Staub, Rauch, Gas, Nebel, Aerosol vermeiden
- P271: Nur im Freien oder in gut belüfteten Räumen verwenden

Die „400-er" Reihe bezieht sich auf Reaktionen.
- P330: Mund ausspülen
- P331: Kein Erbrechen herbeiführen

Die „400-er" Reihe bezieht sich auf Aufbewahrung.
- P402: Nur an einem trockenen Ort aufbewahren

Die „500-er" Reihe bezieht sich auf Entsorgung.
- P501: Inhalt, Behälter etc. zurückführen an …

EUH-Sätze
Einige der alten R-Satz-Kennzeichnungselemente sind vom GHS-System nicht berücksichtigt worden. Diese wurden in **eu**ropäische **H**-Sätze (EUH-Sätze) überführt, um den Schutzstandard zu erhalten. Im Folgenden sind beispielhaft einige EUH-Sätze aufgeführt.
- EUH014: Reagiert heftig mit Wasser
- EUH029: Entwickelt bei Berührung mit Wasser giftige Gase
- EUH202: Cyanacrylat. Gefahr: Klebt innerhalb von Sekunden Haut und Augenlider zusammen. Darf nicht in Kinderhände gelangen.

Da an Stelle der alten Gefahrensymbole die einheitlichen Gefahrenpiktogramme verwendet werden ist nachfolgend eine tabellarische Gegenüberstellung und Entsprechung der EU-Kennzeichnungen sowie der Piktogramme der GHS-Verordnung aufgeführt (Tab. 1).

Tab. 1: Gegenüberstellung von Gefahrenzeichen

Kennzeichnungen			GHS-Verordnung			
Gefahren-symbol	Gefahren-bezeichnung	Kenn-buch-stabe	Gefahren-piktogramm	Gefahrenbezeichnung	Gefahrenklasse	Signal-wort
	Explosions-gefährlich	E		Explodierende Bombe	Instabile explosive Stoffe, Gemische und Erzeug-nisse mit Explosivstoffen, selbstzersetzliche Stoffe und Gemische	Gefahr
	Hoch-entzündlich	F+		Flamme	Entzündbar, selbsterhitzungsfähig, selbstzersetzlich	Gefahr
	Leicht-entzündlich	F				
	Brand-fördernd	O		Flamme über einem Kreis	Entzündend, oxidierend	Gefahr
Keine Übereinstimmung				Gasflasche	Gase unter Druck, verdichtete, verflüssigte, tiefgekühlte, gelöste Gase	Achtung
	Ätzend	C		Ätzwirkung	Korrosiv auf Metalle wirkend, hautätzend, augenschädigend	Achtung/Gefahr
	Sehr giftig	T+		Totenkopf mit gekreuzten Knochen	Akute Toxizität (Giftigkeit)	Gefahr
	Giftig	T				
	Gesundheits-schädlich	Xn	Keine direkte Übereinstimmung			
	Reizend	Xi				
Keine direkte Übereinstimmung				Gesundheitsgefahr	Unterschiedliche Gesundheitsgefahren	Gefahr
Keine Übereinstimmung				Zur zusätzlichen Kennzeichnung diver-ser Gefahrenklassen	je nach Einsatz	
	Umwelt-gefährlich	N		Umwelt	Gewässergefährdend	Achtung/Gefahr

1 Aufbau eines Kennzeichnungsetiketts

Gemäß der Tabelle 1, S. 51, gibt es keine Differenzierung mehr zwischen „giftig" und „sehr giftig" sowie „gesundheitsschädlich, Xn" und „reizend, Xi". Die entsprechenden Gefahren und Sicherheitsvorschriften sind den aufgeführten R-und S-Sätzen beziehungsweise den H- und P-Sätzen zu entnehmen.

Es ist darauf zu achten, dass die Kennzeichnungsetiketten mindestens 66 % der Etikettengröße einnehmen. Sie müssen lesbar sein, dürfen nicht verschmutzt oder teilweise entfernt worden sein.

Zukünftig ergeben sich nach GHS Mindestanforderungen für ein Kennzeichnungsetikett für Gefahrstoffe (Abb. 1).

Chemikalie	Methanol
Produktidentifikation bzw. Stoffzusammensetzung	(Lösemittel) 603-001-00-X
Piktogramme	
Signalwort	GEFAHR
H-Sätze (Gefahrenhinweise)	Flüssigkeit und Dampf leicht entzündbar Giftig bei Verschlucken Giftig bei Hautkontakt Giftig bei Einatmen Schädigt Organe
P-Sätze	Unter Verschluss aufbewahren. Behälter dicht verschlossen halten. Von Hitze, Funken, offenen Flammen fernhalten. Nicht rauchen. Schutzhandschuhe, Schutzkleidung, Augenschutz, Gesichtsschutz tragen. Bei KONTAKT MIT DER HAUT mit viel Wasser und Seife waschen. Bei Exposition (dem Gefahrstoff ausgesetzt sein) oder Unwohlsein sofort das GIFTINFORMATIONSZENTRUM oder den Arzt anrufen.
Nennmenge des Stoffes oder Stoffgemisches	50 l
Angaben zum Lieferanten	Chemoflex Methanolstraße 12 C 30001 Methylheim Tel. 7777 7777

1

5.13.5
Arbeitsplatzgrenzwerte

In Lackierereien wird mit einer großen Zahl an Stoffen gearbeitet, die für den Anwender eine Gefahr darstellen können. Mit diesen Stoffen sind auf der einen Seite Stäube gemeint, die z. B. bei Schleifarbeiten entstehen, bis in die Lunge vordringen und dadurch Krankheiten verursachen können. Zum anderen können beim Umgang mit den Chemikalien, aus denen der Lackierer die spritzfertigen Beschichtungsstoffe anmischt, unterschiedliche Schädigungen für Haut und Organe auftreten.

Man unterscheidet bei den Krankheiten, die auftreten können zwischen akuten und chronischen Schäden. Akut ist eine Krankheit, wenn sie schnell zum Ausbruch kommt und von vergleichsweise kurzer Dauer ist (3–14 Tage). Eine Erkrankung ist chronisch, wenn sie sich langsam entwickelt oder lang (mehr als einen Monat) andauert. Wie bei Allergien kann eine chronische Krankheit auch hin und wieder in akuten Schüben auftreten, ohne danach wieder zu verschwinden. Viele chronische Krankheiten, die von organischen Lösemitteln, Lackpartikeln oder isocyanathaltigen Härtermaterialien ausgelöst werden, treten erst nach einigen Jahren auf, so dass deren Ursache schwierig festzustellen ist.
Um den Erkrankungen vorzubeugen, ist der Schutz vor gefährlichen Stoffen gesetzlich geregelt. Das Arbeitsschutzgesetz (ArbSchG) und insbesondere die Gefahrstoffverordnung (GefStoffV) sorgen für die Sicherheit der Mitarbeiter, die mit den entsprechenden Produkten tätig sind. Darüber hinaus helfen die Technischen Regeln für Gefahrstoffe (TRGS) den Beteiligten, die Gesetzesinhalte sinnvoll anzuwenden.

Um Erkrankungen zu vermeiden, sind Maximalwerte festgelegt worden, bei denen bei einer normalen Einwirkungszeit (acht Stunden täglich bei fünf Tagen in der Woche) während des Berufslebens keine akuten oder chronischen Schädigungen zu erwarten sind. Wichtig ist hierbei die Konzentration eines Stoffes als Gas, Dampf oder Staub am Arbeitsplatz, die in

2

mg/m^3 oder ml/m^3 (auch als ppm bezeichnet) angegeben werden.
Seit 2005 wird dieser Maximalwert für jeden Schadstoff einzeln als Arbeitsplatzgrenzwert (AGW) definiert. Für eine Übergangszeit werden z. T. parallel noch die inzwischen veralteten Begriffe Maximale Arbeitsplatz-Konzentration (MAK) und Technische Richtkonzentration (TRK) benutzt.
Es gilt, dass der verwendete Stoff umso gefährlicher ist, desto niedriger der AGW ist. Bei Stoffgemischen, wie sie an Lackiererarbeitsplätzen häufig auftreten, sind zur Bewertung der Gefahren die TRGS anzuwenden.

2 Betroffene Organe möglicher Gesundheitsgefährdungen bei Lackierern

Bildbeschriftung:
Gehirn
Augen
Mund
Nase
Knochenmark
Leber
Niere
Magen
Samen- bzw. Eizellen und Fötus
Muskeln
Nerven

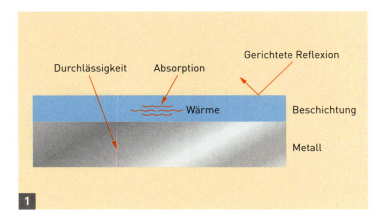

Durchlässigkeit   Absorption   Gerichtete Reflexion

Wärme   Beschichtung

Metall

1

1 Möglichkeiten
der Strahlungs-
durchgänge

5.14
Lackhärtung und
Lacktrocknung

Für eine beschleunigte, wirtschaftliche
Lackhärtung bzw. -trocknung stehen dem
Fahrzeuglackierer spezielle Anlagen und
Arbeitsabläufe zur Verfügung. Dazu gehö-
ren die

- UV-Härtung,
- Elektronenstrahlhärtung,
- Infrarottrocknung und
- Konvektionstrocknung.

5.14.1
UV-Härtung

Bei der UV-Härtung erfolgt die Beschleu-
nigung der Lackhärtung durch ultravi-
olette Strahlung. Zum Einsatz kommen
Bindemittel, die mit Hilfe von Radikalen
polymerisieren können. Die Radikale
(Fotoinitiatoren) zerfallen durch die energiereiche UV-Strahlung und bewirken eine
Kettenreaktion, die die Polymerisation
auslöst.
Ausgehärtet durch UV-Strahlung werden
nur Werkstücke, an denen eine gleichmäßige Bestrahlung von allen Seiten gewährleistet ist. An Teilen des Werkstücks die
beschattet sind, würden die Fotoinitiatoren
vom UV-Licht nicht ausreichend angeregt
werden und die Beschichtung würde nicht
völlig aushärten.

UV-gehärtete Beschichtungen sind hoch
chemikalien- und kratzbeständig. Weitere

Vorteile sind der geringe Energieaufwand,
die Umweltverträglichkeit und die sehr
schnelle Erhärtungsgeschwindigkeit.

5.14.2
Elektronenstrahlhärtung (ESH)

Bei der Elektronenstrahlhärtung wird
durch Elektronenstrahlen eine radika-
lische Polymerisation herbeigeführt. Die
in einem Elektronenstrahlbeschleuniger
freigesetzten Elektronen treffen mit so
hoher Energie auf die Beschichtung, dass
die Härtung in Sekunden einsetzt. Zum
Einsatz kommen auch hier, wie bei der
UV-Härtung, Bindemittel, die mit Hilfe
von Radikalen polymerisieren können. Im
Gegensatz zur UV-Härtung werden auf
Grund der hohen Energie der Elektronen
Fotoinitiatoren benötigt.

Die Vorteile der ESH-Härtung liegen im
geringen Energiebedarf, der Umweltverträglichkeit und sekundenschnellen
Erhärtung sowie im Vergleich zur UV-
Härtung in hohen Schichtdicken. Eine
teure Anlage zur Elektronenstrahlhärtung
lohnt sich nur für Betriebe, die mit großen
Stückzahlen arbeiten.

5.14.3
Infrarottrocknung/-härtung
(IR-Trocknung)

Bei der Infrarottrocknung (Strahlentrock-
nung) wird die Filmbildung durch erhöhte
Temperatur beschleunigt. Je nach Art
des Bindemittels wird die physikalische
Trocknung oder die chemische Härtung
verstärkt angeregt. Genutzt wird dabei die
Tatsache, dass Wellenlängen im Bereich
der langwelligen Strahlung des Spek-
trums Energie in Form von Wärme übertragen (LF 4)

Abhängig vom jeweiligen Bindemittel, vom
Pigment und von der Schichtdicke des
Beschichtungsstoffes werden die Infrarot-
strahlen reflektiert, absorbiert oder durch
das Medium hindurch gelassen (Abb. 1).
Metalluntergründe lassen Strahlung nicht
hindurch, sie absorbieren diese. Dadurch
erwärmt sich das Metall und somit der

Beschichtungsstoff. Die Wärme, die dadurch entsteht, kann zum einen durch die Temperatur des Strahlers erhöht werden, zum anderen durch ein hohes Absorptionsvermögen des Untergrundes. Da dunkle Untergründe und Beschichtungen über ein hohes Absorptionsvermögen verfügen, erwärmen diese sich sehr stark.
Die Trocknung bzw. Erhärtung erfolgt bei der IR-Trocknung vom Metall aus, also von innen nach außen. Das bedeutet, dass selbst bei starker Erwärmung durch Infrarotstrahler, die Beschichtung vor der völligen Durchtrocknung keine Haut bilden kann.

Je nachdem welche Wellenlänge ein IR-Strahler abgibt, unterscheidet man zwischen kurzwelligen (KIR), mittelwelligen (MIR) und langwelligen (LIR) Infrarotstrahlern. Die Langwellenstrahler werden auch Dunkelstrahler, die Mittel- und Kurzwellenstahler auch Hellstrahler genannt. Je kurzwelliger die IR-Strahlung ist, umso höher ist die Strahlertemperatur und somit die auf den Beschichtungsfilm einwirkende Strahlungsenergie.
Die strahlungsschwächeren, kälteren Dunkelstrahler emittieren Wellenlängen von 4 bis 5 µm. Hierbei heizt sich die beschichtete Oberfläche stärker auf als der Beschichtungsstoff. Das bedeutet, die Erwärmung erfolgt von unten. Lösemittel können schnell tiefenwirksam aus dem Lackfilm getrieben werden. So wird die Gefahr der Kocherbildung gesenkt. Eine intensivere IR-Strahlung entsteht durch die Hellstrahler mit kurz- und mittelwelliger Emission zwischen 1 und 3 µm. Die Strahlung wird überwiegend im Beschich-

tungsstoff absorbiert. Dieser wird somit heißer als der Untergrund, was eine extrem schnelle Härtung zur Folge hat. Der Nachteil besteht darin, dass es leichter zu Blasen und Kocherbildungen kommen kann.

In der Industrielackierung wird zunehmend mit Halogen-Infrarot-Strahlung gearbeitet. Es handelt sich um extrem strahlungsstarke, kurzwellige Strahler. Dabei kommen Halogenstrahler zum Einsatz mit Glühtemperaturen bis 3500 °C. Die NIR-Strahlen dringen sehr tief ein und der damit bestrahlte Lackfilm heizt sich spontan über 200 °C auf. Der Untergrund bleibt während der kurzen Erhitzungszeit relativ kalt. So ist es möglich, z. B. einen Pulverlack innerhalb weniger Sekunden auch auf einem hitzeempfindlichen Untergrund auszuhärten.

Beim Arbeiten mit IR-Strahlern muss darauf geachtet werden, dass temperaturempfindliche Untergründe und Materialien, z. B. Kunststoffe und Füller, nicht zu stark erhitzt werden. Alle Oberflächen sollten auf nicht mehr als 80–100 °C erhitzt werden.

Um das Risiko der Überhitzung zu verringern, muss ein Abstand der Strahler von 40–70 cm zum Objekt gewährleistet sein. Einige Strahler sind mit einem Sensor ausgestattet. Dieser verhindert, dass der Abstand zum Untergrund zu gering ist. Dadurch wird vermieden, dass dieser zu heiß wird und z. B. Lackierfehler in Form von Blasen oder Kochern entstehen (Kap. 7.14).

Aufgaben zu Kapitel 5.14.1–5.14.4

1. Erklären Sie, warum mit UV-Härtung nur Werkstücke beschichtet werden, bei denen eine gleichmäßige Bestrahlung möglich ist.

2. Nennen Sie die Bindemittel, die bei der UV-Härtung und der ES-Härtung verwendet werden.

3. Erläutern Sie den Unterschied zwischen Hell- und Dunkelstrahlern.

1 Konvektions-
   tunnel mit
   Infrarot-Booster

2 Konvektions-
   trocknung

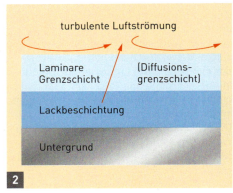

5.14.4
Konvektionstrocknung

Bei der Konvektionstrocknung wird das Objekt mit aufgeheizter Luft (Konvektionswärme) um- bzw. angeströmt. Das Objekt befindet sich in einem Konvektionsofen (Heißluft- oder Umluftofen), der entweder wie eine Kammer funktioniert, in der das Objekt ruhig steht oder wie ein Kanal, durch den das Objekt langsam und gleichmäßig geführt wird (Abb.1).

Der Wärmeträger Luft wird in einer turbulenten, meist kreisförmigen Strömung in die Umgebung des beschichteten Objektes eingeströmt (Abb. 2). Es wird nur soviel Frischluft zugeführt, dass sich durch die austretenden Lösemittel keine explosive Atmosphäre bildet. Durch die Übertragung der Wärme aus der einströmenden Luft in die Lackschicht wird indirekt auch die Objektoberfläche erhitzt (konvektiver Wärmeübergang). Das bedeutet, dass die kleinen einströmenden Verwirbelungen ihre Wärmeenergie beim Zusammentreffen mit der Lackoberfläche abgeben und die verdunsteten Lösemittel abführen. Da die Lackschicht durch die Wärmeübertragung an das Objekt abgekühlt wird, muss sie von der einströmenden Luft immer wieder aufgeheizt werden.

Durch die anströmende heiße Luft bildet sich die **laminare Grenzschicht/Diffusionsgrenzschicht** (Abb. 2). In dieser Schicht erfolgt die Wärmeübertragung von Molekül zu Molekül.

Daraus ergibt sich das Temperaturgefälle. Die Dicke der laminaren Grenzschicht ist niedrig zu halten, um einen schnellen Energietransport zu ermöglichen. Je nachdem, wie hoch die Luftgeschwindigkeit der turbulenten Strömung ist, ändert sich die laminare Grenzschicht. Ist die Strömung hoch, wird eine niedrige laminare Grenzschicht erreicht. Die hohe Temperatur der Strömung erzeugt zusätzlich einen erhöhten Dampfdruck, so dass ein schneller Stoffaustausch der Lösemittel erfolgen kann.

Allgemein sollte das Aufheizen des Lackes und somit auch die des Objektes entsprechend der Herstellerangaben vorgenommen werden, damit keine Probleme auftreten. Dabei müssen die Parameter Wärmeleitfähigkeit, Schichtdicke, Material und die Masse des zu beschichtenden Werkstoffes beachtet werden. Wenn die Luftströmung zu stark oder zu heiß ist, trocknet die Lackschicht zu schnell an der Oberfläche und eine Art Hautbildung ist die Folge. In diesem Fall kann es zu Blasen oder Kratern kommen, da sich die Lösemittel unter der zu schnell getrockneten Filmoberfläche stauen. Um einen vollständigen Stoffaustausch zu erhalten, sollten zusätzlich die Schichtdicken der Beschichtung möglichst gering ausfallen, um eine unvollständige Härtung zu vermeiden. Ebenso sollte die Verweilzeit des Objektes in der Kammer oder dem Kanal genau abgestimmt werden, damit es nicht zur Vergilbung oder Versprödung des Lackes kommt.

3 Technische
  Merkblätter

4 Gebinde mit
  Piktogrammen

5 Lackier-
  piktogramme

5.15
Lackierpiktogramme

Im Allgemeinen ist ein Piktogramm eine vereinfachte und übersichtliche grafische Darstellung. Es soll unabhängig von der Sprach- und Lesekenntnis des Betrachters Informationen vermitteln. In der Regel werden Piktogramme weltweit verstanden.

Die Lackproduzenten haben einheitliche Lackierpiktogramme festgelegt. Diese Piktogramme visualisieren technische Sachverhalte und geben dem Lackierer wichtige Informationen für die Verarbeitung der verschiedenen Materialien. Die Lackierpiktogramme finden nicht nur in den Technischen Merkblättern sondern auch auf den verschiedenen Gebinden ihre Verwendung. Sie ersetzen schriftliche Hinweise und sind international verständlich (Abb. 4).
Die Lackierpiktogramme lassen sich in unterschiedliche Gruppen bzw. Verwendungsbereiche einteilen:

- Vorbehandlung,
- Mischen,
- Verarbeitung,
- Trocknung,
- Schleifen und Polieren,
- Technische Informationen,
- Lagerung,
- Wichtige Hinweise,
- Sicherheitsinformationen.

Beispiele s. Abb. 5 und S. 58, Abb.1.

Vorbehandlung:

Reinigen

Mischen:

Mischverhältnis 2 Komponenten	Mischverhältnis 3 Komponenten	Mischverhältnis 1:1 2 Komponenten	Härterzugabe

Verarbeitungs- viskosität in Sekunden	Farbton nicht mischbar	Wasser- verdünnung	Messstab verwenden

Verarbeitung:

Fließbecher- pistole	Saugbecher- pistole	UB-Pistole	Spritzgänge Fließbecher	Spritzgänge Saugbecher

Spraydose	Spachteln	Streichen	Rollen	Druck-Airless- Spritzen

Spritzabstand	Farbton für Anbauteile	3-Schicht- Aufbau	Farbton exis- tiert in ver- schiedenen Nuancen	Mehrfarben- lackierung

Weitere Lackierpiktogramme

Trocknung und Erhärtung:

| Ablüften | Trockenzeit | Infrarot-Trockenzeit | UV-Flash | Wisch- und berührungsfest | Montagefest | Abdeckband-fest | Staubtrocken |

Schleifen und Polieren:

| Schleifen von Hand, nass | Schleifen von Hand, trocken | Leicht köpfen | Exzenter-schleifer nassschliff | Exzenter-schleifer trockenschliff | Schwing-schleifer nass | Schwing-schleifer trocken | Polieren |

Technische Informationen:

| Siehe Merkblatt | Atemschutz | Information beim nächsten Stützpunkt |

Lagerung:

| Kühl lagern | Vor Feuchtigkeit schützen | Lagerdauer | Vor Frost schützen |

Weitere Wichtige Hinweise:

| Aufrühren | Aufrühren in der Mischanlage | Gebinde verschließen | Topfzeit | Spraydose vor Gebrauch schütteln | Formel in Arbeit | Farbton für Innenlackierung | Farbtonan-gleichung spritzen |

| Einge-schränktes Deckvermögen | Formel wurde abgeändert | Farbton-vergleich | Farbton ab Werk lieferbar |

Sicherheitsinformationen:

| Lack enthält Lösemittel | Produkt enthält Isocyanat | Mischung enthält mehr als 0,15 ‰ metallisches Blei | Enthält mehr als 0,5 % Bleichromat | Mischung enthält mehr als 1,0 % lösliches Blei u./o. mehr als 10 % Bleichromat |

2 Fahrzeug im
Finishbereich

3 Leere,
gebrauchte
Lackgebinde

5.16
Entsorgung

Bei handwerklichen Arbeiten an Fahr-
zeugen und mit Beschichtungsstoffen
fallen unterschiedliche Abfälle an
(Abb. 2). Die Entsorgung dieser Abfall-
stoffe kann je nach Größe und Ausrichtung
eines Lackierbetriebs sehr unterschied-
lich gehandhabt werden.
Der Umgang mit Abfällen muss nach
folgenden Gesichtspunkten vom Betrieb
strukturiert werden:
■ Abfallvermeidung,
■ Abfallerfassung an der Arbeitsstelle,
■ Abfalltrennung und Vorbereitung zur
  Entsorgung,
■ Abtransport der Abfälle,
■ Dokumentation der Entsorgung.
■ Führen eines Entsorgungsnachweises
  (für Kühlflüssigkeit, Bremsflüssigkeit,
  Airbags usw.).

5.16.1
Planung der Abfallentsorgung

Die Voraussetzung für die richtige Abfal-
lentsorgung in einer Lackiererei ist die
Berücksichtigung der maximal anfal-
lenden Abfallmengen sowie der Entsor-
gungsmöglichkeiten (Abb. 3). Der zu er-
wartende Aufwand der Entsorgung muss
insbesondere bei der Kalkulation von
Angeboten mit einbezogen werden.
Folgende Gesichtspunkte sind bei der
Planung der Abfallentsorgung zu berück-
sichtigen:
■ Umgang mit gefährlichen Abfällen,
■ Abfalltrennung,
■ Bereitstellung von Sammelbehältern,
■ Transport von Abfällen zur Entsorgung,
■ Entsorgungsmöglichkeiten von Abfällen
  im Betrieb,
■ Einweisung der Mitarbeiter.

Betriebliche Möglichkeiten zur Abfallvermeidung (Auswahl)

■ Verwendung von wasserverdünnbaren oder High-Solid-Lacken zur Reduzierung
  der Lösemittelemissionen.
■ Einsatz von Spritzystemen mit hohem Auftragswirkungsgrad, also geringem
  Overspray, z. B. HVLP-Pistolen.
■ Anschaffung von Lackmengen nur für den zeitnahen Gebrauch.
■ Weiterverwendung von noch nicht mit Härter angemischten Restmaterialien
■ Abfälle getrennt sammeln und bereitstellen, geeignete Sammelbehälter zur
  Verfügung stellen.
■ Verwendung von Mehrweggebinden (z. B. Verdünnungsfässern).
■ Einsatz von Einweggebinden und Spraydosen auf ein Minimum reduzieren.

1   Papierpresse

2   Sammelbehälter
    für Altverdün-
    nung

3   Destilliergerät

5.16.2
Abfallvermeidung

Die rechtliche Grundlage für den Umgang
mit Abfällen ist das Kreislaufwirtschafts-
und Abfallgesetz (KrW-/AbfG). Dieses ist
das zentrale Gesetz des deutschen Abfall-
rechts und wird durch spezielle Rechts-
verordnungen (z. B. Gewerbeabfallverordnung, Verpackungsverordnung) ergänzt.
Das Abfallrecht fordert das Entstehen
von Abfällen grundsätzlich zu vermeiden.
Es gilt der Grundsatz „Vermeidung vor
Verwertung vor Beseitigung". Die Vermeidung von Abfall ist für einen Betrieb auch
wirtschaftlich sinnvoll, da sowohl Ent-
sorgungskosten als auch Arbeitsaufwand
der eigenen Mitarbeiter reduziert werden
können.
Die Abfallvermeidung setzt schon bei der
Bestellung von Gebinden mit Beschichtungsmaterial an. Bestellt man zu viele
Kleingebinde, erhöht dies den Verpa-

ckungsmüll. Werden zu große Gebinde
geordert, bleiben häufig nicht mehr verar-
beitbare Materialreste übrig, die entsorgt
werden müssen.
Zum Beispiel trägt schon die Verwendung von Abdeckhauben anstatt einen
Vollverklebung mit Papierbögen zur Müll-
reduzierung bei. Der dennoch anfallende
Abfall des Betriebes muss nach wieder
verwertbaren Materialien, Gewerbemüll
und Sondermüll getrennt werden. Nur
dann kann er separat verwertet oder entsorgt werden. Die Einzelheiten werden in
der Gewerbeabfallverordnung (GewAbfV)
geregelt.
Für Verdünnungen oder Lackgroßmengen
können Pfandgebinde, Kessel usw. verwendet werden (Abb. 2).

5.16.3
Entsorgung von Lackierereiabfällen

Komplett restentleerte, trockene oder
durchgehärtete Gebinde können in den
regulären Gewerbemüll gegeben oder
an den Hersteller zurückgegeben werden. Das Aushärten und Austrocknen von
Restbeschichtungsstoffen kann auch die
Gefährlichkeit der Materialien verringern.

Die Behälter, in denen der Abfall getrennt
nach Sorten gesammelt wird, müssen
auch transportierbar sein. Bei größeren Mengen werden von Spezialfirmen
Container zum Sammeln des Abfalls
bereitgestellt und später abgeholt. Der
Lackierbetrieb muss während der Verwendung darauf achten, dass niemand
z. B. stark verschmutzte Abfälle oder
Fremdmaterialien (Altöl, Autoreifen usw.)
in die Behälter werfen kann, was die Ent-

4 Zu entsorgende Filtermatten

5 Verbrauchter Strahlsand in einer Strahl-kabine

6 Karosserieschrott

sorgung verteuern könnte. Daher sind Container abzudecken oder deren Deckel abzuschließen, wenn sie nicht gebraucht werden.

Verpackungsmaterialien mit dem „Grünen Punkt" sowie Kartons, Verpackungs-folien, Kanister, Fässer, Eimer, Paletten usw. können über Recycling-Systeme zurückgegeben werden. Über diese Möglichkeiten kann sich der Lackierbetrieb bei seinem Lieferanten oder bei der kommunalen Abfallberatung erkundigen.

Abdeckpapier kann in einer pneumatisch betriebenen Papierpresse auf ein kleineres Volumen zusammengedrückt und als Bündel dem Recycling zugeführt werden (Abb. 1).

Flüssige Beschichtungsmaterialreste sind Sondermüll und werden nach wasser- und lösemittelverdünnbaren Produkten getrennt und von Spezialfirmen entsorgt. Dem Sondermüll werden meistens auch ausgetauschte Filtermatten (Abb. 4), verbrauchter Strahlsand (Abb. 5) und Lackschlämme zugeordnet. Schleifrückstände und Stäube gelten in der Regel als Gewerbemüll. Allerdings weichen die Regelungen der kommunalen Behörden je nach Bundesland und Region voneinander ab. Verschmutzte Altverdünnungen können in einem Sammelbehälter an den Liefe-

ranten zurückgegeben werden (Abb. 4). Der Hersteller kann aus diesen Materialien unter Zuhilfenahme eines Destilliergeräts Lösemittel rückgewinnen, die als Wasch- bzw. Reinigungsverdünnung wieder verwendet werden können (Abb. 3). Ausgetauschte Karosserieteile können an lokale Altautoverwertungsbetriebe oder Schrottplätze weitergegeben werden. Es muss nach Eisen- und Nichteisenmetallen, Kunststoffen, Glas und Elektronikschrott sortiert werden. Auch hier können Container zum Einsatz kommen (Abb. 6). Beim Umgang mit Gewerbe- und Sondermüll sind stets die Unfallverhütungsvorschriften zu beachten und die entsprechende persönliche Schutzausrüstung zu verwenden.

Aufgaben zu Kapitel 5.16

1. Welche Gesichtspunkte sind bei der Planung der Abfallentsorgung in einem Lackierbetrieb zu berücksichtigen?

2. Welche Regelwerke behandeln den Umgang mit Abfällen?

3. Wie kann mit verschmutzten Verdünnungen umgegangen werden?

4. Nach welchen Bestandteilen müssen nicht mehr verwendbare Karosserieteile sortiert werden?

Lernfeld 6

Instandsetzungsmaßnahme durchführen

Kundenauftrag
▶ Instandsetzen eines Unfallfahrzeugs

Arbeitsauftrag

Ein stark beschädigtes Unfallfahrzeug soll gerichtet und instand gesetzt werden. Das Fahrzeug weist diverse Schäden auf.

Die auszuführenden Ausbeularbeiten sind umfangreich, weil schwere Verformungen am Fahrzeug vorliegen. Richt- und Ausbeularbeiten sind auszuführen.

Auszuführende Arbeiten

1. Die Heckklappe des Fahrzeugs ist auszubauen und eine neue zu montieren.

2. Der Schweller ist auszutrennen und durch einen neuen zu ersetzen.

3. Die Seitenwand ist herauszutrennen und durch ein Neuteil zu setzten.

4. Die beschädigte Heckscheibe ist auszubauen und zu ersetzen.

5. Das defekte Rücklicht soll ersetzt und die Lampen erneuert werden.

6. Die starke Verformung der D-Säule sowie das Heckblech sollen repariert werden.

7. Die erneuerten und rekonstruieren Fahrzeugteile sind nach entsprechender Untergrundvorbereitung zu beschichten.

Objektbeschreibung

Heckklappe
Das Metall der Tür weist neben Kratzern und starken Verformungen einen Riss von 11 cm Länge auf. Die Heckklappe schliesst über die Zentralverriegelung des Fahrzeugs.

Schweller
Der linke Schweller wurde extrem verformt und im hinteren Bereich um etwa 5 cm nach innen gedrückt.

Seitenwand
Die Seitenwand ist großflächig verformt und hat sich mit der D-Säule und dem Heckblech nach innen verschoben.

Heckblech
Das Heckblech wurde stark verformt und in den Kofferraumbereich hineingedrückt. Ein Riss befindet sich am Übergang zur Seitenwand.

Heckscheibe
Die Frontscheibe ist gesplittert aber noch vollständig verklebt.

Rücklicht
Das Rücklicht wurde beim Unfall einschließlich den Lampen zerstört.

D-Säule
Die D-Säule wurde im unteren Bereich stark eingedrückt.

Leistungsbeschreibung

Ersetzen der Heckklappe
Die Tür ist auszubauen und durch eine neue Tür zu ersetzen. Das Spaltmaß nach Herstellerangaben ist beim Einstellen zu beachten. Ebenso sind die Steckverbindungen der elektronischen Bauteile anzuschliessen und zu überprüfen.

Wiederherstellung des Schwellers
Der Schweller ist weitestgehend rückzuformen, herauszuschneiden und zu ersetzen. Im Anschluss sind Spachtelarbeiten auszuführen. Beim Aufbau ist der Abstand zur Tür zu beachten.

Seitenwand und Heckblech
Die Seitenwand ist herauszutrennen und durch ein Neuteil zu ersetzen. Das Heckblech ist zu richten, herauszuziehen, wieder aufzubauen und zu spachteln. Am Heckblech sind Schweißarbeiten durchzuführen.

Ersetzen der Heckscheibe
Die beschädigte Heckscheibe ist herauszuschneiden und eine neue einzukleben. Hierbei muss darauf geachtet werden, dass der frisch lackierte Rahmen nicht beschädigt wird.

Ersetzen des Rücklichts
Das defekte Rücklicht ist auszubauen, die Lampen zu ersetzen und ein neues Rücklicht zu montieren.

D-Säule
Diese ist herauszuziehen und ebenfalls zu rekonstruieren.

Reparaturlackierungen
Ist das Fahrzeug soweit wieder hergestellt, werden entsprechende Abklebearbeiten durchgeführt. Im Anschluss wird der Lackaufbau ausgeführt.

6.1
Fahrzeugformen

Der Begriff Fahrzeugformen lässt zwei Begriffsklärungen zu. Zum einen ist es möglich, diesen Begriff hinsichtlich der geschichtlichen Entwicklung der Form der Karosserie von der Kutsche bis zum heutigen Automobil zu deuten.

Zum anderen gibt es die Möglichkeit, Fahrzeuge nach ihren technischen Merkmalen zu systematisieren. Die DIN ISO 70010 ist hierbei hilfreich, die Straßenfahrzeuge in ihrer Form voneinander nach bestimmten Merkmalen abzugrenzen.

1 Limousine

2 Coupé

3 Kombi

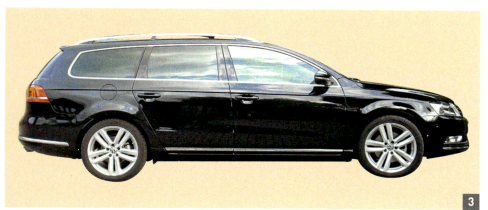

1　Einteilung der
　　Straßenfahrzeuge

6.1.1.
Systematik der Straßenfahrzeuge

Straßenfahrzeuge sind nach der Straßen-
verkehrsordnung (StVO) maschinengetrie-
bene und nicht an Schienen gebundene
Landfahrzeuge. Sie sind für den Betrieb
auf öffentlichen Straßen zugelassen.
Dabei unterscheidet die DIN 70010 drei

Hauptgruppen: Kraftfahrzeuge, Anhänge-
fahrzeuge und Fahrzeugkombinationen.
Eine weitere Unterteilung erfolgt nach
ihrem jeweiligen Verwendungszweck, der
durch die Aufbauten bestimmt wird. Eine
übersichtliche Systematik zeigt die Abb. 1.

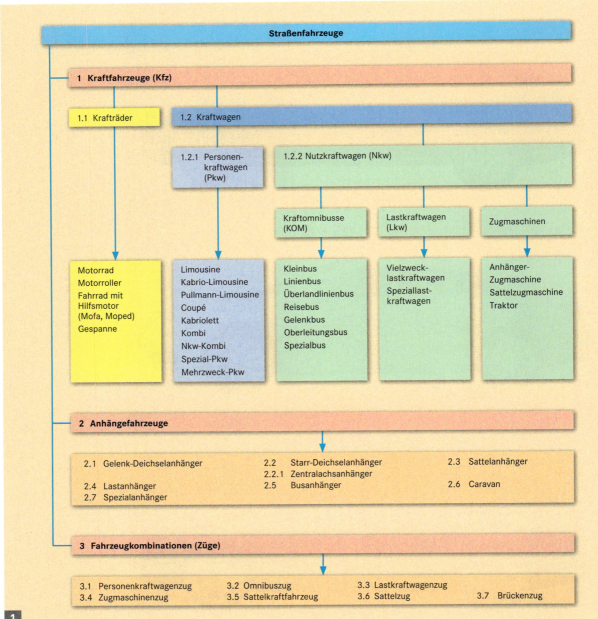

1

6.1.2
Fahrzeugformen
von Personenkraftwagen

Die in der Tabelle 1 aufgeführten Bezeichnungen werden zum Teil in der vorgenannten Norm verwendet, sind aber auch bei
Euro NCAP (European New Car Assess-
ment Programme) gebräuchlich und somit
in der Automobilbranche weit verbreitet.

Tab. 1: Fahrzeugformen

Benennung	Merkmale der Aufbauten Verdeck/Dach	Türen/Fenster	Sitze	Beispiele
Microcar	Geschlossener Aufbau Steilheck Festes, mit Aufbau starr verbundenes Dach, Schiebedach/Faltdach möglich	2 seitliche Türen Heckklappe	2 Sitze	Smart Fortwo, Toyota iQ
Submicro car	Geschlossener Aufbau Steilheck Festes, mit Aufbau starr verbundenes Dach, Schiebedach möglich	2–4 seitliche Türen Heckklappe, 2-4 Seiten-fenster	4 -5 Sitze	VW Polo, Opel Corsa, Ford Fiesta, Toyota Yaris, Renault Clio
KompaktPKW/Compactcar	Geschlossener Aufbau Steilheck Festes, mit Aufbau starr verbundenes Dach, Schiebedach möglich	2–4 seitliche Türen Heckklappe, 2-4 Seiten-fenster	5 Sitze	VW Golf, Opel Astra, Ford Focus Toyota Auris, Renault, Megane
Mini-Van/Mini MPV	Geschlossener Aufbau Steilheck Festes, mit Aufbau starr verbundenes Dach, Schiebedach möglich	2–4 seitliche Türen Heckklappe, 2-4 Seiten-fenster	5 Sitze	VW Golf Plus, Opel Meriva, Ford C Max, Toyota Verso
Limousine	Geschlossener, Aufbau mit Stufenheck oder Fließhecke. Festes, mit Aufbau fest verbundenes Dach, Schiebedach möglich	2–4 seitliche Türen Heckklappe, möglich 4 oder mehr seitliche Fenster	4 oder mehr Sitze, hintere Sitze auch klappbar	VW Passat, Opel Insignia, Ford Mondeo, Toyota Avensis, Audi A4, Renault
Coupé	Von der Limousine abge-leitet mit verkürztem Dach und dadurch vermindertem hinteren Innenraum ver-breitet.	Mindestens 2 seitliche Türen, neuerdings auch mit 4 Türen	2 oder mehr Sitze, im Fond	VW Passat CC, Audi A5 Coupé, Peugeot 406 Coupé

Tab. 1: Fahrzeugformen, Fortsetzung

Benennung	Merkmale der Aufbauten Verdeck/Dach	Türen/Fenster	Sitze	Beispiele
Kombi	Geschlossener Aufbau. Bauweise des Hecks vergrößert den Innenraum gegenüber der Limousine, festes Dach, Schiebedach möglich	2-4 seitliche Türen, oben angeschlagene Heckklappe 4 oder mehr seitliche Fenster	4 oder mehr Sitze, hintere Sitze klappbar zur Vergrößerung der Ladefläche	VW Passat Variant Opel Insignia Sport Tourer Ford Mondeo Turnier Toyota Avensis Combi
Großraumlimousine/ Van/MPV	Geschlossener Aufbau mit oben angeschlagener Heckklappe. Festes Dach, Schiebedach möglich	4 seitliche Türen, hintere Türen auch Schiebetüren 6 Seitenfenster, hintere Fenster ausstellbar	Mind. 5 Sitze, max. 7 Sitze in 3 Sitzreihen, hintere Sitzreihe herausnehmbar oder versenkbar	VW Sharan Ford Galaxy Toyota Previa
Kabriolett/Cabriolet	Offene Bauform. Kann von einer Limousine abgeleitet sein.	2 oder 4 seitliche Türen, Kofferdeckel möglich 2 oder mehr Seitenfenster	2 Frontsitze, 2 Notsitze im Fond	VW Eos Renault Megane Cabrio Peugeot 308 Cabrio
Roadster	Offener Zweisitzer, eigenständige Bauform. Keine Notsitze. Überrollbügel möglich.	Mindestens 2 Türen oder türlose Einstiege. 2 Seitenfenster an den Türen voll versenkbar	2 Frontsitze	Audi TT Alfa Romeo Spider BMW Z3 Mazda MX5
SUV/Mehrzweck-PKW	Geschlossener, offener oder zu öffnender Aufbau, Überrollbügel möglich. Für den gelegentlichen Transport von Gütern geeignet	Beliebige Anzahl von Türen möglich, Gepäckraumklappe oder Hecktür 2 oder mehr seitliche Fenster	Je nach Verwendungszweck ausgestattet	VW Touareg Opel Antara Toyota RAV 4 Nissan Sorento Renault Koleos
Pulman Limousine	Geschlossener Aufbau. Trennwand zwischen Vorder- und Hintersitzen möglich. Festes, starr verbundenes Dach. Ein Teil des Daches kann auch geöffnet werden.	4 oder 6 seitliche Türen, Gepäckraumklappe oder Hecktür möglich. 6 oder mehr Seitenfenster	4 oder mehr Sitze in mindestens 2 Sitzreihen. Klappsitze vor den Hintersitzen möglich	Mercedes S 600

6.1.3
Einteilung der Krafträder

Aufschluss über die Einteilung der Krafträder gibt die Tabelle 2.

Tab. 2: Einteilung der Krafträder

Benennung	Merkmale	Daten
Motorrad	Kraftrad mit festen Bauteilen (z. B. Tank, Motor etc.) im Kniebereich Fußrasten aber keine Tretkurbeln, Seitenwagenbetrieb ist zulässig. Einteilung nach Hubraumklassen und Fahrleistung in: Kleinkraftrad, Leichtkraftrad und übrige Motorräder	**Kleinkraftrad** (Mokick) Hubraum: $\leqslant 50\ cm^3$ Höchstgeschwindigkeit: $\leqslant 50\ km/h$ **Leichtkraftrad** Hubraum: $\geqslant 50\ cm^3$ Höchstgeschwindigkeit: $\leqslant 80\ km/h$ **Motorrad** Hubraum: unbegrenzt Höchstgeschwindigkeit: unbegrenzt
Motorroller	Kraftrad ohne feste Bauteile. im Kniebereich und ohne Tretkurbeln. Füße stehen auf einem Bodenblech, Aufbauten aus Stahlblech oder Kunststoff, Verkleidung aus Frontschild und Bodenblech bietet Schutz gegen Straßenschmutz von vorne und unten.	**Leichtroller** Hubraum: $\leqslant 50\ cm^3$ Höchstgeschwindigkeit: $\leqslant 25\ km/h$ **125er** Hubraum: $\leqslant 125\ cm^3$ Leistung: $\leqslant 11\ kW$ Höchstgeschwindigkeit: $\leqslant 80\ km/h$ **Motorroller** Max 25 KW, Hubraum unbegrenzt
Fahrrad mit Hilfsmotor	Kraftrad, das hinsichtlich der Gebrauchsfähigkeit Merkmale von Fahrrädern, z. B. Tretkurbel, aufweist. Heutzutage eher in der Höchstgeschwindigkeit gedrosselte Leichtroller	**Leichtmofa** (einsitzig) Hubraum: $\leqslant 30\ cm^3$ Höchstgeschwindigkeit: $\leqslant 20\ km/h$ **Mofa** (einsitzig) Hubraum: $\leqslant 50\ cm^3$ Höchstgeschwindigkeit: $\leqslant 25\ km/h$ **Moped** (ein- oder zweisitzig) Hubraum: $\leqslant 50\ cm^3$ Höchstgeschwindigkeit: $\leqslant 50\ km/h$
Gespann	Klassisch: Durch Anhängen eines einrädrigen Seitenwagens kann das Kraftrad wechselweise allein oder mit Beiwagen gefahren werden. Modern: Untrennbare Kombination	**Beispiel:** **Modell: EML-Honda GL 1500/6** Motorrad: angeschraubter Hilfsrahmen, geschobene Schwinge, Bereifung: vorne 125 SR 15, hinten 155 SR 15, Verbundrädern, Integralbremse, Nachlauf 40 mm, Sturz 0
Quad	Ein Quad (lat. vier) oder ATV (kurz für: All Terrain Vehicle, deutsch: „Geländefahrzeug") ist ein kleines Kraftfahrzeug für ein bis zwei Personen mit vier Rädern oder seltener mit vier Gleisketten, häufig mit dicken Ballonreifen als Geländefahrzeug.	**Quad** Hubraum: $> 50–700\ cm^3$ Höchstgeschwindigkeit: $> 45\ km/h$

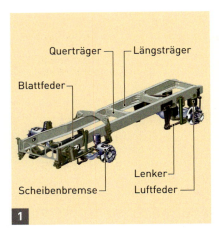

Querträger — Längsträger

Blattfeder

Scheibenbremse

Lenker
Luftfeder

1

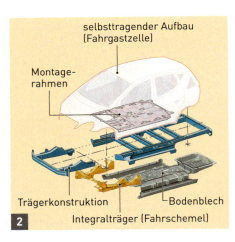

selbsttragender Aufbau
(Fahrgastzelle)

Montage-
rahmen

Trägerkonstruktion

Integralträger (Fahrschemel)

Bodenblech

2

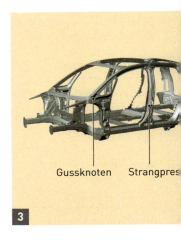

Gussknoten   Strangpres

3

1 Leiterrahmen

2 Sandwich-
   bauweise

3 Skelettbauweise

6.1.4
Fahrzeugaufbau und
Fahrzeugsicherheit

Die in den Anfangsjahren des Automobil-
baus übliche **nicht selbsttragende Karosserie** wird heute nur noch bei Nutzfahrzeugen eingesetzt. Bei dieser Bauweise
übernimmt das Fahrgestell in Form eines
Leiterrahmens (Abb. 1) die gesamte Belastung während des Fahrens. Die Karosserie bildet dabei nur die Außenhaut zum
Schutz der Passagiere oder Güter. Diese
Art bietet die Möglichkeit auf baugleichen
Fahrgestellen verschiedene Aufbauten
(Kasten, Pritsche etc.) zu montieren.

Bei der **selbsttragenden Karosserie**
(Abb. 2) gibt es kein Fahrgestell mehr, das
die ganze Belastung übernimmt. Die tragende Funktion ist in den Aufbau integriert
und die formgebenden Teile der Karosserie tragen zur Stabilität des ganzen Fahrzeugs bei. Die Steifigkeit wird durch hohle
Blechquerschnitte (z. B. Schweller, Säulen)
erzielt. Zahlreiche Sicken erhöhen die
Steifigkeit und verhindern so auch dröh-
nende Geräusche durch Eigenschwin-
gungsfrequenz. Die verschweißte Karosserie beinhaltet Befestigungspunkte für
Türen, Deckel, Kotflügel etc.

Bei der **Sandwichbauweise** (Sandwich;
engl.: Einkeilen) wird eine selbsttragende
Karosserie auf eine Trägerkonstruktion
aus höherfestem Stahl befestigt (Abb. 2).
Diese Konstruktion wird mit den Boden-
blechen verschweißt und kann so hohe

Deformationskräfte aufnehmen. Der
Motor ist auf dem Integralträger befestigt
und löst sich bei einem Unfall, so dass er
unter die verwindungssteife Fahrgastzelle
rutschen kann.

Die neueste Karosseriebauart ist die
Skelettbauweise aus geschlossenen
Hohlprofilen, die direkt oder über Gussknoten miteinander verbunden sind (Abb
3). Selbst die Windschutzscheibe wird als
stabilitätsgebender Knoten verwendet.
Großflächige Bleche werden nur noch für
die Fahrgastzelle, Türen und Deckel verwendet. Dies ermöglicht es, neue Materialien und Technologien im Karosseriebau
zu verwenden. Die Ziele sind Gewichtsein-
sparungen, hohe Verwindungssteifigkeit
und neue Designmöglichkeiten.

Bei der Hybridbauweise kann durch die
Kombination mehrerer Materialien, z. B.
Aluminium und Stahl, ein ausgewogenes
Verhältnis von Steifigkeit, Gewichtsvertei-
lung und Gesamtgewicht erzielt werden.
Allerdings ist eine aufwändige Konstruktion zur Vermeidung von Kontaktkorrosion
notwendig. Innovative Fügetechniken sind
dazu zusätzlich erforderlich.

Die Fa. Audi setzt in anderer Weise auf den
Werkstoff Aluminium mit dem „Aluminium
Space Frame" oder „Space Frame" bei
ihren Fahrzeugen A8 und A2. Bereits seit
1993 setzt sie auf Aluminium als Werkstoff
und verwendet Knoten aus Aluminium-
Gusslegierungen, Tiefziehteile und Strang-
pressprofile.

Aktive und passive Sicherheit

Die **Sicherheit** der Fahrzeuginsassen ist ein wichtiger Aspekt in der Fahrzeugtechnik. Man unterscheidet zwischen aktiver und passiver Sicherheit. Die Maßnahmen zur **aktiven Sicherheit** sollen Unfälle verhindern. Sie werden in die Bereiche

- Fahrsicherheit,
- Wahrnehmungssicherheit,
- Bedienungssicherheit und
- Konditionssicherheit unterteilt.

Die Abb. 4 zeigt einige Einflussfaktoren auf die aktive und passive Sicherheit.

Maßnahmen zur **passiven Sicherheit** sollen die Unfallfolgen für die am Unfall beteiligten Personen möglichst gering halten. Dabei wird zusätzlich unterschieden zwischen der inneren Sicherheit, die den Insassen dient und der äußeren Sicherheit, die dem Unfallgegner zu gute kommen.

Für die äußere Sicherheit ist es wichtig, dass die Karosserie keine scharfen Kanten aufweist und sich beim Aufprall gezielt verformt.

Bei der inneren Sicherheit sind die Rückhaltesysteme (SRS) und die Airbags die wichtigsten Systeme für die innere passive Sicherheit.

In Bezug auf den Fahrzeugaufbau bzw. dessen Konstruktionsweise ist die Entwicklung der **Sicherheits-Fahrgastzelle** (Abb. 5) eine wichtige Errungenschaft. Sowohl bei einem Frontalaufprall, Seitenaufprall oder Überschlag soll sie weitgehend erhalten bleiben. Stoßenergie wird von energieaufnehmenden Trägern gleichmäßig um den Fahrgastraum herumgeleitet, wobei sie sich gezielt verformen. Die langen Verformungswege setzen die Bewegungsenergie in Verformungsarbeit um und vermeiden so punktuell starke Verformungen.

aktive Sicherheit

1: große Fenster, Heckscheibenwischer
2: heizbare Heckscheibe
3: Reifenluftdruck, Reifenprofil
4: Anti-Blockier-System (ABS), Antriebs-Schlupf-Regelung (ASR), Elektronisches Stabilitätsprogramm (ESP)
5: exakte Lenkung und Radaufhängung
6: gut regulierbare Belüftung und Heizung (Klimaanlage)
7: verstellbare Scheinwerfer
8: geringes Leistungsgewicht

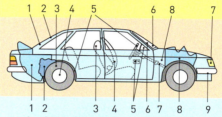

passive Sicherheit

1: Heckknautschzone
2: geschützter Kraftstoffbehälter (Brandschutz)
3: Kopfstützen
4: Insassen-Rückhalte-System
5: Polsterung der Kanten, versenkte Türgriffe
6: Sicherheitsglas
7: Sicherheitslenksäule
8: vordere Knautschzone
9: Sicherheitsstoßfänger

4

4 Aktive und passive Sicherheit

5 Kraftverteilung bei der Sicherheits-Fahrgastzelle

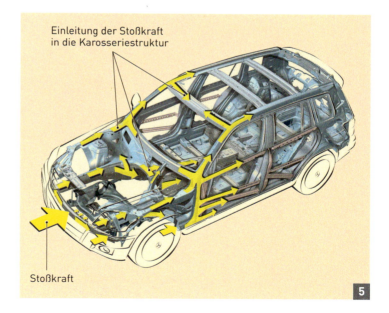

Einleitung der Stoßkraft in die Karosseriestruktur

Stoßkraft

5

1 Bezeichnungen
   Karosserie-
   bauteile

6.1.5
Karosseriebauteile

Für Kalkulationen und eindeutige Kommunikation im Betrieb gibt es für Karosserieteile genaue Bezeichnungen.

Die wichtigsten Bezeichnungen können der folgenden Abbildung entnommen werden.

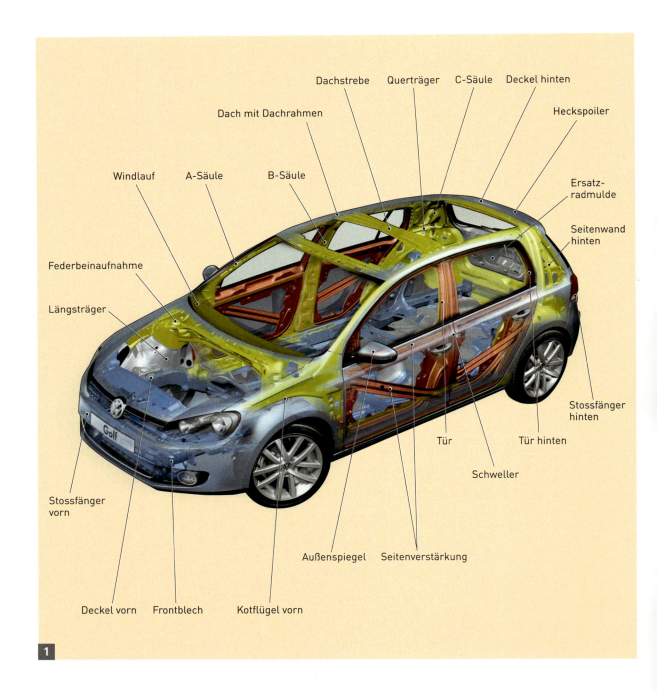

6.1.6
Anbauteile und Profile

Neben dem reinen Nutzwert ist ein Fahrzeug auch Ausdruck eines bestimmten Lebensgefühls, dem durch die Optik Rechnung getragen wird. Zusätzlich zur eigentlichen Karosserie eines Serienfahrzeugs, hat es der Fahrzeuglackierer zunehmend mit der Lackierung von Anbauteilen zu tun.

Auch aerodynamische Aspekte spielen eine Rolle. Die Verringerung des Luftwiderstandes führt zu besseren Fahrleistungen sowie geringerem Treibstoffverbrauch.

Eines der häufigsten Anbauteile ist ein Spoiler (Abb. 2). Bei einem Spoiler handelt es sich um ein starres Bauteil aus Kunststoff meist aus ABS, PP-EPDM oder Carbon. Sie gehören in den meisten Fällen zur Serienausstattung bzw. sind Bestandteil des Fahrzeugdesigns. In der Front sind sie häufig in den Stoßfänger integriert (Abb. 3). Ein Spoiler soll durch die umströmende Luft die Auftriebskraft verringern und dadurch die Kraftübertragung auf den Boden verbessern (Abb. 5). Eine Verringerung der Auftriebskräfte führt gleichzeitig zu einer Erhöhung des Luftwiderstandes. Ein wirksamer Spoiler ist in der Fahrzeugaerodynamik daher ein Bauteil von komplizierter Geometrie, das die Luftströmungen gezielt umleitet. Beim Lackieren kann diese Werkstückgeometrie Schwierigkeiten bereiten indem Magerstellen und Läufer auftreten.

Man erhält die Anbauteile auch aus Materialien wie Edelstahl oder verchromten Metallen (Abb. 4), die vom Fahrzeuglackierer nicht lackiert, aber gepflegt werden müssen.

Derartige Anbauteile werden häufig bei Geländewagen oder sogenannten SUVs (SUV = Sport Utility Vehicle) verbaut, um eine gewisse Wertigkeit und Robustheit zu vermitteln. Die Mehrzahl der Anbauteile, z. B. Spoiler, Radkastenverbreiterungen, Kühlergrills, Schwellerverbreiterungen etc. bestehen aus Kunststoffen, die eine lacktechnische Behandlung in der Regel im Fahrzeugfarbton erhalten.

Diese Teile werden bei Unfällen beschädigt und müssen daher demontiert, ersetzt oder instandgesetzt werden. Der Fahrzeuglackierer muss eine Vielzahl von Befestigungstechniken kennen, um die Anbauteile professionell und schnell ab- und anzubauen. Neben Schraub- und Steckverbindungen, werden viele Anbauteile genietet oder geklebt. Die Befestigungsmöglichkeiten sind sehr vielfältig.

2 Spoiler

3 Frontspoiler

4 Verchromter Stoßfänger

5 Luftströmungen

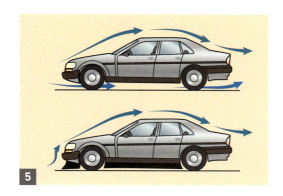

1 Verschraubung
   von außen

2 Verschraubung
   von innen

3 Steckverbindung

Befestigungsmöglichkeiten
Bei Schraubverbindungen befinden sich
die Schrauben oder Muttern unter Blind-
stopfen. Nach deren Entfernung lassen
sich die Anbauteile in der Regel leicht
entfernen (Abb. 1). Die Verschraubung
kann auch von innen ausgeführt worden
sein, sodass man die Verkleidung bzw. den
Dachhimmel zunächst vorsichtig entfernen muss (Abb. 2). Korrodierte Schrauben
sind gegebenenfalls mit Rostlöser zu behandeln.
Wenn das Teil mit Blindnieten befestigt
ist, muss man die Niete vorsichtig aufboh-
ren und kann danach das Teil abnehmen.
Noch einfacher ist es, wenn das Teil mit
Federclips eingesetzt ist. Federclips, die
aus Kunststoff bestehen, werden bei der
Demontage leicht beschädigt, weil sie
durch den Alterungsprozess an Elastizität
verloren haben.
Anbauteile werden häufig angeklebt.
Dies vermeidet Befestigungslöcher in der
Karosserie die leicht Angriffsflächen für
Korrosion bieten.
Bei der Demontage eines geklebten Teils
muss der Kleber mit einem Heißluftfön
erwärmt werden. Es ist Vorsicht geboten,
um weder den Lack noch das Anbauteil zu
beschädigen.
Neben Anbauteilen zur Verbesserung
der Aerodynamik werden auch Stoßkanten
und Zierleisten angebracht. Auch diese
Teile werden in der Regel durch Steckverbindungen (Abb. 3) oder Kleben angebracht. Da die Stoßkanten ebenfalls in
vielen Fällen in Wagenfarbe lackiert sind,
ist mit Sorgfalt bei der Demontage vorzu-
gehen.

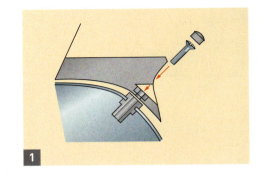

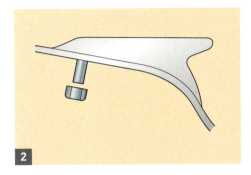

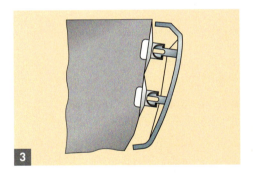

Aufgaben zu Kapitel 6.1.6

1. Nennen Sie drei weitverbreitete Anbauteile für PKW.

2. Woraus können Anbauteile gefertigt sein?

3. Nennen Sie die Möglichkeiten zur Befestigung von Anbauteilen?

4. Nennen Sie die Vorteile einer Verklebung?

5. Beschreiben Sie die Funktion eines Spoilers?

6.2
Reifen und Räder

Reifen haben die Aufgabe, dem Fahrzeug eine sichere Haftung auf der Fahrbahn zu geben. Sie sollen für ein stabiles Kurven-verhalten sorgen und einen möglichst ge-ringen Rollwiderstand besitzen.

Die Felge dient dazu, den schlauchlosen Reifen ohne Luftverlust und in möglichst jeder Fahrsituation fest auf seinem Sitz zu halten.

6.2.1
Reifen
Reifen können nach der Bauart und der Profilart unterschieden werden (Abb. 4–7).

Reifenbauarten
Nach der Richtung der Gewebelagen des Reifenunterbaus (Karkasse) werden
- Radialreifen (Pkw, Lkw) und
- Diagonalreifen (Motorrad, Oldtimer)
unterschieden.

Reifenprofile
Die Lauffläche des Reifens ist mit dem Profil versehen. Das Reifenprofil schützt den Unterbau und sorgt für eine gute Haftung auf der Fahrbahn. Weiche Gum-mimischungen haben eine bessere Haf-tung auf der Straße, jedoch einen größe-ren Abrieb. Die Gummimischung sowie die Gestaltung des Profils bestimmen die Ei-genschaften und somit den Einsatzbereich des Reifens. Der Gesetzgeber schreibt eine Mindestprofiltiefe von 1,6 mm vor. Nach dem Einsatzbereich unterscheidet man folgende Reifen:
- Sommerreifen,
- Winterreifen,
- Ganzjahresreifen.

Reifenangaben
Reifenangaben sind in der DIN 7803 und DIN 70020 festgelegt. Die Reifenbezeich-nungen werden nach der ECE-R 30 für Personenkraftwagen und nach der ECE-R 54 für Nutzfahrzeuge beschrieben. Be-schreibungen für Zweiradreifen findet man in der ECE-R 75 (ECE = Economic com-misssion for Europe).
In den ECE werden Prüfkriterien zusam-mengefasst, die ein Reifen erfüllen muss, bevor er in den Handel gelangt. Geprüft werden dabei alle Pkw-Reifen bis zu einer Höchstgeschwindigkeit von 300 km/h. Nach der Zulassung des Reifens erhält der Hersteller eine Zulassungsnummer, die als E-Nummer bezeichnet wird.

4 Radialreifen

5 Sommer-
 reifenprofil

6 Winterreifenprofil

7 Diagonalreifen

1 Reifenkennung

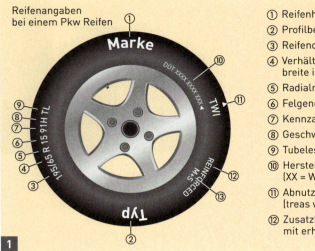

Reifenangaben bei einem Pkw Reifen ①

① Reifenhersteller (Marke)
② Profilbezeichnung/Reifentyp
③ Reifenquerschnittsbreite in mm
④ Verhältnis Reifenhöhe zu Reifenbreite in Prozent
⑤ Radialreifen
⑥ Felgendurchmesser in Zoll
⑦ Kennzahl für die Reifentragfähigkeit
⑧ Geschwindigkeits-Index
⑨ Tubeless (Schlauchloser Reifen)
⑩ Herstellerdatum
   (XX = Woche, X = Jahr, < = 9. Dekade)
⑪ Abnutzungsanzeiger
   (treas wear indicator, 1,6 mm)
⑫ Zusatzbezeichnung für Reifen
   mit erhöhter Tragfähigkeit

Tab. 1: Tragfähigkeitskennzahlen, Auswahl

Trag-fähig-keits-index	max. Reifen-tragfähig-keit in kg	Trag-fähig-keits-index	max. Reifen-tragfähig-keit in kg	Trag-fähig-keits-index	max. Reifen-tragfähig-keit in kg
65	290	78	425	91	615
66	300	79	437	92	630
67	307	80	450	93	650
68	315	81	462	94	670
69	325	82	476	95	690
70	335	83	487	96	710
71	345	84	500	97	730
72	355	85	515	98	750
73	365	86	530	99	775
74	375	87	545	100	800
75	387	88	560	101	825

Tab. 2: Geschwindigkeitssymbole, Auswahl

Kennzahl	Geschwindigkeit	Kennzahl	Geschwindigkeit
F	80 km/h	L	120 km/h
G	90 km/h	M	130 km/h
J	100 km/h	N	140 km/h
K	110 km/h	P	150 km/h
R	170 km/h	V	240 km/h
T	190 km/h	Y	300 km/h

Auf dem Reifen erfolgen Angaben über Reifengröße (Reifenkennung) und die Reifenbetriebsbeschreibung (Betriebsken-nung) (Abb. 1).

Beispiel einer Reifenkennung

Reifenkennung	Betriebskennung
205/65 R 16	91 T

205: Reifenbreite in mm.

65: Verhältnis von Reifenbreite zu Reifenhöhe in %.

R: Reifenbauart, R für Radialreifen, D oder durch „–" für Diagonalreifen.

16: Felgendurchmesser in Zoll.

91: Tragfähigkeits-Index, Load Index, gibt die Reifentragfähigkeit an (Tab. 1). In einer Tabelle sind die Indexzahlen den entsprechenden Gewichtswerten zu geordnet.

T: Geschwindigkeitsindex, Speed Index (Tab. 2): Die Höchstgeschwindigkeit eines Reifens wird durch einen Buch-staben verschlüsselt angegeben.

Neben der Reifenkennung und der Betriebskennung werden noch weitere Angaben auf einem Reifen aufgebracht.

DOT: Department of Transportation. Eine ergänzende Zahl beschreibt die Herstellungszeit. Ist die DOT-Nummer zum Beispiel XXX0412, wurde der Reifen in der 4. Kalenderwoche des Jahres 2012 hergestellt.

M+S steht für „Matsch und Schnee", also für Winterreifen. Diese besitzen ein tieferes Profil und eine weichere Gummimischung.

Tubeless: Hierbei handelt es sich um einen schlauchlosen Reifen.

Reforced: Verstärkte Reifen.

6.2.2
Felgen

Felgen werden nach ihrem Werkstoff unterschieden. Es gibt

- Stahlfelgen,
- Leichtmetallfelgen und
- Kunststofffelgen.

Stahlfelgen werden bei vielen Fahrzeugen als unauffälliger Standard montiert und mit einer Radzierblende versehen. Die Felge ist verhältnismäßig unempfindlich und ko-

stengünstig. Alle Stahlfelgen erhalten ab Herstellung einen Korrosionsschutz und eine meist schwarze oder silberne Lackierung (Abb. 2).
Da sie sehr korrosionsbeständig und langlebig sind, finden sie oft aus diesen Gründen Einsatz als Winterfelge.

Leichtmetallfelgen werden aus einer Aluminium-Silizium-Legierungen hergestellt, die mit einem Zusatz von Mangan, Titan, Strontium oder Magnesium versetzt sind. Nach der Produktion werden die Felgen poliert und mit einem Schutzlack beschichtet. Nachteil dieser Felgen ist die hohe Empfindlichkeit und der damit verbundene Pflegebedarf. Speziell im Winter setzt Streusalz diesen Felgen zu und kann zu Korrosionsschäden führen. Aus diesem Grund werden Leichtmetallfelgen oft nur als Sommerräder eingesetzt (Abb. 3).

2 Stahlfelge

3 Leichtmetallfelge

Beispiel einer Felgenbezeichnung

7J x 18 H2 DIN 7817 S ET 45

7:	Felgenmaulweite in Inch,
J:	Felgenhornform nach DIN 7817,
x:	Kurzzeichen für die Form des Felgenbetts:
	x steht für Tiefbettfelge, - steht für Flachbettfelge,
18:	Felgendurchmesser in Inch,
H2:	Angabe über Humpform und Humpzahl,
DIN 7817:	Angabe der entsprechenden Norm,
S:	Symmetrisches Tiefbett,
ET:	Einpresstiefe in mm.

1 Ventilkappe

Kunststofffelgen werden aus Kohlefaserverbundstoffen hergestellt und werden deshalb als Carbonfelgen bezeichnet. Diese Art Felge ist sehr teuer und wird nur an exklusiven Sportwagen und im Rennsport eingesetzt.

6.2.3
Radschrauben und Radmuttern

Radschrauben und Radmuttern haben die Aufgabe, als Bindeglied zwischen Felgen und Fahrzeug zu dienen. Sie befestigen das Rad und richten es zentrisch mit der Radnabe aus. Sie sollen einfach zu lösen und zu befestigen sein. Unterschieden werden Kegelbund- und Kugelbundschrauben (Tab. 1).
Bei einem Radwechsel sind die Radschrauben und -muttern mit einem Radkreuz oder einem Schlagschrauber zu lösen. Zu den bevorzugten Schlüsselweiten gehören die Größen 17, 19 und 21. Bei der Befestigung des Rades ist darauf zu achten, dass die Schrauben oder Muttern über kreuz angezogen werden, um einen gleichmäßigen Sitz des Rades zu gewährleisten.

Tab. 1: Radschrauben und -muttern

	Radschraube	Radmutter
Kegelband		
Kugelbund		

Radschrauben sollen anschließend mit einem Drehmomentschlüssel nachgezogen werden. Der Einstellwert des Schlüssels kann zwischen 100–150 Nm liegen. Der genaue Wert ist Gewindeabhängig und vom Hersteller zu erfragen. Sind an einem Fahrzeug die Räder gewechselt worden, sollte nach einer Strecke von 50–150 km

der Sitz der Räder mit dem Drehmomentschlüssel nochmals kontrolliert werden. Alte Drehmomentschlüssel verlieren ihre Genauigkeit, vor allem wenn sie häufig in ihrem maximalen Bereich benutzt wurden.

Werkzeuge zur Radmontage
Gängige Werkzeuge zeigt die Tab. 2.

Tab. 2: Werkzeuge

Radkreuz	
Schlagschrauber	
Drehmomentschlüssel	

6.2.4
Reifenbefüllung

Zur Befüllung der Reifen wird normale Druckluft verwendet oder das von vielen Reifenfirmen empfohlene Reifengas. Befindet sich eine schwarze Verschlusskappe auf einem Ventil, so ist der Reifen mit Druckluft befüllt. Reifengas befüllte Reifen werden mit grünen, blauen, gelben oder roten Ventilkappen gekennzeichnet (Abb. 1).

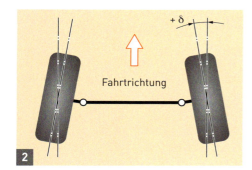

Fahrtrichtung

2

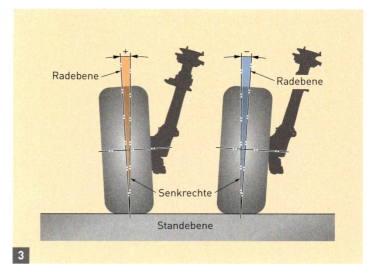

Radebene

Radebene

Senkrechte

Standebene

3

6.2.5
Radstellungen

Die Radstellungen werden unter anderem bestimmt durch die Begriffe

- Spurweite,
- Radstand,
- Vor- und Nachspur,
- Sturz.

Spurweite ist der Abstand der Räder einer Achse, gemessen von Reifenmitte zu Reifenmitte auf der Standebene.

Der **Radstand** ist der Abstand zwischen den Radmitten der Vorder- und Hinterräder.

Vorspur hat ein Fahrzeug, wenn der Abstand der Felgenhörner in Fahrtrichtung vor der Achse kleiner als hinter der Achse ist.

Nachspur hat ein Fahrzeug, wenn dieser Abstand vor der Achse größer als hinter der Achse ist (Abb. 2).

Als **Sturz** bezeichnet man die Neigung zwischen der Radebene und einer Senkrechten, die auf der Standebene errichtet wird. Die Räder müssen dabei in Geradeausstellung stehen.
Der Sturz ist positiv, wenn das Rad oben nach außen geneigt ist und negativ, wenn es oben nach innen geneigt ist. Steht das Rad absolut senkrecht, so spricht man von einem Sturz 0 oder neutral (Abb. 3).

6.2.6
Elektronische Achsvermessung

Nach dem bei einem Unfallfahrzeug die Instandsetzungsarbeiten durchge-

führt worden sind, ist eine elektronische Achsvermessung durchzuführen. Diese dient zur Feststellung der vorhandenen Einstellwerte (Istwerte) für die Radstellungen. Gleichzeitig ermöglicht sie den Vergleich mit den vom Fahrzeughersteller vorgegebenen Werten (Sollwerte) und eine entsprechende Korrektur der Einstellwerte (Abb. 4).

2 **Vorspur**
(Draufsicht)

3 **Sturz**

4 **Elektronische
Achsvermessung**

4

1 Vermessungs-
  protokoll

2 Vermessungs-
  gerät

	Datenbank			Eingangsmessung		Ausgangsmessung	
Radversatz				+3°04'		+0°04'	
Spur gesamt	−0°10'	+0°10'	0°10'	+6°06'		+0°06'	
Spur	−0°05'	+0°05'	0°05'	+3°03'	+3°03'	+0°03'	+0°03'
Nachlauf		-----		+3°08'	+3°42'	+0°08'	+0°42'
Sturz	−0°30'	−0°40'	0°30'	+3°00'	+3°01'	+0°00'	+0°01'
Spreizung		-----		+3°08'	+3°04'	+0°08'	+0°04'
I.A				+6°09'	+6°05'	+0°09'	+0°05'

1

Bevor eine Achsvermessung durchgeführt
wird, sind folgende Kontrollen durchzuführen und die eventuell vorhandenen Mängel
zu beheben:
- Richtige Größe von Felgen und Reifen,
- Reifenfülldruck laut Betriebsanleitung,
- einwandfreier Zustand der Federung,
  der Schwingungsdämpfer und der
  Radaufhängung,
- einwandfreier Zustand der Felgen, Reifen, Radlager und des
  Lenkungsübertragungssystems.

Stellt man bei der Kontrolle des Reifenab-
laufbildes Unregelmäßigkeiten fest, liegt
eine längere Abweichung von den Sollwerten
zu Grunde. Wurden sämtliche Kontrollen durchgeführt, ist das Fahrzeug nach
Herstellervorgaben für die nachfolgende
Vermessung entsprechend einzustellen.

2

Aufgaben zu Kapitel 6.2

1. Erklären Sie die folgende Reifenkennung: **165/55 R 14 90S**

2. Welche Reifenbauarten gibt es und wo werden sie hauptsächlich eingesetzt?

3. Beim Befestigen eines Rades müssen bestimmte Regeln berücksichtigt werden.
Nennen Sie diese Regeln.

4. Welche Bedeutung haben farbige Ventilkappen?

5. Vor einer Achsvermessung müssen verschiedene Kontrollen am Fahrzeug
durchgeführt werden. Erläutern Sie diese Kontrollen.

6. Woran erkennt man, dass eine längere Fehleinstellung der Achsvermessungs-
werte vorlag?

7. Erklären Sie die Begriffe Radstand und Spurweite.

3 Frontschaden

4 Seitenschaden

5 Heckschaden

6 Totalschaden

7 Hagelschaden

8 Korrosions-
   schaden

6.3
Schadensbilder
Einordnung

Die Betrachtung eines Unfahrzeuges und
dessen bezeichnet man als Schadensbild.

Schäden werden oft nach den am Fahr-
zeug zerstörten Partien oder der Haupt-
stoßrichtung benannt (Abb. 3–6), z. B:
- Frontschaden,
- Seitenschaden,
- Heckschaden.

Es gibt Blechschäden, die durch Witte-
rungseinflüsse entstanden sind (Abb. 7–8),
wie:
- Hagelschaden oder
- Korrosionsschaden.

Weitere Schadensarten bzw. Schadensbilder:
Altschäden ist die Bezeichnung des Fach-
manns für einen Schaden, der bereits vor
einem erneuten Schaden vorhanden war.

Sekundärschäden sind Folgeschäden.
Wird ein Teil am Fahrzeug falsch eingebaut und entsteht dadurch ein Schaden, so
spricht man von einem Sekundärschaden.

Fahrzeugspezifische Schäden sind Schäden, die nur an einem bestimmten Modell
einer Marke auftreten.

Totalschäden sind Sachschäden, die nicht
mehr behoben werden können oder bei
denen die Reparaturkosten höher wären,
als der Wiederbeschaffungswert des
Fahrzeuges.

1   Unfallfahrzeug
    mit Frontschaden

2   Abweichendes
    Spaltmaß

6.4
Schadensanalyse

Bei der Schadenserkennung an einem
Unfallfahrzeug ist als erstes ein Rundgang
um das defekte Fahrzeug durchzuführen.
Durch diese Sichtprüfung können die
ersten offensichtlichen Schäden sofort
erkannt werden. Selbst bei leichteren Unfällen sollte das Fahrzeug auf eine Hebebühne genommen werden, um eventuelle
Schäden in der Bodenregion feststellen zu
können. Neben den sichtbaren Schäden
können auch versteckte Schäden vorhanden sein. Durch die erste Betrachtung
kann der Schadensbereich eingegrenzt
und anschließend genauer untersucht
werden.

6.4.1
Sichtbare Schäden

Durch die erste Sichtprüfung können
Schäden wie Dellen und Beulen sofort
erkannt werden. Insbesondere ist das
Dach nach jedem Unfall im Gegenlicht zu
prüfen. Hier zeichnen sich besonders gut
Verformungen ab.

Ebenso fallen lose Anbauteile wie Stoß-
stangen, Spiegel oder Zierleisten sofort

ins Auge. Des Weiteren sollte das Unfallfahrzeug auf Lackschäden, Glasschäden
und Rostschäden überprüft werden. Ein
sehr wichtiger Punkt bei der Sichtprüfung
ist das Kontrollieren der Spaltmaße.
Weisen die Spalten zwischen Türen, Motorhaube und Heckdeckel unterschiedliche Maße auf, wurden die Karosserieteile
beim Unfall verschoben. Größere Rad-
und Achsschäden können anfänglich
gleich wahrgenommen werden (Abb. 1–2).

6.4.2
Versteckte Schäden

Nicht alle Schäden können durch eine
einfache Sichtprüfung erkannt werden.
Schäden an der Bodengruppe und an der
Fahrzeuggeometrie können erst durch
Vermessen der Karosserie nachgewiesen
werden.
Defekte an mechanischen und elektronischen Bauteilen werden erst durch eine
Funktionsprüfung sichtbar. Dazu gehören
auch Schäden an Verbindungselementen
der Karosserie, wie gerissene oder gebrochene Karosserieknotenpunkte.
Karosserieknotenpunkte sind Verbin-
dungspunkte von Hohlprofilen, die miteinander verschweißt oder verklebt sind.
Karosserien besitzen Sollbruchstellen,
die ebenfalls überprüft werden müssen.

3 Karosserie-
vermessung

4 Messlehre

6.4.3
Vermessen der Karosserie

Moderne Karosseriekonstruktionen machen es immer schwieriger den tatsächlichen Schadensumfang nach einem Unfall abzuschätzen. Durch Motor- und Unterbodenverkleidungen sowie großzügige Stoßfänger wird eine genaue Sichtprüfung kaum möglich. Selbst nach zeitraubenden Demontagearbeiten ist eine Abweichung von ein paar Millimeter mit dem bloßen Auge fast nicht zu erkennen.

Durch eine exakte Vermessung muss festgestellt werden, wie weit die unfallbedingten Schäden reichen. Denn bis zu diesem Punkt müssen die Teile gegebenenfalls ersetzt oder instand gesetzt werden. So gehört eine Überprüfung der Rahmengeometrie zu einem Bestandteil der Schadensanalyse (Abb. 3).

Bei einer Karosserievermessung werden einzelne Punkte im Bereich des Unterbodens auf ihre Maßhaltigkeit überprüft. Der Oberbau einer Karosserie wird dabei auf Abweichungen in seiner Symmetrie untersucht. Das ganze geschieht durch eine Überprüfung von vorgegebenen Messpunkten. Als Messpunkte dienen Schrauben oder auch Bohrungen in der Karosserie. Jeder Messpunkt hat spezifische Koordinaten, die vom Fahrzeughersteller in Datenblättern, erfasst sind. Liegt ein Messpunkt außerhalb des Sollwertes, muss eine Reparatur erfolgen.
Die vorgegebenen Solldaten werden als Koordinaten in Breite, Höhe und Längsrichtung angegeben.

Das dreidimensionale Erfassen der Messpunkte einer Karosserie erfolgt in der Praxis mit verschiedenen Messsystemen, die in
- manuelle Messsysteme,
- optische Messsysteme und
- elektronische Messsystem
eingeteilt werden.

Zu den manuellen Messsystemen gehören als einfachste Anwendung **Zentrierlehren, Steckmaß und Stechzirkel**. Hierbei werden mit einer Art Lineal bzw. Zirkel die entsprechenden Maße verglichen (Abb. 4). Mit **normalen und variablen Richtwinkelsystemen** kann eine präzisere Vermessung auf manueller Weise durchgeführt werden.

Hierbei wird die Karosserie mit Klemmen auf einer Richtbank befestigt. Dazu werden Richtwinkel an der Richtbank befestigt. Auf diesen werden dann fahrzeugspezifische Richtwinkelspitzen aufmontiert. Diese Tastspitze wird auf den Messpunkt eingestellt. Dann werden die entsprechenden Koordinaten ermittelt und anschließend auf ihre Richtigkeit überprüft. Selbstverständlich kann die Messspitze auch auf die Herstellerdaten eingestellt werden, um die Abweichung vom Sollwert zu erhalten.

Manuelle Messsysteme haben den Nachteil, dass sie sehr zeitaufwändig sind, da das Fahrzeug zerlegt werden muss. Aus diesem Grund ist diese Vermessungsart auch relativ teuer.

1 Elektronisches
   Messsystem

2 Echtzeitdarstel-
   lung mit Abwei-
   chungsangabe in
   Millimeter

3 Darstellung zur
   Festlegung der
   Messpunkte

Optische und elektronische Messsysteme sind ohne große Demontagearbeiten einsetzbar. Nur die Unterbodenverkleidung muss entfernt werden (Abb. 1).
Mit diesen Messsystemen wird schnell und sehr präzise die Maßhaltigkeit der Karosserie und des Unterbodens festgestellt. Hierzu werden mit einem Laser oder per Ultraschall Punkte angesteuert und die Werte sofort im Computer errechnet (Abb. 2–3). Das Ergebnis kann per Computerausdruck dokumentiert werden.

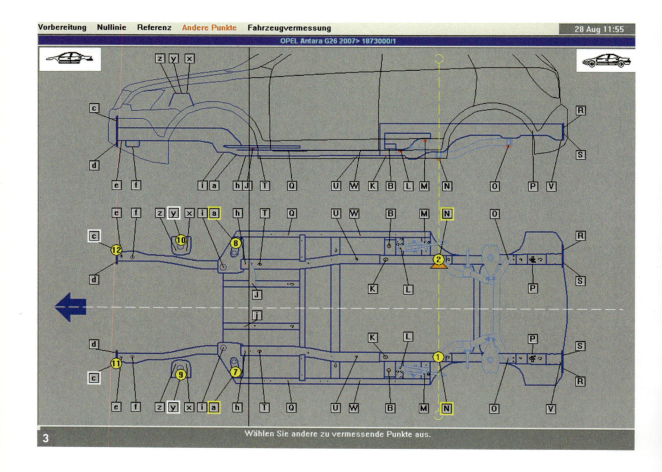

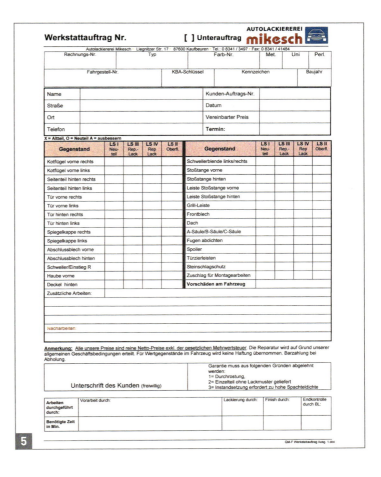

4 Instandset-
zungsprotokoll
von Audatax für
Karosserie

5 Werkstattpro-
tokoll für den
Lackierer

6.5
Formulare für die Instandsetzung

Die Ergebnisse einer Schadensanalyse werden in einem Instandsetzungsprotokoll erfasst (Abb. 4).

Dies kann durch einen KFZ-Sachverständigen oder durch die autorisierte Reparaturwerkstatt stattfinden. Zur Hilfe können Formulare auf EDV-Ebene oder als Papierbogen Verwendung finden. Firmen die solche Produkte anbieten sind

- Eurotax-Schwacke,
- Audatex,
- DAT.

Dieses im Vorfeld ausgefüllte Formular dient zur genauen Kalkulation des Unfallschadens.

Des Weiteren werden noch zwei Instandsetzungsformulare für ein Fahrzeug im Laufe seiner Reparatur ausgefüllt. Zuerst eines für die Karosseriearbeiten und anschließend eines für die Lackierarbeiten (Abb. 5).

1 Fahrzeugschein
   mit KBA-Schlüs-
   selnummern

6.6
Ersatzteilermittlung

Anhand der Schadensformulare kann der Betrieb die benötigten Ersatzteile bestellen. Damit die richtigen Fahrzeugteile

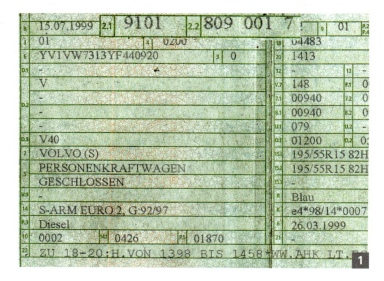

angeliefert werden, benötigt der Lieferant verschiedene Angaben für das zu instandzusetzende Fahrzeug, z. B.:

- Fabrikat/Typ,
- Baujahr bzw. Erstzulassung,
- Fahrgestellnummer (VIN = vehicle indendification number),
- Motorkennbuchstabe,
- Hubraum/Motor,
- Leistung/Motor,
- KBA-Schlüsselnummer (wird dem Fahrzeugschein entnommen),
- Farbbezeichnung,
- Ausstattungscode.

Die **KBA-Schlüsselnummern** werden vom Kraftfahrzeug-Bundesamt (KBA) für jeden Fahrzeugtyp ausgegeben. Das Kraftfahrzeug-Bundesamt erteilt die Betriebserlaubnis für Kraftfahrzeuge und für die zugelassenen Fahrzeugteile. Die Schlüsselnummern sind auf jedem Fahrzeugschein unter 2.1 und 2.2 zu finden (Abb. 1).
Werden keine Originalteile verarbeitet, oder kann es zu Passungenauigkeiten kommen oder die Betriebserlaubnis erlischt.

Aufgaben zu Kapitel 6.6

1. Nennen Sie vier versteckte Unfallschäden an einer Karosserie.

2. Erklären Sie den Begriff Karosserieknotenpunkt.

3. Welche Systeme können zum Vermessen einer Karosserie eingesetzt werden?

4. Nennen Sie Instandsetzungsformulare, die zur Kalkulation eingesetzt werden.

5. Bei der Bestellung von Ersatzteilen müssen bestimmte Angaben zum Fahrzeug gemacht werden. Nennen Sie fünf Angaben.

6. Bezeichnen Sie die abgebildeten Schadensbilder.

a)   b)   c)

6.7
Demontage und Montage

Um beschädigte Bereiche des Fahrzeugs bearbeiten zu können oder einzelne Kfz-Teile separat zu lackieren, müssen Demontagearbeiten durchgeführt werden (Abb. 2). Dabei müssen Fahrzeugteile und/oder Verkleidungen fachgerecht und beschädigungsfrei demontiert werden. Grundsätzlich sind dabei die Vorgaben der Automobilhersteller zu beachten. Zur Demontage werden meistens Steckschlüsselsätze mit unterschiedlichen Größen verwendet.

Bei umfangreichen Demontagearbeiten müssen die abgebauten Teile sicher gelagert werden, damit weder Schrauben und Kleinteile verloren gehen noch größere Teile durch Rangierarbeiten oder Lacknebel beschädigt oder verschmutzt werden können. Nach Abschluss der durchgeführten Karosserie- und Lackierarbeiten sind die entsprechenden Teile wieder zu montieren.

6.7.1
Demontage von Türen

Bei einer Türdemontage ist abzuwägen, ob man das Fahrzeugteil komplett lackieren muss oder ob nur eine Partie bearbeitet werden soll. Bei der Komplettlackierung muss man die in der Tür untergebrachten Bauteile sorgfältig ausbauen. Wird nur ein Teil der Tür repariert, kann auch abgeklebt werden (➡ LF 5). Der Ausbau einer Tür ist je nach Größe des Teils von zwei, bei Coupés oft sogar von drei Lackierern durchzuführen, um Schäden und Verletzungen zu vermeiden.

Innenverkleidungen
Die Befestigungssysteme für Innenverkleidungen von Kfz-Türen sind Schrauben, Clips und Haken. Diese Systeme werden häufig kombiniert. Die Anordnung ist je nach Hersteller unterschiedlich (Abb. 3). Im oberen Bereich der Tür wird die Verkleidung häufig unterhalb der Scheibenleiste mit Haken eingehängt. Am Türgriff werden aufgrund der hohen mechanischen Krafteinwirkung beim Öffnen und Schließen Verschraubungen angebracht. An allen anderen Randbereichen findet die Befestigung der Innenverkleidung mit Clips aus Kunststoff oder Metall statt. Die Befestigungsclips können unter Zuhilfenahme von Herstellerinformationen oder durch eine vorsichtige Suche mit einem unter die Verkleidung geschobenen Lineal aufgefunden werden (Abb. 4).

2 Demontagearbeiten an einer Kfz-Tür

3 Typische Befestigungspunkte der Innenverkleidung einer Pkw-Tür

4 Suche nach Befestigungssystemen mit einem Lineal

5 Demontagewerkzeuge für Innenverkleidungen

6 Lösen eines Clips mit Spezialwerkzeug

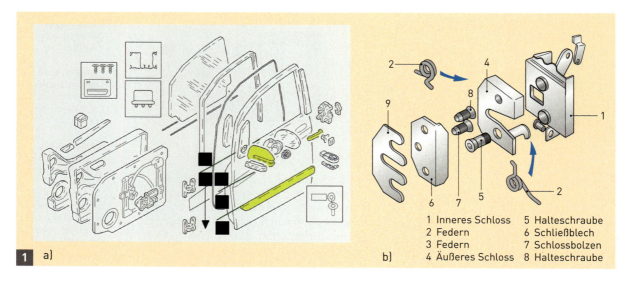

1   a)

b)   1 Inneres Schloss   5 Halteschraube
     2 Federn   6 Schließblech
     3 Federn   7 Schlossbolzen
     4 Äußeres Schloss   8 Halteschraube

1   a) Bestandteile
       einer Pkw-Tür
       (Technische
       Zeichnung)

    b) Türschloss mit
       Schließblech

2   Türfänger mit
    Offenhalter

3   Türschloss

4   Schließblech

Um Schäden am Lack zu vermeiden, verwendet man Spreizzangen und groß-flächige Kunststoff- oder Teflonkeile zum Aufhebeln der Clips. Das Brechen der Clips ist beim Entfernen oft nicht zu vermeiden, so dass in der Lackiererei entsprechendes Ersatzmaterial vorhanden sein muss (S. 88, Abb. 4–5).

Türscharniere

Fahrzeugtüren sind mit Scharnieren an der Karosserie befestigt (Abb. 1). Um eine Tür genau einzusetzen, müssen diese ver-stellbar sein. Die Scharniere sind an der Tür und an der Karosserie durch Schrau-ben und/oder Schweißverbindungen befestigt. Die Verbindung von Tür und Karosserie wird durch Schrauben oder Scharnierstifte sichergestellt.
Beim Entfernen der Verbindungselemente ist zu beachten, dass der Lack in dem Bereich nicht durch die Arbeiten beschä-digt wird. Müssen Scharniere demontiert werden, ist deren Position am Teil zu kennzeichnen. Dadurch wird die spätere Montage erleichtert.

Türfänger und Offenhalter

Der Türfänger und der Offenhalter beste-hen meistens aus einem Bauteil (Abb. 2). Sie sollen zum einen vermeiden, dass sich die Tür zu weit öffnet und sie zum anderen in ihrer geöffneten Stellung fixieren, so dass die Tür nicht zufällt. Sind Türfänger/ Offenhalter nur teilweise demontiert und befinden sich noch an der Tür oder der Karosserie, darf die Tür nicht geschlossen werden, da es dann zu Kratzern oder Del-len kommen kann

Türschlösser und Schließbleche

Das Türschloss sorgt dafür, dass die Tür in der Karosserie verriegelt wird und das Fahrzeug abschließbar ist (Abb. 3). Der überwiegende Teil der in Deutschland zu-gelassenen Fahrzeuge verfügt über eine Zentralverriegelung.
Zur Verbindung zwischen dem Türschloss und der Karosseriesäule ist an der B- bzw. C-Säule ein Schließblech angebracht (Abb. 4). Im Gegensatz zum starr mon-tierten Schloss muss das Schließblech verstellbar sein.

2

3

4

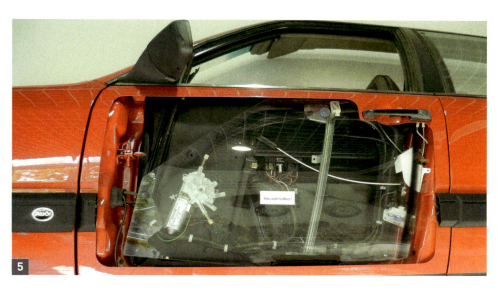

5

5 Ausbau Fenster-
    mechanismus
    und Scheibe

6 Demontage
    Motorhaube

7 Gasdruck-
    dämpfer

8 Befestigungs-
    punkte eines
    Kotflügels

So kann bei geringen Abweichungen beim Anpassen der Tür im Nachhinein nachjustiert werden, so dass der Verschlussmechanismus funktionieren kann.

Fenstermechanismen
Die meisten neueren Fahrzeuge verfügen über einen elektrisch gesteuerten Fenstermechanismus zum Heben und Senken der Fensterscheiben (Abb. 5). Gelegentlich besitzen Kfz noch rein mechanische Fenstermechanismen, die über eine Kurbel und ein Seil gesteuert werden.
Die der Demontage muss der gesamte Fenstermechanismus mit Vorsicht ausgebaut werden, damit die Scheibe nicht in das Türinnere stürzt und beschädigt wird.

Elektrische Bauteile
Sämtliche Kabelverbindungen und sonstigen elektrischen Bauteile wie z. B. Lautsprecher, Außenspiegelsteuerung, Schalter der elektrischen Fensterheber müssen

nach Herstelleranweisung getrennt und ausgebaut werden. Die Teile müssen trocken und sauber gelagert werden, um die Funktionsfähigkeit auch nach der Montage zu gewährleisten.

6.7.2
Demontage von Motorhauben und Heckklappen

Motorhauben und Heckklappen bei Stufenhecklimousinen werden in ähnlicher Weise demontiert, da sie mit Schrauben an je zwei Halterungen befestigt sind (Abb. 6). Heckklappen von Fahrzeugen mit Fließheck werden ebenso mit Schrauben, teilweise aber auch mit Scharnierstiften gehalten. Zusätzlich werden diese Klappen von Gasdruckdämpfern gehalten, die an den C-Säulen angebracht sind und das Fahrzeugteil vor dem Zuschlagen schützt (Abb. 7).

6

7

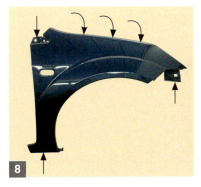

8

1 Ausbau
Innenkotflügel

2 Befestigungs-
punkte eines
Stoßfängers

3 Demontage
Stoßfänger

4 Demontierter
Scheinwerfer

5 Ausbau einer
Rückleuchte

Vor dem Abbau von Motorhauben und Heckklappen müssen Schläuche der Scheibenwaschanlage und möglicherweise vorhandene Kabel gelöst oder entfernt werden. Zur Demontage werden auch hier mindestens zwei Handwerker benötigt. Sind Geräuschdämmmatten oder Innenverkleidungen vorhanden, müssen diese ja nach Reparatur entfernt werden.

6.7.3
Demontage von Kotflügeln
Kotflügel sind in den meisten Fällen mit der Karosserie verschraubt und können relativ einfach entfernt werden (S. 89, Abb. 8). Dazu muss man zuvor den sich im Radhaus befindenden Kunststoff-Innenkotflügel abschrauben (Abb. 1). Nur in seltenen Fällen werden Kotflügel verschweißt, was die Demontage kompliziert gestaltet. In diesen Fällen muss bei einer größeren Beschädigung der Kotflügel herausgetrennt und ein von innen vorlackiertes Neuteil eingeschweißt werden.

6.7.4
Demontage von Stoßfängern
Je nach Fahrzeugtyp weichen die Befestigungspunkte der Stoßfänger voneinander ab (Abb. 2). Diese können sich am Boden des Motorraums am Längsträger, am oberen Abschlussblech vorne und an den Fahrzeugseiten am Radhaus befinden. Einige Bereiche sind durch eine Schiene gehalten und können nach dem Losschrauben herausgeschoben werden (Abb. 3).

6.7.5
Demontage von Beleuchtungselementen
Um an die Schraubverbindungen für Scheinwerfer und vordere Blinker zu gelangen, müssen häufig weitere Teile, z.T. sogar der Stoßfänger oder Bauteile im Motorraum abgeschraubt werden (Abb. 4). Bei vielen Fahrzeugen gelangt man über eine Wartungsklappe im Innenkotflügel an die Lampen, um dort Steckverbindungen zu lösen.
Die Demontage der Beleuchtungselemente am Heck ist deutlich einfacher, da die Schrauben i.d.R. hinter einer leicht zu entfernenden Klappe durch den Kofferraum zu erreichen sind (Abb. 5).

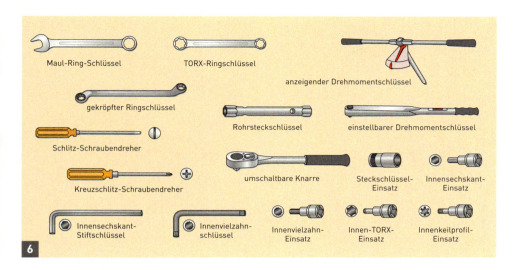

6.7.6
Schraubwerkzeuge

Aufgrund der Vielzahl an Fahrzeugtypen existieren unterschiedliche Befestigungen von Karosserieteilen mit Schrauben. Um Verschraubungen zu lösen oder festzuziehen ist es je nach zu demontierendem Fahrzeugteil notwendig das richtige Werkzeug zu verwenden (Abb. 6).

Schraubenschlüssel
Ein Schraubenschlüssel ist ein manuelles Werkzeug zum Anziehen und Lösen von Schrauben und Muttern durch einen Werkzeugansatz von außen. Es wird unterschieden zwischen Maul- und Ringschlüsseln. Die Größe eines Schraubenschlüssels wird durch die entsprechende Schlüsselweite (Abb. 7) bezeichnet. Bei

einem Schraubenschlüssel mit der aufgeprägten Schlüsselweite 13 haben die beiden parallelen Innenflächen einen Abstand von 13 mm. Schraubenschlüssel werden je nach Einsatzbereich als Maulschlüssel und Ringschlüssel verwendet. Der Kopf des Schraubenschlüssels kann abgewinkelt oder gekröpft sein.

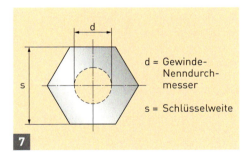

d = Gewinde-Nenndurchmesser

s = Schlüsselweite

Tab. 1: Zuordnung der Schlüsselweiten in M (Maulweiten) nach ISO 272

- 4 mm für Verschraubung M2
- 5 mm für Verschraubung M2,5
- 5,5 mm für Verschraubung M3
- 6 mm für Verschraubung M3,5
- 7 mm für Verschraubung M4
- 8 mm für Verschraubung M5
- 10 mm für Verschraubung M6
- 13 mm für Verschraubung M8
- 14 mm (war alte Norm für M8)
- 15 mm für Achsmuttern an Fahrrädern
- 16 mm für Verschraubung M10
- 17 mm (war alte Norm für M10)
- 18 mm für Verschraubung M12
- 19 mm (war alte Norm für M12)
- 22 mm für Verschraubung M14
- 24 mm für Verschraubung M16
- 27 mm für Verschraubung M18
- 30 mm für Verschraubung M20
- 32 mm für Verschraubung M22

1 Schraubendreher

2 Steckschlüssel-
   satz

3 Arbeiten mit
   einem Drehmo-
   mentschlüssel

Schraubendreher

Ein Schraubendreher ist ein Werkzeug zum manuellen Befestigen und Lösen von Schrauben mit unterschiedlichen Mitnahmeprofilen. Hierbei wird das Werkzeug im Kopf der Schraube angesetzt.

Es gibt unterschiedliche Ausführungen von Schraubendrehern:

■ Schlitzschraubendreher für Längs- oder Flachschlitzschrauben),
■ Kreuzschlitzschraubendreher für Kreuzschlitzschraubenvarianten,
■ Sechskantschraubendreher für Schrauben mit Außen- oder Innensechskantköpfen (Inbus®),
■ Vielzahn-Schraubendreher in sechsstrahliger Sternform (Torx®).

Die Schraubendreherformen sind z. T. auch als Stiftschlüssel erhältlich (Abb. 1), sehr häufig bei Innensechskant-Anwendungen.

Steckschlüsselsätze

Muss man am Arbeitsplatz viele unterschiedliche Verschraubungsformen in verschiedenen Größen lösen, verwendet man Steckschlüsselsätze. Diese bestehen aus einem Antriebsteil (auch „Knarre" oder „Ratsche" genannt), auf das das wechselbare Einsatzteil („Nuss") gesteckt wird. Dieses Teil ersetzt einen Schraubendreher oder Ringschlüssel in allen Ausführungen. Vorteilhaft ist, dass mit einem Steckschlüssel die Schraube fester angezogen werden kann. Durch Zwischenstücke kann das Werkzeug verlängert oder für das Arbeiten an schwer zugänglichen Stellen aufgerüstet werden (Abb. 2).

Drehmomentschlüssel

Zum Anziehen einer Schraubverbindung mit einer festgelegten Vorspannung ist die Verwendung eines Drehmomentschlüssels notwendig. Von der Schraubfunktion ist die Handhabung eines Drehmomentschlüssels ähnlich der des Steckschlüssels, allerdings funktioniert er mit einer Anzeige oder einer Voreinstellung (Abb. 3). Ein anzeigender Drehmomentschlüssel bildet das Drehmoment ab, mit dem die Schraube festgezogen wird. Ein einstellbarer Schlüssel wird auf ein vorgegebenes Drehmoment eingestellt und rastet beim Erreichen des gewünschten Wertes aus.

Bei häufigem Gebrauch können Drehmomentschlüssel mit der Zeit Ungenauigkeiten aufweisen, so dass sie in bestimmten Intervallen geeicht werden müssen.

4   Bauteilspezi-
    fische Spaltmaße

5 und 6
    Veränderte
    Spaltmaße

6.8
Spaltmaße

Die Karosserie jedes Fahrzeugs besteht
aus unterschiedlichen Bauteilen, die ihm
seine individuelle Form geben. Man unterscheidet dabei zwischen Karosserieteilen,
die fest mit dem Rahmen verschweißt sind
(Dach, Seitenwand) und denen, die durch
Bolzen oder Schrauben an der Karosserie
befestigt sind (Motorhaube, Kotflügel,
Türen, Heckklappe/Kofferraumdeckel/
Hecktür).
Zwischen den Karosserieteilen existiert
jeweils ein Karosseriespalt, der an den
verschiedenen Partien des Fahrzeugs nur
eine bestimmte Breite aufweisen darf.
Diese Breite nennt man Spaltmaß. Je nach
Hersteller und Karosseriepartie variiert
das Spaltmaß und beträgt i. d. R. zwischen

3,0 und 4,5 mm zwischen Blechteilen. Bei
angrenzenden Kunststoffteilen kann das
Spaltmaß auch geringer ausfallen (Abb. 4).

6.8.1
Funktion der Spaltmaße

Die Spaltmaße der beiden Karosseriesei-
ten müssen symmetrisch und möglichst
so klein sein, weil sich daraus in erster
Linie ein gleichmäßiges Erscheinungsbild
des Fahrzeugs ergibt. Zusätzlich wird die
Aerodynamik verbessert, wobei gleichzeitig Windgeräusche verringert werden. Es
muss allerdings berücksichtigt werden,
dass bei sehr kleinen Spaltmaßen die einzelnen Karosserieteile absolut passgenau
eingesetzt werden müssen. Unter diesen
Voraussetzungen verlaufen die Spaltmaße
völlig parallel.

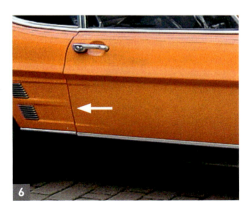

1 Ideale Spalt-
   maße an der
   Karosserieseite
   (Schema)

2 Spaltmaß-
   lehrenset

3 Anpassen
   der Türen

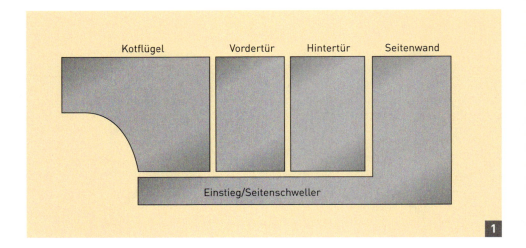

Kotflügel   Vordertür   Hintertür   Seitenwand

Einstieg/Seitenschweller

6.8.2
Ungenaue Spaltmaße am Fahrzeug

Werden Unfallfahrzeuge repariert, ist darauf zu achten, dass die Spaltmaße den Vorgaben des Herstellers entsprechen (Abb. 1). Trifft dies nicht zu, ist damit zu rechnen, dass die Karosserie oder einzelne Teile gestaucht sind und zunächst gerichtet werden müssen (S. 93, Abb. 5–6). Wird ein Karosserieteil ersetzt, muss vor den Lackierarbeiten geprüft werden, ob die Spaltmaße stimmen. Dies wird mit Spaltmaßlehren durchgeführt (Abb. 2). Dazu muss ggf. das neue Teil angepasst werden, um sicherzustellen, dass sich bewegliche Teile (z. B. im Bereich Tür zu

Kotflügel) nicht berühren und nach der Lackierung möglicherweise Schäden verursachen (Abb. 3). Hierbei wird das Scharnier an den nur leicht angezogenen Schrauben bewegt und das neue Teil unter Spannung festgeschraubt. In manchen Fällen (besonders, wenn keine Originalteile verwendet werden) müssen die Scharniere mit einer Zange oder einem Gummihammer verformt werden, um Passgenauigkeit zu erreichen. Dies muss vor den Beschichtungsarbeiten geschehen, um Schäden zu vermeiden.
Nach dem Lackieren müssen alle wieder montierten Teile nachjustiert werden, ehe das Fahrzeug dem Kunden wieder übergeben werden kann.

Tab. 1: Prüfmittel nach DIN 2257

Messgeäte		Lehren	Hilfsmittel
Messverkörperungen	Anzeigende Messgeräte		
Strichmaßstab	Messschieber	Radien- und Winkellehre	Innentaster
Parallelendmaß	Messschraube	Fühlerlehre (Spion)	Außentaster
Winkelendmaß	Messuhr	Teleskopmesslehre	

6.9
Messen und Prüfen

An einem defekten Fahrzeug sind vor und nach der Reparatur **Prüftechniken** durchzuführen.

■ Vor der Reparatur sind die vorliegenden Mängel festzustellen.
■ Nach der Reparatur ist zu prüfen, ob alle Mängel beseitigt sind und der Sollzustand erreicht worden ist.

6.9.1
Sicht- und Geräuschprüfung

Die Sicht- und Geräuschprüfung kann sowohl zur Fehlersuche als auch zur Abnahme erfolgen. Diese Prüfung kann durch Hören, Sehen und Fühlen sowie den Einsatz von Messgeräten durchgeführt werden.

Bei der **Sichtprüfung** wird festgestellt, ob Bauteile einen sichtbaren Mangel aufweisen (Spaltmaße, Dellen, Lackschäden). Bei der **Geräuschprüfung** wird untersucht, ob z. B. Klappergeräusche zu hören sind, die dann geortet und behoben werden müssen. Ebenso muss der Fahrzeuglackierer nach der Montage der Autoteile beurteilen, ob z. B. beim Schließen der Türen ungewöhnliche Geräusche auftreten. Durch das **Fühlen** mit der Handfläche kann festgestellt werden, ob die Karosserieflächen verformt sind. Hierzu sollte vorzugsweise die linke Hand bei Rechtshändern und die rechte bei Linkshändern (auch als „Gefühlshand" bezeichnet) verwendet werden.

6.9.2
Prüfmittel

Das objektive Prüfen erfolgt mit Hilfe von Prüfmitteln. Diese werden nach Messgeräten und Lehren unterteilt (Tab. 1).

1 Kontrolllampen,
   innen

Messen
Beim **direkten Messen** wird ein Messge-rät verwendet und damit ein Messwert ermittelt. Dieser ist ein Produkt aus Zahlenwert und Einheit, z. B. 1,50 cm. Bei **Messverkörperungen** (S. 95, Tab.1) wird die Messgröße durch einen festen Abstand dargestellt, der in
- Strichen (Strichmaß),
- Flächen (Endmaß) oder
- Winkellage (Winkelmaß)
angegeben werden kann.

Weiterhin gibt es **anzeigende Messgeräte**, die den Messwert anhand einer Skala anzeigen, z. B. der Messschieber oder die Messuhr.

Lehren
Das Prüfverfahren „Lehren" wird einge-setzt, um Formen und Maße zu prüfen, ohne den Zahlenwert zu ermitteln. Dabei dürfen die vorgeschriebenen Grenzen nicht überschrittenv werden, da sonst eine Passungenauigkeit entsteht.
Als Prüfmittel werden Lehren eingesetzt. Mit **Formlehren** können Winkel, Rundun-gen und spezielle Karosserieformen geprüft werden, z. B. Winkellehre (Tab. 1). Um bestimmte Maße, z. B. Spaltmaße, zu prüfen, werden **Maßlehren** verwendet (Fühlerlehre oder Teleskopmesslehre).

6.9.3
Hilfsmittel

Hilfsmittel werden zum Tragen oder Stüt-zen der Prüfmittel oder der Werkstücke verwendet, z. B. Messständer oder Pris-ma. Sie können aber auch beim **indirekten**

Messen die Maße übertragen. Als Über-tragungsmessgerät wird ein Außen- oder Innentaster verwendet, der das Maß des Werkstücks zeigt. Anschließend kann das Maß mit z. B. einem Messschieber be-stimmt werden.

6.9.3
Funktionsprüfung

Eine Funktionsprüfung sollte generell vor der Übergabe des Fahrzeugs an den Kun-den erfolgen. Dies ist besonders wichtig, wenn zuvor eine Demontage und Montage von Fahrzeugteilen stattgefunden hat (sie-he Kap. 6.7).

Zur Prüfung gehören die Funktionen der Elektrik von innen und außen:
- Standlicht,
- Abblendlicht,
- Fernlicht,
- Nebelscheinwerfer,
- Nebelschlussleuchte,
- Parkleuchte,
- Leuchtweitenregulierung,
- Rücklicht,
- Rückfahrscheinwerfer,
- Blink- und Warnblinkanlage,
- Bremslicht,
- Kofferraumbeleuchtung,
- Innenraum- und Handschuhfach-beleuchtung,
- Zigarettenanzünder,
- Kontrolllampen.

Zusätzlich sollten folgende Überprüfungen durchgeführt werden:
- Scheibenwischer,
- Bremsen,
- Keilriemen,
- Türen,
- Zentralverriegelung,
- Gängigkeit von Schlössern,
- Batterie,
- Reifendruck,
- Ölstand,
- Bremsflüssigkeit,
- Scheibenwischflüssigkeit.

Am Ende empfiehlt sich eine Probefahrt, um dem Kunden ein fahrtüchtiges Fahr-zeug übergeben zu können.

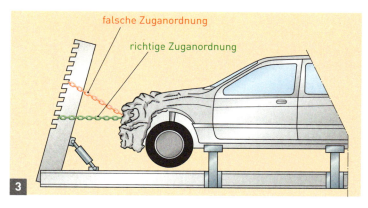

falsche Zuganordnung

richtige Zuganordnung

6.10 Rückverformung und Ausbeularbeiten

Bevor der Fahrzeuglackierer mit seinen Arbeiten beginnen kann, müssen Karosserie- oder Karosserierahmenteile in ihre ursprüngliche Position gedrückt oder gezogen werden.

6.10.1 Rückverformung

Bei Rückverformungsarbeiten werden die deformierten Teile vor der Rückverformung nicht demontiert (Abb. 2). Das hat den Vorteil, dass sich die Zugvorrichtungsgeräte ohne Probleme anbringen lassen. Ebenso lässt sich die Karosserie durch diese Handhabung im ganzen Verbund zurückverformen.

Bevor mit der Rückverformung eines großen Schadens begonnen wird, ist der Verformungshergang zu beurteilen. Hierzu müssen folgende Fragen beantwortet werden:

- Wo genau liegt der Aufprallpunkt?
- Welche Flächen sind vom Aufprall in Mitleidenschaft gezogen worden?
- Aus welcher Richtung ist der Aufprall erfolgt?
- Waren es mehrere Phasen bei der Verformung?
- Welche Karosserieteile sind verformt worden?
- Ist die Karosserie verdreht worden?

- Hat ein Seitenverzug der Karosserie stattgefunden?
- Hat die Karosserie beim Aufprall eine Aufwärtsverformung erhalten?

Um eine Rückverformung genau durchführen zu können, muss die Rückverformungskraft exakt die entgegen gesetzte Richtung aufweisen, als die Verformungskraft. Nur so kann eine zusätzliche Streckung oder Stauchung der beschädigten Karosserieteile vermieden werden (Abb. 3–4).

Für die Durchführung der Rückverformungsarbeiten können unterschiedliche Geräte und Werkzeuge Verwendung finden (S. 98, Tab. 1).
Sind alle großen Rückverformungsarbeiten ausgeführt worden, können weitere Ausbeularbeiten durchgeführt oder entsprechende Karosserieteile ausgetrennt werden.

2 Unfallschaden mit starker Verformung

3 Zuganordnung

4 Rückverformung an der Richtbank

Tab. 1: Werkzeuge für die Rückverformung

	Hydraulische Ausbeulwerkzeuge
	Richtanlage mit Zugturm
	Richtsystem mit einbetoniertem Bodenrahmen
	Richthebebühne mit Richtarm
	Richtsystem mit schwenkbaren Armen – Vektorprinzip

1   Beule an einer Motorhaube

6.10.2
Ausbeularbeiten

In der Regel spricht man von Dellen, wenn eine Verformung von außen nach innen stattfand. Hat eine Verformung von innen nach außen stattgefunden, so spricht man von Beulen. Eine genormte Bezeichnung gibt es jedoch nicht. Deshalb werden Dellen fälschlicherweise oft als Beulen bezeichnet. Wird dieser Schaden lediglich durch Spachteln behoben, kann es zu Folgeschäden kommen.

Da die Spachtelmasse aus Kunststoff ist, dehnt sich dieser bei Temperaturschwankungen anders aus, als das metallische Karosserieblech. Es könnte daher im Laufe der Zeit, bei zu dick aufgetragener Spachtelmasse, zu Rissbildungen oder gar zu Abplatzungen kommen. Durch eine hohe mechanische Belastung an Deckel, Hauben und Türen können ebenfalls diese Fehler auftreten. So können sauber ausgeführte Richt- und Ausbeularbeiten unnötig lange Spachtelarbeiten ersetzen und spätere Lackschäden vermeiden.

Bevor mit den Ausbeularbeiten begonnen werden kann, ist der Schaden nochmals zu analysieren. Dabei müssen verschiedene Punkte berücksichtigt werden, um das entsprechende Ausbeulverfahren auszuwählen.

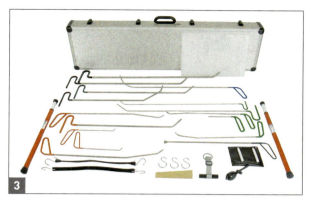

Kriterien zur Auswahl des Ausbeulver-
fahrens:
- Welche Teile wurden beschädigt?
- sind Lackbeschädigungen vorhanden?
- Schadensgröße?
- Ist die Reparaturstelle von beiden
  Seiten bearbeitbar?
- Liegt eine weiche oder harte
  (scharfkantige) Delle vor?
- Welcher Karosseriewerkstoff wird
  verwendet?
- Welche Werkzeuge können zum
  Einsatz kommen?

Sind es zum Beispiel kleine Dellen, die
durch Hagel hervorgerufen wurden, so
können die folgenden Methoden zum Einsatz kommen:
- Reines Hebelsystem,
- Glue-Puller,
- MagLoc-Methode.

Diese Verfahren zählen auch zu den lack-
schonenden Ausbeultechniken. Dabei wird
die Lackierung nicht verletzt. Voraussetzung hierfür ist natürlich, dass es sich
um weiche Dellen handelt, die im Vorfeld
keine Lackverletzungen und alte Spach-
telstellen aufweisen.

Sind die Dellen im Karosserieblech größer, können nur noch Ausbeultechniken
Anwendung finden, z. B.:
- mit Hammer und Gegenhalter,
- mit Hebeleisen, Richtlöffel und
  Stemmer,
- mit dem Zughammer-Verfahren,
- mit der Wärmetechnik,
- mit dem Airpuller.

Reines Hebelsystem
Bei diesem lackierfreien Ausbeulverfahren wird die Delle durch reines Herausdrücken behoben. Die Delle muss dabei
von außen nach innen, mit vielen engen
Druckpunkten, herausmassiert werden.
Da das Karosserieblech von der Rückseite
her gedrückt wird, muss es von dieser
zugänglich sein, beziehungsweise müssen
Öffnungen vorhanden sein, damit man die
Rückseite der Delle mit einem Hebeleisen
erreicht.

Als Druckwerkzeuge werden Hebel benutzt, die unterschiedlich geformte Spitzen besitzen. Form und Länge der Hebeleisen richtet sich nach der Karosserieform
und wie weit die Delle von einer Öffnung
entfernt ist (Abb. 4).

Um kleine Dellen exakt herausdrücken zu
können, wird eine spezielle Beleuchtung
benötigt. Mit einer Fixierlampe wird die
Unebenheit ausgeleuchtet. Ist dabei die
Lampe richtig platziert, lassen sich in der
Lichtspiegelung des Lackes sämtliche
Dellen gut erkennen (Abb. 5).

2 Karosseriemeißel
  und Richteisen

3 Hebelwerkzeuge

4 Anwendung der
  Hebeleisen

5 Fixierlampe

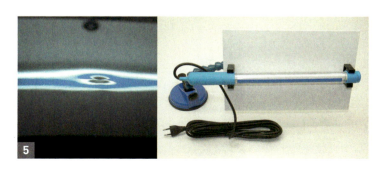

1   Zu vearbeitende
    Beschädigung

2   Werkzeugsatz

3   Aufgeklebte
    Zugstempel

4   Ansetzen des
    Zuggerätes

5   Herausziehen
    der Delle

6   Feinarbeit mit der
    Kunststoffspitze

Glue-Puller

Eine weitere Möglichkeit des lackierfreien Ausbeulens ist die Anwendung des Glue-Pullers. Diese Methode kann vor allem dann angewendet werden, wenn die Schadstelle von der Rückseite nicht zugängig ist. Zuerst muss die Delle mit Siliconentferner vorgereinigt werden. Anschließend wird ein Zugstempel mithilfe einer Heißklebepistole aufgeklebt. Der Kleber muss vollständig abkühlen. Wäre die Klebestelle noch zu warm, würden die Zugstempel zu leicht abreißen. Mittels einer Zugbrücke, in die der Zugstempel eingehakt wird, lässt sich die Delle vorsichtig herausziehen. Zu weit gezogene Stellen lassen sich mit einer Kunststoffspitze zurück klopfen. Die Zugstempel lassen sich am Ende durch Abdrehen lösen. Kleberrückstände müssen mit Verdünnung entfernt und die Lackierung anschließend poliert werden (Abb. 1–6).

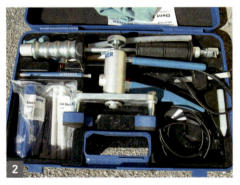

7 Arbeit mit Hammer und Gegenhalter

Magloc-Methode

Die Bezeichnung Magloc leitet sich von „magnetic location" ab. Dieses Verfahren gehört zu den lackierfreien Ausbeulmethoden, ist jedoch nicht weit verbreitet. Wie bei einem reinen Hebelsystem muss auch die Schadstelle von der Rückseite erreichbar sein.

Eine kleine Stahlkugel wird von der Außenseite auf die Delle aufgelegt. Durch die magnetische Spitze des Ausbeuldruckbolzens wird sie in ihrer Position festgehalten. Der Druckbolzen muss fixiert werden. Mittels eines Hebels, der einer Fahrradbremse ähnlich ist, wird Druck auf den Bolzen ausgeübt. Dabei wird die Delle sanft nach oben gedrückt. Um eine Delle komplett herauszudrücken, sind mehrere Druckpunkte erforderlich. Außerdem muss von außen nach innen gearbeitet werden.

Ob dieses Verfahren angewendet werden kann ist abzuwägen, da es sehr zeitintensiv ist.

Hammer und Gegenhalter

Um Dellen mit dem Hammer und Gegenhalter zu entfernen, muss meist vom Del-lenrand in kreisenden Bewegungen zur Dellenmitte hin ausgebeult werden. Damit das Karosserieblech nicht federt, gehören zu dieser Ausbeulmethode nicht nur Hammer, sondern auch verschiedene Gegenhalter. Hammer und Gegenhalter sollten leicht versetzt zu einander gehalten werden, um ein wirkungsvolles Ergebnis zu erzielen. Je nach Beschädigung und Erreichbarkeit, finden verschiedene Hammer und Gegenhalter ihre Verwendung (Abb. 7).

Um die Qualität der Hammer zu erhalten, sollten diese nur zu Ausbeularbeiten verwendet werden.

Gegenhalter werden als Handfäustel oder Handfaust bezeichnet. Weil Karosserieformen und ihre rückwärtige Zugängigkeit unterschiedlich sind, gibt es eine Vielzahl von Formen bei Gegenhaltern.

Alternative Bezeichnungen für Gegenhalter sind: Schienenförmige sowie ebene Handfaust, Universalgegenhalter und diaboloförmiger Gegenhalter. Des Weiteren finden oftmals auch eine Kastenfeile als Gegenhalter Verwendung. Sie ist eine Mischung aus Gegenhalter und Karosseriefeile (S. 102).

Tab. 1: Übersicht Hammer und Gegenhalter

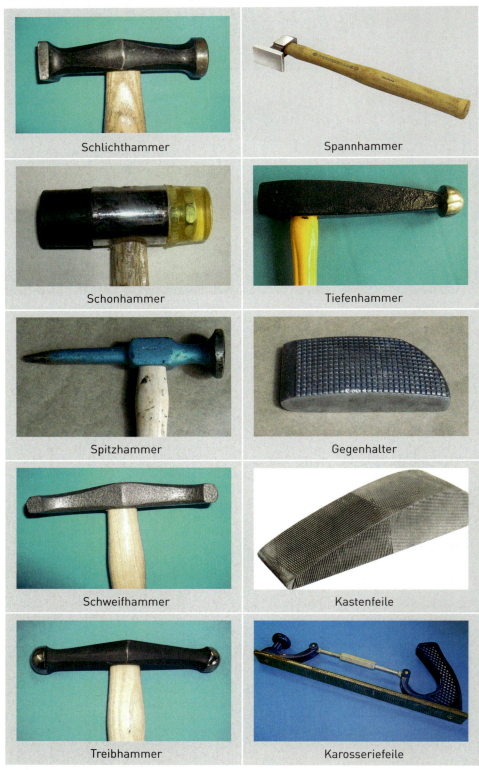

Schlichthammer	Spannhammer
Schonhammer	Tiefenhammer
Spitzhammer	Gegenhalter
Schweifhammer	Kastenfeile
Treibhammer	Karosseriefeile

Zughammer-Verfahren

Ist eine Karosseriebeschädigung von hinten nicht zugängig oder handelt es sich um doppelwandige Blechbereiche, kann das Zughammer-Verfahren eingesetzt werden. Oft werden Zughämmer auch als Gleithämmer bezeichnet (Abb. 2).

Hierbei werden auf das zuvor blank geschliffene Stahlblech ein oder mehrere Zugnägel bzw. Ösenscheiben aufgeschweißt. Anschließend wird der Zughammer an den Lochscheiben bzw. Zugnägeln befestigt. Der Zughammer besitzt ein bewegliches Schlaggewicht, welches schnell gegen das Griffstück des Zughammers geschlagen wird. Die Vertiefung wird stets weiter herausgezogen, als es erforderlich wäre. Anschließend wird das Blech mit dem Hammer in seine korrekte Form geglättet (Abb. 1). Das Zughammer-Verfahren eignet sich nicht bei Reparaturen im Bereich der Dachhaut, da hier das Blech zu labil ist.

1 Zughammer Werkzeugsatz

2 Zughammerverfahren

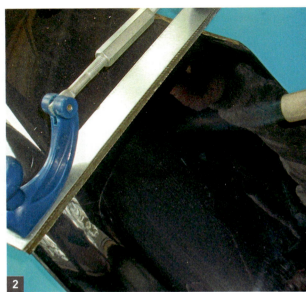

1   Multispotter

2   Ausbeulen mit
    Wärmetechnik

3   Gleithammer

Halbautomatischer Zughammer/Multispotter

Bei dieser Art Zughammer verschweißt sich die Spitze des Gerätes durch einen Stromstoß selbst mit dem Karosserieblech (Abb. 1). Als erstes ist dabei eine Spannungsbrücke zwischen Gerät und Karosserie anzubringen. Anschließend ist der Massepunkt des Gerätes an die blank geschliffene Stelle anzusetzen. Wird der Kontakt ausgelöst, punktet sich die Spitze des Zughammers automatisch fest und die Schadstelle kann herausgezogen werden. Das Gerät kann mit einem Gleithammer-Zwischenstück versehen sein oder verschiedene Abstützvorrichtungen (ähnlich denen des Glue-Pullers) ausgestattet sein (Abb. 3). Wie beim manuellen Zughammer-Verfahren muss die gehobene Stelle nochmals egalisiert werden.

Ausbeulen mit Wärmetechnik

Dieses Verfahren lässt sich nur bei Dellengrößen bis zu 10 mm Durchmesser und 1–2 mm Tiefe anwenden. Die Delle wird mit einem Schweißbrenner spiralförmig und gezielt erwärmt. Danach wird mit einem kalten Metallklotz oder mit Eisspray der Dellenrand abgeschreckt. Bei der Erwärmung wird so lange erhitzt, bis sich der Lack leicht verfärbt.
Nur so kann sichergestellt werden, dass die Innenseite unbeschädigt bleibt. Erfolgt die Mischung aus Wärmezufuhr und Abschreckung mit der richtigen Dosierung, verschwinden die Dellen ohne weitere Blechnachbearbeitung.
Meist wird eine Methode angewendet, bei der die Abkühlung mittels einer nach außen gewölbten Karosseriefeile durchgeführt wird. Die Dellenmitte hebt sich durch die Abkühlung an. Die Lackschicht wird durch die Karosseriefeile abgefeilt (Abb. 2).

Oft ist nach der ersten Behandlung die Delle noch zu sehen. Der Vorgang muss dann mehrmals wiederholt werden. Nicht anwendbar ist diese Technik bei Blechen, die sich durch Sicken nicht nach außen ausdehnen können. Bei dünnen Blechen wäre der Einsatz der Feile problematisch. In Tanknähe ist die Durchführung dieser Technik nicht ratsam.

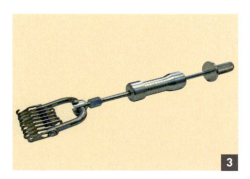

Airpuller

Beim **Airpuller** handelt es sich um einen automatisch, pneumatisch arbeitenden kleinen Zughammer. Damit die Dellen mit diesem Gerät nicht zu weit herausgezogen werden, ist als erstes ein Höhenanschlag einzustellen.

Der Airpuller wird auf die Dellenmitte aufgesetzt. Eine Stiftelektrode bewegt sich aus dem Gehäuse und schweißt sich selbst in der Dellenmitte fest. Anschließend zieht sich die Elektrode langsam zurück und hebt dabei die Dellenmitte an. Nach der Abkühlung kann die Stiftelektrode vom Karosserieblech gelöst werden (Abb. 4–5).

4 Arbeiten mit dem Airpuller

5 Airpuller

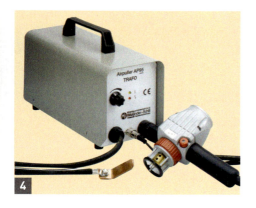

Aufgaben zu Kapitel 6.10

1. Welche Feststellungen müssen getroffen werden, bevor mit Rückverformungsarbeiten begonnen werden kann?

2. Weshalb muss bei der Rückverformung die Rückverformungskraft exakt die entgegengesetzte Richtung aufweisen wie die Verformungskraft?

3. Nennen Sie vier Kriterien für die Auswahl des Ausbeulverfahrens.

4. Bei welchem Ausbeulverfahren wird das abgebildete Werkzeug eingesetzt?

5. Nennen Sie drei lackschonende Ausbeulverfahren und drei lackschädigende Ausbeulverfahren.

6. Benennen Sie die abgebildeten Werkzeuge:

a)   b)

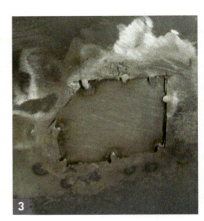

1 Seitenwand-
   schaden der aus-
   zutrennen ist

2 Eingesetztes
   Seitenteil

3 Teileinsatz in
   einem Kotflügel

4 Kurzhub-
   Karosseriesäge

5 Oszillierende
   Säge

6.11
Abschnittsreparatur

Als Abschnittsreparatur wird das teilweise Austrennen oder Austauschen beschädigter Karosserieteile bezeichnet. Dabei kann es sich um ein kleines Blechteil handeln, welches wegen Durchrostung ersetzt werden muss, oder um eine Seitenwand, die einen Unfallschaden erlitten hat (Abb. 1). Bei großen Karosserieteilen besteht der Vorteil einer Abschnittsreparatur darin, nicht alle Schweißpunkte und -nähte eines Teiles lösen zu müssen (Abb. 2). Ein aufwändiges Neueinschweißen des gesamten Karosserieteiles entfällt. Außerdem sind oft alle originalen Schweißpunkte und -nähte nicht direkt zugänglich, da noch andere Karosserieteile darüber liegen. Aus diesem Grund ist eine Abschnittsreparatur eine weniger zeitaufwendige und kostengünstigere Variante (Abb. 3).

Ein beliebiges Austrennen ist nicht zulässig, da dadurch die Festigkeit der Karosserie eingeschränkt werden kann. Für das Heraustrennen schreibt jeder Fahrzeughersteller bestimmte Trennlinien vor, um ein gefahrloses Heraustrennen zu gewährleisten. Des Weiteren sind bestimmte Vorgaben einzuhalten.

Regeln beim Erneuern eines Seitenteils

■ Karosserieteile, die einer erhöhten Belastung ausgesetzt sind, dürfen nicht geschnitten werden.

■ Die Trennschnitte sollten möglichst kurz gehalten werden.

■ Aus Gründen der Festigkeit müssen tragende Bereiche schräg oder stufig geschnitten werden.

■ Schnitte, die durch Außen- und Innenbleche führen, müssen versetzt angeordnet werden.

■ Löt-Verbindungen durch das MIG-Verfahren (⬛➡ LF 6), erkennbar an der Kupferfarbe des Lots, müssen durch Fräsen aufgetrennt werden. Durch den hohen Schmelzpunkt des Lotes würde das Karosserieblech beschädigt werden.

Damit ein Blechteil ordnungsgemäß herausgetrennt werden kann, kommen verschiedene Trennwerkzeuge zum Einsatz (Abb. 4–10).

Zu diesen Werkzeugen zählen
■ eine oszillierende Säge,
■ ein Plasmaschneider,
■ ein Schweißpunktfräser/-bohrer und
■ eine Kurzhub-Karosseriesäge.

Um die Schweißpunkte zu lösen, werden diese angekörnt und mit einem Schweißpunktbohrer oder Schweißpunktfräser gelöst. Sind alle Punkte aufgefräst, kann das defekte Karosserieteil mit Hilfe von Richteisen und Karosseriemeißeln vorsichtig entfernt werden.
Das entsprechende Neuteil oder Blech muss genau eingepasst werden. Ebenso sind die Kanten zu entgraten. Der Bereich der Naht muss metallisch blank geschliffen werden. Dies ist sowohl an der Karosserie sowie am einzusetzenden Neuteil durchzuführen.
Für den Blechzuschnitt und das Einpassen werden z. B. die Werkzeuge Blechschere und Falzzange verwendet.
Um eine Passgenauigkeit zu gewährleisten, wird das Neuteil an der Übergangsstelle mit der Absetzzange (Abb. 11) abgesetzt bzw. abgestuft. Beim Absetzen wird an einem Blech ein Randstreifen von ca. 12 mm Breite, um die Blechstärke des Altteils, nach innen versetzt. Nur so kann eine bündige Verbindung zustande kommen.

Anschließend wird das Neuteil durch Kleben, Löten oder Punkten fixiert, bevor es endgültig eingeschweißt wird. Zum Fixieren wird häufig eine Gripzange verwendet (Abb. 12).
Der Nahtbereich wird abschließend verzinnt und abgefeilt.

6 Plasma-
   schneider

7 Schweißpunk-
   bohrer

8 Herausfräsen
   des Schweiß-
   punktes

9 Blechschere

10 Falzzange

11 Absetzzange

12 Gripzange

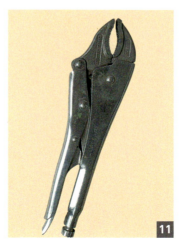

1 MIG-Lötgerät

2 Punktschweißen

3 Punktschweiß-
gerät

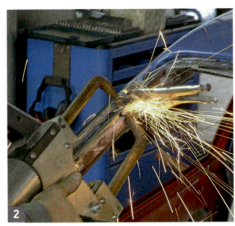

6.11.1
MIG-Löten

Beim herkömmlichen Schutzgas-Schwei-
ßen liegt die Arbeitstemperatur bei zirka
1600 °C. Dadurch würden bei hochfesten
Stahlblechen Gefügeveränderungen auftreten. Die Folge ist eine Beeinträchtigung
des Karosserieteils im Falle eines Unfalls.
Ebenso wäre durch die hohe Temperatur
die Verzinkung des Stahlbleches verbrannt
und der Korrosionsschutz nicht mehr gewährleistet.

Beim MIG-Löten (**M**etall-**I**nert**g**as[1]-
Schweißen) wird die Lötstelle mit einem
Lichtbogen, der durch eine geringere

elektrische Spannung erzeugt wird, erwärmt (Abb. 1–2). Das aus einer Kupfer-
Silizium-Legierung bestehende Lot wird
durch den Lichtbogen zum Schmelzen
gebracht und eine stark belastbare Verbindung erzeugt.
Die Festigkeit ist etwa um ein Drittel
höher als bei herkömmlichen Schweißverbindungen.
Die Vorteile dieses Verfahrens liegen darin, dass die Arbeitstemperatur beim MIG-
Löten unter 1000 °C liegt. Dadurch wird
eine Veränderung des Gefüges weitgehend
vermieden. Außerdem erfolgt kein Zinkab-
brand. Der Korrosionsschutz bleibt damit
erhalten. Ein weiterer Vorteil dieses Verfahrens ist der geringe Blechverzug durch
die niedrigere Temperatur.

6.11.2
Punktschweißen/
Widerstandspunktschweißen

Zum Befestigen von eingesetzten Karosserieteilen wird oftmals das Punkt- oder
Widerstandspunkschweißen verwendet
(Abb. 3). Beide Bezeichnungen stehen für
das gleiche Verfahren.

Dabei wird in einer kurzen Zeit durch zwei
gegenüberliegende Elektroden eine hohe
Energie auf eine kleine Fläche konzentriert. Die Elektroden leiten den Schweiß-
strom in das Blech. Unter Druck entsteht
eine unlösbare Verbindung.

[1] lat.: unbeteiligt, träge

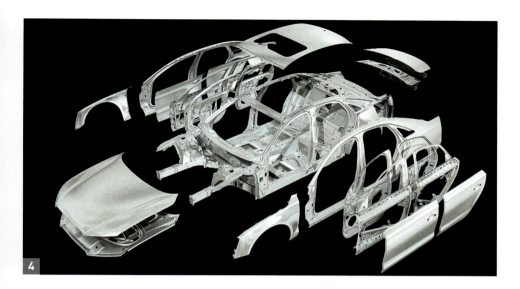

4 Aluminium-
karosserie

6.11.3
**Maßnahmen bei der Instandsetzung
von Aluminium-Karosserien**

Um Kontaktkorrosion zu vermeiden, müssen Stahl- und Aluminiumbearbeitungsbereiche konsequent räumlich getrennt werden. Stahlstaub greift das Aluminium durch Kontaktkorrosion an und zerstört es. Aus diesem Grund müssen die Bearbeitungswerkzeuge nur für Aluminium verwendet werden (⤷ LF 7).
Werden Drahtbürsten benötigt, müssen diese aus Edelstahl sein, um der Kontaktkorrosion vorzubeugen.

Sind Teile bei der Instandsetzung zu erwärmen, dürfen sie nicht über 120 °C erhitzt werden, da sonst ein Festigkeitsverlust entstehen kann. Schweiß- und Richtarbeiten dürfen nur durch speziell geschultes Personal durchgeführt werden. Verzinnarbeiten dürfen auf Aluminium nicht durchgeführt werden, da sie die Korrosionsbeständigkeit herabsetzen. Durch eine chemische Korrosion kann es sogar zur Rissbildung im Aluminium kommen. Der bei der Instandsetzung einer Aluminiumkarosserie (Abb. 4) entstehende Schleifstaub ist unmittelbar abzusaugen, damit keine Gesundheitsgefährdung eintritt. Des Weiteren wird eine Verpuffung vermieden.

Aufgaben zu Kapitel 6.11

1. Nennen Sie vier Maßnahmen, die beim Erneuern eines Seitenteils eingehalten werden müssen.

2. Woran erkennt man eine MIG-gelötete Verbindung?

3. Nennen Sie drei Vorteile von Lötverbindungen durch das MIG-Verfahren.

4. Benennen Sie vier Werkzeuge, die zum Austrennen eines Karosserieteils eingesetzt werden können.

5. Notieren Sie die Arbeitsschritte, die zum Lösen eines Schweißpunktes nötig sind.

6. Ein Karosserieteil soll eingeschweißt werden. Welche Zange verwenden Sie für das Fixieren vor dem Schweißen?

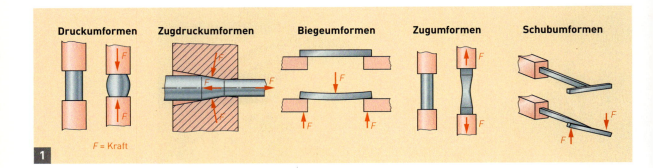

Druckumformen   **Zugdruckumformen**   **Biegeumformen**   **Zugumformen**   **Schubumformen**

F = Kraft

1

1 Hauptgruppen
   des Umformens

2 Biegeumformen

6.12
Formen, Fügen
und Kleben

Formen, Fügen und Kleben sind Verfahren, die von Fahrzeuglackierern ausgeführt werden.

Während es bei ersterem darum geht, neue Formen zu schaffen, sind Fügen und Kleben Begriffe aus der Fertigungstechnik. Sie beschreiben das dauerhafte Verbinden von Bauteilen.

6.12.1
Formtechniken

Formtechniken werden unterschieden in Umformen und Urformen.

Das **Urformen** beschreibt nach DIN 8580 ein Verfahren, bei dem aus einem formlosen Stoff ein Körper hergestellt wird. Im Karosseriebereich bezieht es sich im wesentlichen auf das Formen von Werkstoffen aus Metall oder aus Kunststoff durch Gießen oder Pressen. Es wird nicht in Werkstätten ausgeführt.

Beim **Umformen** handelt es sich laut DIN 8582 um das Fertigen eines Werkstücks durch plastische Änderung eines festen Körpers. Die Kategorien der einzelnen Verfahren basieren auf der Art der Spannung, die auf das Werkstück ausgeübt wird.

Kombiniert man mehrere dieser Techniken, spricht man vom „Richten" eines Fahrzeugs.

Nach Abb. 1 werden folgende Umformtechniken unterschieden:
- Druckumformen,
- Zugdruckumformen,
- Biegeumformen,
- Zugumformen,
- Schubumformen.

Biegeumformen

Das Biegen oder Biegeumformen ist ein spanloses Fertigungsverfahren bei dem der gewünschte plastische Zustand des Werkstücks durch eine Biegebeanspruchung geschaffen wird (Abb. 2).

Zu beachten ist hier besonders das Biegen von Hohlkörpern. Sollte es wichtig sein, dass der Hohlraum den gleichen Querschnitt behält, so muss das Profil für das Biegen mit Sand oder ähnlichen Materialien gefüllt werden.

Beim Biegen ist zudem zu berücksichtigen, dass am Werkstück stets ein Bereich gestaucht und ein anderer gestreckt wird.

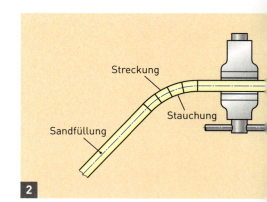

Streckung

Stauchung

Sandfüllung

2

3 Falzen

4 Schweißen

6.12.2
Fügetechniken

Nach DIN 8593 ist Fügen das Zusammen-
bringen oder Verbinden von mehreren
Werkstücken. 6 Untergruppen werden
unterschieden:

- Zusammenlegen (z. B. Sicherungsringe),
- Füllen (z. B. Befüllen hydraulischer
  Bremsen),
- An- und Einpressen (z. B. Schrauben
  und Klemmen),
- Fügen durch Urformen (z. B. Gießen
  und Sintern),
- Fügen durch Umformen (z. B. Falzen),
- Stoffverbinden (z. B. Löten oder
  Schweißen).

Zu den Verbindungs- oder Fügetechniken
gehören der Formschluss, der Kraft-
schluss und der Stoffschluss, eingeteilt
nach den physikalischen Wirkungsprinzipien.

Formschlüssige Verbindungen entstehen
durch das Ineinandergreifen von mindestens zwei Verbindungspartnern mit einer
bestimmten geometrischen Form. Hierzu
gehören das Nieten, Falzen (Abb. 3) und
Nut-Feder-Verbindungen.

Bei **kraftschlüssigen Verbindungen** wird
der Zusammenhalt allein durch die wir-
kende Kraft gewährleistet. Verfahren hierfür sind z.B. Muttern oder Schrauben.

Stoffschlüssige Verbindungen wirken
durch moluekulare Kräfte, vor allem also
durch Adhäsion und Kohäsion. Zu diesen
zählt man das Löten, Schweißen (Abb. 4)
und Kleben.

6.12.3
Klebetechniken

Kleben bezeichnet ein Fertigungsverfahren, das wie Schweißen und Löten auch
zu den stoffschlüssigen Fügeverfahren der
Fertigungstechnik gehört. Durch Kleben
werden Fügeteile mittels Klebstoff stoff-
schlüssig meist irreversibel verbunden.

Wie in vielen Bereichen des Kraftfahr-
zeugbaus findet sich das Kleben auch im
Bereich der Fahrzeuglackierer immer
wieder. Sei es beim Kleben von Kunststoffen zur Reparatur, beim Einkleben von
Glasscheiben oder auch beim Anbringen
von Stoßleisten.

Die wichtigsten Wirkungsprinzipien von
Klebstoff sind Adhäsion und Kohäsion
(➜ LF 2). Die Art des Klebstoffs hat
massiven Einfluss auf die Dauerhaftigkeit
und Effizienz. So sollte vor dem Einsatz
eines Klebstoffes stets bedacht werden
welche Stoffe zusammengefügt werden
sollen und welchen Beanspruchungen er
ausgesetzt sein wird. Es gibt physikalisch
abbindende und chemisch aushärtende
Klebstoffe.

Die Namen der Klebstoffe beziehen sich
auf unterschiedliche Faktoren können Sie
die Abbindegeschwindigkeit beschreiben
(Blitzkleber), den zu verklebenden Werkstoff (Textilkleber), die Optik (Weißleim)
oder die Form (Perlleim).

Die Bezeichnungen nach DIN EN 923
beziehen sich auf die physikalische
Eigenschaft eines Klebstoffes oder auf
die Hauptkomponente.

1 Einkleben einer
Frontscheibe

Ist das Bindemittel in einem Klebstoff in
Lösemittel gelöst, bezeichnet man ihn als
Lösemittelklebstoff.

Sollte das Bindemittel Wasser in einem
Klebstoff dispergiert sein, handelt es sich
um einen **wässrigen Klebstoff**.

Leime sind wässrige Klebstoffe. Eingesetzt werden sie vorallem bei porösen
Werkstoffen wie z. B. Holz.

Ein **Kleister** ist ein hochviskoser Klebstoff,
der keine Fäden zieht. Handelt es sich um
einen Kleister auf synthetischer Polymer-
basis wird er z. B. zum Kleben von Bo-
denbelägen verwendet. Auf der Basis von
Stärke- oder Celluloseether wird er zum
Kleben von Papier verwendet.

Ein **Dichtstoff** ist ein elastischer Klebstoff,
mit dem unter anderem Fugen gefüllt
werden.

Um **Dispersionsklebstoffe** handelt es
sich, wenn der Klebstoff aus einer Dis-
persion eines Polymers in einer flüssigen
Phase (meistens Wasser) besteht.

Schäumbare Klebstoffe werden verwendet, wenn eine Volumenvergrößerung nach
dem Auftragen gewünscht ist, z. B. um
Fugen zu füllen.

Haftklebstoffe bleiben bei Raumtemperatur klebrig. Unter leichtem Druck haften
sie an den Oberflächen.

Schmelzklebstoffe (Hotmeltklebstoffe)
sind Klebstoffe, die warm aufgetragen
werden und durch den Vorgang des
Abkühlens ihre Klebkraft entwickeln.

Bei **Kontaktklebstoffen** wird der Klebstoff
auf die Werkstücke aufgetragen und bei
annähernder Trocknung des Klebstoffes
werden diese unter Druck zusammengefügt.

Reaktionskleber sind Klebstoffe, die
durch Einwirkung äußerer Stoffe oder
durch die chemische Reaktion der Komponenten miteinander abbinden. Sie werden
als Ein- oder Zweikomponentenkleber
hergestellt.

Vorteile des Klebens
- Großflächige Verbindungen sind gegen-
  über beispielsweise Schweißen einfach
  zu schaffen.
- Die Spannungsverteilung und Kraftübertragung ist gleichmäßig.
- Gewichtersparnis.
- Die Werkstücke müssen nicht mit
  Bohrlöchern versehen werden. So wird
  der Werkstoff nicht geschwächt und auf
  der Außenseite gibt es keine optische
  Veränderung.
- Die Verbindung unterschiedlichster und
  auch extrem dünner Werkstoffe wird
  ermöglicht.
- Die Klebefugen können als Dichtstoff
  gegen Gase oder Flüssigkeiten dienen.
- Da die Erwärmung der Werkstoffe nicht
  erforderlich ist, finden keine Gefügeveränderungen durch Wärmeverzug-
  oder spannungen statt.
- Kostengünstig.

Nachteile des Klebens
- Der Klebstoff muss stets auf die Werk-
  stücke angepasst werden.
- Eine Oberflächenbehandlung ist nötig.
- Klebenähte sind nur gering temperatur-
  fest. Bei hohen Temperaturen können sie
  erweichen, bei niedrigen porös werden.
- Durch Alterung verliert der Klebstoff
  an Festigkeit. Mechanische, chemische
  und physikalische Einflüsse können den
  Alterungsprozess beschleunigen.
- Eine Prüfung der Verbindung ist nicht
  möglich ohne dabei die Klebenaht zu
  beschädigen.
- Klebenähte sind empfindlich gegen
  Biegebeanspruchung oder Schläge.
- Viele Klebstoffe bestehen aus Inhalts-
  stoffen, die eine PSA erfordern.

Lernfeld 6

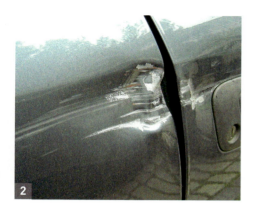

2   Karosseriescha-
    den vor dem Ver-
    zinnen

3   Materialien zum
    Verzinnen

4   Aufstreichen der
    Verzinnungspaste

5   Erwärmen der
    Verzinnungspaste

6.13
Verzinnen

In manchen Fällen sind trotz aller Ausbeularbeiten noch erhebliche Vertiefungen
vorhanden, die auf mechanischem Wege
nicht weiter behoben werden können
(Abb. 2). Ein Grund dafür können Verstär-
kungen des Karosserieblechs sein, wegen
derer man den eigentlichen Schaden mit
Ausbeulwerkzeug nicht erreicht. Weiterhin
kann durch die bisherigen Ausbeulver-
suche eine Instabilität des Bleches verursacht worden sein. Bei diesen Problemen
müssen die Vertiefungen gefüllt werden.
Bei tieferen Beulen bietet sich statt des
Einsatzes von UP-Spachtelmasse daher
das Verzinnen der beschädigten Partie an
(Abb. 3). Das Verzinnen darf nicht mit dem
Verzinken der Rohkarosse zum Korrosionsschutz verwechselt werden. In einigen
Regionen wird das Verzinnen auch als
„Verschwemmen" bezeichnet.

Die Vorteile des Verzinnens gegenüber
dem Spachteln sind Folgende:
- Tief eingebeulte Kanten und Sicken
  können besser und dauerhafter nach-
  modelliert werden.
- Bei Wärme ergeben sich im Vergleich
  zur Spachtelmasse weniger unterschiedliche Ausdehnungen der Materialien, so dass bei hoher Schichtdicke
  des Reparaturmaterials für eine bessere Adhäsion gesorgt ist.
- Bei Erschütterungen (Zuschlagen von
  Türen, Hauben, Heckklappen oder
  Fahren auf unebenem Untergrund) wird
  aufgrund besserer Verbindung des
  Zinns zum Stahlblech ein Herausbre-
  chen der Reparaturstelle verhindert.

Nicht möglich ist das Verzinnen bei Blechen aus Aluminiumlegierungen oder
höherfesten Stahlblechen. Durch den
Wärmeeinfluss beim Verzinnungsvorgang
kann die Festigkeit des Untergrundes
beeinträchtigt werden.

1 Abwischen des
  Flussmittels

2 Auftrag von
  Schwemmzinn

3 Modellieren des
  Schwemmzinns
  mit Lötholz

4 Bearbeiten der
  verzinnten Fläche
  mit Karosserie-
  feile

6.13.1
Materialien zum Verzinnen

Zum Auftragen auf die Karosserievertiefung wird kein reines Zinn (chemisches
Kurzzeichen Sn für lateinisch Stannum)
verwendet, sondern das so genannte
Schwemmzinn oder Schwemmlot. Dieses
ist eine Mischung aus Zinn (Anteil ca.
90 %), Zink, Kupfer und Blei. Wegen des
sehr geringen Bleianteils von unter 0,05 %
gilt das Schwemmzinn als bleifrei und
bei fachmännischer Handhabung als ge-
sundheitlich unbedenklich. Bis vor einigen
Jahren durfte Schwemmzinn mit einem
Bleianteil von bis zu 70–75 % verwendet
werden, das aus Gründen der Arbeitssi-
cherheit als bedenklich einzustufen ist.
Schwemmzinn wird in handlichen Stäben
geliefert.

Die zusätzlich als Bindemittel für das
Schwemmzinn zu verwendende Verzinnungspaste besteht aus ca. 97 % Zinn
mit ca. 3 % Kupfer.

6.13.2
Verarbeitung des Schwemmzinns

Zunächst werden die zu bearbeitende
Partie und der daran angrenzende Bereich
mit einem Winkelschleifer oder einer
Bohrmaschine mit Drahtbürstenaufsatz
blank geschliffen. Dies soll einen gleichmäßigen Übergang des Schwemmzinns
zum Blech hin gewährleisten. Nach dem
Schleifvorgang wird die Verzinnungspaste
mittels eines Pinsels aufgetragen (S. 113,
Abb. 4). Danach wird die Paste mit einem
Propangasbrenner kreisförmig von außen

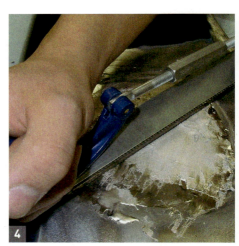

5

nach innen erwärmt (S. 113, Abb. 5). Dies geschieht, bis die Oberfläche aufgrund des Ausschwimmens des in der Paste vorhandenen Flussmittels eine bräunliche Färbung annimmt. Das Flussmittel kann anschließend mit einem kunstfaser- und fusselfreien Baumwoll- oder Leinenlappen abgewischt werden so dass die Stelle aufgrund des Zinnfilms der Paste silbrig glänzt (S. 114, Abb. 1). Im Anschluss werden Schwemmzinn und Karosseriefläche gleichzeitig behutsam mit dem Brenner erwärmt. Sobald die Spitze des Schwemmzinnstabs weich ist, wird dieses Ende in die Karosserievertiefung gedrückt und auf die Blechoberfläche abgetupft (S. 114, Abb. 2). Dieser Vorgang wird solange wiederholt, bis die Vertiefung gefüllt ist. Insgesamt ist mehr Schwemmzinn aufzutragen als für den Schaden notwendig ist, denn ein Nachverzinnen ist schwie-

riger als später überschüssiges Material abzutragen. Die Schwemmzinntupfer werden mit Löthölzern glatt gestrichen (S. 114, Abb. 3). Löthölzer werden meist aus Buchen-, Palmen- oder Weißdornholz gefertigt und mit Motoröl, Bienen- oder Paraffinwachs getränkt, damit beim Arbeiten kein Schwemmzinn in das Holz eindringt. Während des Modellierens des Schwemmzinns wird die Fläche mit dem Brenner permanent auf Verarbeitungstemperatur gehalten um die Verarbeitungsfähigkeit aufrecht zu erhalten. Nach Ende des Glättens lässt man die verzinnte Fläche langsam abkühlen; danach wird die Partie mit einer Karosseriefeile geebnet, so dass keine Ansätze oder Grate mehr vorhanden sind (S. 114, Abb. 4). Danach können die nachfolgenden Feinspachtel- oder Grundierarbeiten begonnen werden (Abb. 5).

5 Reparaturfläche nach der Bearbeitung mit Karosseriefeile

1 Steinschlag

2 Sichtfeld

6.14
Glasarbeiten

Bei neueren Fahrzeugen sind die Wind-
schutzscheiben, um die es sich bei Glas-
reparaturarbeiten am häufigsten handelt,
eingeklebt und dienen zusätzlich der Sta-
bilisierung der Karosserie. Der Umstand,
dass die Scheiben eingeklebt sind, macht
die Austauscharbeiten komplizierter und
zeitintensiver.

Aus diesem Grund wird bei Steinschlä-
gen auf eine partielle Reparatur zurückgegriffen. Glasarbeiten im Bereich der
Fahrzeuglackierungen beschränken sich
folglich auf zwei Bereiche: die Steinschlagreparatur und das Austrennen
und Einkleben von Scheiben. Beides sind
Techniken, die Lackierer für ihren Beruf
beherrschen sollten.

Beim Material der Frontscheiben handelt
es sich um Verbundsicherheitsglas (VSG).

Dieses besteht aus zwei Glasscheiben, die
mit einer Polymerfolie (meist aus Polyvinylbutyral mit einer Dicke von 0,38 mm)
oder einem Gießharz, (beispielsweise aus
Polymethylmethacrylat oder Polyurethan)
miteinander verbunden sind.

Dadurch bleiben im Fall eines Bruches
die Bruchstücke der Scheibe an der Folie
haften und es gelangen keine Splitter in
den Fahrzeuginnenraum, die Schnittver-
letzungen verursachen können. Die Folie
gewährleistet im Falle eines Bruches zudem eine höhere Stabilität (Abb. 1).

6.14.1
Steinschlagreparatur

Um einen Steinschlag reparieren zu können, müssen folgende Hinweise beachtet
werden:

- Es dürfen nur Schäden an der Au-
  ßenseite der Scheibe vorhanden sein.
  Sollte die Innenseite oder die Sicher-
  heitsfolie beschädigt sein, ist eine
  Steinschlagreparatur nicht möglich.
- In der Schadstelle dürfen keine Verunreinigungen vorliegen. Da die Schadstelle schwer zu reinigen ist, muss die
  Reparatur möglichst schnell nach dem
  Schadenseintritt erfolgen.
- Die Einschlagstelle darf einen Durchmesser von 5 mm nicht überschreiten.
- Der Durchmesser des Schadens darf
  nicht größer als zwei cm sein. Er muss
  auf der Fläche enden.
- Befindet sich die Einschlagstelle im
  Sichtfeld des Fahrers, darf keine Reparatur stattfinden. Das Sichtfeld hat
  etwa DIN A4-Format und reicht etwa
  von der Mitte des Lenkrades bis zum
  Ende des Wischfeldes. In diesem Bereich wäre die Sicht weiterhin so beeinträchtigt, dass Reparaturen hier nicht
  zulässig sind (Abb. 2).

Wenn diese Ausschlusskriterien nicht gegeben sind, kann die Einschlagstelle repariert werden.

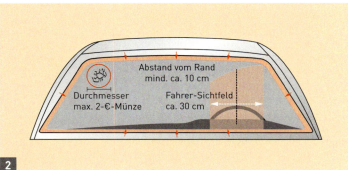

Tab. 1: Arbeitsabfolge

1. Säubern der Schadstelle
Mit einer Reißnadel werden vorsichtig lose Teile entfernt. Im Anschluss wird die Schadstelle so gut wie möglich gereinigt und mit einem Fön getrocknet. Dabei muss darauf geachtet werden, dass der Schaden nicht vergrößert wird.

2. Injizieren des Polyurethans
Mittels einer Pumpe wird ein Vakuum erzeugt. In den nun „luftleeren" Raum über der Schadstelle wird mit dem Injektor transparentes Polyurethan gefüllt. Der Injektor ist ein Gerät ähnlich einer Spritze mit welchem das Polyurethan punktgenau injiziert bzw. eingespritzt werden kann. Der Vorgang kann durch einen unter der Scheibe auf den Armaturen abgelegten Spiegel zusätzlich überprüft werden.
Durch das Vakuum wird gewährleistet, dass der Raum komplett ausgefüllt wird da die Entstehung von Blasen und Hohlräumen so ausgeschlossen werden kann.

3. Zuschneiden der Folie
Mit einem zugeschnittenen Stück Folie wird verhindert, dass Luft an das Polyurethan gelangen kann. Die Folie darf nicht aufgedrückt werden sondern lediglich aufgelegt und muss transparent sein um die Wirkung der UV-Lampe nicht zu verringern.

4. UV-Härtung
Das Polyurethan wird mittels UV-Strahlen gehärtet. Dieser Vorgang dauert etwa zehn Minuten. Danach kann die Stelle mit einer Abziehklinge von überschüssigem Polyurethan befreit und poliert werden. Im Anschluss wird die Stelle mit der UV-Lampe bestrahlt, um eine vollständige Aushärtung zu gewährleisten.

5. Arbeiten mit Polyurethanharz
Bei der Arbeit mit Polyurethan sollte darauf geachtet werden, dass das Gebinde sofort nach der Verwendung wieder verschlossen werden sollte. Da es sich um ein UV-härtendes Material handelt würde dies im Gebinde aushärten. Das gilt sowohl für das Gebinde als auch für den verwendeten Injektor.

1   Dichtungsgummi

2   Werkzeuge zum
    Heraustrennen

6.14.2
Austrennen und
Einkleben von Scheiben

Bei älteren Fahrzeugen wurden die Scheiben mit Hilfe eines Scheibendichtgummis angebracht (Abb. 1). Das Entfernen dieser Scheiben verlief hierbei einfach, da sie von innen mit genug Druck einfach herauszudrücken waren. Doch wiesen die Gummis oft Passungenauigkeiten auf, so dass Wasser eintreten konnte. Durch die Möglichkeit Scheiben einzukleben können diese schnell ersetzt werden. Zudem wird Gewicht gespart und die Scheiben können eine geringere Dicke aufweisen.

Austrennen
Um eine defekte, eingeklebte Scheibe herauszutrennen kann ein thermisches oder ein mechanisches Verfahren gewählt werden.

Beim mechanischen Verfahren wird der Kleber zerschnitten durch Verwendung eines speziellen motorbetriebenen Trennmessers/Elektromessers (Abb. 2) oder mit einem Schneiddraht. Hierzu werden zunächst alle Dichtungsgummis und Zierleisten im Bereich um die Scheibe demontiert.

Schneiddraht
Der Schneiddraht wird ins Wageninnere gezogen. Nun kann die Scheibe mit Hilfe zweier Personen oder mit einer an der Scheibeninnenseite angebrachten Aufspulvorrichtung ausgetrennt werden.

Einige Modelle verfügen über eine Polyamidfaser, die bereits im Werk in den Klebstoff eingelegt wird. Im Falle des Heraustrennens kann die Faser mittels zu installierenden Griffen durch den Klebstoff schneiden.

Motorbetriebenes Trennmesser
Die Verwendung des motorbetriebenen Trennmessers bezeichnet man als mechanisches Kaltschneideverfahren. Diese Messer verfügen über eine oszillisierende Klinge bei der die Schneidebewegungen elektronisch übertragen werden. Die Form der Klinge muss der jeweiligen Scheibe angepasst werden.

Thermoschneideverfahren
Beim thermischen Trennen wird die Tatsache genutzt, dass es sich beim Klebstoff um einen Thermoplast handelt. Man verwendet ein beheiztes Schneidemesser, so dass der Kraftaufwand geringer wird.

Es muss darauf geachtet werden die Klinge nicht zu heiß einzustellen, da der Klebstoff nicht verbrennen darf. Das Verbrennen des Klebstoffes würde zu Haftungsproblemen führen. Auch kann es zum Wiederverkleben der gerade geschnittenen Flächen kommen.

Zum Erweichen des Kunststoff sind ca. 250 °C notwendig. Die Wärmeeinwirkung muss gezielt erfolgen um umliegende Teile des Autos nicht in Mitleidenschaft zu ziehen oder einen Brand auszulösen.

Türverkleidungslösewerkzeug

Werkzeug zum Lösen der Zierrahmen

Dreikantziehdraht mit Griffen

Motorbetriebenes Trennmesser

3 Bedruckter
Rand einer
Frontscheibe

men verläuft nach innen, dies muss beim Schneiden beachtet werden. Der darin verlaufende zu trennende Klebstoff sollte ca. fünf mm dick und zehn mm breit sein.

Auch können sich Schweißpunkte verbergen, an denen die Klinge nicht vorbeigleiten kann. In diesen Fällen sollte ein Draht verwendet werden, um die Scheibe auszutrennen.

Der Karosserierahmen muss bei jeder Austrenntechnik vorher abgeklebt werden, um ihn vor eventuellen Beschädigungen zu schützen. Ebenso ist besonders auf den Fahrzeughimmel zu achten: eine Beschädigung der Dachbespannung geschieht häufig bei unaufmerksamem Arbeiten.

Die Zugänglichkeit zur Scheibe ist auf Grund der Armaturen oder durch Heckablagen nur von der Außenseite der Scheibe gegeben. Der Spalt zwischen der Scheibe und dem Karosserierahmen ist schmal. Der Winkel zwischen Scheibe und Rah-

Die bedruckten Ränder einiger Scheiben (Abb. 3) dienen dem UV-Schutz des Klebstoffes, behindern aber den Blick auf die Schnittkante. So wird ein sicheres Führen eines Messers erschwert.

Tab. 1: Arbeitsschritte des Einklebens

1.
Der erste Schritt beim Einkleben einer neuen Scheibe ist das gründliche Reinigen der zu klebenden Flächen, da es sonst zu Haftungsproblemen (Adhäsionsversagen) kommen kann. Alle Kleberreste, die vom Heraustrennen noch vorhanden sind, sollten ebenfalls sorgfältig entfernt werden.

2.
Im Anschluss wird der Klebstoff (Kleberaupe) aus einer Kartusche mit dreieckigem Querschnitt auf den Scheibenrand aufgetragen. Um den Klebstoff gut verarbeiten zu können, muss dieser pastös sein. Zur Verwendung kommen hier vor allem Polyurethane. Je nach Klebstoff variiert die Zeit bis zur Airbagsicherheit der Scheibe von 30 bis 120 min. Beim Klebstoff müssen die vorgeschriebenen Zeiten des Herstellers und die Airbagtypen beachtet werden. Die Höhe des Klebewulst sollte etwa zehn mm betragen.

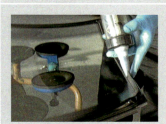

3.
Saugheber werden an die Scheibe angebracht um sie besser positionieren zu können. So wird diese auf den Rahmen gelegt. Je nach Produkt variiert die Zeit des Aushärtens, diese muss individuell beachtet werden. Die Scheibe muss in der Trocknungsphase fixiert werden.

1　Spannung und
　　Stromfluss

2　Stromarten

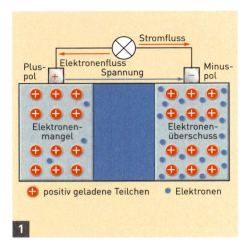

1

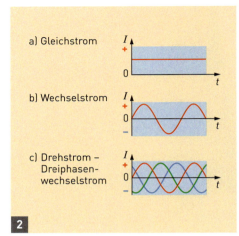

2

6.15
Elektrotechnische Grundlagen

6.15.1
Elektrischer Stromkreis

Ein elektrischer Stromkreis besteht aus einer Spannungsquelle, den elektrischen Leitungen und einem Verbraucher (Tab. 1).

Elektrische Spannung entsteht durch Trennen von elektrischen Ladungen. Am Minuspol einer Spannungsquelle überwiegen negativ geladene Teilchen, die Elektronen. Am Pluspol überwiegen die positiv geladenen Teilchen. Dort herrscht Elektronenmangel. Werden die Pole einer Spannungsquelle durch einen elektrischen Leiter verbunden, fließen die Elektronen vom Minuspol zum Pluspol.
Es ist festgelegt, dass der elektrische Strom vom Pluspol zum Minuspol fließt. Das wird als technische Stromrichtung bezeichnet.

> Die **technische Stromrichtung** geht vom Pluspol zum Minuspol

Bewegen sich die Elektronen stets in die gleiche Richtung, spricht man von Gleichstrom (engl.: direct current, DC). Batterien und Akkumulatoren liefern Gleichstrom. In einem Diagramm, in dem der Strom in

Abhängigkeit von der Zeit dargestellt wird, ergibt sich eine Parallele zur Zeitachse (Abb. 2a). In grafischen Darstellungen verwendet man für den Gleichstrom das Symbol „−".

Tab. 1: Teile eines Stromkreises

Teile eines Stromkreises	Beispiele
Spannungsquelle	Netzgerät, Generator, Batterie, Akkumulator
Leiter	Werkstoffe, die elektrischen Strom besonders gut leiten
Nichtleiter	Leiten den Strom nicht oder kaum, Porzellan oder Kunststoffe
Halbleiter	Dioden, Transistoren
Verbraucher	Glühlampe, Motor
Relais	Übernehmen Steuerungsfunktionen

3 Drehstroman-
   schluss

4 Kennzeichnung
   elektrischer
   Geräte

Tab. 1: Begriffsbestimmungen zum Strom

Bezeichnung	Benennung	Formel-zeichen	Einheits-zeichen
Stromstärke	Ampere	I	A
Spannung	Volt	U	V
Leistung	Watt	P	W
Widerstand	Ohm	R	Ω

Ändert der Strom in regelmäßigen Zeitab-
ständen seine Größe und Richtung, spricht
man von Wechselstrom (engl.: alternating
current, AC). In einem Diagramm, in
welchem der Strom in Abhängigkeit von
der Zeit dargestellt wird, ergibt sich eine
Sinuskurve (Abb. 2b). In grafischen Darstellungen verwendet man für Wechselstrom das Symbol „~".

Gleichstrom fließt stets in die gleiche
Richtung.
Wechselstrom ändert seine Richtung.

Wechselstrom verwendet man im Haus-
halt, im Handwerk und in der Industrie.
Er wird durch Generatoren in Kraftwerken
erzeugt. Der Strom wechselt 50 mal in der
Sekunde seine Richtung. Er hat eine Frequenz von f = 50 Hertz.

Drehstrom-Dreiphasenwechselstrom
wird umgangssprachlich manchmal als
Kraft- oder Starkstrom bezeichnet. Der
Drehstrom ist ein Wechselstrom mit drei
stromführenden Leiterungen (Phasen).
Anwendung findet Drehstrom zum Beispiel
bei Schweißgeräten und Generatoren.
Geräte mit Drehstromanschlüssen benö-

tigen eine spezielle Steckdose (Abb. 3).
Auf einem Diagramm mit einer Zeitachse
werden drei Sinuskurven dargestellt (Abb.
2c.) In grafischen Darstellungen wird für
Drehstrom das Symbol „~" verwendet.
In einem Stromkreis hemmen Leiter und
Verbraucher den Stromfluss. Diese Eigenschaft wird als **elektrischer Widerstand**
bezeichnet.

6.15.2
Schutzmaßnahmen

Der elektrische Strom ist für den Menschen gefährlich. Fast alle menschlichen
Organe, z. B. das Herz oder Gehirn, funktionieren aufgrund elektrischer Impulse.
Durch die Berührung von spannungs-
führenden Teilen fließt Strom durch den
menschlichen Körper. Ist dieser Strom
größer als der körpereigene Strom, beeinträchtigt er die Funktion der Organe. Es
kann zu Verletzungen oder tödlichen Unfällen kommen.

Ströme über 50 mA und Spannungen
über 50 V sind lebensgefährlich.

1   Sicherungen

Tab. 1: Schutzklassen elektrischer Betriebsmittel nach DIN VDE 0100-410

Schutzklasse	Schutzklasse II	Schutzklasse III
Schutzleiter Kennzeichen:	Schutzisolierung Kennzeichen:	Schutzkleinspannung Kennzeichen:
Betriebsmittel mit Metallgehäuse	Betriebsmittel mit Kunststoffgehäuse	Betriebsmittel mit Nennspannungen bis 25 V ~ bzw. bis 50 V ~ und bis 60 V - bzw. 120 V -
z. B. Elektromotor	z. B. Elektrische Haushaltsgeräte	z. B. Elektrische Handleuchten

Schutzzeichen

Elektrische Geräte müssen so ausgeführt sein, dass von ihnen keine Gefahren für den Menschen ausgehen. Daher unterliegen Elektrogeräte, Steckverbindungen und Leitungen den VDE-Bestimmungen (VDE = Verein deutscher Elektrotechniker). Sie werden mit einem VDE- und/oder einem GS-Zeichen gekennzeichnet (S. 121, Abb. 4).

Schutzmaßnahmen gegen gefährliche Körperströme

Viele Elektrounfälle werden durch schadhafte Steckverbindungen und nicht isolierte Leitungen verursacht. Um gefährliche Körperströme zu vermeiden, muss jedes elektrische Gerät so ausgestattet sein, dass auch bei einem auftretenden Fehler der Personenschutz gewährleistet ist. Alle elektrischen Geräte sind in drei Schutzklassen eingeteilt (Tab. 1). Die Schutzklassen sind durch entsprechende Symbole gekennzeichnet.

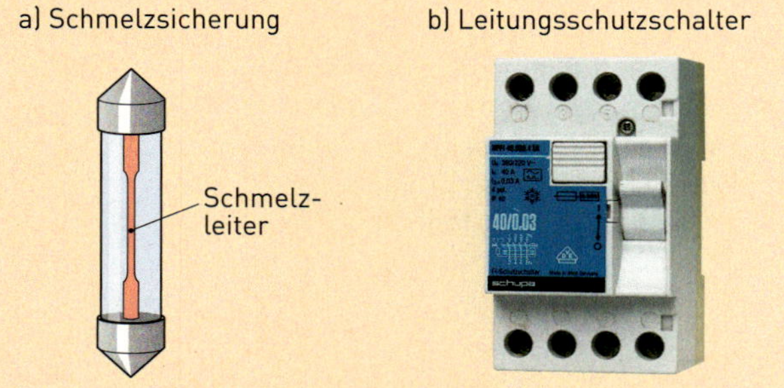

Schutzklasse I

Geräte mit Metallgehäuse sind durch den gelb-grünen Schutzleiter geerdet. Der Strom fließt bei einem Defekt nicht über den Körper, sondern durch den Schutzleiter. Dabei wird die Sicherung ausgelöst und der Stromfluss unterbrochen.

Schutzklasse II

Elektrische Leitungen sind mit nichtleitendem Kunststoff überzogen. Elektrische Geräte, z. B. eine Handbohrmaschine, sind so aufgebaut, dass sie vollständig elektrisch isoliert sind.

Schutzklasse III

Bei Arbeiten in Metallbehältern, z. B. im Kesselbau, sind niedrige Spannungen vorgeschrieben. Diese Schutzkleinspannung beträgt höchstens 50 V Wechselspannung oder 120 V Gleichspannung. Die Spannung wird durch einen Sicherheitstransformator erzeugt.

Schutz von Leitungen und Geräten

In Leitungen und Geräten darf der höchstzulässige Strom nicht überschritten werden. Sicherungen begrenzen den Strom. Dadurch wird eine zu große Erwärmung verhindert, die z. B. zur Zerstörung der Isolierungen der Leitungen führen kann. Man verwendet Schmelzsicherungen und Leitungsschutzschalter (Abb. 1).

a) Schmelzsicherung

Schmelzleiter

b) Leitungsschutzschalter

40/0.03

1

2

a) Warnschild

Warnung vor
gefährlicher elektrischer
Spannung

b) Hinweisschild

Es wird gearbeitet!
Ort:
Entfernen des Schildes
nur durch:

3

2 Sicherungskasten
   im Fahrzeug

3 Warn- und
   Hinweisschilder

4 Schutzzeichen
   (Auswahl)

Bei den in Fahrzeugen eingesetzten
Sicherungen handelt es sich meist um
Schmelzsicherungen (Abb. 2).
Bei einer Schmelzsicherung schmilzt bei
zu hohem Stromfluss ein drahtförmiger
Schmelzleiter. Der Stromkreis wird unter-
brochen. Die Sicherung muss nach Besei-
tigung des Fehlers erneuert werden.

Leitungsschutzschalter unterbrechen bei
zu hohem Stromfluss den Stromkreis. Sie
können nach Beseitigung des Fehlers wieder eingeschaltet werden.

Unfallverhütungsmaßnahmen
Defekte Elektrogeräte, defekte elektrische Anlagen und defekte Steckverbindungen nicht benutzen bzw. sofort
stilllegen, Reparaturen an elektrischen
Leitungen und Geräten sind nur von
Fachleuten auszuführen. Nur Elektrogeräte mit VDE- und/oder GS-Zeichen
benutzen.

6.15.3
Allgemeine Sicherheitshinweise

Beim Umgang mit Strom sind unterschiedliche Sicherheitshinweise zu
beachten.

■ **Wartungsarbeiten**
  Um die Sicherheit für das Wartungs-
  personal zu gewährleisten, müssen
  Sicherheitsmaßnahmen und eine entsprechende Umsicht bei dem Umgang

mit technischen Systemen eingehalten
werden. Warn- und Hinweisschilder
weisen auf mögliche Gefahren hin
(Abb. 3).
Wartungsarbeiten dürfen nur durchgeführt werden, wenn der Maschinen-
Hauptschalter ausgeschaltet ist und
die Anlage gegen ein unbeabsichtigtes
Wiedereinschalten gesichert ist.
Dies kann durch ein Hinweisschild und
durch das Anbringen eines Vorhänge-
schlosses erfolgen.

■ **Benutzung von Kabeltrommeln**
  Kabeltrommeln müssen vor der Benutzung vollständig abgerollt werden,
  um einer Hitzeentwicklung und einer
  daraus folgenden Brandgefahr vorzubeugen.

■ **Elektrogeräte in feuchter Umgebung**
  Beim Einsatz von Elektrogeräten in
  Verbindung mit Feuchtigkeit ist darauf
  zu achten, dass die entsprechenden
  Sicherheitszeichen auf dem Gerät an-
  gebracht sind (Abb. 4).

Sicherheitszeichen	
✸	staubgeschützt
⟨εx⟩	explosionsgeschützt
⚠	spritzwassergeschützt

Weitere Symbole ➡ Tab.-Buch

4

1 Art der Ge-
fährdung in Ab-
hängigkeit von
Stromstärke und
Einwirkzeit

6.15.4
Erste Hilfe bei Stromunfällen

Ebenso wie beim Umgang mit elektrischen Geräten, ist auch bei der Ersten
Hilfe besondere Vorsicht geboten, um
Folgeschäden zu vermeiden. Insbesondere
ist es wichtig, sich selber gegen Strom-
schlag zu schützen.

Die einzelnen Schritte nach dem Eintritt
eines Stromfalls (bis 1000 V) sind:

Stromquelle abschalten. Stecker heraus- ziehen, Sicherung oder Hauptschal- ter ausschalten.	Ist ein Abschalten der Strom- quelle nicht gleich möglich, sich selbst auf isolierende Teile stellen und Verletzten mit nichtleitenden Gegen- ständen von der Stromquelle trennen.

↓

Verunglückten aus dem Gefahrenbereich bringen.

↓

Kontrollieren des Bewusstseins, der Atmung und
des Pulses.

↓

Notruf veranlassen.

↓

Bei bewusstlosen und
atmenden Verunglück-
ten sind diese in stabile
Seitenlage zu bringen.

↓

Bei Atemstillstand aber vorhandenem Puls, mit
Beatmen des Patienten beginnen: 10 mal, z. B.
Mund zu Nase mit normaler Luftmenge und
Frequenz, Puls prüfen, wenn Zustand unverändert,
Beatmung fortsetzen.

↓

Wenn weder Atmung noch Puls
vorhanden, Patient in Rücken-
lage bringen, Brustkorb frei-
machen, 2 mal beatmen und
anschließend Herzmassage vornehmen: 15 mal mit einem Tem-
po von 100 mal pro Minute, Puls
prüfen, wenn Zustand unverändert, Herzmassage fortsetzen.

**Die Handhabung der beschriebenen Maßnahmen sind in einem
Erste-Hilfe-Kurs zu erlernen.**

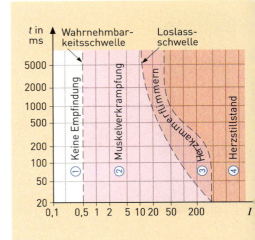

1

Wirkung des elektrischen Stroms
bei Stromunfällen

Die unterschiedlichen Wirkungen des
elektrischen Stromes auf eine Person
sind von der Stromstärke abhängig, die
durch den menschlichen Körper fließt.
Je nach Größe der Stromstärke und
Einwirkungszeit zeigt Abb. 1 die Art der
Gefährdung eines Stromschlages. Bereits ein kleiner Strom kann bei längerer
Einwirkzeit zu Herzkammerflimmern
bzw. zum Tod durch Herzstillstand führen.

Aufgaben
zu Kapitel 6.15.4

1. a) Welche Stromarten gibt es?

   b) Erklären Sie eine Stromart.

2. Ein Arbeitskollege hat einen
   Stromunfall erlitten. Erläutern
   Sie in Stichpunkten die Vorge-
   hensweise zur Ersten Hilfe.

3. Nennen Sie Sicherheitsmaßnahmen, die beim Umgang mit
   Kabeltrommeln zu beachten sind.

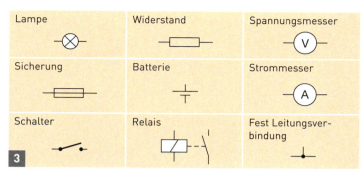

Lampe	Widerstand	Spannungsmesser
Sicherung	Batterie	Strommesser
Schalter	Relais	Fest Leitungsver-bindung

6.16
Grundlagen der Fahrzeugelektronik

Im Fahrzeugbau werden sehr viele elektronische Bauteile, (z. B. Sensoren) und Steuerungssysteme eingesetzt. Diese sind in fast allen Teilen des Fahrzeuges anzutreffen und verbessern die Umweltverträglichkeit, den Komfort und vor allem die Sicherheit. Bei der Instandsetzung eines Fahrzeuges wird deshalb der Fahrzeuglackierer mit Montage- und Einstellarbeiten an den verschiedenen elektronischen Systemen konfrontiert.

6.16.1
Elektrischer Schaltplan

In der Fahrzeugelektrik werden Schaltpläne meist als Stromlaufpläne dargestellt. Sie zeigen durch genormte Symbole die Wirkungsweise eines Stromkreises (Abb. 2).

Schaltungsarten
Bei Schaltkreisen gibt es drei verschiedene Schaltungsarten. Es wird unterschieden nach
- Parallelschaltungen,
- Reihenschaltungen und
- Reihen-Parallelschaltungen.

Parallelschaltungen werden auch Nebenschaltungen genannt. Es ist eine Schaltung, bei der Bauteile parallel geschaltet werden. Die Anzahl der parallel geschalteten Elemente ist beliebig.
Bei der Reihenschaltung werden hintereinander zwei oder mehrere Bauteile

geschaltet. Reihen-Parallelschaltung sind kombinationen von Reihen- und Parallelschaltungen.

Die im Fahrzeug verbauten Geräte werden durch genormte Kurzzeichen in einer Geräteliste genannt. Diese Kurzzeichen werden in der DIN 40719 aufgeführt. Ebenso werden in Stromlaufplänen genormte Klemmenbezeichnungen verwendet. Dies soll ein fehlerhaftes Anschließen der Leitungen an den Geräten verhindern (Tab. 1).

Tab. 1: Klemmenbezeichnung nach DIN 72552 (Auszug)

Klemme	Bedeutung
1	Zündspule (Niederspannung)
4	Zündspule (Hochspannung)
15	Zündstartschalter
30	Batterie Plus
31	Batterie Minus
49	Blinkgeber-Eingang
50	Startersteuerung (direkt)
53	Wischermotor (Hauptanschluss)
55	Nebelscheinwerfer
56	Scheinwerferlicht
57a	Parklicht
58	Begrenzungs-, Schluss-, Kennzeichen- und Instrumentenleuchten
88	Eingang Relaiskontakt bei Schließer

2   Kabelverbindungen

3   Symbole der Elektrotechnik

1 EMV-
  Kennzeichnung

2 Digitales
  Multimeter

3 gequetschtes
  Kabel

4 Kabelbrand

6.16.2
EMV – Elektromagnetische Verträglichkeit

Auf bereits verbauten elektronischen Einrichtungen befindet sich meist die Aufschrift **EMV** (Abb. 1). Diese Bezeichnung bedeutet, dass dieses elektronische Bauteil die Fähigkeit besitzt, in ihrer elektromagnetischen Umgebung störungsfrei zu funktionieren. Gleichzeitig sendet dieses Teil keine Signale aus, die andere elektronische Einrichtungen negativ bzw. störend beeinflussen könnte.

6.16.3
Kabelschäden

Werden bei einer Reparatur defekte oder gequetschte Kabel erkannt, müssen diese erneuert werden. Kabel mit defekter Isolierung können zu Kurzschlüssen führen. Bei gequetschten Kabeln ist der Leitungsquerschnitt verringert, so dass es in diesem Bereich zu Temperaturerhöhungen kommen kann. Dies kann einen Kabelbrand zur Folge haben (Abb. 3–4).

6.16.4
Messgeräte

Für die Spannungs-, Strom- und Widerstandsmessung werden in der Kraftfahrzeugelektrik **Multimeter** eingesetzt. Diese gibt es in analoger und digitaler Ausführung (Abb. 2).
Analoge Geräte besitzen mehrere Skalen zum Ablesen des jeweiligen elektrischen Messwertes.
Digitale Multimeter zeigen die elektrische Größe als Ziffernfolge an. Beide Geräte besitzen eine Messabweichung, welche in Prozent, bezogen auf den Endwert, angegeben wird.

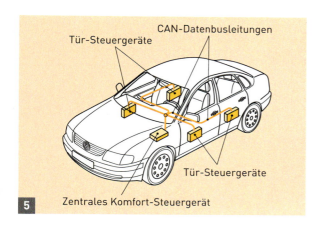

CAN-Datenbusleitungen
Tür-Steuergeräte
Tür-Steuergeräte
Zentrales Komfort-Steuergerät

5

Elektronisches Stabilitäts-Programm ESP®

Die Komponenten des Elektronischen Stabilitäts-Programms ESP® von Bosch:
1 ESP-Hydroaggregat mit integriertem Steuergerät
2 Raddrehzahlsensoren
3 Lenkwinkelsensor
4 Drehratensensor mit integriertem Beschleunigungssensor
5 Steuergerät für Motormanagement zur Kommunikation

6

6.17
Elektronische Systeme

Auf Sicherheit und Komfort legen die Fahrzeughersteller großen Wert. Moderne elektronische Systeme mit einer Vielzahl von Sensoren sind hierfür unverzichtbar. Sicherheitssysteme, z. B. Airbag, ABS oder ESP sind heute Standard. In jeder weiteren Fahrzeuggeneration werden die bestehenden Systeme von den Ingenieuren der Hersteller verbessert oder es werden neue Systeme entwickelt. Die wichtigsten Systeme werden im Folgenden vorgestellt.

6.17.1
CAN-Bus

Beim CAN-Bus handelt es sich um vom Computer kontrollierte Anschlüsse und Verbindungen.
CAN = controller area network,
Bus = binary unit system.

In modernen Fahrzeugen befinden sich eine Vielzahl von Steuergeräten. Der Informationsaustausch zwischen den Geräten wird durch ein zentrales Steuergerät gewährleistet. Dieses überträgt mit dem CAN-Bus seine Informationen Bit für Bit. Das führt zu Kabeleinsparungen und erlaubt eine schnelle Fehlererkennung. Durch den Einsatz eines CAN-Busses ist das gesamte Leitungssystem diagnosefähig, da der Datenzugriff an jeder gewünschten Stelle möglich ist (Abb. 5).

6.17.2
ABS – Antiblockiersystem

Das ABS sorgt dafür, dass das Fahrzeug bei einer Vollbremsung noch lenkbar ist und die Seitenführung erhalten bleibt. Dem Fahrer fällt dies als pulsierende, rüttelnde Bewegung des Bremspedals auf. Oft herrscht in der Praxis die Meinung, dass sich durch das ABS auch der Bremsweg verkürzt. Diese Annahme ist jedoch falsch.

6.17.3
EDS – Elektronische Differenzialsperre

EDS sorgt dafür, dass die Antriebsräder beim Anfahren nicht durchdrehen. Oft wird die elektronische Differenzialsperre auch von den Fahrzeugherstellern Antischlupfregelung (ADS) genannt.

6.17.4
ESP – Elektronisches Stabilitätsprogramm

Das ESP soll ein Fahrzeug bei einem Schleuderrisiko stabil in der Spur halten. Das ESP beeinflusst die Querdynamik des Fahrzeuges. Ein Über- und Untersteuern soll dadurch vermieden werden. Das funk-tioniert jedoch nur in Verbindung mit dem ABS und einem EDS bzw. ADS (Abb. 6).

5   Schema CAN-Bus

6   Schema ESP

1　ACC-Radarsensor

2　Sensor der PDC

3　Airbag-
　　Auslösung

6.17.5
ACC – Adaptive Cruise Control

ACC ist ein Abstandsregeltempomat, der auch als ADR (automatische Distanzregelung) bezeichnet wird.
Mit einem Radarsensor wird die Geschwindigkeit, Position und der Abstand zum voraus fahrenden Fahrzeug ermittelt. Durch gezielte Motoren- oder Bremseingriffe wird der Abstand zu diesem Fahrzeug automatisch angepasst.
Nach Instandsetzungsarbeiten kann es vorkommen, dass die Radarsensoren neu justiert werden müssen. Hierfür dürfen nur herstellerspezifische Einstellgeräte verwendet werden (Abb. 1).

6.17.6
PDC – Park Distance Control

PDC ist eine Einparkhilfe. Die meisten Systeme arbeiten mit Ultraschallsensoren. Diese sind in den Stoßfänger integriert und meist in der Wagenfarbe lackiert. Das System warnt bei Hindernissen mit einem akustischen Signal (Abb. 2).

6.17.7
Rückhaltesysteme

Die wirkungsvollsten Rückhaltesysteme sind der Sicherheitsgurt, der den Insassen mit der Karosserie verbindet und der Airbag. Ein elektronisch gesteuertes Sicherheitsrückhaltesystem (SRS) verbessert die Wirksamkeit der Sicherheitsgurte.
In Verbindung mit den Sicherheitsgurten und den Kopfstützen bietet der Airbag ab einer bestimmten Verzögerung einen besonders wirkungsvollen Schutz für Fahrer und Beifahrer. Gefährliche Nickbewegungen des Kopfes und ein Aufschlagen auf Lenkrad oder Armaturenbrett werden begrenzt bzw. verhindert. Der Airbag dient zur Abstützung des Oberkörpers (Abb. 3). Der Frontairbag befindet sich im Lenkrad, der für den Beifahrer im Bereich des Handschuhfaches. Des Weiteren können Seiten- und Fensterairbags vorhanden sein. Bei einem Aufprall wird der elektronisch gesteuerte Luftsack innerhalb von 0,025 s durch eine kleine Sprengladung entfaltet.

Die elektronische Auslösung erfolgt durch das Airbag-Steuergerät.
Bei der Instandsetzung von Fahrzeugen müssen die vom Hersteller vorgeschriebenen Sicherheitsvorschriften für den Umgang, die Lagerung und die Entsorgung beachtet werden. So muss bei einem Ausbau das Steuergerät spannungsfrei sein und es dürfen keine Widerstandsmessungen am Airbagsystem durchgeführt werden.
Es dürfen nur solche Personen ein Airbagsystem ausbauen, die einen entsprechenden Sachkundigennachweis besitzen.

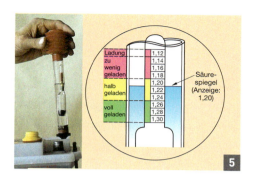

4   Autobatterie

5   Säureprüfung
    einer Autobatte-
    rie (Dichte Mes-
    sung der Säure)

6   Kennzeichnung
    der Autobatterie

6.18
Autobatterien

Obwohl die Autobatterie oder Starterbat-
terie als Batterie bezeichnet wird, ist sie
im eigentlichen Sinne keine Batterie. Batterien sind nämlich nicht wiederaufladbar.
Die korrekte Bezeichnung wäre stattdessen Bleiakkumulator oder kurz Bleiakku.
Pkw-Akkus leisten in der Regel 12 Volt,
Lkw-Akkus meist 24 Volt (Abb. 4). Hierbei
werden zwei 12 Volt-Akkus in Reihe geschaltet. 6 Volt-Akkus finden vor allem bei
Motorrädern Verwendung.

6.18.1
Aufgaben der Starterbatterie

Für den Betrieb der vielen elektronischen
Systeme wird eine leistungsstarke
Batterie benötigt, die auch einfach zu
Warten ist.

Die Aufgaben einer Batterie sind u. a.
■ die notwendige Energie für das
  Motorstarten zur Verfügung stellen,
■ alle Verbraucher auch bei abgestelltem
  Motor mit Spannung zu versorgen,
■ von der Lichtmaschine abgegebene
  Energie zu speichern,
■ auftretende Spannungsspitzen aus
  dem Bordnetz zu dämpfen.

6.18.2
Wartung eines Bleiakkumulators

Bei älteren Fahrzeugen und Motorrädern
sollte alle ein bis zwei Monate der Flüssigkeitsstand in der Batterie kontrolliert wer-

den (Abb. 5). Die Bleiplatten sollten einen
Zentimeter mit der Schwefelsäure bedeckt
sein. Ist der Säurestand gesunken, muss
mit destilliertem oder entmineralisiertem
Wasser der Flüssigkeitsstand nachgefüllt
werden. Hierzu darf niemals Batteriesäure
verwendet werden. Moderne Batterien
sind wartungsfrei und daher mit keinen
Öffnungen versehen.
Sollte aus Versehen ein Verbraucher die
Batterie geleert haben, muss diese neu
geladen werden. Vor dem Ladevorgang
muss die Autobatterie vom elektrischen
Bordnetz getrennt werden. Um Kurz-
schlüsse zu vermeiden, muss das Masse-
kabel zuerst entfernt werden. Das Laden
erfolgt mit einem Ladegerät (S. 130,
Abb. 1), welches die Batterie mit einem
Ladestrom von 10 % ihrer Nennkapazität
auflädt.

Die Kapazität ist der Wert, wie lange eine
Batterie belastet werden kann. Die Nennkapazität ist auf der Kennzeichnung der
Batterie ersichtlich (Abb. 6). Beim Laden
der Batterie sind eventuell vorhandene
Verschlusskappen zu öffnen, da beim Ladevorgang explosives Knallgas entsteht.

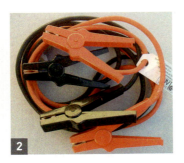

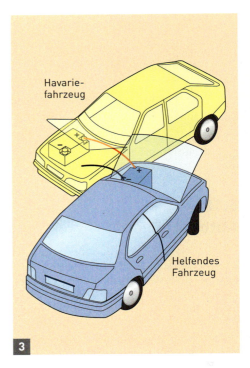

Havarie-
fahrzeug

Helfendes
Fahrzeug

1   Batterieladegerät

2   Starthilfekabel

3   Starthilfe

Soll eine Batterie über einen längeren
Zeitraum ausgebaut gelagert werden, ist
sie voll zu laden und in einem trockenen,
kühlen, aber frostfreiem Raum zu lagern.
Sie sollte dabei alle 2–4 Wochen nachge-
laden werden, da sie sich auch im Ruhezustand entlädt.

6.18.3
Starthilfe

Mancher Autofahrer wird an den ersten
kalten Tagen mit Startschwierigkeiten
seines Fahrzeuges konfrontiert.
Das Anschieben des Fahrzeuges ist nicht
nur mühselig sondern auch nur dann
sinnvoll, wenn die Batterie noch genug
Spannung für den Zündfunken besitzt.
Fahrzeuge mit Katalysator dürfen nicht
angeschoben werden. In einem solchen
Fall bleibt nur die Starthilfe mit dem Kabel

(Abb. 2). Um Schadensfälle zu vermeiden,
müssen bestimmte Arbeitsschritte in der
richtigen Reihenfolge eingehalten werden
(Abb. 3).

Ablaufschritte einer Starthilfe
1. Prüfen, ob die Batterien beider
   Fahrzeuge die gleiche Nennspannung
   besitzen.
2. Die Karosserien dürfen sich nicht
   berühren.
3. Alle Motoren abstellen und sämtliche
   Verbraucher abschalten.
4. Das rote Kabel an den Pluspol der
   entladenen Batterie anklemmen und
   das andere Ende an die Spenderbatte-
   rie anschließen.
5. Das schwarze Kabel mit dem Minuspol
   des Helferautos verbinden. Danach
   die andere Klemmzange an eine blanke
   Stelle des liegengebliebenen Fahrzeuges anklemmen. Geeignet dafür
   wäre z. B. der Motorblock.
6. Motor des Spenderfahrzeuges
   starten.
7. Motor des Havarie-Fahrzeuges
   starten, max. 15 Sekunden.
8. Die Kabel in umgekehrter Reihenfolge
   von den Fahrzeugen entfernen.

Umgang mit Batteriesäure
- Säure und Batterie sollten eine
  Temperatur von 10 °C haben.
- Säure mit einem Trichter einfüllen.
- Bei der Säureprüfung Schutzbrille
  und Schutzkleidung tragen. Bereits
  durch kleine Spritzer können Löcher
  in der Kleidung entstehen.
- Ebenfalls können kleinste Spritzer
  in die Augen zur Erblindung führen.
  Im Notfall Augen mit viel Wasser
  ausspülen und sofort den Augenarzt
  aufsuchen.
- Säureprüfer nach
  Gebrauch mit reichlich
  Wasser reinigen,
  um Säureschäden zu
  vermeiden.

Aufgaben zu Kapitel 6.16–6.18

4. Weshalb werden immer mehr elektronische Bauteile (Sensoren, Steuersysteme) in Fahrzeugen eingesetzt?

5. Nennen Sie die drei Schaltplanarten.

6. Wofür stehen die Klemmenbezeichnung 15 und 30?

7. Erläutern Sie den Begriff EMV.

8. Nennen Sie Gründe, warum defekte oder gequetschte Kabel erneuert werden müssen.

9. Erklären Sie die Begriffe ABS, ACC und ESP.

10. Um welches elektronische Bauteil handelt es sich bei der folgenden Abbildung?

11. Bei einer Instandsetzung eines Unfallfahrzeuges muss das Airbagsystem ausgebaut werden.
Welche Sicherheitsvorschriften müssen beachtet werden?

12. Eine Fahrzeugbatterie soll für längere Zeit gelagert werden.
Nennen Sie Punkte, die dabei berücksichtigt werden müssen.

13. a) Welche Säureart befindet sich in einer Autobatterie?
b) Welcher Wert der Säure wird bei einer Säureprüfung ermittelt?

14. Beschreiben Sei die Verwendung des unten abgebildeten Gegenstands.

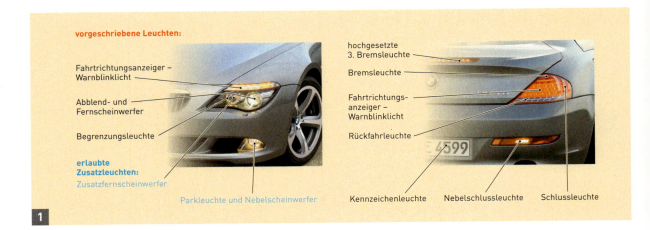

vorgeschriebene Leuchten:

Fahrtrichtungsanzeiger – Warnblinklicht

Abblend- und Fernscheinwerfer

Begrenzungsleuchte

erlaubte Zusatzleuchten:
Zusatzfernscheinwerfer

Parkleuchte und Nebelscheinwerfer

hochgesetzte 3. Bremsleuchte

Bremsleuchte

Fahrtrichtungsanzeiger – Warnblinklicht

Rückfahrleuchte

Kennzeichenleuchte　　Nebelschlussleuchte　　Schlussleuchte

1

1　Leuchten am Kfz

2　Fahrtrichtungs-
anzeiger inte-
griert im Außen-
spiegel

3 und 4
Rückstrahler bei
Anhängerfahr-
zeugen

6.19
Beleuchtungsanlage

Für die Beleuchtungsanlage eines Fahrzeuges hat der Gesetzgeber umfangreiche Bestimmungen erlassen. Diese finden
sich auf nationaler Ebene in der Straßen-
verkehrsordnung oder in ECE-Regelungen
und EG-Richtlinien in übergeordneten
europäischen Regelwerken. Diese regeln
bzw. bestimmen
■ die Art, Anzahl und Farbe der
Leuchten,
■ die Mindestabstände der Leuchten von
Fahrzeugumriss zu anderen Leuchten
und zur Fahrbahn,
■ Beleuchtungsstärken und Schaltungs-
vorschriften,
■ die Eindeutigkeit und Unverwechselbarkeit der Leuchten,
■ eine sichere Erkennbarkeit bei allen
Verkehrssituationen, Lichtverhältnissen (Tag/Nacht) und Wetterbedin-
gungen.

Die vom Gesetzgeber festgelegten Beleuchtungsfarben am Fahrzeug können
der Tab. 1 entnommen werden.

Tab. 1: Beleuchtungsfarben am Fahrzeug

Beleuchtung	Gesetzliche Farbe
Abblendlichter	Weiß
Fernlichter	Weiß
Begrenzungslichter/ Standlicht	Weiß
Zusatzscheinwerfer z. B. Nebelscheinwerfer	Weiß
Fahrrichtungsanzeiger	Gelb
Bremsleuchten	Rot
Schlussleuchten	Rot
Nebelschlussleuchten	Rot
Rückfahrscheinwerfer	Weiß
Rückstrahler	Rot
Kennzeichenbeleuchtung	Weiß

Besonderheit bei Anhängerfahrzeugen
Bei Anhängerfahrzeugen schreibt der
Gesetzgeber noch zusätzliche Reflektoren
vor. Dieses sind rote Dreiecke, deren
Spitze nach oben gerichtet ist. Diese Reflektoren können eigenständig angebracht
oder in die Rückleuchteneinheit integriert
sein (Abb. 3–4).

2

3

4

5

6

7

6.19.1
Lichtquellen

Als Lichtquellen werden in Fahrzeugen
- Glühlampen,
- Halogenlampen,
- Leuchtdioden und
- Xenon-Lampen
eingesetzt.

Glühlampen

Glühlampen finden als Schlussleuchte
mit Bremslichtfunktion, Fahrrichtungs-
anzeiger und Begrenzungsleuchten Verwendung. Bei Glühlampen mit einfacher
Funktion handelt es sich um Einfaden-
glühlampen, bei Lampen mit Doppelfunk-
tion, wie bei Schluss- und Bremsleuchten,
handelt es sich um Zweifadenglühlampen
(Abb. 5).

Halogenlampen

Halogenlampen haben eine besonders
hohe Lichtstärke, ohne dabei den Glas-
koben zu schwärzen. Neben der höheren
Lichtleistung besitzen sie eine längere
Haltbarkeit gegenüber konventionellen
Glühlampen. Halogenlampen werden
ebenfalls als Einfaden- oder Zweifadenlampen hergestellt (Abb. 6). H1 bis H3 und
H7 sind Einfadenlampen, H4 bis H6 sind
Zweifadenlampen.
Wird eine Halogenlampe im Scheinwerfer
gewechselt, darf sie nicht mit den Fingern
direkt am Glaskolben berührt werden. Das
Hautfett würde sich ins Glas einbrennen
und zu einem vorzeitigen Defekt führen.
Wegen des hohen Drucks in der Lampe ist
bei der Handhabung Vorsicht geboten.

Xenon-Lampen

Xenon-Lampen (Abb. 7) sind nicht mit
Halogen gefüllt, sondern mit Xenongas,

Quecksilber und Metallsalzen. Diese Gas-
entladelampe leuchtet durch das Zünden
eines Lichtbogens. Dieser wird durch einen Hochspannungsimpuls erzeugt.

Vorteile von Xenon-Lampen sind ein geringerer Energieverbrauch in Verbindung mit
einer hohen Lichtausbeute, einer höheren
Lebensdauer und einer Lichtfarbe, die annähernd dem Tageslicht entspricht.
Nachteil ist eine erhöhte Umweltbela-
stung durch Quecksilber und Elektronik,
da sich die problematischen Inhaltsstoffe
nur aufwändig oder kaum wiedergewinnen
lassen.

Zur Demontage eines Xenon-Scheinwer-
fers ist folgende Reihenfolge einzuhalten:
- Zündung auf Stellung 0 bringen.
- Lichtschalter auf „Aus" stellen.
- Um die Lampe abkühlen zu lassen,
  muss nach dem Ausschalten der Beleuchtung 5 Minuten gewartet werden.
- Steuergerät und Xenon-Lampe sind
  ein Bauteil und dürfen nicht getrennt
  werden (Abb. 8).
- Sicherung des Scheinwerfers entfernen
  oder Batterie abklemmen.
- Scheinwerfer lösen und entfernen.

5 Glühlampen

6 Halogenlampen

7 Xenon-Lampe

8 Xenon-Schein-
   werfer mit
   Steuergerät

8

1   Leuchtdioden

2   Streuglasscheibe

3   Stufenreflektor

4   DE-Scheinwerfer

Leuchtdioden
Leuchtdioden werden als Kontrolllampen sowie für Fahrtrichtungsanzeiger-,
Schluss-, Brems- und Tagesfahrleuch-
ten eingesetzt. Meist werden mehrere
Leuchtdioden parallel geschaltet, um die
benötigte Lichtstärke zu erreichen. Vorteile der Leuchtdioden sind eine geringe
Stromleistung sowie eine lange Lebensdauer (Abb. 1).

6.19.2
Scheinwerfer für Abblend- und Fernlicht

Die Fahrzeugscheinwerfer sind ein Teil
der Fahrzeugbeleuchtung. Damit Scheinwerfer eine Betriebserlaubnis erhalten,
müssen sie eine spezielle Kennzeichnung aufweisen. Diese ist meist auf dem

Scheinwerferglas zu finden oder befindet
sich auf einem Aufkleber auf dem Gehäuse.

Es werden folgende Arten von Scheinwerfern unterschieden:

■ Halogenscheinwerfer mit
  Streuscheibe,
■ Scheinwerfer mit Stufenreflektor
  für Halogen und Xenon-Lampen,
■ DE-Scheinwerfer für Halogen-
  und Xenon-Lampen.

Halogenscheinwerfer mit Streuscheibe
Die Streuscheibe besteht aus struktu-
riertem Glas oder Kunststoff. Sie sorgt für
die gewünschte Streuung und Dämpfung
des Lichts. Oft finden sie auch Verwendung bei Nebelscheinwerfern (Abb. 2).

Scheinwerfer mit Stufenreflektor
Bei diesen Scheinwerfern lenkt nicht mehr
das Streuglas das Licht ab, sondern die
einzelnen Teile des Reflektors. So gelangt
das Licht exakt auf die Fahrbahn. Erkennbar ist ein solcher Scheinwerfer an seiner
Klarglasabdeckung (Abb. 3).

DE-Scheinwerfer
DE steht für Dreifach-Ellipsoid, weil der
Reflektor eine elliptische Form besitzt.
Das durch den elliptisch geformten Reflektor gebündelte Licht wird durch eine
entsprechende Linse gleichmäßig auf die
Fahrbahn verteilt.
Da er eine wesentlich kleinere Lichtaus-
trittsfläche benötigt, ist diese Art bei Ka-
rosserie-Designern sehr beliebt. Es ergibt
sich ein größerer Gestaltungsspielraum
für die Fahrzeugfront (Abb. 4).

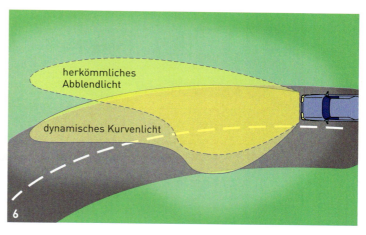

herkömmliches
Abblendlicht

dynamisches Kurvenlicht

6.19.3
Leuchtweitenregelung

Um eine Blendung des Gegenverkehrs in Abhängigkeit der Beladung zu vermeiden, ist eine Leuchtweitenregelung seit 1990 Pflicht. Die Regulierung kann manuell oder automatisch erfolgen (Abb. 5). Man unterscheidet zwischen einer

■ statischen Leuchtweitenregulierung,
■ automatischer Leuchtweiten-regulierung,
■ dynamischer Leuchtweitenregulierung,
■ Niveauregulierung.

6.19.4
Dynamisches Kurvenlicht

Das Kurvenlicht folgt den Lenkbewegungen des Fahrzeuges und soll die schlechte Ausleuchtung der Straße vermeiden. Dadurch erweitert sich, speziell auf kurvigen Straßen, der ausgeleuchtete Bereich auf bis zu 50 %. Diese dynamische Bewegung des Lichts bietet einen aktiven Sicherheitsgewinn.

Abhängig vom Lenkwinkel und der gefahrenen Geschwindigkeit schwenken die Scheinwerfer im Kurveninneren um bis zu 15° und auf der kurvenäußeren Seite bis zu 7,5°. Dadurch wird eine breite Ausleuchtung der Fahrbahn erreicht. Ist nach einer Instandsetzung das Kurvenlicht zu prüfen, ist der Wagen zu starten und das Abblendlicht einzuschalten (Klemme 15 ein). Anschließend muss mit einer Geschwindigkeit größer als 10 km/h gefahren werden, um das Kurvenlicht zu

aktivieren. Beim Fahren von Kurven und beim Abbiegen ist zu beobachten, ob der Lichtkegel mit einlenkt (Abb. 6).

6.19.5
Scheinwerfereinstellung

Die Scheinwerfer eines Fahrzeugs sollen die Fahrer entgegenkommender Fahrzeuge nicht blenden und dem Fahrer die entsprechende Sichtweite geben. Deshalb muss die Scheinwerfereinstellung nach einer Instandsetzung kontrolliert und eventuell korrigiert werden. Die Scheinwerfereinstellung kann an einer Prüffläche oder mit dem Scheinwerfer-Einstellgerät vorgenommen werden (Abb. 7). Bei den meisten Scheinwerfern liegt der Neigungswinkel bei 1,2 %. Die richtige Neigung muss nach Herstellerangaben überprüft werden. Ein Neigungswinkel von 1,2 % bedeutet, dass das Licht sich bei 10 m um 12 cm absenkt (S. 136, Abb. 1).

5 Beleuchtungs-schalter und Leuchtweiten-regelung

6 Dynamisches Kurvenlicht

7 Scheinwerfer-Einstellgerät

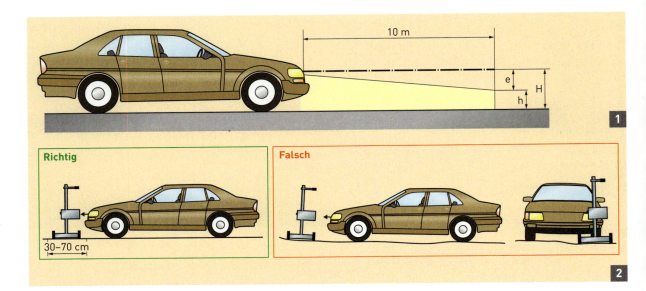

Richtig

30–70 cm

1

Falsch

2

1 Schema zur
   Scheinwerfer-
   einstellung

2 Richtige Posi-
   tionierung des
   Fahrzeuges

3 Einstellgerätes

Vor der Kontrolle der Scheinwerfereinstellung sind die folgenden Voraussetzungen
zu schaffen:
■ Reifenluftdruck nach Herstellervor-
   schrift.
■ Beladung des Fahrzeugs nach Fahrzeugtyp.
■ Fahrersitz mit einer Person oder 75 kg
   belasten.
■ Fahrzeug auf eine ebene Fläche stellen
   (Abb. 2).
■ Manuelle Leuchtweitenregelung in
   Nullstellung bringen bzw. bei automa-
   tischen nach Herstellervorschriften
   einstellen.
■ Einstellmaß „e" (Abb. 1) aus Herstellerangaben oder Tabellen entnehmen.

**Scheinwerfereinstellung an einer
Prüffläche**
Bei dieser Einstellmethode ist eine Prüffläche, z. B. eine Mauer, zu verwenden.
Das Fahrzeug wird 10 m vor diese Fläche
so aufgestellt, dass die Zentralmarke in
Fahrrichtung genau vor dem einzustel-
lenden Scheinwerfer angeordnet wird. Die
Scheinwerfer sind einzeln einzustellen,
dabei müssen die anderen Scheinwerfer
abgedeckt werden.

Die Einstellung der Abblendscheinwerfer
muss so vorgenommen werden, dass die
Prüffläche exakt beleuchtet wird. Das Einstellen mit dieser Prüfmethode ist jedoch
nicht sehr exakt.

**Scheinwerfereinstellung mit dem
Schweinwerfer-Einstellgerät**
Der Abstand des Gerätes soll 30 cm bis
70 cm betragen. Die Mitte der Linse soll
zur Mitte des Scheinwerfers hin ausgerichtet werden. Eine vertikale und horizontale Abweichung von 3 cm ist erlaubt. Der
Neigungswinkel des Gerätes ist ebenfalls
zu prüfen.

Ablauf einer Prüfung
■ Das Abblendlicht muss eingeschaltet sein.
■ Hell-Dunkel-Grenze im Einstellgerät
   prüfen.
■ Gegebenenfalls Korrekturen vornehmen.
■ Fernlicht einschalten.
■ Der Scheinwerfer muss zentral liegen.
■ Nebelscheinwerfer einschalten.
■ Neigungswinkel des Gerätes auf 20°
   stellen.
■ Hell-Dunkel-Grenze überprüfen.
■ Das Gerät muss während der Prüfung
   immer parallel geführt werden.
■ Prüfgeräte mit einem Schienensystem
   ermöglichen exakteste Prüfergebnisse.

Aufgaben zu Kapitel 6.19

1. Für die Beleuchtungsanlage hat der Gesetzgeber umfangreiche Regeln und Richtlinien erlassen. Nennen Sie mindestens vier dieser Regeln und Richtlinien.

2. Vom Gesetzgeber werden Beleuchtungsfarben am Fahrzeug festgelegt. Ergänzen Sie die folgende Tabelle mit den entsprechenden Farben.

Beleuchtung	Gesetzliche Farbe	Beleuchtung	Gesetzliche Farbe
a) Kennzeichenbeleuchtung		e) Abblendlichter	
b) Rückfahrscheinwerfer		f) Nebelscheinwerfer	
c) Bremsleuchte		g) Fahrtrichtungsanzeiger	
d) Schlussleuchte		h) Nebelschlussleuchte	

3. Welche Besonderheit schreibt der Gesetzgeber für Anhängerfahrzeuge vor?

4. Bei einer Instandsetzung muss ein Xenonscheinwerfer ausgebaut werden. Nennen Sie in Stichpunkten die Vorgehensweise beim Ausbau.

5. Um welche Lichtquellen handelt es sich bei den folgenden Abbildungen?

a)   b)

6. Benennen Sie die abgebildeten Scheinwerferarten.

a)   b)   c)

7. Welche Aufgabe hat eine Leuchtweitenregelung?

8. Wie kann nach einer Instandsetzung das Kurvenlicht geprüft werden?

9. Um einen Scheinwerfer einzustellen, müssen verschiedene Möglichkeiten gegeben sein. Nennen Sie mindestes vier Voraussetzungen.

10. Notieren Sie in Stichpunkten den Ablauf einer Scheinwerfereinstellung mit dem Prüfgerät.

7

Lernfeld 7
Reparaturlackierungen ausführen

Kundenauftrag
▶ Lackierung verschiedener Kunststoffteile

Arbeitsauftrag

Ein Autohaus und ein Produzent von Tuningteilen liefern verschiedene Kunststoffteile zur Reparatur und Lackierung an.
Es handelt sich dabei um zwei neue Kunststoffstoßfänger sowie um einen Kunststoffkotflügel mit dem dazugehörigen Stoßfänger.
Bei den Tuningteilen handelt es sich um Spoilerstoßfänger, Schweller und diverse Kleinteile.
Alle Teile sollen einen neuen Lackaufbau erhalten. Die Teile bestehen aus unterschiedlichen, unbekannten Kunststoffuntergründen und sind dementsprechend zu bearbeiten.
Das Autohaus wünscht eine Vorkalkulation, um die Kosten seinen Kunden mitteilen zu können.

Auszuführende Arbeiten

1. Feststellen der Kunststoffart durch entsprechende Prüfmethoden.

2. Fachgerechtes instandsetzen der beschädigten Kunststoffteile.

3. Anfallende Spachtelarbeiten sind mit dem passenden Material auszuführen.

4. Lackieren der verschiedenen Teile in den vorgegebenen Farbtönen.

5. Anfertigen einer Vorkalkulation für die Autohäuser.

Objektbeschreibung

Bei dem ersten Stoßfänger handelt es sich um ein Neuteil. Es ist ein roher Kunststoffstoßfänger mit starker Staubverschmutzung und kleinen Lunkern (Lufteinschlüsse im Kunststoff).

Bei dem zweiten Stoßfänger handelt es sich um ein vom Hersteller grundiertes Neuteil. Stoßfänger und Grundierung sind ohne Schäden.

Bei den Reparaturteilen handelt es sich um einen Kotflügel vorne links und einen Stoßfänger, der mit einer Goldmetallic-Altlackierung versehen ist.

Der Stoßfänger besitzt einige tiefe, bis in den Kunststoffuntergrund gehende, Kratzer.

Der Kotflügel hat einen zirka 5 cm langen Riss im Bereich des Radlaufes.

Bei den Tuningteilen handelt es sich um zwei Spoilerstoßstangen, Schwellern und verschiedene Kleinteile aus weißem Kunststoff. Sie weisen neben unebenen Oberflächen kleine Risse im Randbereich auf. Die Innenseite kennzeichnet eine faserige Struktur. Auf der Innenseite befindet sich ein Aufkleber des Herstellers.

Leistungsbeschreibung

Prüfung der Kunststoffart

Die Kunststoffart der Teile soll durch
verschiedene Prüfmethoden festgestellt
werden.

Instandsetzungsarbeiten ausführen

Der Riss des Kotflügels ist durch ein entsprechendes Reparaturverfahren instand
zu setzen.

Die kleinen Risse in den weißen Tuningteilen sind ebenfalls zu reparieren.

Spachtelarbeiten ausführen

Die notwendigen Spachtelarbeiten an den
Lunkern und den Kratzern sind mit mate-
rialspezifischem Spachtelmaterial durchzuführen und zu egalisieren.

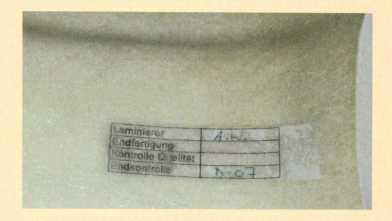

Lackieren der Kunststoffteile

Für die verschiedenen Kunststoffuntergründe sind die entsprechenden Materialien auszuwählen. Ein fachgerechter
Untergrundaufbau für die Lackierung ist
anzufertigen.

Die Kunststoffteile sollen mit einer
2-Schicht-Metallic-Lackierung versehen
werden.

Die Farbtöne werden von den Kunden
vorgegeben.

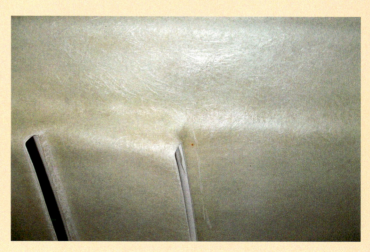

Anfertigen einer Vorkalkulation

Eine Vorkalkulation ist für das Autohaus nach Eurotax-Schwacke zu
erstellen.
Die nachfolgenden Kalkulations-
grundlagen (Seite 142) sollen verwendet
werden.

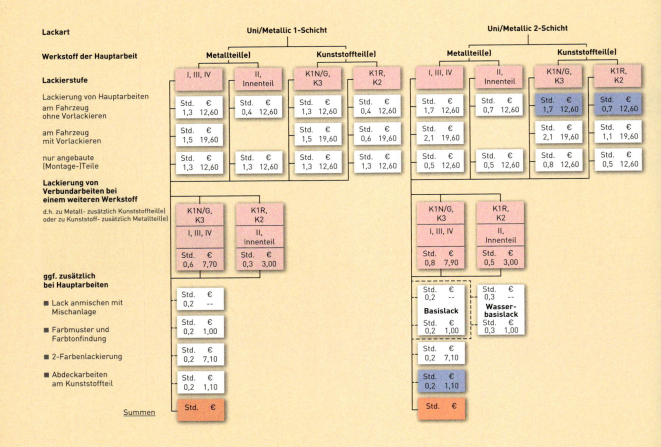

Uni/Metallic 1-Schicht				Peugeot 308 2007 3-türig			Uni/Metallic 2-Schicht			
Neuteil E / Neuteil M — I (Std. €)	Oberfläche Inhalt — II (Std. €)	Reparatur bis 50 % — III (Std. €)	Reparatur über 50 % — IV (Std. €)	Pos.	FRONT	Bereich	Neuteil E / Neuteil M — I (Std. €)	Oberfläche Inhalt — II (Std. €)	Reparatur bis 50 % — III (Std. €)	Reparatur über 50 % — IV (Std. €)
0,6 4,20	0,4 2,10	0,6 2,50	1,1 3,10	1230	Frontblech komplett		0,6 5,00	0,3 2,50	0,8 3,50	1,1 4,00
	0,4 3,10			1240	Frontblech oben			0,4 4,10		
2,1 55,10	1,0 25,55	2,1 34,95	3,4 43,75	1640	Deckel vorn		2,3 69,90	1,1 33,50	2,3 42,10	3,5 50,20
					MITTE					
1,4 25,00	0,7 17,90	1,4 18,50	2,2 20,10	2010	Tür vorn komplett	K	1,4 35,10	0,7 15,20	1,5 22,10	2,3 25,40
1,2 21,30	0,6 10,00	1,3 12,50	1,9 17,90	2160	Tür hinten komplett	K	1,4 27,70	0,7 14,80	1,2 17,40	2,0 21,00
– –	0,5 6,80	1,1 10,00	1,6 16,90	2015	Tür vorn Oberteil	A–C	– –	0,6 9,90	1,1 12,30	1,7 15,00
1,4 10,00	0,5 4,80	0,9 5,90	1,4 6,90	2480	Schweller		1,6 12,80	0,5 5,90	1,0 7,10	1,4 8,70
					HECK					
2,0 19,90	0,6 7,50	1,1 11,30	1,7 14,80	3010	Seitenwand hinten komplett	K	2,3 24,90	0,6 11,50	1,2 14,60	1,8 15,90
1,6 35,00	0,8 16,70	1,7 21,00	2,5 28,20	3430	Deckel hinten		1,7 42,00	0,8 22,90	1,7 25,00	2,6 31,20

K1R	K1N	K1G	K2	K3	Pos.	KUNSTSTOFF-POSITIONEN	Bereich	K1R	K1N	K1G	K2	K3
0,8 26,70	0,8 27,00	–	0,7 18,90	1,2 21,00	1010	Stoßfänger vorn komplett		0,9 10,10	0,9 41,10	–	0,8 23,50	1,3 30,10
0,5 9,90	–	–	0,5 6,10	1,0 6,60	1410	Kotflügel vorn komplett	k	0,5 11,90	–	–	0,4 7,90	1,0 8,90
0,8 27,10	0,8 27,50	–	0,7 19,90	1,2 23,00	3860	Stoßfänger hinten	k	0,9 42,50	0,9 44,00	–	0,8 28,10	1,3 33,40

7.1
Kalkulation

Vor der Reparatur eines Unfallschadens muss eine Kalkulation erstellt werden.

Mit dieser wird ermittelt, ob die Reparaturkosten den Marktwert des Fahrzeuges ggf. übersteigen. Um eine überschlägige Kalkulation ausführen zu können, werden Nachschlagwerke (z. B. Eurotax/Schwacke, DAT, Herstellerangaben) verwendet.

1 Pos.-Nr. der Fahrzeugteile

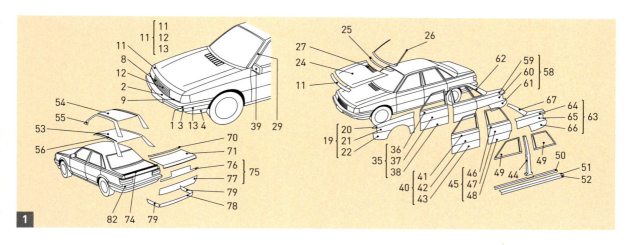

Tab. 1: Position, Bezeichnung und Leitzahl der Fahrzeugteile (Beispiel)

Pos.	Bezeichnung	Leitzahl	Pos.	Bezeichnung	Leitzahl
1	Stoßfänger vorn komplett	1010	45	Tür hinten komplett	2160
	Stoßfänger vorn Oberteil	1015	46	Tür hinten Oberteil	2165
	Stoßfänger vorn Mitte	1020	47	Tür hinten Mitte	2170
	Stoßfänger vorn Unterteil	1030	48	Tür hinten Unterteil	2175
2	Abdeckung Stoßfänger vorn	–	49	Türrahmen	2260
3	Frontschürze/Frontspoiler	–	50	Schwellerblende	2545
4	Frontschürze seitlich	–	51/52	Schweller 2-türig/4-türig	2480
8/9	Frontgrill/ Blende vorn	–	53	Dach mit Rahmen und Säulen	2800
10	Frontblech komplett	1230	54	Dach Mittelteil	2810
11	Frontblech oben	1240	55	Dach seitlich	2815
12	Frontblech Mitte	1250	56	Dachzierleiste	–
13	Frontblech unten	1260	58	Seitenwand hinten 2-türig	3010
19	Kotflügel vorn komplett	1410	59	Seitenwand hinten Oberteil	3025
20	Kotflügel vorn Oberteil	1415	60	Seitenwand hinten Mitte	3040
21	Kotflügel vorn Mitte	1420	61	Seitenwand hinten Unterteil	3045
22	Kotflügel vorn Unterteil	1430	62	C-Säule 2-türig	3180
24	Deckel vorn	1640	63	Seitenwand hinten 4-türig	3010
25	Windlauf vorn/ Windlauf mit A-Säule	1720	64	Seitenwand hinten Oberteil	3025
27	Lüftungsblech vorn	1780	65	Seitenwand hinten Mitte	3040
29	A-Säule oben außen	1740	66	Seitenwand hinten Unterteil	3045
35	Tür 2-türig vorn komplett	2010	67	C-Säule 4-türig	3180
36	Tür 2-türig vorn Oberteil	2015	70	Windlauf hinten	–
37	Tür 2-türig vorn Mitte	2020	71	Deckel hinten	3430
38	Tür 2-türig vorn Unterteil	2030	74	Heckspoiler	3735
39	Außenspiegel	2060	75	Heckblech komplett	–
40	Tür 4-türig vorn komplett	2010	76/77	Heckblech Oberteil/Unterteil	3800
41	Tür 4-türig vorn Oberteil	2015	78	Heckschürze Mitte	3815
42	Tür 4-türig vorn Mitte	2020	79	Heckschürze seitlich	3820
43	Tür 4-türig vorn Unterteil	2030	80	Heckschürze	3810
44	B-Säule	2100	82	Stoßfänger hinten	3860

1   Stoßfänger vorn
    und Bereichein-
    teilung

Tab. 1: Lackierflächenunterteilung

Teilbezeichnung	Bereich
Kotflügel vorn teilweise, Seitenwand hinten teilweise oder Tür teilweise	B, C, D, E
Tür komplett (mit Türrahmen)	K
Tür komplett (ohne Türrahmen bis Fensterlinie)	F
Türrahmen oder C-Säule	A
Seitenwand hinten komplett (mit C-Säule, bis Dachanschluss)	K
Stoßfänger Einzelbereiche	a-e
Stoßfänger komplett	k

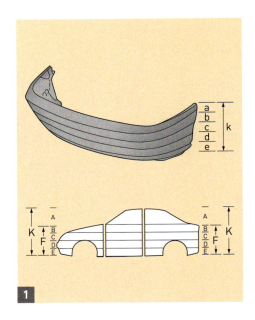

1

Für die Reparaturlackierung kann z. B. die Schwackeliste „Lackierung" zur Hilfe genommen werden, um die Lackierkosten überschlagen zu können. In diesem Werk sind Kalkulationswerte von Personenwagen, Geländewagen und Transportern enthalten. Zu jedem Reparaturschritt wird die Lackierzeit in Stunden und die jeweiligen Lackiermaterialkosten angegeben (s. S. 142, Kundenauftrag).

7.1.1
Vorbereitung der Kalkulation nach Schwacke

Bevor eine Kalkulation vorgenommen werden kann, müssen Eckdaten über die auszuführende Lackierung vorliegen. Zur Berechnung der Vorbereitung der Lackierung werden die Angaben über Werkstoffe und Lackierstufen herangezogen (s. S.142, Kundenauftrag). Die Lackierkosten der einzelnen Fahrzeugteile werden aus der Tabelle des Kundenauftrags, S. 142, ermittelt.

Werkstoffe
Es muss geklärt sein, ob Kunststoff- und/ oder Metallteile lackiert werden sollen (Tabelle des Kundenauftrags, S. 142). Man

spricht von „Verbundarbeit", wenn sowohl Kunststoff- als auch Metallteile bearbeitet werden. Die Bearbeitung des Werkstoffes, der den höchsten Zeitaufwand umfasst, wird als „Hauptarbeit" deklariert. Sollten beide Werkstoffe den gleichen Zeitaufwand aufweisen, so sind die Metallteile die „Hauptarbeit".

Lackstufen
Es gibt vier Lackstufen sowohl für Metall- als auch für Kunststoffteile (Kap. 7.3). Vor der Kalkulation muss geklärt werden, welche Lackart (Uni/Metallic 1-Schicht oder Uni/Metallic 2-Schicht) und welche Lackierstufen anfallen. Zusätzlich wird geklärt, ob eine Vorlackierung vorgenommen wird und ob zusätzliche Vorbereitungspositionen anfallen (Tabelle des Kundenauftrags, S. 142):

■ Lack anmischen,
■ Farbmuster und Farbtonfindung,
■ Zwei-Farben-Lackierung,
■ Abdeckarbeiten am Kunststoffteil.

Kennzeichnung für Personenwagen
Um die genauen Lackierkosten angeben zu können, werden die Durchschnittswerte für Zeitaufwand und Materialkosten der

einzelnen Fahrzeugteile aus der Tabelle auf S. 142 entnommen entnommen. Die zu lackierenden Fahrzeugteile werden unterteilt und bezeichnet. Die Seitenwände des Fahrzeugs werden in Bereiche unterteilt (Tab. 1 und Abb. 1). Dabei ist zu bedenken, dass das ganze Teil (komplette Tür K) berechnet wird und nicht die Einzelbereiche, wenn mehr Bereiche eines Teils (z. B. Tür B und C) repariert werden müssen. Die Bezeichnung der Fahrzeugteile und die Angabe der Positionsnummern sowie Leitzahlen sind in Tab. 1 auf S. 143 zu sehen. Diese Angaben stehen im Kostenvoranschlag für den Kunden.

Kalkulationsbeispiel
An einem Peugeot 308 soll eine Reparaturlackierung erfolgen (Tab. 2). Eckdaten sind:

■ Lackart 2-Schicht-Metallic,
■ ohne Vorlackierung,
■ Abdeckarbeiten,
■ Kotflügel komplett,
■ Oberflächenlackierung des Stoßfängers hinten.

Bei der Kalkulation nach Schwacke wird der vorgegebene Stundenverrechnungssatz (Nettolohn) und der Werkstoffindex (Werkstoffmalnehmer) des jeweiligen Betriebes eingefügt.

7.1.2
Werkstoffmalnehmer und Stundenverrechnungssatz

Bei der Überschlagskalkulation beträgt der Nettowerkstoffpreis 15–35 % des Nettolohnpreises.
Verwendet man die Zuschlagskalkulation, dann wird der Werkstoffeinstandspreis (Preis, den die Werkstatt für die Werkstoffe bezahlen muss) mit dem Werkstoffmalnehmer multipliziert.

Berechnung des Werkstoffmalnehmers
Dieser Wert wird zur Vereinfachung der Werkstoffpreisberechung ermittelt.

Zu dem Einstandspreis werden werkstoffabhängige Gemeinkosten, z. B. Materialtransportkosten, Lohn der Fahrer und Lagerarbeiter, Lagerkosten, Entsorgung von Resten und Gebinden sowie Gebühren und Porto, dazugerechnet. Daraus ergibt sich der Selbstkostenpreis. Um einen Gewinn zu erzielen und somit eventuelle Risiken abzudecken, wird ein Zuschlag für Gewinn und Wagnis auf den Selbstkostenpreis aufgeschlagen. Mit dem entstandenen Nettowerkstoffpreis kann nun der Werkstoffmalnehmer errechnet werden (S. 146, Tab. 1).

Tab. 2: Kalkulationsbeispiel für Peugeot 308

| Pos. | Bezeichnung | Lackierstufe | Std. | € | Vorarbeit | |
					Std.	€
1410	Kotflügel komplett	K3	1,0	8,90	1,7	12,60
3860	Stoßfänger hinten	K2	0,8	25,50	0,7	12,60
	Abdeckarbeit				0,2	1,10
	Summen		2,8	34,40	2,6	26,30
	+ Summe Vorarbeit		2,6	26,30		
			5,4	**60,70**		
			x Stundensatz 35,40 €	x Materialindex 1,43 €		
			191,16 €	86,80 €		
	Nettolackierkosten		277,96 €			
	+ MwSt.		52,81 €			
	Bruttolackierkosten		**330,77 €**			

Tab. 1: Berechnung des Werkstoff- und Lohnmalnehmers

Werkstoffmalnehmer		Lohnmalnehmer	
Einstandspreis	100,00 €	Stundenlohn	13,99 €
+ werkstoffabhängige Gemeinkosten	30 % = 30,00 €	+ lohnabhängige Gemeinkosten	130 % = 18,19 €
Selbstkostenpreis	**130,00 €**	**Selbstkostenpreis**	**32,18 €**
+ Gewinn und Wagnis	10 % = 13,00 €	+ Gewinn und Wagnis	10 % = 3,22 €
Nettowerkstoffpreis	**143,00 €**	**Nettolohnpreis**	**35,40 €**
Werkstoffmalnehmer:		**Lohnmalnehmer:**	
$\dfrac{\text{Nettowerkstoffpreis}}{\text{Einstandspreis}}$	$\dfrac{143,00}{100,00} = \mathbf{1{,}43}$	$\dfrac{\text{Nettolohnpreis}}{\text{Lohn}}$	$\dfrac{35,40}{13,99} = \mathbf{2{,}53}$

Somit kann der Einstandspreis immer mit dem Werkstoffmalnehmer multipliziert werden, um auf den Nettowerkstoffpreis zu kommen, ohne die gesamte Rechnung zu wiederholen.

Berechnung des Stundenverrechnungssatzes
Der Stundenverrechnungssatz ergibt sich aus dem Stundenlohn, der mit dem Lohnmalnehmer multipliziert wird. Der Lohnmalnehmer wird genauso wie der Werkstoffmalnehmer berechnet.

Zusätzlich werden lohnabhängige Gemeinkosten wie Löhne für das Büropersonal, Urlaubsgeld, Heizung, Miete u. a. einbezogen.

Aufgaben zu Kapitel 7.1

1. An einem Peugeot 308 soll eine Reparaturlackierung mit Vorlackieren in 1-Schicht-Lackierung erfolgen. Zu lackieren sind:
   – Deckel vorn oberflächenlackieren,
   – Tür vorn komplett bei einer Reparatur über 50 %.

   a) Berechnen Sie den Nettolohnpreis mit dem Lohnmalnehmer (S. 146, Tab. 1).

   b) Berechnen Sie den Werkstoffmalnehmer bei einem Einstandspreis von 350,00 €. Die Gemeinkosten betragen 10 % und Gewinn und Wagnis 20 %.

   c) Ermitteln Sie die Bruttolackierkosten nach Schwacke, wenn alle zusätzlichen Vorarbeiten anfallen.

2. Wie teuer wäre die Lackierung aus Aufgabe 1, wenn sie in einer 2-Schicht-Lackierung erfolgt?

Tab. 2: Übersicht der Kosten pro km bei SUVs (nach Schwacke)

Hersteller	Typenbezeichnung	Ausstattung	Aufbau/ Türen	CCM	KW	PS	Treib-stoff	Neupreis Brutto	Betriebskosten in €/pro 100 KM
AUDI	Q3 2.0 TDI		Ges/5	1968	103	140	D	29.900,00 €	46,05
AUDI	Q3 2.0 TFSI quattro		Ges/5	1984	125	170	S	31.560,00 €	52,89
AUDI	Q5 2.0 TDI quattro		Ges/5	1968	125	170	D	39.750,00 €	53,63
BMW	X1 xDrive20d		Ges/5	1995	130	177	D	35.200,00 €	54,78
DACIA	Duster dOi 110 FAP 4x4		Ges/5	1461	80	109	D	17.690,00 €	40,52
FORD	Kuga 2.0 TDOi 4x4	Laureate	Ges/5	1997	103	140	D	31.700,00 €	55,03
HYNDAI	ix35 2.0 4WD	Titanium	Ges/5	1998	120	163	N	27.590,00 €	50,49
MERCEDES-BENZ	GLK 250 ODI DPF 4 Matic 7G-TRONIC	Premium	Ges/5	2143	150	204	D	43.911,00 €	66,51
NISSAN	X-Trail 2.0 dci 4x4 DPF	BlueEFFICIENCY	Ges/5	1995	110	150	D	36.450,00 €	60,59
SKODA	YETI 2.0 TDI	LE	Ges/5	1968	103	140	D	29.990,00 €	47,46
TOYOTA	RAV 4 22 D-4D 4x4	4x4 Experience	Ges/5	2231	110	150	D	30.700,00 €	54,71
VOLVO	X060 D3 AWD	Life	Ges/5	2400	120	163	D	40.400,00 €	56,18
VW	Tiguan 2.0 TDI DPF 4Motion	Momentum	Ges/5	1968	103	140	D	32.000,00 €	51,13
AUDI	Q7 3.0 TDI DPF quattro tiptronic	Track & Style	Ges/5	2967	180	245	D	54.450,00 €	77,69
BMW	X5 xDrive30d		Ges/5	2993	180	245	D	54.500,00 €	75,09
MERCEDES-BENZ	ML 350 BlueTEC 4MATIC 7G-TRONIC		Ges/5	2987	190	258	D	58.727,00 €	74,09
PORSCHE	Cayenne Diesel Tiptronic S		Ges/5	2967	180	245	D	60.138,00 €	95,91
VW	Touareg 3.0 V6 TDI Blue Motion DPF Automatik		Ges/5	2967	180	245	D	52.350,00 €	80,54

7.2
Branchensoftware

Beim Arbeiten am PC wirken Hardware und Software zusammen. Zur Ausführung bestimmter EDV-Tätigkeiten wird Branchensoftware benötigt.

In der Branche der Fahrzeuglackierung sind das z. B. Programme für Ersatzteillisten, Buchhaltung, Rechnungserstellung, Reparaturkostenermittlung, o. ä. Die bekanntesten Programme werden von Audatex, Schwacke und DAT angeboten.

7.2.1
Audatex

Audatex unterstützt die Unternehmen bei der Schadensabwicklung. Zu den Produkten zählen „AudaNet" und „AudaCar".

„AudaNet" dient zur Kommunikation zwischen Werkstätten, Versicherungen und Sachverständigen. Damit soll die Schadensabwicklung effizient, schnell und kostensparend ermöglicht werden.

„Audacar" ist eine Software, in der alle nötigen Elemente für eine schnelle Schadensabwicklung zusammengefasst sind. Sie besteht aus einem Grundmodul und einem Plus-Modul. Das Grundmodul wird für den Vorgang der Schadensabwicklung verwendet (Vorgangsverwaltung, Fahrzeugidentifizierung, grafische Datenerfassung, Kalkulation, Stammdatenverwaltung, automatische Erstellung von pdf-Dokumenten). Das PlusModul enthält zusätzlich Funktionen des Rechnungswesens und Positionsdatenbanken.

7.2.2
EurotaxSchwacke GmbH

Dieses Unternehmen bietet Software zur Restwertermittlung und -management, Schadenkalkulation sowie vollständige Fahrzeugkonfigurationen und Betriebskostenermittlung an.

Die Datenbank der Schwacke-Liste umfasst inzwischen 30.000 PKW-, Geländewagen- und Transporter-Typen mit mehr als 10 Millionen Serien- und Sonderausstattungsmerkmalen (Tab. 2).

7.2.3
DAT

DAT bietet Daten- und Informationssysteme (z. B. „SilverDAT"), mit dem Reparaturkostenkalkulationen, Fahrzeugbewertungen, Restwertprognosen und Abgasuntersuchungen erstellt werden können.

„DAT-Net" bietet wie Audatex einen Datenaustausch zwischen Reparaturwerkstatt, Versicherung und Sachverständigen an.

1 Beispiel
  Lackstufe II

2 Beispiel
  Lackstufe K3

7.3
Lackstufen

In allen Kalkulationssystemen spielen die Lackstufen oder auch Lackierstufen eine wichtige Rolle. Dieser Parameter in der Kalkulation berücksichtigen den Aufwand, der für eine Lackierung nötig ist.

In den verschiedenen Kalkulationstabellen werden unterschiedliche Abkürzungen verwendet. Die in der Tab. 1 aufgelistete Klassifizierung ist für alle Systeme inhaltlich gleich.

Tab. 1: Klassifizierung der Lackstufen

LS	Lackstufen für Metallteile	LS	Lackstufen für Kunststoffteile
I	**Neuteillackierung** mit komplettem Lackaufbau (Füller und Lack). Auch die Innenflächen sind eingeschlossen.	K1R	**Neuteillackierung** für neue Kunststoffteile, die bereits grundiert geliefert werden und auf die nach dem Reinigen und Tempern nur Haftvermittler und Decklack aufgebracht wird.
II	**Oberflächenlackierung**, bei der nur der vorhandene Decklack mattgeschliffen wird und keine wesentlichen Durchschliffstellen auftreten. Es darf kein Spachtelauftrag vorhanden sein. Anschließend wird neuer Decklack oder ein Basislack und eine Klarlackschicht aufgetragen.	K1N	**Neuteillackierung** für neue Kunststoffteile, auf die nach dem Haftvermittler noch Füller und danach, ohne Schleifen des Füllers, Decklack aufgebracht wird.
	Innenteillackierung, Neuteil- und Reparaturlackierung inklusive Innenteilen (Motorraum freigelegt und gereinigt).	K1G	**Neuteillackierung** für neue Kunststoffteile. Die Oberfläche dieser Kunststoffteile ist in der Regel nicht strukturiert. Nach dem Fülleauftrag und dem Trocknen muss geschliffen und danach erst decklackiert werden.
III	**Reparaturlackierung**, die das Entfernen des beschädigten Untergrundes, Spachteln der beschädigten Stelle und kompletten neuen Lackaufbau beinhaltet. Die Fläche weist einen Spachtelauftrag **bis 50 %** auf.		**Neuteillackierung** für neue Kunststoffteile aus **PUR-Weichschaum** (zum Beispiel Heckspoiler). Neben dem Aufwand nach obigen Umfang (K1G) wird hier zusätzlich auch die aufwendigere Reinigung, das Füllen der Poren und die hohe Elastifizierung berücksichtigt.
		K2	**Oberflächenlackierung** liegt zum Beispiel vor, wenn bei kleinen Beschädigungen in der Oberfläche (ohne Spachtelaufwand) in einen anderen Farbton umlackiert wird.
IV	**Reparaturlackierung**, die das Entfernen des beschädigten Untergrundes auf dem ganzen Karosserieteil, das Spachteln der beschädigten Stelle und kompletten neuen Lackaufbau beinhaltet. Die Fläche muss **über 50 %** gespachtelt sein.	K3	**Reparaturlackierung** bei kleinen Kunststoffanbauteilen mit einer Beschädigung bzw. Spachtelfläche bis zu 2 dm² oder maximal bis 15 % der Fläche eines größeren Teiles (zum Beispiel Stoßfänger).

7.4
Kunststoffe

Kunststoffe entstehen durch die gleichen Bildungsreaktionen wie Beschichtungsstoffe (☞ LF 5). Aufgrund ihres molekularen Aufbaus haben sie spezifische Eigenschaften wie plastische Verformbarkeit, Elastizität oder Härte (☞ LF 2). Entsprechend dieser Eigenschaften werden sie im Automobilbau gezielt eingesetzt.

7.4.1
Einsatz im Automobilbau

Der Anteil von Kunststoffen im Automobilbau hat seit den 80er Jahren stetig zugenommen. Die Vielfalt der Bauteile, die dabei aus Kunststoff hergestellt werden ist enorm (Abb. 3). Die Kunststoffteile, die lackiert werden müssen, stellen dabei einen relativ kleinen Teil dar. Die geringere Masse von Kunststoffen und die damit verbundene erhöhte Energieeffizienz ist immer noch das wichtigste Argument für ihren Einsatz. Ein um 100 kg leichteres Fahrzeug verbraucht etwa 0,2 l weniger Kraftstoff auf 100 km und stößt damit auch entsprechend weniger CO_2 aus. Die Möglichkeit Kunststoffteile in Formen herzustellen, die aus Metall nicht möglich wären, haben die Karosserieform revolutioniert. Aber auch bei der Reduzierung schwerer Unfallfolgen

spielen Kunststoffe eine große Rolle, denn durch sie wurde die passive und aktive Sicherheit von Kraftfahrzeugen enorm wesentlich.

7.4.2
Gründe für die Beschichtung von Kunststoffen

■ **Optische Gründe**
Im Arbeitsbereich des Fahrzeuglackierers ist der wichtigste Grund für eine Beschichtung von Kunststoffen der gestalterische Gesichtspunkt. In der Anfangszeit der Verwendung von Kunststoffen wurden die Bauteile meistens in der Originalpigmentierung der Bauteile belassen. Das war in der Regel Schwarz für Anbauteile wie Spoiler oder auch Teile im Motorraum. Kunststoffteile werden in der Regel in der Farbe der Karosserie beschichtet.

■ **Schutz**
Eine Beschichtung hat immer eine Schutzfunktion. Auch Kunststoffe sind Umwelteinflüssen ausgesetzt, was zu harmlosen Farbtonänderungen, aber auch zu gefährlicheren Funktionsänderungen führen kann, wenn die Elastizität der Bauteile durch Versprödung abnimmt. Dies beeinträchtigt ganz besonders die Crashsicherheit der Stoßfänger, die meistens aus Kunststoff bestehen.

Tab. 1: Einsatz von Kunststoffen bei Bauteilen

Kunststoff-gruppe	Kunststoff-bezeichnung	Bauteile (Auswahl)
Thermoplaste	PVC	Folien, Kabelummantelungen, Schläuche,
	PA	Radblenden, Zahnräder
	PMMA	Seitenscheiben, Heckscheiben, Frontleuchten, Heckleuchten
	PC	Seitenscheiben, Heckscheiben, Schutzhelme
	ABS	Verkleidungen, Konsolen, Instrumentengehäuse, Innen- und Außenspiegelverkleidungen, Bauteile von Heizungs- und Lüftungsanlagen, Kühlergrill, Zierleisten, Spoiler, Stoßfänger
	PP PPE-PDM	Glasscheiben vor Instrumenten Anbauteile, Batteriekästen, Stoßfänger, Behälter für Scheibenwaschflüssigkeit
	PE	Tanks
	TPU RTP-U	Autoreifen
Duromere	PU PU RIM PU PPIM	Schaumstoffe
	UP UP GF	Kotflügel
	PF	Motorteile
Elastomere	PUR-Weichschaum	Sitzpolster, Verkleidungen, Dichtungen, Dachhimmel
	Si	Dichtungen

7.4.3 Prüfung und Reinigung von Kunststoffteilen

Wie bei jedem anderen Untergrund muss auch die Oberfläche des Kunststoffes auf sichtbare Mängel überprüft werden. Dazu zählt im harmlosesten Fall Schmutz aus der Luft, der mit warmem Wasser und Reinigungsmitteln einfach entfernt werden kann. Befinden sich noch versprödete Verwitterungsprodukte auf der Oberfläche, die durch manuelles Abreiben oder Kratzen mit eine Münze o. ä. leicht abgeschabt werden können, sind diese nass mit einem Schleifvlies anzuschleifen. Selbst wenn es sich bei dem vorliegenden Bauteil um ein neues Kunststoffprodukt handelt, muss man von Verunreinigungen ausgehen.

Bei der Herstellung im Werk lagern sich bei Form- und Pressvorgängen Trennmittel wie Wachse, Öle oder Silicone auf der Kunststoffoberfläche ab, auf denen Beschichtungsstoffe nicht haften können. Man kann das Vorhandensein der Trennmittel durch eine Benetzungsprobe mit Wasser feststellen. Perlt das Wasser ab, muss das Beschichtungsobjekt mit Siliconentferner gereinigt werden. Sollte eine Beschichtung bereits vorhanden sein, ist diese auf Tragfähigkeit zu untersuchen. Dazu kann man eine Gitterschnittprüfung (LF1) oder ein Lösemitteltest durchführen bzw. durch Kratzen feststellen, ob sich die Beschichtung leicht abstreifen lässt. Ist sie für eine Neubeschichtung nicht geeignet, muss sie entfernt werden.

7.4.4
Vorbehandlung von Kunstoffen für die Beschichtung

Tempern

Bei der Herstellung von Kunststoffen kann es beim Herstellungsprozess (Extrudieren, Spritzgießen etc.) zu Lufteinschlüssen sogenannten Lunkern kommen. Diese müssen vor der Beschichtung entfernt werden, da sie sonst den Lackfilm zerstören würden. Durch das Tempern (ca. 20 Minuten bei 60°) werden die Trennmittel, Fette und Wachse entfernt und die Lunker werden sichtbar und können so durch Schleifen oder eventuelles Spachteln beseitigt werden.

Schleifen

Auch wenn beim Reinigungsvorgang teilweise bereits Schleifvorgänge einbezogen worden sind, ist zum Sicherstellen einer gleichmäßig aufgerauten Oberfläche vor der Grundierung nochmals ganzflächig zu schleifen. Da die Kunststoffoberfläche bei der Verwendung zu groben Schleifmittels zu rau für die nachfolgenden Beschichtungen wäre, sollte beim Schleifen ein Schleifvlies verwendet werden. Wird der Kunststoff nass geschliffen, kann auch feines Nassschleifpapier von P600–1200 zum Einsatz kommen.
Beim Schleifen des Kunststoffes kommt es häufig zu elektrostatischer Aufladung des Beschichtungsobjektes. Damit sich dadurch kein Schleifstaub auf der Oberfläche ablagert, ist das Kunststoffteil mit antistatischer Spezialverdünnung und/oder einem Staubbindetuch zu reinigen.

Grundieren

Meist ist herstellerseitig vorgeschrieben, eine Grundierung ([]➡ LF 1) auf das Beschichtungsobjekt aufzutragen. Diese Grundierung hat die Funktion eines Haftvermittlers zwischen dem Kunststoff und der abschließenden Beschichtung. Ohne das Auftragen einer Haftgrundierung kann es später zu Adhäsionsstörungen ([]➡ LF 2) und somit zu Abplatzungen der Deckbeschichtung kommen. Aufgrund der Elastizität und Verformbarkeit der meisten Kunststoffuntergründe muss den 2K-Beschichtungsmaterialien Elastifizierer zugegeben werden, so dass die Beschichtung

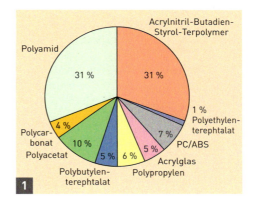

1 Die am häufigsten verwendeten Kunststoffe im Automobilbau

2 Biopolymer Polyamid

die Verformung schadensfrei mitmachen kann. Die Zugabe muss genauestens nach Herstellerangaben erfolgen, da nicht reagierender Elastifizierer an der Oberfläche aufschwimmt.

Die Einzelheiten der Reparatur, die Beschichtung von zurzeit angebotenen Materialien und den damit verbundenen Schwierigkeiten werden nachfolgend exemplarisch beschrieben.

7.4.5
Entwicklungstrends

Für den Automobilbau werden ständig neue Materialien entwickelt. Neben den am häufigsten verwendeten Kunststoffen (Abb. 1), waren schon immer Kunststoffmischungen (Blends) im Einsatz. Der Trend geht zu Faserverbundstoffen aus Kohlefasern.

1 Aufbau eines
PFM Systems

2 EU Altfahrzeug-
richtlinie

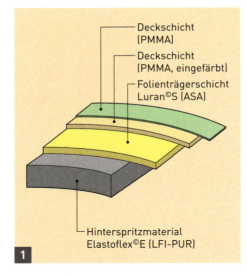

Deckschicht
(PMMA)

Deckschicht
(PMMA, eingefärbt)

Folienträgerschicht
Luran©S (ASA)

Hinterspritzmaterial
Elastoflex©E (LFI-PUR)

Für den Fahrzeuglackierer sind besonders die Entwicklungen interessant, die für ihn die Herausforderungen der nächsten Jahre sein werden. Hierbei sind nicht nur die beschichtungstechnischen Details von Bedeutung, sondern auch neue Werkstoffe und deren Reparatur.

Beim PFM-System® oder Paintless-Film-Molding handelt es sich um beschichtete oder eingefärbte Kunststofffolien für eine identische Farbgebung zwischen den Karosserieaußenteilen, die eine Lackierung überflüssig machen könnten. Als Deckschicht kommt eine klare PMMA-Schicht (Plexiglas) zum Einsatz, die für Oberflächenqualitäten wie Glanz, Härte, Kratz- und Witterungsbeständigkeit sorgt. Dies entspricht der Klarlackschicht bei heutigen Schichtaufbauten. Darunter befindet sich eine weitere allerdings eingefärbte PMMA-Schicht, die für die gewünschte Farbgebung sorgt. Darunter befindet sich der Folienträger aus witterungsbeständiger Luran® S-Folie. Hierbei handelt es sich um einen Werkstoff ähnlich dem ABS, mit der Bezeichnung ASA (Acrylnitril-Styrol-Acrylester). Dies entspricht dem Basislack heutiger Systeme Für die Gestaltung können die Deckschichten auch effektvoll eingefärbt sein (Abb. 1). In der Erprobung befinden sich derzeit Lack beschichtete ASA-Folien zur genauen Farbanpassung an benachbarte Blechteile.

Der **Umweltschutz** und die Nachhaltigkeit spielen bei der Entwicklung neuer Kunststoffe eine wichtige Rolle. Zentrale Anstrengungen der Kunststoffindustrie gehen dahin, die bisher noch aus Metall hergestellten tragenden Bauteile durch Faserverbundkunststoff (FVK) zu ersetzen. Außerdem ist der Einsatz von Biopolymeren mit Ausgangsstoffen wie Stärke oder Cellulose ein weiterer Ansatz in der Entwicklung.
Es wird bereits ein Polyamid eingesetzt, das zu mehr als 60 % aus dem Öl der Rizinuspflanze besteht.

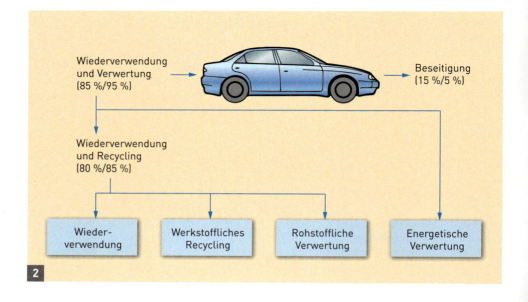

Wiederverwendung und Verwertung (85 %/95 %)

Beseitigung (15 %/5 %)

Wiederverwendung und Recycling (80 %/85 %)

Wieder-verwendung

Werkstoffliches Recycling

Rohstoffliche Verwertung

Energetische Verwertung

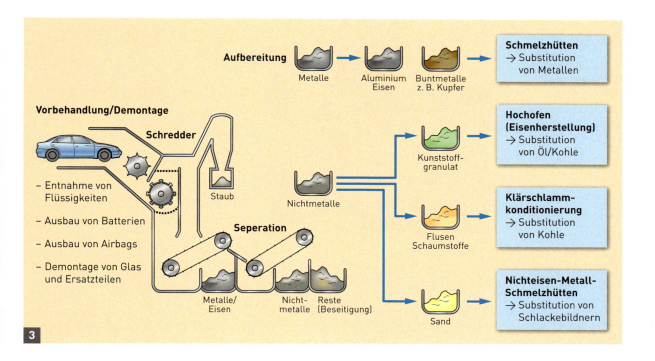

Aufbereitung

Metalle — Aluminium Eisen — Buntmetalle z. B. Kupfer

Schmelzhütten
→ Substitution von Metallen

Vorbehandlung/Demontage

Schredder

– Entnahme von Flüssigkeiten

– Ausbau von Batterien

– Ausbau von Airbags

– Demontage von Glas und Ersatzteilen

Staub

Seperation

Metalle/ Eisen — Nicht-metalle — Reste (Beseitigung)

Nichtmetalle

Kunststoff-granulat

Hochofen (Eisenherstellung)
→ Substitution von Öl/Kohle

Flusen Schaumstoffe

Klärschlamm-konditionierung
→ Substitution von Kohle

Sand

Nichteisen-Metall-Schmelzhütten
→ Substitution von Schlackebildnern

Abschließend wird die Folie mit einem geeigneten Kunststoff hinterspritzt, hinterprägt, hinterpresst oder auch hinterschäumt. Das entspricht dem heutigen Lackträgermaterial (Metall oder Kunststoff). Der Umgang mit diesen Materialien wird dem Fahrzeuglackierer in Zukunft Probleme bereiten. Das Problem der Metallkorrosion besteht zwar nicht, aber dennoch unterliegen Kunststoffe Alterungserscheinungen, wie Versprödungen, Verfärbungen etc. Deshalb müssen sie vor äußeren Einflüssen geschützt werden.

7.4.6 Recycling

Zum Schutz der Umwelt spielt neben dem Einsatz von Biopolymeren auch der Ausbau des Recycling eine wichtige Rolle. Die EU-Altfahrzeugrichtlinie 2006-2015 (Abb. 2) sieht eine Wiederverwertung von 85–95 % vor. Alle Wertstoffe und dazu

gehören auch Kunststoffe müssen daher effektiv dem Produktionsprozess oder anderen Zwecken zugeführt werden (Abb. 3). Die häufig verarbeiteten Verbundkunststoffe müssen dazu zu möglichst sortenreinen Kunststoffen recycelt werden. Hierbei handelt es sich im Wesentlichen um die wiederverwertbaren Thermoplaste. Dreischicht-Verbundkunstoffe wie z. B. für ein Armaturenbrett bestehen aus etwa 50 % thermoplastischem Trägerkunststoff, 25 % Polyurethan-Halbhartschaum und 25 % Überzug, der aus unterschiedlichen Kunststoffen bestehen kann. Die Recyclingtechnologie muss es ermöglichen aus diesen Abfällen die thermoplastischen Trägermaterialien in hoher Reinheit wieder zu gewinnen und sie in den Herstellungsprozess zurückzuführen. Derzeit können bereits bis zu 75 % der Kunststoffabfälle durch Recycling in den Produktionskreislauf zurückgeführt werden. Dies führt zu einer Vermeidung von ca. 20.000 t CO_2-Emissionen pro Jahr.

3 Recycling von Altfahrzeugen

1 Gerissener
Stoßfänger

2 Kunststoff-
markierung

Kennzeichnung von thermoplastischen Mischkunststoffen

Bei der Abb. 2 handelt es sich um einen thermoplastischen Mischkunststoff. Um dabei die verschiedenen Komponenten zu bestimmen, wird die untenstehende Tabelle benötigt.

Beispiel:

PC   **–**   **G**   **F**   **20**

Kunststoffart   Zusatzstoff   Fom/Struktur   Massenanteil in %

Tab. 1: Abkürzungen für Mischkunststoffe

Zeichen	Material	Zeichen	Form/Struktur
C	Kohlenstoff	C	Schnitzel/Chips
F	unterschiedlich	F	Fasern
G	Glas	G	Mahlgut
L	Cellulose	L	Lagen
Mi/Me	Mineral/Metall	M	Matten
P	Glimmer	P	Papier

Der im Beispiel oben benannte Kunststoff besteht aus Polycarbonat mit einem Zusatzstoff aus Glas. Der Glaszusatz ist als Faser und mit einem Masseanteil von 20 % vorhanden.

7.5 Kunststoffreparatur

Eine Kunststoffreparatur ist eine kostengünstige Alternative zum Einsetzen von Neuteilen.

Zur Reparatur von Kunststoffbeschädigungen können je nach Kunststoffart verschiedene Reparaturverfahren angewendet werden. Einige Automobilhersteller schreiben das Reparaturverfahren vor. Als Reparaturmethoden stehen zur Auswahl das

- Kleben,
- Schweißen oder
- Laminieren.

Um eine Kunststoffreparatur durchführen zu können, muss folgende Voraussetzung gegeben sein:
Die Kunststoffart muss bekannt sein. Eine Reparatur ohne Kenntnisse über die Kunststoffart sollte nicht durchgeführt werden.

7.5.1 Erkennung von Kunststoffen

Um die Kunststoffart exakt festzustellen, ist die einfachste und sicherste Methode nach einer Prägung auf dem Kunststoffteil zu suchen. Diese befindet sich in der Regel auf der Innenseite des Teiles (Abb. 2).

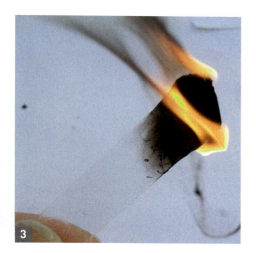

Weitere Möglichkeiten zur Erkennung von Kunststoffen sind Flamm-, Biege-, Klopf- oder Reißprobe.

- **Flammprobe:** Eine nicht ohne Materialverlust durchzuführende Methode.
- **Biege-, Klopf- oder Reißprobe:** Diese Methoden sind geeignet, die Kunststoffgruppe (Duromere, Elastomere oder Thermoplaste) festzustellen.

7.5.2
Kleben von Kunststoffen

Zum Kleben einer Kunststoffbeschädigung wird ein Kunststoffreparaturspachtel verwendet. Dabei handelt es sich um ein Zwei-Komponenten-Material. Das Mischverhältnis dieser Masse ist 1:1, d. h., man benötigt jeweils die gleichen Gewichtsteile von Stammmaterial und Härter. In der Regel sind diese Klebstoffe in einer Doppelkartusche erhältlich. Auf dieser wird eine statische Mischdüse aufgeschraubt. Beim Herausdrücken mit der Klebepistole wird Stammmaterial und Härter automatisch im richtigen Verhältnis gemischt. Um sicher zu gehen, dass eine exakte Mischung stattfindet, sollte zuerst die Kartusche ohne Düse kontrolliert werden. Beide Materialien müssen beim Druck austreten. Bei einer falschen Mischung würden Erhärtungs- und Haftprobleme entstehen.

Beispiel: Ein Riss in einem Stoßfänger aus PP EPDM soll geklebt werden. Hierfür werden die Arbeitsschritte angewendet, die auf den Seiten 156–157 dargestellt sind.

Bei allen Methoden zur Kunststoffreparatur werden Materialien verarbeitet, die Lösemittel enthalten oder beim Erwärmen gesundheitsschädliche Gase entwickeln. Deshalb muss die persönliche Schutzausrüstung getragen werden. Dazu gehören Schutzhandschuhe, Atemschutzmaske und Schutzbrille.

> Bei allen Methoden zur Kunststoffreparatur werden Materialien verarbeitet, die Lösemittel enthalten oder beim Erwärmen gesundheitsschädliche Gase entwickeln. Deshalb muss die persönliche Schutzausrüstung getragen werden. Dazu gehören Schutzhandschuhe, Atemschutzmaske und Schutzbrille.

3 Brennprobe

4 Kunststoffklebeset

Tab. 1: Arbeitsschritte zum Kleben eines Stoßfängers

1	
Als erster Schritt wird das Ende des Risses aufgebohrt, um ein weiteres Einreißen zu vermeiden.	

2	
Anschließend wird der Riss V-förmig aufgefräst oder aufgeschliffen, damit eine größere Klebefläche entsteht.	

3	
Danach wird die Schadstelle auf der Innenseite des Stossfängers mit P80 aufgeraut. Die gesamte Reparaturstelle wird mit Silikonentferner gereinigt, um alle Frässpäne und noch vorhandenen Schleifstaub zu entfernen.	

4	
Damit sich die Kanten des Risses beim Kleben nicht verziehen und kein Klebematerial verloren geht, wird auf die Außenseite ein Klebeband zur Stabilisierung und Abdichtung angebracht.	

5	
Zur Stabilisierung der Innenseite wird ein Netzvlies benötigt, welches man auf die entsprechende Größe zuschneidet.	

Tab. 1: Fortsetzung

6

Um das Vlies einzuarbeiten, wird zuerst Kunststoffreparatur-spachtel auf die Innenseite des Stoßfängers aufgetragen.

7

Anschließend wird das Gittervlies auf den Kleber gelegt und mit einer Spachtel eingedrückt.

8

Ist die Innenseite geklebt, entfernt man das Klebeband von der Außenseite und füllt den Riss von außen auf. Dieses sollte sorgfältig geglättet werden, um die Schleifarbeiten nicht unnötig zu erschweren.

9

Der Reparaturkleber muss nun gut aushärten, bevor mit den Schleifarbeiten begonnen werden kann. Die Schadstelle ist erst grob zu schleifen. Nach und nach wird die Naht feiner geglättet und den Konturen des Stoßfängers angepasst.

10

Die Reparaturstelle ist nun grundier- und lackierbereit.

1 Schweißset

2 Schweißdüse für
   Schweißkolben
   (mit Flächen-
   scheibe)

3 Schweißsticks

7.5.3
Schweißen von Kunststoffen

Eine weitere Reparaturmöglichkeit ist das
Schweißen. Hierzu wird ein Heißluftfön mit
exakter Temperaturregelung verwendet
(Abb. 1). Dies ist wichtig, da die verschie-
denen Kunststoffe unterschiedliche Schmelz-
und Erweichungstemperaturen haben.
Des Weiteren braucht man **Schweißsticks**,
die aus dem gleichen Kunststoff wie das
Reparaturteil bestehen (Abb. 3). Nicht alle
Kunststoffe sind schweißbar.

Möglich ist das Verfahren unter anderem
bei den Kunststoffen ABS, PC, PE, PP, PP
EPDM und PS. Vorsicht ist bei unbekannten
Kunststoffen geboten. Es könnte eine
Brand- oder Vergiftungsgefahr bestehen.
Hat man keinen passenden Schweißstick
zur Hand, kann auch ein Kunststoffspan
vom Reparaturteil abgetrennt werden.
Das sollte an einer nicht sichtbaren Stelle
geschehen. Dieser Span kann dann als
Schweißdraht verwendet werden.

Tab. 1: Arbeitsschritte zum Schweißen von Kunststoff

1 Säubern des Kunststoffteils mit einem geeigneten Reiniger. Alte Grundier-, Spachtel und Lackschichten sind mit P120 abzuschleifen, so dass das Kunststoffmaterial frei sichtbar ist.	
2 Der Schweißkolben sollte mit einem Schweißschuh ausgestattet sein, um eine zu starke Erwärmung zu verhindern und einen gleichmäßigen Auflagedruck zu erzeugen (Abb. 2). Der Schweißkolben muss je nach Kunststoffart auf die richtige Temperatur erwärmt werden.	
3 Zur Verstärkung der Reparaturstelle muss ein Aluminium-Gewebeband zugeschnitten werden. Es sollte die Schadstelle um 0,5 cm überdecken. Das Aluminium-Gewebeband wird mit einem Klebestreifen auf der Reparaturstelle fixiert und mit tupfenden Bewegungen des Schweißkolbens in den Kunststoff eingearbeitet. Um den Kunststoff zu schmelzen, muss es genügend lange erwärmt werden.	

Tab. 1: Fortsetzung

4
Anschließend wird zusätzliches Material mit dem
Kunststoffstick aufgebracht.
Kreisende Bewegungen des Schweißkolbens sorgen für
eine glatte Oberfläche.

5
Bei der richtigen Technik sollte auf der Gegenseite des
Schadens ein kleiner Kunststoffwulst entstehen.
Dieser kennzeichnet ein vollständiges Durchdringen mit dem
Reparaturkunststoff.

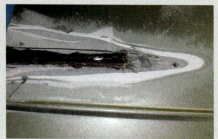

6
Der Schweißkolben sollte noch im warmen Zustand mit einer
Messingbürste gereinigt werden.

7
Nach etwa 5 Minuten Abkühlzeit kann mit den Schleifarbeiten
begonnen werden. Diese sind mit kleiner Drehzahl
durchzuführen, um ein Erwärmen des Reparaturmaterials
zu vermeiden.

8
Sind danach noch Unebenheiten sichtbar, können diese mit
Kunststoffspachtel geglättet werden.

7.5.4
Laminieren von Kunststoffen

Diese Reparaturmethode wird in der Regel bei glasfaserverstärkten Kunststoffen (GFK) oder bei kohlefaserverstärkten Kunststoffen (CFK) angewendet. Man benötigt dafür das entsprechende Kunststoffharz, meist ungesättigtes Polyester- oder Epoxidharz und entsprechendes Fasergewebe in der passenden Gewebestruktur.

Ablauf des Laminierens
Die zerfaserten Kanten der Reparaturstelle sind mit der Schleifmaschine zu glätten. Im Bereich der Reparaturstelle sollte das Material papierdünn geschliffen werden. Von der Rückseite her sollte die Fehlstelle fixiert werden, um ein Verformen und Verziehen zu vermeiden. Dazu eignen sich Holzleisten, welche mit Heißkleber aufgebracht werden. Damit das Harz nicht ablaufen kann, sind offene Stellen mit Klebeband zu verschließen.

In mehreren Schichten Glasfasergewebe mit Polyesterharz nass in nass auflaminieren. Die Kanten des Glasfasergewebes sollen gerissen und nicht geschnitten werden, um Kanten zu vermeiden.

Bei größeren Schäden sollte die frisch laminierte Partie mit einer Strukturwalze entlüftet werden, um Blasenbildungen zu verhindern. Das Harz etwa 24 Stunden lang bei möglichst konstant 16 °C aushärten lassen. Fixierungen entfernen und die Rückseite mit der gleichen Methode verstärken. Es folgen weitere Schleifarbeiten mit dem Exzenter, wobei die Kanten besser von Hand geschliffen werden sollten.

Mit einem Polyester-Feinspachtel werden die letzten Unebenheiten geglättet und vorhandene Lunkerlöcher geschlossen. Eine Verwendung von Spritzspachtel ohne zuvor die Lunkerlöcher zu schließen, ist nicht angebracht, da er die Luftblasen einschließen würde. Bei späterer Sonneneinstrahlung dehnt sich die eingeschlossene Luft aus und führt zu Schäden.

Aufgaben zu Kapitel 7.5

1. Nennen Sie Arbeitsverfahren, die zur Kunststoffreparatur eingesetzt werden können.

2. Welche Voraussetzung muss gegeben sein, um eine Kunststoffreparatur durchführen zu können.

3. Nennen Sie Prüfmethoden, um die Kunststoffart vor einer Reparatur festzustellen.

4. Welche persönliche Schutzausrüstung muss bei der Reparaturtechnik „Kleben" benutzt werden.

5. Weshalb muss ein Riss vor dem Kleben am Ende aufgebohrt und v-förmig geschliffen werden.

6. Nennen Sie Werkzeuge, Geräte und Materialien, die Sie für die Kunststoffreparatur „Schweißen" benötigen.

7. Nennen Sie vier Kunststoffe, bei denen eine Schweißreparatur möglich ist.

8. Aus welchem Material müssen Stoßfänger gefertigt sein, bei denen eine Reparatur durch „Laminieren" angewendet wird.

9. Ein Stoßfänger weist die Innenprägung PP-L G 30 auf. Welche Bedeutung hat diese Kennung?

7.6
Korrosion und
Korrosionsschutz

Als Korrosion bezeichnet man allgemein
die langsame Zerstörung eines Stoffes
durch Einwirkungen aus seiner Umgebung
(Abb. 1–2). Diese Einwirkungen können
z. B. andere Stoffe sein. In der Chemie
und der Technik werden unterschiedliche
Definitionen für Korrosion verwendet.

In der Chemie ist Korrosion eine chemische
Reaktion, die einen Werkstoff merklich, das
heißt messbar, verändert. Mit dem Begriff
Korrosion werden je nach Zusammenhang
unterschiedliche Dinge bezeichnet:

- der Vorgang der Korrosion,
- das Ergebnis der Korrosion,
- der Schaden, der durch Korrosion
  hervorgerufen wird.

Für den technischen Bereich legt die DIN
EN ISO 8044 „Korrosion von Metallen und
Legierungen – Grundbegriffe und Definitionen" die Begriffe fest. Hier wird aus dem
vorgenannten Grund genau unterschieden.
„Korrosion" ist der Korrosionsvorgang.
„Korrosionserscheinung" ist das Ergebnis
einer Korrosion, das kein „Korrosionsschaden" sein muss.

Diese Abgrenzung kann bei der Beschrei-
bung von entsprechenden Ereignissen
hilfreich sein.

Nach **DIN EN ISO 8044** ist Korrosion die
physikalisch-chemische Wechselwirkung
zwischen einem Metall und seiner Umgebung, die zu einer Veränderung der Eigenschaften des Metalls führt.

Diese Veränderung der Eigenschaften
kann zu erheblichen Beeinträchtigungen
der Funktion des Metalls, der Umgebung
oder des technischen Systems, von dem
das Metall hier jedoch einen Teil bildet,
führen.

Kurzgefasst ist eine Korrosionserscheinung eine unerwünschte Verschlechterung der Eigenschaften eines Metalls, die
durch eine chemische Reaktion (die Korrosion), hervorgerufen wird.

Die Korrosionsreaktion kann auf unterschiedliche Arten ablaufen. Je nach Einwirkung von außen oder Reaktionsablauf
unterscheidet die Norm zwischen 37 Korrosionsarten, von denen viele chemischer
oder elektrochemischer Natur sind. Daher
werden im Folgenden die Begriffe chemische und elektrochemische Korrosion
ausführlich behandelt.

1   Starke Korrosion
    am Heckblech

2   Korrosion am
    Radlauf

1 Flächenkorrosion
   auf einer Brems-
   trommel

2 Kantenkorrosion

7.6.1
Chemische Korrosion

Bei der chemischen Korrosion reagiert
das Metall, z. B. Eisen, direkt mit dem
korrosiven Reaktionspartner, z. B. Sauerstoff. An der Eisenoberfläche wird durch
die Reaktion von Eisen (Fe) und Sauerstoff
(O_2) Eisenoxid, umgangssprachlich Rost,
gebildet.

Da diese Reaktionen in Gegenwart von
Wasser beide ablaufen können, ist Rost
ein Gemisch unterschiedlicher Eisenoxide
mit Wasser.
Die chemische Korrosion ist dadurch gekennzeichnet, dass oft ein ebenmäßiger,
flächiger Korrosionsvorgang stattfindet,
der zu einem gleichmäßigen Abtrag des
Metalls von der Oberfläche führt (Abb.
1–2). Wie schnell dieser Vorgang abläuft,
ist von den Umgebungsbedingungen abhängig, z. B.:

■ von der Temperatur,
■ der Feuchte und
■ der Anwesenheit von korrosionsför-
  dernden Stoffen.

Korrosionsfördernde Stoffe sind z. B. Salze
und unter diesen insbesondere die Chlo-
ride, z. B. das Streusalz. Aufgrund der unterschiedlichen Bedingungen korrodieren
die Metalle in bestimmten Umgebungen
unterschiedlich schnell. Man unterschei-

det daher typische Umgebungsbedingungen, die mehr oder weniger korrosionsfördernd sind.

In der Tabelle 1 sind solche Umgebungen
aufgelistet. So ist „Land" eine ländliche
Umgebung mit vergleichsweise sauberer
Luft und wenig Staub, „Stadt" ist Stadtluft
mit Staub und Autoabgasen. Beim Indus-
trieklima kommen andere Schadgase wie
Schwefeldioxid hinzu, und das Meerklima
enthält korrosionsförderndes Kochsalz.

Zu jeder Umgebung sind unterschiedliche Metalle und deren flächiger Abtrag
pro Jahr aufgeführt.

Dabei fällt auf, dass einige Metalle nur
einen geringen Abtrag aufweisen, der
fast unabhängig vom Klima ist. Kupfer
beispielsweise verliert nur zwischen 2
und 4 μ seiner Oberfläche pro Jahr. Zink,
Blei und Nickel verhalten sich ähnlich.
Diese Metalle bilden durch Korrosion eine
Schutzschicht, die das darunter liegende
Metall vor weiterer Korrosion schützt. Im
Falle des Kupfers bildet sich Grünspan, eine relativ kompliziert zusammengesetzte
Kupferverbindung. Diese ist so unlöslich,
dass sie als grüne Schutzschicht das Kupfer vor weiterer Korrosion schützt (Abb. 2).
Nickel, Zink, Blei und Aluminium bilden
Oxidschichten, die die gleiche Funktion
erfüllen.

Tab. 1: Korrosionsfortschritt in unterschiedlichen Umgebungen

3 Spannungsreihe der Elemente

Korrosionsfortschritt in µm (1/1000 mm) pro Jahr				
Metall	Land	Stadt	Industrie	Meer
Stahl	4–6	30–70	40–160	64–230
Blei	0,7–1,4	1,3–2,0	1,8–3,7	1,8
Kupfer	1,9	2,5	3,5	3,8
Nickel	1,1	2,4	4,4	2,8
Zink	1,0–3,4	1,0–6,0	4–19	2–15

7.6.2
Spannungsreihe der Metalle

Nicht alle Metalle korrodieren gleich schnell, manche auch gar nicht. Zum Teil liegt das an Schutzschichten, die durch Korrosion ausgebildet werden.

Bei anderen Metallen, z. B. Gold und Platin, ist keine Schutzschicht notwendig. Diese Metalle oxidieren überhaupt nicht. Man unterscheidet edle Metalle, die nicht korrodieren und unedle Metalle, die dies schnell tun. Zwischen sehr unedlen Metallen (z. B. Magnesium) und sehr edlen Metallen (z. B. Gold), liegt eine ganze Reihe von Metallen mit unterschiedlichem Verhalten.

Zur Einordnung der Metalle wird das Verhalten genutzt, das die Metalle zeigen, wenn man sie in einen Elektrolyten taucht. Ein Elektrolyt ist eine Flüssigkeit, die den elektrischen Strom leiten kann, z. B. eine Salzlösung. Taucht man Metalle in einen Elektrolyten, lösen sie sich unterschiedlich schnell auf.

Die Spannungsreihe der Metalle ist relevant beim Korrosionsschutz, da sich das unedlere Metall zum Schutz des edleren Metalls auflöst bzw. opfert (Abb. 3).

7.6.3
Elektrochemische Korrosion

Bei der elektrochemischen Korrosion kommt es zur Ausbildung von Korrosionselementen. In Korrosionselementen liegt zwischen zwei Elektroden, dem Anoden- und Kathodenbereich, eine Spannung vor. Die Elektroden werden durch die beteiligten Metalle und das sie umgebende Wasser gebildet.
Im Prinzip ist ein solches Element genau so aufgebaut wie ein elektro-chemisches Element, nur dass die elektrische Verbindung der Elektroden durch direkte Berührung erfolgt und die Lösungen nicht durch eine Wand getrennt sind.
Berühren sich zwei unterschiedliche Metalle unter Einfluss von Feuchtigkeit, bauen sie ein solches Element auf. Die Folge ist, dass das unedlere Metall beginnt, sich aufzulösen.

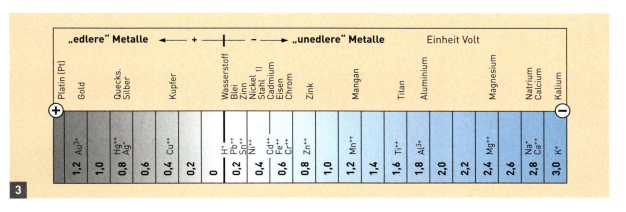

1 Flächenkorrosion

2 Kontaktkorrosion

3 Unterrostung

4 Narbenkorrosion

5 Selektive
   Korrosion

6 Durchrostung

7.6.4 Korrosionsarten

Korrosionsarten werden anhand des Ortes ihres Auftretens oder der Ausprägung des Schadens bezeichnet.

Bei **gleichmäßiger Flächenkorrosion** wird der Werkstoff von der Oberfläche aus nahezu gleichförmig abgetragen (Abb. 1).

Lochfraßkorrosion bezeichnet kleinflächige, aber meist in die Tiefe gehende Korrosionsstellen.

Bei **Narbenkorrosion** werden Mulden gebildet, deren Durchmesser größer ist als ihre Tiefe (Abb. 2).

Spalt-/Kantenkorrosion ist eine örtliche Korrosion, die in einem Spaltbereich gleicher Metalle, z. B. Blechüberlappungen an Autotüren oder einseitigen Schweißnähten, abläuft.

Bimetallkorrosion oder **Kontaktkorrosion** ist die elektrochemische Korrosion, bei der die Elektroden von unterschiedlichen Metallen gebildet werden (Abb. 3).

Porenrost ist die Vorstufe zur Durchrostung.

Blasenbildung oder **Unterrostung** kann an beschichtetem Metall durch Verlust der Adhäsion zwischen der Beschichtung und dem Metall auftreten (örtliche Korrosion, Abb. 4).

Interkristalline Korrosion findet entlang der Korngrenzen (Kristalle) innerhalb der Metallstruktur statt. Diese Korrosion tritt unter Umständen nicht an der Oberfläche in Erscheinung. Der Werkstoff wird unsichtbar in seiner Festigkeit geschädigt.

Spannungskorrosion entsteht bei der gleichzeitigen Einwirkung von mechanischen Kräften und einem einwirkenden aggressiven Korrosionsmittel innerhalb des Metallgefüges.

Selektive Korrosion ist eine örtliche Korrosion, bei der nur bestimmte Anteile eines metallischen Werkstoffs angegriffen werden (Abb. 5).
Dabei kann es sich um einzelne Legierungsbestandteile handeln oder auch um Gefügebestandteile, die bevorzugt vom Elektrolyten angegriffen werden. Diese Korrosion ist eine bevorzugte Korrosion bei Entzinkungen.

Durchrostung ist die Zerstörung des kompletten Metallquerschnittes, die häufig an alten Fahrzeugen zu sehen ist (Abb. 6).

7.6.5
Rostgrade

Um den Rostbefall an einem Fahrzeug genau zu bestimmen, ist es meist notwendig,
die Stärke des Befalls zu definieren. Eine
Gliederung in Rostgrade für beschichtete
Stahlflächen nach **DIN EN ISO 4628-3**,
wie sie für den Maler und Lackierer ver-
bindlich ist, scheint für den Fahrzeuglackierer weniger sinnvoll (📖➡ LF 1). Eine
Annäherung an diese DIN-Norm wird von
führenden Automobilherstellern nach Tab.
1 definiert. Dabei wird der Rostgrad auf
die unterwanderung der Beschichtung mit
Korrosion bezogen (Abb. 7).

7.6.6
Entrostungsverfahren

Um Korrosionsschäden an Karosserieble-
chen zu beseitigen werden unterschiedliche
Entrostungsverfahren eingesetzt.
Das **Entrosten von Hand** mit Drahtbürsten
oder Schleifmitteln ist wenig effektiv, die
Korrosionsanhaftungen lassen sich nicht
ganz entfernen. Am meisten eingesetzt
werden **maschinelle Entrostungsarten**, wie
das Abschleifen mit Winkelschleifern, oder
das Verwenden von Drahtbürstenaufsätzen.
Sehr effektiv sind auch **CSD- oder SVS-
Reinigungscheiben** (Abb. 8). Handsand-
strahlpistolen werden ebenfalls verwendet
(Abb. 9). Rostumwandler kann nur bei ober-
flächigem Rost angewendet werden, weil
sonst würde die Korrosion wieder auftreten.

7 Rostgrad 5

8 CSD-Reinigungs-
   scheibe

9 Sandstrahlpistole

Tab. 1: Vergleich der Rostgrade

Rostgrad	Flächenzustand nach DIN	Definition der Industrie
Ri 0	Rostfreie Fläche	Beschädigung im Lack, jedoch noch ohne Rostbefall.
Ri 1	0,05 % rostbedeckte Fläche	Beginnende Korrosion (Flugrost) mit bis zu 1 mm Unterwanderung. Der Rost sitzt fest auf der Oberfläche, hat sich jedoch noch nicht in die Metalloberfläche eingefressen.
Ri 2	0,5 % rostbedeckte Fläche	Fortgeschrittene Korrosion mit bis zu 2 mm Unterwanderung, gekennzeichnet durch tiefen Porenrost, der tief im Blech sitzt.
Ri 3	1 % rostbedeckte Fläche	Fortgeschrittene Korrosion mit bis zu 4 mm Unterwanderung; schuppenförmiger Rost; die Lackierung wird durch diese Korrosion hochgedrückt. Die Korrosion lässt sich blattweise abschaben.
Ri 4	8 % rostbedeckte Fläche	Fortgeschrittene Korrosion mit bis zu 5 mm Unterwanderung. Der Korrosionszustand ist wie bei Rostgrad 3 zu definieren, jedoch kleine Durchrostungen sind bereits vorhanden.
Ri 5	40–50 % rostbedeckte Fläche	Mehr als 5 mm Unterwanderung der Beschichtung ist vorhanden; komplette Zerstörung des Blechquerschnitts. Das Blech ist groß-flächig durchgerostet, ein Einsatz eines Neuteils ist nötig.

1 Türinnen-
  belüftung

2 Nahtabdichtung

3 Steinschlag-
  schutzblenden

7.6.7
Korrosionsschutz

Korrosionsschutz dient nicht dazu, Korrosion zu vermeiden. Das ist in vielen Fällen auch nicht möglich. Korrosionsschutz soll Korrosionsschäden verhindern, beziehungsweise die Geschwindigkeit des korrosiven Angriffes verringern. Dadurch kann die Lebensdauer des entsprechenden Bauteils verlängert werden.
Man unterscheidet zwischen verschiedenen Arten des Korrosionsschutzes, je nachdem welche Prinzipien dabei verfolgt werden.

Konstruktiver Korrosionsschutz hält korrosionsfördernde Einflüsse durch Bauformen und Bauarten von Fahrzeugteilen fern. Dazu zählen das Verändern und Versiegeln der Bördelkanten, Türinnenbelüftungen und Verbesserung des Wasserablaufes (Abb. 1). Ebenso kann die vermehrte Verwendung von Kunststoffteilen förderlich sein. Es sollten auch Taschenbildungen und unbelüftete Hohlräume vermieden werden. Je kleiner die Steinschlagsangriffsfläche eines Fahrzeuges gehalten wird, desto geringer fällt das Korrosionsrisiko aus.
An der Rohkarosserie sollten Metallkombinationen möglichst vermieden werden, um keine Kontaktkorrosion zu fördern. Offene Nähte und scharfe Ecken und Kanten an einer Karosserie sind ebenfalls korrosionsfördernd.

Passiver Korrosionsschutz hält korrosive oder korrosionsfördernde Substanzen, vor allem Wasser und Sauerstoff, vom Metall fern. Dieser Korrosionsschutz kann

sowohl vom Fahrzeughersteller als auch von einem Lackierbetrieb im Rahmen einer Unfallreparatur ausgeführt werden. Fahrzeughersteller führen in der Regel folgenden Korrosionsschutz aus:
- Verzinken der Karosseriebleche, durch galvanische Überzüge oder durch Tauchen in Zinkschmelzen (Feuerverzinken),
- Passivieren durch Phosphatieren oder Zinkphosphatieren der Rohkarosserie,
- Elektrotauchlackierung,
- Nahtabdichtung (Abb. 2),
- Unterbodenschutz,
- Hohlraumkonservierung.

Im Rahmen einer Unfallreparatur muss oftmals der Korrosionsschutz erneuert werden. Hierzu zählen
- das Auftragen von Grundierungen oder Grundierfüller,
- das Versiegeln der Nähte mit PUR- oder Acryl-Dichtmassen,
- das Aufbringen eines Steinschlagschutzes und Steinschlagschutzblenden (Abb. 3),
- das Einspritzen einer Hohlraumversiegelung.

Weitere Möglichkeiten einen passiven Korrosionsschutz auszuführen sind Chromatieren oder Eloxieren. Eine Beschichtung mit Kunststoff oder eine Pulverbeschichtung zählt ebenso dazu.

Aktiver Korrosionsschutz greift direkt in die Korrosionsvorgänge ein und verringert oder verhindert diese. Zum aktiven Korrosionsschutz zählen z. B. der kathodische Korrosionsschutz oder der Einbau von Opferanoden (Verzinkung).

4 Washprimer mit Zinkchromat

5 Bleimennige

Korrosionsschutzgrundierungen und -pigmente

In Grundierungen, die vor Korrosionsschäden schützen, finden meist Kunstharze wie Polyurethan- und Epoxidharz Verwendung als Bindemittel. Oft werden auch ölige Bindemittel (Alkydharz) benutzt.
Die Pigmentierung der Grundierungen ist das ausschlaggebende für den Korrosionsschutz (Abb. 4–5 und Tab. 1).

Dadurch bilden aktive Pigmente in einem öligen Bindemittel wasserfeste Metallseifen. Die Eigenschaft dieser Pigmente ist ein härterer und dichterer Beschichtungsfilm.

Passive Rostschutzpigmente besitzen eine schuppenförmige Struktur und ergeben dadurch widerstandsfähige Korrosionsbeschichtungen, da längere Durchgangswege die Durchlässigkeit atmosphärischer Störungen verringern.

Tab. 1: Übersicht der Korrosionsschutzpigmente

Pigment	Formel	Farbe	Sorte/Eigenschaft	Verwendung
Aluminium	Al	Silbrig	Schuppenförmig, gute Temperaturbeständigkeit	Korrosionsschützende, reflektierende Deckbeschichtungen
Bleimennige	Pb_3O_4	Orange	Aktives Pigment, schnelle Trocknung, mäßig säurebeständig, gesundheitsgefährdend, umweltschädigend, giftig	Darf heute nicht mehr verwendet werden, wird aber oft bei Altbeschichtungen gefunden
Zinkchromat	$ZnCrO_4 \cdot 4Zn(OH)_2$	Gelb	Aktives Pigment mit passivierender Wirkung, schlechtes Deckvermögen, krebserregend und giftig	Chromathaltige Washprimer
Zinkphosphat	$Zn_3(PO_4)_2$	Weiß	Aktives Pigment, ungiftig	Haftunterstützend auf neuen Feuerverzinkungen, für schichtbildende Phosphatierungen
Zinkstaub	Zn	Grau	Aktives Pigment, wirkt als elektrochemischer Korrosionsschutz, keimtötend	Shopprimer für starke Beanspruchungen
Eisenglimmer	Fe_2O_3	Silbergrau	Schuppenförmig, ungiftig	Grundierungen und korrosionsschützende Deckbeschichtungen.
Graphit	C	Dunkelgrau	Schuppenförmig, ungiftig	Hitze- und chemikalienresistente Korrosionsbeschichtungen

1   Coils

2   Funktion einer
    Opferanode

3   Verzinkte
    Karosserie

4   Zinkblumen

Verzinken

Die meisten Fahrzeugkarosserien werden zum Schutz gegen Korrosion verzinkt. Dabei wird meist nicht die Rohkarosserie verzinkt, sondern die bis zu 3000 m langen Stahlblechrollen (Coils, Abb. 1) werden verzinkt angeliefert.

Diese Coils können auf zwei Arten verzinkt sein:

- Feuerverzinkt, Schichtdicke 50–150 μm,
- Galvanisch verzinkt, Schichtdicke 5–25 μm.

Die feuerverzinkten Bleche werden im Sendzimirverfahren verzinkt. Hierbei werden die Bandbleche durch ein Bad mit geschmolzenem Zink (460 °C) geführt und dabei beschichtet. Feuerverzinkte Bleche erkennt man an den Zinkblumen (Abb. 4). Andere Verzinkungsarten, z. B. das Spritzverzinken (thermisches Spritzen) oder das Beschichten mit zinkstaubpigmentierten Beschichtungsstoffen, finden mehr in der Reparaturlackierung und Fahrzeug-Restaurierung Verwendung.

Da eine verzinkte Karosserie (Abb. 3) in der Regel lackiert ist, kommt die Verzinkung erst dann zum Einsatz, wenn die Deckbeschichtung eine Verletzung aufweist. Das verzinkte Blech kommt dann direkt mit der Feuchtigkeit in Kontakt. Das unedlere Zink gibt dabei als Opferanode Zinkionen ab, die sich auf dem edleren Stahlblech (Kathode) ablagern (Abb. 2). Diese Ablagerungen sind schwer lösliches Zinkoxid und Zinkcarbonat (Weißrost), die die Korrosionsgeschwindigkeit herabsetzen.

Die Wirksamkeit ist abhängig von der einwirkenden Feuchtigkeit und der Leitfähigkeit des Elektrolyten. Bei einem Kratzer spielt nicht die Länge der Beschädigung eine Rolle, sondern die Breite. Eine Distanz von unter 2 mm ist meist die Grenze.

Eine Verzinkung schützt den darunter liegenden Stahluntergrund so lange, bis sie selbst vollständig korrodiert ist. Verzinkte Untergründe müssen vor ihrer Beschichtung durch eine ammoniakalische Netzmittelwäsche vorbereitet werden. Dabei ist darauf zu achten, dass die Verzinkung nicht zu stark angeschliffen wird. Die Verzinkung ist relativ dünn und kann an Kanten leicht verletzt werden (➥ LF 1).

5 Unterboden-
   schutzauftrag

6 Hohlraumkon-
   servierung

7 Hohlraum-
   öffnung

Unterbodenschutz

Unterboden- oder Steinschlagschutz bezeichnet das gleiche Produkt. Der Unterbodenschutz soll den Unterboden eines
Fahrzeuges gegen Korrosion und Steinschlag schützen.
Werksseitig wird ein Unterbodenschutz
auf PVC-Basis mit einer Schichtdicke von
1,5 mm aufgebracht, der bei 150 °C gehärtet wird.
In der Reparaturlackierung finden da-
neben auch Materialien wie Wachse,
Kautschuk und Bitumen Verwendung.
Diese werden mit speziellen Unterboden-
schutzpistolen aufgetragen. Hierbei
handelt es sich immer um Saugbecherpistolen (Abb. 5, Kap. 5.9).
Je nach Material kann die Schichtdicke
bis zu 4 mm betragen.
Neben einem guten Korrosionsschutz,
den diese Materialien erfüllen sollen,
sollten sie eine gute Alterungsbestän-
digkeit sowie eine Abriebbeständigkeit
aufweisen. Sie sollten beständig gegen
Wärme und Kälte sein und eine An-
tidröhnwirkung besitzen. Wachs- oder
bitumenhaltiger Unterbodenschutz ist
nicht lackierbar und wird deshalb nur im
Fahrzeugunterbau verwendet. Unterbodenschutz auf PVC-Basis ist lackierbar
und findet zum Beispiel an Schweller und
Heckblechen Verwendung.
Muss bei einer Fahrzeugreparatur der
Unterbodenschutz entfernt werden, wird
dieser mit einem Heißluftfön erwärmt und
dabei aufgeweicht. Mit einer Griffspachtel
kann anschließend das weiche Material
problemlos entfernt werden. Wegen der
dabei entstehenden Schwelgase muss eine Atemschutzmaske getragen werden.

Hohlraumkonservierung

An Fahrzeugkarosserien besonders koro-
siongefährdete Stellen sind die Hohlräume. In ihnen kann sich Kondenswasser
absetzen. Diese anhaltende Feuchtigkeit
ist die optimale Voraussetzung für eine
einsetzende Korrosion. Sie kann in un-
behandelten Fällen bis zur Durchrostung
führen.
Deshalb versiegeln die Fahrzeughersteller diese Hohlräume. Verwendet werden
wachs- oder ölähnliche Materialien, die
die Eigenschaft besitzen, nie ganz aus-
zutrocknen. Dadurch bilden sie einen aktiven, kriechfähigen Schutzfilm, der selbst
in kleinste Spalten eindringt.
Fachbetriebe empfehlen die Hohlraumkonservierung alle zwei Jahre zu kontrollieren und gegebenenfalls zu erneuern
oder zu ergänzen.

Nach einer Instandsetzung soll deren
Lackierbetrieb die Hohlraumversiegelung
ebenfalls erneuern. Dies geschieht, indem
man vorhandene Öffnungen benutzt oder
an vorgesehene Stellen der Karosserie
Löcher bohrt (Abb. 6-7).

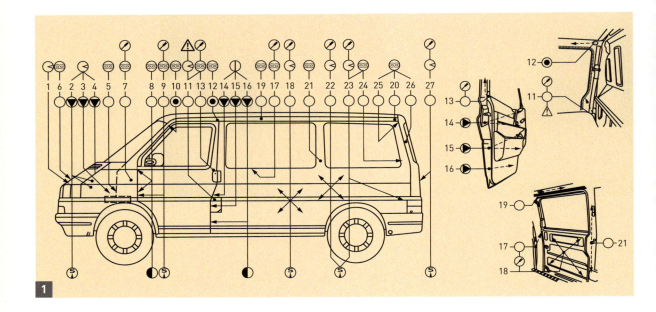

1

1 Plan für Schmier-bohrungen (Her-stellerbeispiele)

Die einzelnen Bohrungen werden werk-seitig nach einem Bohrplan durchgeführt, der für jeden Fahrzeugtyp individuell ist (Abb. 1).
Um alle Ecken und auch tiefer liegende Stellen zu erreichen, werden Hohlraum-pi-stolen mit verschiedenen Aufsätzen,

Hakensonden und flexible Sprühschläuche verwendet. Beim Einspritzen ist darauf zu achten, dass austretendes Material nicht die Polster, Türverkleidungen und den Dachhimmel des Fahrzeuges verschmut-zen. Nach einer Konservierung sind die ge-bohrten Löcher mit Stopfen zu verschließen.

Aufgaben zu Kapitel 7.6

1. Benennen Sie die abgebildeten Korrosionsarten und benennen Sie diese.

a)   b)   c)

2. Erläutern Sie die Schutzwirkung von verzinkten Oberflächen.

3. Welche Eigenschaften sollen Unterbodenschutzmaterialien erfüllen?

4. Nennen Sie Gründe, weshalb eine Hohlraumkonservierung durchgeführt werden sollte.

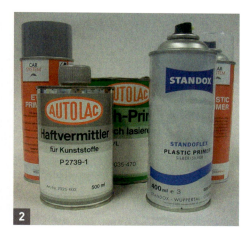

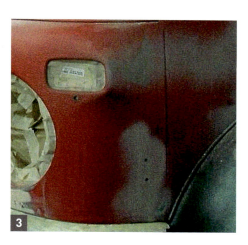

2　Grundiermaterial

3　Grundierung an einem Fahrzeug

7.7
Grundier-, Spachtel- und Füllmaterialien

Grundier-, Spachtel- und Füllmaterialien sind für die fachgerechte Vorbereitung des Untergrundes bei einer Reparaturlackierung am Wichtigsten (Abb. 2–3). Um spätere Probleme zu vermeiden, sollten die Materialien aufeinander abgestimmt werden. Ein Problem ist dabei, dass die Hersteller sich auf keine einheitliche Benennung festlegen konnten.

7.7.1
Grundierungen – Primer
Grundierungen werden auch mit dem englischen Begriff Primer bezeichnet. Sie dienen dazu, als Erstbeschichtung, eine Haftvermittlung zwischen Untergrund und der nachfolgenden Beschichtung zu gewährleisten. Die Grundierung muss auf den jeweiligen Untergrund abgestimmt sein. So gibt es Grundierungen für metallische Untergründe und für Kunststoffe. Primer für Eisenmetalle bieten neben der Haftverbesserung einen Korrosionsschutz (S. 172, Abb. 1–2). Dieser ist wichtig, da bei einer Reparaturlackierung der serienmäßige Korrosionsschutz wieder hergestellt werden sollte. Ebenso müssen Durchschliffstellen nochmals grundiert werden, um Korrosionsschäden in der Zukunft zu vermeiden.
Kunststoffprimer sorgen für eine gute Haftung, auch auf problematischen Kunststoffen. Dafür ist jedoch die genaue Trocknungszeit einzuhalten. Die meisten Grundierungen sind eher dünnflüssig und sollten dünn aufgetragen werden. Die maximale Schichtdicke sollte 10 μm nicht überschreiten. Grundierungen werden als 1-Komponenten- oder 2-Komponentenprodukt verwendet.

Grundierungen unterscheiden sich in
- Washprimer,
- Shopprimer,
- Epoxidharzgrundierung,
- Sealer,
- Kunststoffprimer.

Washprimer
Washprimer sind säurehärtende Reaktionsgrundierungen für Metalluntergründe. Sie eignen sich gut für Aluminium und verzinkte Stahluntergründe.
Durch eine chemische Reaktion des Phosphatsäureanteils mit der Metalloberfläche wird eine Passivierung erreicht. Washprimer sind als zinkchromathaltige und -freie Grundierungen im Handel erhältlich. Zinkchromathaltige Grundierungen sind unter anderem krebserregend und daher besonders kennzeichnungspflichtig. Spezielle Sicherheits- und Verarbeitungshinweise sind diesbezüglich zu beachten.

Washprimer besitzen eine Unverträglichkeit gegenüber Folgebeschichtungen mit Polyester- oder Epoxidharzprodukten. Ebenso kann es bei wasserverdünnbaren Materialien zu Haftungsstörungen kommen.

1   Grundier-
    arbeiten

2   Grundiertes
    Neuteil

Deshalb sollten unbedingt die Herstellervorschriften beachtet werden.
Nach dem Auftrag eines Washprimers und
der vom Hersteller geforderten Trockenzeit, ist dieser mit P400 leicht zu köpfen,
bevor der weitere Fülleraftrag vorgenommen wird. In dieser Verbindung bilden
Washprimer und Füller einen hervorra-
genden Korrosionsschutz.

Shop-Primer

Shop-Primer sind meist Zinkstaubgrun-
dierungen, die schon vom Hersteller des
Metallteils aufgetragen werden. Es sind
schnelltrocknende Beschichtungen und
unbrennbar beim Schweißen. Die Grundierung muss vor der weiteren Beschichtung auf ihre Tragfähigkeit und Lösemit-
telbeständigkeit geprüft werden.

Epoxidharzgrundierung

Epoxidharzgrundierungen werden meist
als Korrosionsschutz vor den Spachtelarbeiten eingesetzt. Sie besitzen eine relativ
lange Topfzeit von ca. 72 Stunden. Diese
Grundierung kann innerhalb von 24 Stunden ohne Zwischenschliff überlackiert
werden. Sollte der nächste Auftrag später
erfolgen, ist ein Zwischenschliff erforderlich.

Sealer

Hierbei handelt es sich um einen transparenten Haftvermittler auf Altlackierungen.
Die Altlackierung muss dabei nur gut gereinigt, aber nicht unbedingt angeschliffen
werden. Das Zweikomponentenprodukt
ist ohne Schleifarbeiten innerhalb von 24
Stunden überlackierbar. Eingesetzt werden Sealer bei lösemittelempfindlichen
Untergründen und bei ökologischen Um-
lackierungen.

Kunststoffprimer

Kunststoffprimer müssen sehr dünn auf
den Kunststoffuntergrund aufgetragen
werden. Sie gewährleisten einen Lackaufbau auf fast allen Kunststoffteilen. Dabei
muss jedoch die Trocknungszeit von
15–30 Minuten, je noch Herstellerangaben, eingehalten werden. Ansonsten
könnte es zu Haftstörungen kommen.

7.7.2
Spachtelmaterialien

Die verschiedenen Spachtelmaterialien
dienen dazu, Unebenheiten (z. B. kleinere
Dellen) zu egalisieren. Je nach Untergrund und benötigte Schichtdicke kommen dabei verschiedene Materialien zum
Einsatz. Die meisten Spachtelmaterialien
sind auf Basis von ungesättigtem Polyesterharz. Bei der Verarbeitung sind Haut
und Augen unbedingt zu schützen, weil
dieses Material stark gesundheitsschädlich ist (Kap. 5.13). Spritzer in die Augen
können zur Erblindung führen.

Verwendete Spachtelmassen sind
- Feinspachtel,
- Zink-Faserspachtel,
- Metallspachtel,
- Spritzspachtel,
- Kunststoffspachtel,
- Kunststoffreparaturspachtel,
- Softspachtel.

Feinspachtel

Ein Feinspachtel ist nur auf bereits vorgrundierten oder gespachtelten Untergründen einsetzbar. Ebenso kann er auf angeschliffenen Altlackierungen Verwendung finden. Auf blanken Metalluntergründen kann es zu Haftstörungen kommen. Da es sich bei diesem Spachtel um ein 1-Komponentenmaterial handelt, sollte es bei Bedarf in mehreren dünnen Schichten aufgezogen werden.

Zink-Faserspachtel

Ein Zink-Faserspachtel (Abb. 3), auch als Faserspachtel bezeichnet, ist en glasfaserverstärkter Polyester-Grobspachtel. Mit ihm können höhere Schichtdicken aufgetragen werden. Selbst größere Dellen und kleine Durchrostungen lassen sich damit reparieren und ergeben eine dauerhafte Haltbarkeit. Da der Faserspachtel eine eher grobe Struktur aufweist, wird er in der Regel mit Softspachtel nachgespachtelt, um ein optimales Ergebnis zu erzielen. Die Verarbeitungshinweise entsprechen denen des Softspachtels.

3   Zink-Faserspachtel

Metallspachtel

Metallspachtel setzen sich aus einem Metall-Spachtel-Pulver zusammen, dass mit einem flüssigen Härter im Verhältnis von 2:1 vermischt wird. Hauptanwendungsgebiet dieser Spachtelmasse sind Schweißnähte oder Spalten und Nieten auf blankem Stahlblech. Die Masse wird bei richtiger Dosierung sehr hart und ist relativ schwer schleifbar.

Spritzspachtel

Spritzspachtel werden verwendet, wenn mit einem manuellen Spachtelauftrag keine optimalen Ergebnisse erzielt werden. Dies findet meist bei großen Flächen mit mehreren kleinen Unebenheiten statt, zum Beispiel bei Dächern.

Die Spachtelmasse ist mit einer Spritzpistole (Düsengröße 2,0–2,5 mm) aufzutragen. Es können damit Schichtdicken bis zu 1000 μm in einem Arbeitsgang aufgetragen werden. Um eine optimale Qualität zu erzielen, müssen nach dem

Schleifen 150 μm Schichtdicke verbleiben. Polyester-Spritzspachtel sollte bei einer Temperatur über 15 °C verarbeitet werden, damit ein schnelles Erhärten gewährleistet wird.

Kunststoffspachtel

Kunststoffspachtel ist ein elastischer Spachtel zum Ausfüllen von kleinen Beschädigungen (z. B. Kratzer und Lunker) auf Kunststoffteilen. Er bleibt auch während der Alterung flexibel und hat dadurch einen Vorteil gegenüber dem Softspachtel. Es handelt sich dabei auch um eine Polyesterharzspachtelmasse, welche die gleichen Verarbeitungsrichtlinien besitzt wie der Softspachtel.

Kunststoff-Reparaturspachtel

Kunststoffreparaturspachtel wird als Kunststoffreparaturkleber bezeichnet und ist für die Reparatur von fast allen Kunststoffarten verwendbar. Die Härterzugabe beträgt bei diesem Material 1 : 1 (Kap. 7.5).

1 Spachtelwerk-
   zeuge

2 Spachtelmasse
   und Härter

3 Spachtelauftrag

Softspachtel

Diese Spachtelmasse auf ungesättigter Polyesterharzbasis ist die am häufigsten verwendete Spachtelmasse. Oft wird diese Spachtelmasse auch als Universalspachtel bezeichnet.

Softspachtel besteht aus zwei Komponenten, die unmittelbar vor der Verarbeitung miteinander vermischt werden. Das Mischungsverhältnis beträgt dabei 2–3 Gewichtsprozent. Die richtige Menge Härter kann durch ein Spachteldosiergerät exakt gesteuert werden. Befindet sich zu wenig Härter in der Mischung, erhärtet die Spachtelmasse nicht in der vorgesehenen Zeit. Ebenso werden die darauf folgenden Schleifarbeiten erschwert, da das Schleifmittel leicht verstopft und dabei Schleifspuren und -riefen entstehen können.

Enthält die Spachtelmasse jedoch zuviel Härter, bleibt aktiver Härter im Spachtelauftrag erhalten, der mit dem Bindemitteln und den Pigmenten der folgenden Beschichtungen reagieren kann. Dies kann zu Farbveränderungen, Flecken- und Konturenbildung in der Lackierung kommen. Diesen Lackfehler bezeichnet man als **Ausbluten** oder **Durchbluten**.

Spachtelmasse auftragen

Vor dem Anmischen der Spachtelmasse muss der Gebindeinhalt gut umgerührt werden, da das Harz durch die Lagerung aufschwimmt.

Zum Entnehmen der Spachtelmasse darf nur sauberes Werkzeug verwendet werden, da Spachtel- oder Härterreste bereits zu einer Reaktion im Gebinde führen könnten. Dieses würde die Spachtelmasse erhärten lassen und somit unbrauchbar machen. Die Spachtelmasse und Härter müssen im richtigen Verhältnis vermischt werden, bis keine Härterspuren mehr erkennbar sind. Die Topfzeit der Spachtelmasse ist ab diesem Zeitpunkt relativ kurz und beträgt ca. 5–10 Minuten.

Daher muss der Spachtel zügig, möglichst glatt und porenlos, aufgetragen werden. Dazu finden Japan-, Kunststoff- oder Flächenspachteln ihren Einsatz (Abb. 3). Wenn die Spachtelmasse anzieht, darf nicht mehr weiter gespachtelt werden, weil sonst die Oberfläche durch Klumpen aufgerissen wird. Um Lufteinschlüsse oder Risse zu vermeiden, sollte in mehreren dünnen Schichten gespachtelt werden. Außerdem hat die Spachtelmasse einen Volumenverlust bei der Trocknung von 5 %, dieser Verlust macht ebenso ein Nachspachteln nötig.

Die Trockenzeit der Softspachtelmasse beträgt ca. 20–30 Minuten bei 20 °C. Erst dann kann die Spachtelmasse geschliffen werden.

Polyesterspachtelmassen sind hygroskopisch (feuchtigkeitsbindend) und dürfen daher nur trocken geschliffen werden. Ansonsten erhöht sich das Korrosionsrisiko oder es kann zur Blasenbildung im Decklack kommen.

3 Schleifarbeiten
   mit einem
   Schwingschleifer

4 Unterschiedliche
   Schleifmittel

5 Vergleich
   Schleifvlies mit
   Schleifpad

7.8
Schleifen und Entschichten

7.8.1
Schleifmittel

Mit entsprechenden Schleifmitteln ( LF 1) kann man manuell oder maschinell Beschichtungsschichten entfernen, Spachtelflächen ebnen oder unbehandelte Oberflächen anrauen. Je nach Anwendung muss der Lackierer auf die richtige Körnung des Schleifmittels zurückgreifen (Tab. 1).
In Lackierereien wird Trockenschleifpapier in Streifen oder Bögen zum Hand- oder Schwingschleiferschliff verwendet. Für Exzenterschleifer kommen runde Scheiben mit entsprechender Lochung für die Staubabsaugung zum Einsatz. Das Schleifmittel ist meistens Aluminiumoxid oder Schmirgel (▭▶ LF 1). Beim Trockenschliff werden weiterhin Schleifvlies

(Fasergewebe mit aufgeklebten Schleifkörnern), Schleifpad (Schleifpapier auf elastischem Träger (meist Schaumstoff) und Schleifgitter (aus Nylongitter mit aufgeklebten Schleifkörnern) eingesetzt (Abb. 5).
Zum Nassschliff wird spezielles Wasserschleifpapier (Schleifmittel: Siliciumcarbid) mit unlöslichem Trägermaterial verwendet. Für Finisharbeiten können auch Schleifblüten verwendet werden.

Tab. 1: Schleifkörnung – Anwendungsbeispiele

Anwendungsbeispiele	Körnung	Anwendungsbeispiele	Körnung
Entrosten, Erstschliff nach Ausbeulen, Schweißnähte nivellieren	P12, P16, P20, P24, P30, P36	Anschleifen von Neuteilen oder Altlacken (nass)	P220, P240, P280, P320, P360
Altlack entfernen, Faserspachtel schleifen	P40, P50, P60	Füllerschliff (Excenter)	P400
Spachtelschliff, Schleifen von Spritzspachtel	P80, P100, P120	Füllerschliff (nass)	P500, P600, P800
Anschleifen von Neuteilen oder Altlacken	P150, P180	Finisharbeiten, Schleifen von Beilackierungen	P1000, P1200, P1500, P2000, P2500, P3000, P5000

1 Industrie-
   staubsauger

Tab. 1: Vergleich von Trocken- und Nassschliff

	Trockenschliff	Nassschliff
Vorteile	■ Einfache/schnelle Handhabung ■ Hoher Materialabtrag durch Maschineneinsatz ■ Einfaches Absaugen des Schleifstaubs ■ Kein Nachtrocknen erforderlich ■ Geringer Zeitaufwand	■ Flexibilität des Schleifpapiers ■ Geringes Zusetzen der Schleifkörner ■ Schleifstaub wird durch das Wasser gebunden ■ Feineres Schleifbild
Nachteile	■ Bei feinem Schleifpapier schnelles Zusetzen ■ Ggf. unruhiges Schleifbild ■ Atemschutz notwendig	■ Vorweichen des Schleifpapiers notwendig ■ Schleifstellen müssen getrocknet werden

7.8.2 Schleifverfahren

Manuelles Schleifen kann durch einen Schleifklotz unterstützt werden. Mit einem Schleifklotz kann eine größere Fläche gleichmäßiger als nur mit der Hand ge-

schliffen werden. Man kann trocken oder nass schleifen (Tab. 2). Der Nassschliff wird häufig beim Bearbeiten gefüllerter Flächen, beim Zwischenschliff auf Metall oder beim Bearbeiten von Staubeinschlüssen eingesetzt. Dabei schleift man unter Zuhilfenahme einer ausreichenden Wassermenge mit speziellem Wasserschleifpapier, bei Staubeinschlüssen z. T. auch mit Schleifblüten. Beim Wechsel zur nächst feineren Körnung darf dabei maximal eine Stufe übersprungen werden.

Ein gröberer Abtrag kann nur durch den Trockenschliff erfolgen; allerdings entsteht dabei Schleifstaub, vor dem man sich mit einer Staubmaske schützen muss. Maschinell wird je nach Untergrundcharakter und gewünschtem Schleifergebnis mit Schwingschleifern („Rutschern"), Exzenterschleifern oder Winkelschleifern gearbeitet (S. 180–181). Elektrisch betriebene **Schwingschleifer** werden mit einem Motor angetrieben, der die rechteckige Schleifplatte in eine

Tab. 2: Vergleich von Schleifbildern (hier mit Körnung P 80)

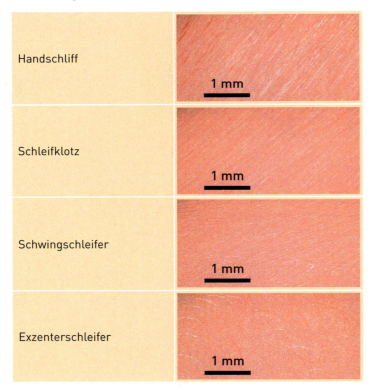

Handschliff	1 mm
Schleifklotz	1 mm
Schwingschleifer	1 mm
Exzenterschleifer	1 mm

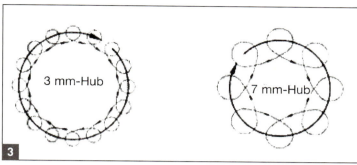

3 mm-Hub

7 mm-Hub

schwingende Bewegung bringt. Mittels eines Klemmverschlusses oder einer Kletthaftung werden Schleifpapierstreifen auf die Schleifplatte angebracht (Abb. 3).

Exzenterschleifer verfügen über eine rotierende Schleifscheibe, bei der versetzt vom Zentrum zusätzlich eine Kreisbewegung ausführt wird. Im Gegensatz zu den meisten Schwingschleifern kann bei Exzenterschleifern die Drehzahl eingestellt und somit der Abtrag beeinflusst werden. Es gibt auf dem Markt Geräte mit unterschiedlichem Hub (5 mm bei Grobschliff/ Spachtel, 3 mm bei Feinschliff/Füller). Der Hub zeichnet sich durch die Bewegung des Schleiftellers aus und nimmt Einfluss auf das Abtragen des Materials (Abb. 3).

Winkelschleifer werden zum Entfernen fest sitzender Altbeschichtungen und zum Entrosten von Stahl verwendet. Durch die hohe Drehzahl des Werkzeuges entsteht an der Schleifstelle viel Wärme. Vor allem beim Schleifen von Stahl werden daher glühende Späne mit hoher Geschwindigkeit weggeschleudert (Funkenflug). Treffen diese Partikel konzentriert auf brennbares Material, besteht akute Brandgefahr. Da die Späne Augenverletzungen verursachen

können, ist eine Schutzbrille notwendig. Die Verwendung von Arbeitshandschuhen und nicht brennbarer Kleidung wird empfohlen. Man kann unter Zuhilfenahme der entsprechenden Schleifmittel maschinell sowohl trocken als auch nass schleifen. Allerdings eignen sich nur wenige Maschinen zum Nassschliff. Dies sind grundsätzlich pneumatisch betriebene oder spritzwassergeschützte elektrisch angetriebene Schleifmaschinen.
Einen Vergleich unterschiedlicher Schleifbilder zeigt Tab. 2 (S. 178).
Wegen der Staubentwicklung beim Trockenschliff muss man die Schleifmaschine an einen Industriestaubsauger anschließen (Abb. 4). Die Verwendung von Staubsaugern ersetzt jedoch nicht das Benutzen von Staubmasken (Abb. 2).

7.8.3
Radieren

Vor Schleifarbeiten oder aus optischen Gründen müssen Fahrzeugteile gelegentlich von selbstklebenden Aufklebern, Beschriftungen, Zierstreifen und Zierfeldern oder Kleberresten von Typenbezeichnungen (z. B. an Heckklappen) befreit werden. Beim Schleifen auf diesen Materialien würde sich das Schleifmittel schnell zusetzen und den Arbeitsvorgang stören. Die selbstklebenden Materialien können mit Folienradierern bzw. Radierscheiben einfach entfernt werden. Der Folienradierer wird im Bohrfutter einer Bohrmaschine befestigt und kann im rotierenden Zustand die Kleberreste ablösen, ohne dass der Lack an dieser Stelle beschädigt wird (Abb. 4). Letzte noch anhaftende Materialien werden mit Siliconentferner entfernt.

2 Staubmaske

3 Darstellung von grobem und feinem Hub

4 Folienradierer

Tab. 1: Schleifgeräte des Fahrzeuglackierers

Manuelle Schleifgeräte	Anwendung/Eigenschaften/Hinweise
Schleifklötze, Schleifhobel, Schleifböcke 	Geeignet für – maschinenunzugängliche Stellen, – arbeiten auf Flächen, – kleine Schleifarbeiten, – Nachbesserungsarbeiten, – Finisharbeiten.

Maschinelle Schleifgeräte	Anwendung/Eigenschaften/Hinweise
Exzenterschleifmaschinenen pneumatisch elektrisch Grobschliff: 5–10 mm Hub Feinschliff: 3–5 mm Hub	Pneumatisch betriebene Maschinen: – Arbeitsgeschwindigkeit regelbar, – geringeres Gewicht, – keine Erwärmung, – Druckluftsystem erforderlich. Elektrisch betriebene Maschinen: – höheres Gewicht, – kein Nassschleifen möglich, – Beachtung der Sicherheitsbestimmungen. Meist verwendetes Schleifgerät; ebene Führung nötig, sonst entstehen Schleifspuren.
Schwingschleifer 	Ideal für ebene und große Flächen, – kein flexibler Gleitschuh, – schwächere Schleifleistung als bei einem Exzenter.
Winkelschleifer 	sehr aggressives Schleifen möglich, – hohe Wärmeentwicklung, – Entfernen von Lackschichten, – Entrosten, – Trennen von Blechen.

Maschinelle Schleifgeräte	Anwendung/Eigenschaften/Hinweise
Delta- oder Dreieckschleifer 	– geringe Schleifleistung, – für den Grobschliff weniger geeignet, – für schwer zugängliche Stellen geeignet.
Fingerschleifer 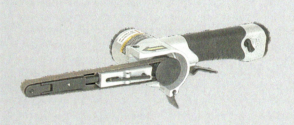	– geeignet für Stellen, die mit keiner anderen Maschine erreicht werden können, – für Kanten, Sicken und Profile.
Stabschleifer 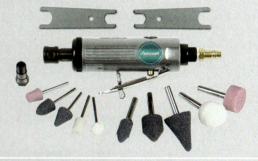	– für schwer zugängliche Stellen am Karosserien.
Mini-Rundschleifer, Mini-Exzenter 	– Einsatz bei Finisharbeiten, – Entfernung von Staubeinschlüssen und Lackläufer.

1 Drahtbürste

2 Zopfbürsten-
  aufsatz

3 Ausblasepistole

4 Ausblasen einer
  geschliffenen
  Fahrzeugpartie

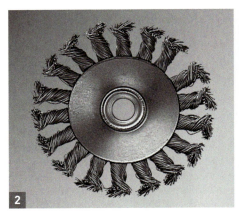

7.8.4
Abbürsten

Lose Beschichtungs- oder Rostschichten und fest haftende Verunreinigungen können nicht immer mit einem Winkelschleifer entfernt werden, da die rotierende Scheibe z. B. Profilierungen in Mitleidenschaft ziehen kann. Um dies zu verhindern können Handbürsten (Stahl- oder Messingborsten) verwendet werden (Abb. 1). Maschinell ist die gleiche Arbeit mit einer Bohrmaschine und Bürstenaufsatz (Abb. 2) bzw. CSD-Scheibe oder mit einer Nadelpistole ausführbar. Dabei können besonders profilierte Untergründe entrostet oder entschichtet werden. Beim maschinellen Abbürsten ist zum Schutz der Augen vor umherfliegenden Partikeln eine Schutzbrille zu tragen.

7.8.3
Entstauben

Wenn Schmutz oder Schleifstaub nur lose auf der zu beschichtenden Oberfläche aufliegt, kann er mit einem Industriestaubsauger leicht entfernt werden. Bei der Staubentfernung kann unterstützend eine Druckluftpistole oder ein Ausblasanschluss eingesetzt werden (Abb. 3–4). Mit ihr können auch lose Schichten oder schlecht haftende Beschichtungen (z. B. von Kunststoffteilen) gründlich entfernt werden.
Bei Lackierungen muss nach dem Transport der Teile oder im Anschluss an das Rangieren des Kfz in die Lackierkabine noch ein weiterer Reinigungsschritt vorgenommen werden. Zur Vermeidung von Staubeinschlüssen wird gleichzeitig mit Druckluft (Ausblasepistole oder Lackierpistole) und mit einem Staubbindetuch (mit leicht klebrigem Harz versehenes Gewebe), nachgewischt. Hierdurch wird

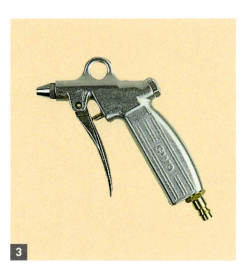

der letzte noch anhaftende Staub und
trockener Schmutz rückstandslos von der
Oberfläche entfernt und im Staubbindetuch gebunden (Abb. 5).

7.8.4
Strahlen

Oberflächen können mit unterschiedlichen Verfahren gestrahlt werden. Dazu
gehört das Sandstrahlen, das besonders
zum Entrosten von Stahl geeignet ist.
Beim Sandstrahlen werden Quarzsand,
Kupferhüttenschlacke oder Schmelz-
kammerschlacke durch eine Düse auf
die zu bearbeitende Fläche gestrahlt.

5 Staubbindetuch

6 Einteilung
   von Staub

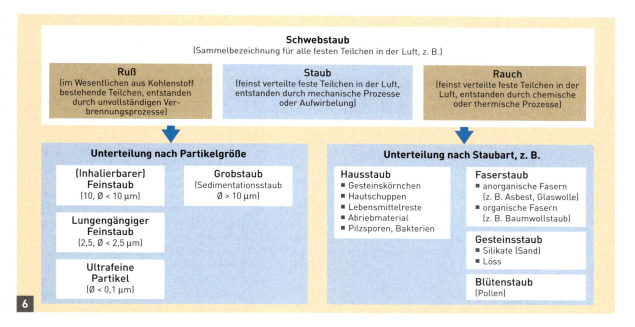

Schwebstaub
(Sammelbezeichnung für alle festen Teilchen in der Luft, z. B.)

Ruß	Staub	Rauch
(im Wesentlichen aus Kohlenstoff bestehende Teilchen, entstanden durch unvollständigen Verbrennungsprozesse)	(feinst verteilte feste Teilchen in der Luft, entstanden durch mechanische Prozesse oder Aufwirbelung)	(feinst verteilte feste Teilchen in der Luft, entstanden durch chemische oder thermische Prozesse)

Unterteilung nach Partikelgröße

(Inhalierbarer) Feinstaub
(10, Ø < 10 μm)

Grobstaub
(Sedimentationsstaub Ø > 10 μm)

Lungengängiger Feinstaub
(2,5, Ø < 2,5 μm)

Ultrafeine Partikel
(Ø < 0,1 μm)

Unterteilung nach Staubart, z. B.

Hausstaub
- Gesteinskörnchen
- Hautschuppen
- Lebensmittelreste
- Abriebmaterial
- Pilzsporen, Bakterien

Faserstaub
- anorganische Fasern (z. B. Asbest, Glaswolle)
- organische Fasern (z. B. Baumwollstaub)

Gesteinsstaub
- Silikate (Sand)
- Löss

Blütenstaub
(Pollen)

Gefahren bei Umgang mit Staub

Damit der Staub nicht eingeatmet wird, ist eine Staubmaske zu tragen. Ist die Partikelgröße unbekannt,
sollte man auf Feinstaubmasken zurückgreifen, die jeglichen Staub aufnehmen.

Die Größe der Staubpartikel entscheidet über die entsprechenden Schutzmaßnahmen. Partikel mit einem
Durchmesser > 10 μm (1 Mikrometer ist ein tausendstel Millimeter), bezeichnet man als Grobstaub. Dieser
bleibt in der Nase oder an den Schleimhäuten des Nasen-Rachenraums hängen. Um dies zu verhindern, trägt
man eine Grobstaubmaske. Kleinere Staubpartikel (Feinstaub) können über die Luftröhre und die Bronchien
bis in die Lungenbläschen vordringen. Allgemein anerkannte Bezeichnungen für Feinstaub existieren nicht. In
der Regel wird unter Feinstaub Staub mit einer Partikelgröße < 10 μm bezeichnet. Stäube mit einer Partikelgröße < 0,1 μm werden als ultrafeine Partikel bezeichnet (Abb. 6).

1 Arbeiten in einer
   Strahlkabine

2 Abkratzen einer
   abgebeizten
   Fläche mit
   einem Spachtel

Das Problem beim Sandstrahlen ist die Staubentwicklung. In jedem Fall hat der Verarbeiter unter Vollschutz zu arbeiten, da der Quarzsand beim Einatmen Silikose („Staublunge") verursachen kann. Karosserien und Fahrzeugteile müssen in einer Strahlkabine (Abb. 1) bearbeitet werden. Wegen dieser Sicherheitsgründe und der daraus resultierenden Kosten kommt das echte Sandstrahlen selten zum Einsatz.

Darüber hinaus kommen noch weitere, beschädigungsfreie Strahlverfahren zum Einsatz, die im Vergleich zu konventionellen Verfahren recht teuer sind:

Partikelstrahlen
Oberflächenreinigung mit Sand, Glasperlen, Wasser, Reinigungslösungen für grobe Flächen, z. B. für Nutzfahrzeuge, Container usw.

Sweepen
Anrauen mit metallischem Strahlmittel, meist auf verzinkten Untergründen.

Trockeneisstrahlen
Trockeneis-Pellets (festes Kohlendioxid, –79 °C kalt) unterkühlen Altbeschichtungen, die sich dadurch ablösen (Kap. 11).

Laserreinigung
Aufbringen eines sehr kurzen (Sekundenbruchteile) Laserstrahls auf die Oberfläche, welcher die Energie absorbiert und die Altbeschichtung kalt verdampfen lässt. Die genannten Strahlverfahren können nur von Spezialbetrieben angeboten wer-

den, welche über die notwendigen Geräte und Anlagen verfügen. Deren Fachleute sind für diese sehr präzisen Arbeiten besonders geschult und müssen neben den anspruchsvollen Entschichtungsarbeiten z. T. sehr aufwändige Sicherheitsbestimmungen einhalten.

7.8.5 Abbeizen/Entschichten mit Lösemitteln

Das Abbeizen von Altbeschichtungen erfordert den Einsatz von Abbeizern auf lösemittelhaltiger oder alkalischer Basis. Diese Materialien sind sowohl für die menschliche Gesundheit als auch für die Umwelt gefährlich. Daher sollte das Abbeizen nur als letzte Möglichkeit verwendet werden, wenn technisch oder wirtschaftlich kein anderes Verfahren in Betracht kommt.

Es existieren zwei Arten von Abbeizern: Ablauger und Abbeizfluide. Ablauger enthalten **alkalische** Verbindungen, wie z. B. **Natronlauge, Ammoniak** und **Natriumcarbonat**. Sie sind anwendbar bei ölhaltigen Beschichtungen und Alkydharzlacken. Für das Entschichten von Autolacken werden meistens Abbeizfluide verwendet. Sie bestehen aus Lösemittelgemischen (u. a. Kohlenwasserstoffen) und können bei Dispersionen, Kunstharzputzen und Acryllacken eingesetzt werden.

Nach dem Anlösen der Altbeschichtung mittels eines Pinsels mit Kunststoffborsten oder einer Bürste muss man eine Einwirkzeit abwarten. Dann werden die alten Schichten zunächst abgekratzt und getrennt entsorgt (Abb. 2). Damit lässt sich der Aufwand des Abspülens verringern. Durch das notwendige Nachreinigen der Oberfläche zum Entfernen von Abbeizerresten fällt Abwasser an, das nicht ohne weiteres in die Kanalisation geleitet werden darf. Die Abwässer müssen aufgefangen und fachgerecht entsorgt werden.

Gefahren beim Abbeizen

Folgende Hinweise im Umgang mit Abbeizern sind zu beachten:

- Abbeizer, die Dichlormethan (DCM) enthalten, werden wegen ihrer universellen Einsetzbarkeit immer noch häufig verwendet. Das Gefahrenpotenzial dieser Materialien ist aus der Kennzeichnung nur unzureichend ersichtlich. Aufgrund der hohen Flüchtigkeit des Dichlormethans ist bei Tätigkeiten mit DCM-haltigen Abbeizern mit hohen Konzentrationen zu rechnen, auch im Freien.

- Bei Aufnahme von flüssigen Dichlormethan (auch über die Haut) oder Dichlormethandämpfen treten Vergiftungserscheinungen auf wie Kopfschmerzen, Schwindel, Appetitlosigkeit, bis hin zu narkoseähnlichen Zuständen. Hohe Konzentrationen von Dichlormethan (DCM) können zur Bewustlosigkeit und zum Tod durch Ersticken führen.

- Dichlormethandämpfe sind schwerer als Luft und können in Bodennähe konzentrierter auftreten. Man sollte Raumluftabsaugung in Bodennähe vorsehen und unter Abzug oder Absaugung arbeiten. Die Dämpfe dürfen auf keinen Fall eingeatmet werden.

- Beim Umgang mit Dichlormethan sollte Schutzkleidung einschließlich Handschuhen getragen werden. Latex- oder Nitril-Kautschukhandschuhe sind nicht ausreichend. Stattdessen sollten Handschuhe aus Viton oder Butylkautschuk verwendet werden.

- Diese aufwändigen und teuren Schutzmaßnahmen, die beim Arbeiten mit Abbeizern erforderlich sind, werden in der Regel leider nicht getroffen. Untersuchungen der Berufsgenossenschaften bei Betrieben zeigten, dass sie sich der Gefahren nicht bewusst waren. Auch war nicht klar, dass weniger gefährliche Ersatzstoffe eingesetzt werden können.

Aufgaben zu Kapitel 7.8

1. Welches Schleifmittel wird auf Trockenschleifpapier und welches auf Wasserschleifpapier eingesetzt?

2. Nennen Sie drei maschinelle Schleifgeräte.

3. Beschreiben Sie, warum beim Auftreten von Staub mit einer Partikelgröße von > 10 µm eine Feinstaubmaske zu tragen ist?

1 Mögliche
Position des
Farbtonschilds
am Fahrzeug

Tab. 1: Lage der Farbtonschilder

Auto-Marke	Lage Farbtonschild
Alfa Romeo	A, B, E, I, K, L
BMW	E, F, H I, J
Citroen	E, G, H, J, K, L
Chrysler	I, K, L
Fiat	A, B, H, J, K, L
Ford	B, C, H, I, J, K, L
Honda	G, H, K
Mazda	E, H, I, J, K, L
Mercedes-Benz	D, G, I, J, K, L
Mitsubishi	H, I, J, K
Opel	A, B, C, E, G, H, I, J, K, L
Peugeot	E, F, H, I, J, K, L
Nissan	I, J, K, L
Porsche	C, D, I, J, K, L
Renault	E, F, G, H, I
Saab	G, I
Seat	A, B, I
Skoda	G, I
Suzuki	H, J, K, L
Toyota	E, G, J
Volvo	E, G, H, J, K, L
VW/Audi	A, B, C, F, H, I, J, K, L, M

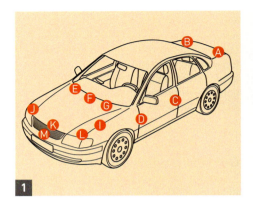

1

7.9
Farbtonermittlung

Bei der Lackierung eines Fahrzeugs liegt
ein Schwerpunkt der Arbeit des Fahrzeuglackierers darin, den richtigen Farbton zu
treffen. Bei ca. 40.000 Serienfarbtönen, die
weltweit auf dem Markt sind, und jährlich
ca. 600 neuen Farbtönen, stellt dies eine
große Herausforderung dar.

7.9.1.
Farbtonfindung
Zunächst muss der Farbton, mit dem das
Fahrzeug im Werk beschichtet wurde, ermittelt werden. Es gibt mehrere Möglichkeiten den Farbton herauszufinden.
Je nach Hersteller findet man die Codierung des Farbtons (zwei- bis vierstellige
Zahlenfolge) an den verschiedensten
Orten und in unterschiedlicher Form in
einem Fahrzeug. So kann der Farbton im
Typenschild integriert sein, oder aber ein
separater Aufkleber gibt darüber Auskunft (Tab. 1, Abb. 1).

7.9.2.
Farbcodierung
Es gibt keine allgemeingültige Systematik für die Farbcodes und sie unterliegen
ständiger Veränderung.

Bei z. B. der Opel AG gibt es Codierungen
mit einer Gültigkeit ab Modelljahr 1957
bis zum Modelljahr 1979 und andere Codierungen ab dem Modelljahr 1980, was
an der Zugehörigkeit von Opel zu General
Motors liegt.
Zudem gibt es auch Unterschiede in der
Bezeichnung ein und desselben Farbtons
firmenintern oder extern. Für jeden Farbton z. B. bei VW gibt es eine zweistellige
firmeninterne Farbnummer. Auf dem
Typenschild findet man allerdings einen
vierstelligen Farbcode. Für den Farbton
Reflexsilber lautet die interne Bezeichnung 8E und auf dem Typenschild findet
man dafür die Codierung LA7W.
Gleichwohl kann man aus den Codierungen der Hersteller einige Rückschlüsse
ziehen, allerdings nicht unbedingt eine
Regel ableiten. Bei Opel werden folgende
Buchstabenbedeutungen verwendet:

- U = Unilack, M = Metalliclack,
- Mi = Mineraleffektlack, B = Brillantlack
- P = Perleffektlack, A = Acryllack (bis
  12/93)
- E = Kunstharz- oder Wasserbasislack
  (bis 12/93)
- Y = Einschichtlackierung/Brillantlackie-
  rung (ab 01/94)
- Z = Zweischicht- oder Dreischichtla-
  ckierung (ab 01/94)
- Z+Z = Zweifarbenlackierung (Wagen-
  hauptfarbe und Zweitfarbe)
- 1/2/3 = Ein-/Zwei-/Dreischicht
- Farbnummern reichen von 107–892
- Farbcode: Diamantsilber M2 148/TCL
- M = Metalliclack; 2 = Zweischicht
- 148 = Opel Farbnummer ab 1957
- TCL = GM Farbnummer ab 1980

Bei z. B. VW lässt sich an den Zahlen in den Farbcodes eine Parallelität zu den Farbnummern der DIN Farbenkarte und den RAL Nummern ziehen:

- ■ L11A riad**gelb**
- ■ LA2Y tropic**orange** metallic
- ■ LA3A mars**rot**
- ■ LC4V dunkel **violett** perleffect
- ■ LB5T stahl**blau** metallic
- ■ LB6C englisch**grün**
- ■ LA7W reflex**silber** metallic (grau)
- ■ LB8V umbra**braun** metallic
- ■ LB9A candy**weiß**

7.9.3.
Farbtonbestimmung

Findet man den Farbcode nicht mehr, wie z. B. bei Oldtimern, oder er ist nicht mehr lesbar, so gibt es die Möglichkeit der Farbmessung, die es fast überflüssig macht erst den Farbcode herausfinden zu müssen. Die modernste Methode ist die Messung mit einem speziellen Farbtonmessgerät, wie es Lackhersteller im Programm haben. Damit lässt sich ein Farbton schnell und zuverlässig messen. Das Gerät muss dazu nur auf eine gereinigte und polierte Stelle nahe der Schadstelle aufgelegt werden. Die ermittelten Daten werden vom Gerät in eine Rezeptur zum Nachmischen in der Farbmischbank umgewandelt.

Da nicht jeder Lackierbetrieb ein elektronisches Farbtonmessgerät hat, kann man auch auf den altbewährten Farbfächer zurückgreifen.

Auch diesen hält man nahe der Schadenstelle an die gereinigte und aufpolierte Lackstelle und sucht per Sichtvergleich

den passenden Farbton aus. Dieser Sichtvergleich ist am besten bei Tageslicht, aber nicht in direkter Sonneneinstrahlung (Nordlicht) durchzuführen. Um Metamerie vorzubeugen, sollte der Farbton unter unterschiedlichen Lichtverhältnissen, sowie aus unterschiedlichen Blickwinkeln überprüft werden.

7.9.4.
Farbtonmischung

Der Farbcode definiert eine genaue Rezeptur. Diese ermöglicht es, den Lack in einer Farbmischanlage in der benötigten Menge selbst nachzumischen.

Zusätzlich zu den Farbcodes bieten viele Lackhersteller Farbfächer mit den gebräuchlichsten Lackfarbtönen und den unterschiedlichen Nuancen an, die dem Fahrzeuglackierer eine erste Orientierung bei der Bestimmung des richtigen Farbtones bieten (Tab. 2).

Exakt gezogene Toleranzgrenzen für Abweichungen ermöglichen es, dass aus den nur ca. 40 Basisfarbtönen der gewünschte Farbton in zufriedenstellender Farbtongenauigkeit gemischt werden kann. Müsste man exakt die gleichen Pigmente vorhalten, wie sie im Serienlack verwendet werden, wäre ein Vielfaches an Basisfarbtönen notwendig. Diese Genauigkeit wird selbst bei der Serienlackierung nicht erreicht, weil schon innerhalb einer Lackierstraße mehrere Nuancen eines Farbtones durch unterschiedliche Zusammensetzung des Lackes oder durch unterschiedliche Produktionsstandorte führen ebenso dazu, dass es von einem Serienfarbton mehrere Nuancen gibt.

Tab. 2: Farbvarianten

Farbvarianten/Farbnuancen				
Farbcode	**Farbname**	**Beginn**	**Ende**	**Variante**
LB9A(B)	Candyweiß	1993	2011	**blauer**
LB9A(L)	Candyweiß	1993	2011	**heller** (lighter)
LB9A(Y)	Candyweiß	1993	2011	**gelber** (yellow)
LB9A(Y1)	Candyweiß	1993	2011	**gelber** (yellow)
LB9A	Candyweiß	1993	2011	**Original**
Weitere Nuancen können mit den Buchstaben R (roter), G (grüner) etc. angegeben werden.				

1   Mischbank

2   Präzisionswaage

3   Rührwerkdeckel

Mischverfahren

Es gibt zwei Möglichkeiten, die Mischfarben zum gewünschten Farbton zu mischen: nach den Volumen oder nach den Masseverhältnissen.

In der Physik bezeichnet das Volumenverhältnis das Verhältnis der Raumanteile einzelner Stoffe in einem Stoffgemisch. Das Volumenverhältnis 1:1 zum Beispiel bedeutet demnach, dass sich von einem Stoff A ein gleichgroßer Raumanteil wie von einem Stoff B in einem Stoffgemenge befindet. Dies bedeutet aber nicht, dass auch das Masseverhältnis 1:1 ist, da bei der Masse die Dichte eines Stoffes eine Rolle spielt.

Die Masse ist eine dimensionslose Kennzahl, die zur Identifikation von Stoffen anhand ihrer Dichte herangezogen werden kann. Ihre Einheit ist das kg.

Die meisten Lackhersteller wenden das Mischen nach Gewichtsverhältnissen (also nach der Masse) an. Es hat sich bewährt, so dass die meisten Farbmischsysteme nach dem Wägeverfahren arbeiten. Das Volu-mensystem hat den Vorteil, dass auch kleine Menge tropfengenau angemischt werden können.

7.9.5
Mischbank

Bei einer Lackmischbank (Abb. 1) handelt es sich um ein Regal, in dem die um die 40 Basisfarbtöne zum Anmischen gelagert werden.

Die Farben werden in den üblichen Gebinden angeliefert. Wird eines benötigt, entfernt man den Deckel und bringt den entsprechenden zur Mischbank gehörenden Spezialdeckel an. Hierbei darf es nicht zum Vertauschen kommen, da sonst das komplette Gebinde mit einem anderen Farbton verunreinigt und nicht mehr zu gebrauchen ist. Mit dem Spezialdeckel wird das Gebinde an das elektrische Rührwerk eingeklinkt.

Elektrisches Rührwerk

Um eine Sedimentation (Absetzen) in den Gebinden zu vermeiden, werden diese in der Mischbank an ein elektrisches Rührwerk angeschlossen. Über dieses können alle Gebinde zur gleichen Zeit gleichmäßig aufgerührt werden. Die Mischbänke verfügen über eine Zeitschaltuhr. So kann die Dauer des Rührvorgangs festgelegt werden. Empfohlen wird, die Gebinde mindestens zweimal am Tag für ca. 20 min aufzurühren, so dass es sich anbietet dies einmal morgens und mittags zu tun.

Auf einer Waage kann dann der Beschichtungsstoff gemischt werden.

Präzisionswaage

Die Präzisionswaage (Abb. 2), die zur Mischbank gehört, ist mit einer Digitalanzeige ausgestattet. Nach Angabe des gewünschten Farbcodes, der Nuance und der erforderlichen Menge, kann man dort die Anteile der jeweiligen Farbtöne ablesen.

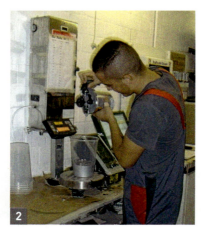

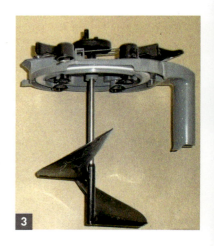

Sollte von einem Farbton zu viel in die Mischung gelangen, rechnet die Waage die Menge automatisch neu nach dem kleinsten gemeinsamen Nenner. Aus diesem Grund sollte man gerade bei den geringanteiligen Farben besonders vorsichtig sein, da die Gesamtmenge sonst sehr hoch werden könnte und eventuell die Größe des auf die Waage gestellten Behälters überschreitet. Die Ausgießtülle der Deckel (Abb. 3) ermöglicht bei etwas Übung eine tropfengenaue Dosierung der Farbtöne.

Bei einem eventuellen Mischfehler darf keinesfalls manuell Farbe aus dem Gemisch entfernt werden.

7.9.6.
Farbmuster

Bevor man den angemischten Lack aufträgt, sollte man ein Musterblech lackieren (Abb. 4). Dabei sind ein paar Grundregeln zu beachten, um gute Ergebnisse zu erzielen. Die Musterbleche dürfen nicht bei starkem Sonnenlicht oder bei Kunstlicht lackiert werden. Außerdem muss auch der Lackierer, der anschließend die Lackierung ausführt die Muster lackieren, da jeder Lackierer seine eigene Spritztechnik hat. Bei der Umstellung auf die sogenannten

4   Lackierte
    Musterbleche

Wasserbasislacke kam der Lackierung von Musterblechen eine besonders wichtige Rolle zu, da der Auftrag im feuchten und im getrockneten Zustand schon einen anderen Farbton haben konnte und bei einem Klarlackauftrag kann sich der Farbton ebenfalls noch verändern. Am besten erstellt man mit dem ermittelten Farbton zwei Musterbleche, um bei Metallic-Lackierungen auch den richtigen Ober- und Unterton nachempfinden zu können. Stimmt der Farbton überein, kann mit der Lackierung begonnen werden.

Bei Unilacken, die allerdings immer seltener werden und vielfach nur noch bei Nutzfahrzeugen eingesetzt werden, kann auch eine Pinselprobe ausreichen, um den Farbton zu überprüfen.

Aufgaben zu Kapitel 7.9

1. Wo finden Sie Angaben über den Farbton eines Fahrzeuges?

2. Wodurch entstehen Farbtonabweichungen bei einem Serienlackfarbton?

3. Welche Verfahren des Farbtonmischens gibt es?

4. Warum sind nur ca. 40 Basisfarbtöne in einer Farbmischbank nötig?

5. Die Mischformel für den Farbton eines Autolackes (bezogen auf 1 l) wird im Computer folgendermaßen angegeben: Farbe 1 = 352 g, Farbe 2 = 110 g und Farbe 3 = 38 g. Wie viel l jeder Mischfarbe sind für 20 l Lack nötig?

6. Die Mischformel für einen Gelbton eines Autolackes (bezogen auf 1 l) wird im Computer folgendermaßen angegeben: Zitronengelb 982 g, lichter Ocker 15 g und Orange 3 g. Wie viel jeder Mischfarbe ist für 12,500 l Lack nötig?

7. Die Mischformel für einen Blauton eines Autolackes (bezogen auf 1 l) wird im Computer folgendermaßen angegeben: Ultramarin 450 g, Cyan 30 g und Weiß 20 g. Wie viel jeder Mischfarbe ist für 7,5 l nötig?

1 und 2
Metamerieeffekt
bei unterschied-
licher Beleuch-
tung

7.10
Metamerie

Aufgrund der Verwendung von unterschiedlichen Pigmentkombinationen und unterschiedlichen Bindemittelsystemen kann es bei der Fahrzeugreparaturlackierung während des Nachmischens von Farbtönen leicht zu Metamerieerscheinungen kommen.

Metamerie nennt man den Effekt, wenn bei veränderter Beleuchtung an einem Gegenstand klare Farbabweichungen zu erkennen sind. Farben, die in der Lackierkabine identisch erscheinen, können bei Tageslicht unterschiedlich aussehen. Das bedeutet beispielsweise, dass eine ausgebesserte Fahrzeugtür bei Beleuchtung in der Werkstatt den augenscheinlich gleichen Farbton wie das übrige Fahrzeug aufweist. Bei Tageslicht hingegen sind eindeutige Unterschiede zu sehen (Abb. 1–2).

Der Metamerieeffekt entsteht dadurch, dass eine Veränderung der spektralen Zusammensetzung einer Leuchtquelle die Farbwiedergabe des Objekts empfindungsmäßig verändern kann.

Die Farbwiedergabe eines Gegenstands hängt davon ab, welche spektrale Zusammensetzung die Leuchtquelle hat, die den Gegenstand beleuchtet und was von diesem daraufhin reflektiert wird. Um eine Körperfarbe, wie eine farbige Lackierung, korrekt wiederzugeben, muss eine Leuchtquelle mit sehr guter Farbwiedergabe gewählt werden (DIN EN 12464 Teil 1 – Licht und Beleuchtung, Beleuchtung von Arbeitsstätten).

Der Farbwiedergabeindex (Ra) beschreibt die Fähigkeit des Beleuchtungsköpers, die Körperfarben unverzerrt wiederzugeben. Der höchste zu erreichende Wert liegt bei Ra = 100. Das entspricht der ersten von vier Stufen (LF 4).

Das Spektrum des einfallenden Lichts hat folglich Einfluss auf das Farbempfinden.

7.10.1
L*a*b*-Farbystem/Metamerie-Index

Unter Metamerie-Index versteht man die Größe des Farbabstandes Delta E (ΔE^*). Mit Hilfe eines mathematischen Verfahrens kann der Farbabstand von Körperfarben zueinander berechnet werden.

Das **L*a*b*-Farbsystem** wurde 1976 von der CIE entwickelt, um Farbtöne empfindungsgemäß charakterisieren zu können. (LF 4). Jeder wahrnehmbare Farbton ist im ist L*a*b*-Farbraum durch den Farbort mit den Koordinaten L*, a*, b* festgelegt.

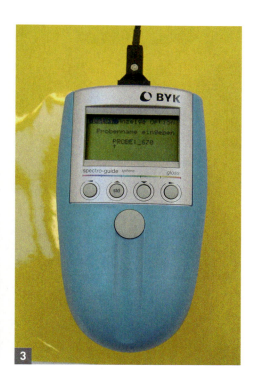

3

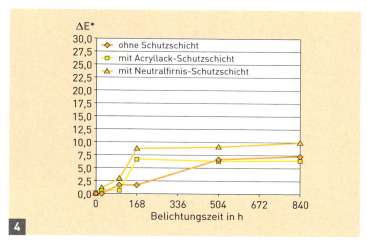

4

Der L*a*b*-Farbraum wird durch ein drei-
dimensionales Koordinatensystem eingeteilt, in dem die Koordinaten wie folgt
definiert sind:

- L*: Helligkeit (Luminanz) von
  0 = Schwarz bis 100 = Weiß.
- a*: Beschreibt die Rot-Grün-Achse,
  Grün hat negative, Rot positive
  Werte.
- b*: Beschreibt die Gelb-Blau-Achse,
  Blau hat negative, Gelb positive
  Werte.

Die Berechnung des Farbabstandes erfolgt mit den L* a* b*-Werten der jeweiligen Proben. Damit können Unterschiede
zwischen zwei Farben, die durch die
menschliche Wahrnehmung empfunden
werden, mit den Koordinatenwerten gerä-
teunabhängig beschrieben werden. Daraus ergibt sich ggf. der ΔE*-Wert, der den
Farbabstand von Farbtönen aufzeigt.

7.10.2
Vermeidung der Metarie/Farbmessung

Um unerwünschte Farbtonungleichheiten
auszuschließen, muss der Originalfarb-
ton mit dem nachgestellten Farbton verglichen werden.
Das geschieht am Einfachsten durch
Farbmessung, z. B. mit dem Spektral-
photometer (Abb. 3). Hiermit werden Remissionskurven (Rücksendung) erstellt.
Diese Remissionskurven können augenscheinlich identische, aber unterschiedlich pigmentierte und je nach Betrachtung
unterschiedlich aussehende Farbtonmi-
schungen aufdecken (Abb. 4).

Bei der Messung wird der zu messende
Untergrund mit weißem Licht beleuchtet
und die Remissionswerte aller Farben
von der Oberfläche gemessen. So kann
der Farbort im CIE-L* a* b*-Farbraum
festgelegt und die Differenz, der ΔE*-Wert,
ermittelt, beziehungsweise die beiden
Remissionskurven verglichen werden.
Ist kein Farbmessgerät zur Hand, müssen
die beiden Vergleichsproben unter unterschiedlichen Lichtquellen (z. B. Tageslicht
und Leuchtstoffröhre) betrachtet werden.
So können mögliche Unterschiede visuell
fest gestellt und vermieden werden.

3 Farbmessgerät

4 Remissions-
   kurven

1   Lackaufbau
    Wasserbasislack

2   Wasserbasis-
    lacksysteme der
    verschiedenen
    Hersteller

7.11
Lacksysteme

Lacksysteme aus den unterschiedlichen
Bindemitteln (LF 5.12) bieten die Möglichkeit je nach gewünschter Beständigkeit,
für den Untergrund und die optischen
Ansprüche das passende Material auszuwählen. Wirtschaftlichkeit und Umweltbewusstsein ergänzen als weitere Kriterien
die entsprechende Auswahl. Dabei stehen
unter anderem lösemittelhaltige, wasserverdünnbare oder lösemittelfreie Lacksysteme zur Verfügung.

7.11.1
Wasserbasislack

Der Wasserbasislack ist aus synthetischen
Polymeren, Pigmenten und Additiven zu-
sammengesetzt. Als Verdünnungsmittel
dient Wasser. Wasserbasislack besitzt
trotz seines Namens einen Lösemittelanteil von zirka 10 %. Um ihn spritzfertig
einzustellen, wird er mit ca.

10 % VE-Wasser (VE = voll entsalzt) oder
mit einem speziellen Einstellzusatz verdünnt (Abb. 1). Dies ist jedoch Lacksystem
beziehungsweise herstellerabhängig (Abb.
2). Grundsätzlich können drei Wasserba-
sis-lacksysteme unterschieden werden,
die zum gleichen Ergebnis führen.
Die Haltbarkeit eines Wasserbasislacks
beträgt in geschlossenen Gebinden zwei
Jahre, wurde er bereits geöffnet beträgt
die Haltbarkeit nur sechs Monate.
Bei Transport und Lagerung sollte stets eine Temperatur von 5 °C–30 °C herrschen,
um Schäden am Produkt zu vermeiden.
Bei der Verarbeitung sollte die Temperatur in der Kabine 23 °C +/– 5 °C betragen,
die Oberfläche sollte eine Temperatur
von 30 °C nicht überschreiten. Die zu lackierenden Teile müssen zuerst abkühlen.
Die Spritzpistole, die beim Auftrag des
Lackes verwendet wird, sollte mit einer 1,2
bis 1,3 mm Farbdüse ausgestattet sein.
Dabei sollte der Lack eine Schichtstärke
von 25–35 μm nicht überschreiten. Die
Trocknung des Lackes beginnt bereits
beim Verlassen der Pistolendüse. Sie erfolgt durch Verdunsten des Wassers und
des Lösemittels, die Filmbildung durch
den „kalten Fluss".
Ist der Lack auf eine Restfeuchte von
10 % getrocknet, kann ein Überzug mit
Klarlack vorgenommen werden. Um den
richtigen Zeitpunkt zu gewährleisten, sollten die Trockenzeiten des Technischen
Merkblattes eingehalten werden. Darüber
hinaus dürfen keine dunklen oder glänzenden Partien in der Lackierung sichtbar
sein. Zu hohe Feuchtigkeit im Wasserbasislack würde zu Flecken- und Blasenbildung führen, da das Restwasser durch den
Klarlack nicht austreten kann.

Basislack Additive	Basislack Bindemittel	Basislack
Aktivator	Einstellzusatz	VE-Wasser
Verdünnung (VE-Wasser)		
Typ A	**Typ B**	**Typ C**

Vorteile des Wasserbasislackes sind seine hohe Elastizität und seine Wasserverdünnbarkeit. Außerdem erfüllt er die VOC-Verordnung. Als Nachteil können längere Abluftzeiten und die schlechte Schleifbarkeit wegen seiner Dauerelastizität angesehen werden.

Da Wasserbasislack zu den „neueren" Produkten zählt, werden Farbtongarantien für Fahrzeuge erst ab dem Baujahr 1990 gewährt.

Arbeitsanleitung für den Auftrag von Wasserbasislack:

- Reinigen der Fläche mit alkoholhaltigem Reiniger.
- Vornebeln der Fläche.
- 5 Minuten abflüften lassen.
- Einen deckenden Spritzgang (satt) ausführen.
- Weiteres Abflüften.
- Leichtes Ausnebeln bei Metallic-Tönen, um die Wolkenbildung zu vermeiden. Abflüften.
- Klarlack auftragen.

7.11.2
Beschleunigte Trocknung des Wasserbasislackes

Um die Ablüft- und Trockenzeiten des Wasserbasislackes zu verkürzen, werden speziell entwickelte Druckluftpistolen verwendet (Abb. 4). Diese arbeiten nach dem „Venturi-Prinzip" (S. 194, Abb. 1). Dabei wird durch die Verengung des Rohrquerschnittes ein Unterdruck erzeugt. Dieser Unterdruck saugt die Umgebungsluft an. Hierbei werden die Luftgeschwindigkeit und das Luftvolumen erhöht.

Die Venturi-Druckluftpistole wird mit der Druckluft aus dem vorhandenen Luftversorgungssystem betrieben. Die angesaugte Umgebungsluft wird durch ein Edelstahlsieb im Ansaugbereich auf der Pistolenrückseite gefiltert. Hierbei wird das Luftvolumen bis auf das 10-fache erhöht. Dieser gleich bleibende und großvolumige Luftstrom entzieht der Basislackoberfläche gezielt das Wasser und beschleunigt die Trocknung. Das komplette Gerät besteht aus einem Stativ mit zwei Trockenpistolen, die individuell verstellbar sind. Beide Pistolen sind mit einem Absperrhahn versehen, der zur Luftmengenregulierung dient. Eine Venturi-Trockenpistole benötigt mit voll geöffnetem Absperrhahn eine Luftmenge von 600 l/min.

3 Applikation Wasserbasislack

4 Anwendung der Abblaspistolen

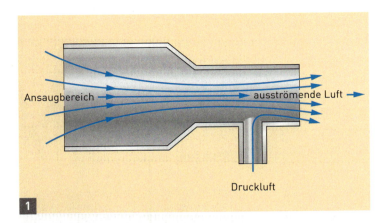

1   Venturiprinzip

2   Erhärteter
    Klarlack

Bei der Verwendung des Trockengerätes ist darauf zu achten, dass die Luftstromrichtung der Spritzkabine und die Luftstromrichtung des Gerätes identisch sind. Ebenso muss der Anstellwinkel der Venturi-Pistolen einen Winkel von 45° zur trocknenden Fläche betragen, um die gesamte Fläche gleichmäßig mit dem Luftstrom abzudecken.

Der zu verwendende Luftdruck und der empfohlene Objektabstand sind beim Lackhersteller zu erfragen und sorgfältig einzuhalten. Ansonsten könnte es durch Verwirbelungen zu Oberflächenstörungen kommen. Um Schäden durch das Umstürzen des Stativs zu vermeiden ist auf einen sicheren Stand des Gerätes zu achten.
Durch den Einsatz der Venturi-Trockenpistole reduzieren sich die Ablüftzeiten. Somit wird der Kabinendurchlauf erhöht.

7.11.2
Klarlack

Klarlacke sind transparente Lacke, deren Aussehen nur vom Bindemittel bestimmt wird. Sie enthalten in der Regel nur Bindemittel, Lösemittel und Additive. Klarlacke dienen dazu, den darunterliegenden, farbgebenden Wasserbasislack vor äußeren Einflüssen zu schützen. Außerdem beeinflussen sie den optischen Eindruck der Lackierung. Klarlack wird in der Fahrzeuglackierung meist als 2-Komponentenlack verwendet, bei dem Stammlack und Härter erst kurz vor der Verarbeitung miteinander vermischt werden (Abb. 2).

Um Kratzspuren vor allem durch Autowaschanlagen zu verringern, entwickelten die Lackproduzenten kratzfeste Klarlacksysteme. Seit 2004 werden diese auch als Serienlack verwendet.

Zu diesen Systemen zählen
- der Klarlack mit hohem Vernetzungsgrad,
- der Nano- oder Keramik-Klarlack und der
- Klarlack mit Reflow-Effekt.

Klarlack mit hohem Vernetzungsgrad
Damit der Klarlack kratzfester ist, wird die Festigkeit der Lackoberfläche durch einen hohen Vernetzungsgrad gesteigert. Das bedeutet, dass die einzelnen Makromoleküle in einem räumlich sehr engmaschigen Netz verknüpft sind. Die Beweglichkeit der Molekülketten ist stark eingeschränkt, was zu einer sehr harten Klarlackschicht führt. Allerdings besteht bei eng vernetzten Klarlacken die Gefahr des Abplatzens bei Steinschlag.

Nano- oder Keramik-Klarlack
Die Bezeichnung Nano- oder Keramik-Klarlack steht für ähnliche Produkte. Diese Klarlacke enthalten mikroskopisch kleine Keramikpartikel (Siliciumoxid), deren Abmessung unter einem Millionstel Millimeter liegen. Die Partikel lassen sich in die Molekularstruktur des Bindemittels einbauen.

1 nm (Nanometer) =
1 Milliardstel Meter 10^{-9} m

Während des Erhärtungsprozesses des Klarlackes schwimmen die Keramikteilchen an der Oberfläche auf. Die Partikel liegen so dicht zusammen, dass an der Oberfläche eine sehr dichte regelmäßige Struktur entsteht. Diese kratzfeste Schutzschicht beträgt nur 10 % der gesamten Klarlackdicke. Die restliche Schichtdicke entspricht im Aufbau einem herkömmlichen Klarlack. Diese Nano-Klarlacke verbessern die Kratzbeständigkeit um das Dreifache, gewährleisten einen dauerhaften Glanz und erhöhen den Widerstand gegen Umwelteinflüsse. Dies wurde durch Waschstraßentests der Automobilhersteller festgestellt.
Bei der Verarbeitung der Lacke ist auf absolute Sauberkeit im Lackierbereich zu achten, da Finisharbeiten bei diesem System wegen der hohen Härte problematisch sind. Nachteil ist die schlechte Schleifbarkeit in der Reparaturlackierung.

Klarlack mit Reflow-Effekt.
Bei Klarlacken mit Reflow-Effekt werden feinste Kratzer, die z. B. von Schmutzpartikeln der Waschanlagenbürsten verursacht werden, zurückgebildet. Durch Additive wird die Klarlackschicht derart elastisch eingestellt, dass sich im Laufe der Zeit die Mikrorisse durch Wärmeeinwirkung zurückbilden. Dieser Prozess ist für das menschliche Auge kaum wahrnehmbar. Wird der Beschichtungsstoff durch Additive zu weich eingestellt, ergeben sich Probleme bezüglich Polierbarkeit und Chemikalienbeständigkeit.

Mattlack
Bei einem Mattlack handelt es sich um einen Klarlack dem Mattierungsmittel zugesetzt wurden (Kap. 7.13). Der Glanzgrad des Mattlackes kann durch den Zusatz von herkömmlichem Klarlack beeinflusst werden. Bei der Lackierung ist auf äußerste Sauberkeit im Lackierbereich zu achten, da an matt lackierten Flächen die keine Polier- und Finisharbeiten durchgeführt werden können. Dies würde zu einer glänzenden Oberfläche führen. Reparaturen durch Beilackierungen sind an Mattlacken ohne aufzufallen nicht möglich. Es muss daher bei Reparaturlackierungen immer eine in sich abgeschlossene Fläche lackiert werden.

7.11.3
2-Komponenten-Decklack

2-Komponenten-Decklacke, fälschlicher weise oft auch als Uni-Lacke bezeichnet, wurden bereits im 🔲➡ LF 3 sowie in den Kap. 5.10 und 5.12 erwähnt.

7.11.4
UV-härtende Systeme

UV-Lacksysteme (Abb. 4) wurden entwickelt, um eine wirtschaftliche und schnelle Reparaturlackierung durchführen zu können.

3 Mattlack

4 UV-Lack,
   Erhärtung durch
   Blitzlampe

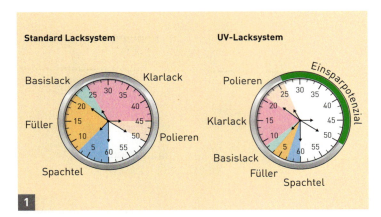

1　Vergleich der Reparaturzeiten eines herkömmlichen Lacksystems mit einem UV-Lacksystem bei einer Spotrepair-Lackierung

Sie brauchen keine energieintensiven Erhärtungsanlagen und ein zusätzliches Belegen der Trockenkabine ist nicht mehr nötig. Für den Lackierbetrieb haben sie den Vorteil, dass sich die Standzeiten der Fahrzeuge enorm verkürzen und somit mehr Aufträge in gleicher Zeit durchgeführt werden können.

Da es sich bei Spachtel und Füller um 1K-Materialien handelt, entsteht ein geringerer Reinigungsaufwand und die Topfzeiten entfallen. Nur der Klarlack ist weiterhin ein 2K-Produkt.

Bei UV-Lacksystemen erhärten Spachtel, Füller und Klarlack durch die Belichtung mit ultravioletter Strahlung innerhalb von Sekunden (Kap. 5.4.1).

Spachtelmassen benötigen etwa 45 Sekunden, Füller 30 Sekunden zur Aushär-

tung. Der Klarlack ist bereits nach ca. 50 Sekunden polierbar. Diese hohe Verarbeitungsgeschwindigkeit ermöglicht ein direktes Weiterarbeiten.

UV-Lacksysteme sind nur für Kleinreparaturen, wie im Spotrepair-Bereich, anwendbar. Beim Erhärten mittels UV-Blitzlampe ist darauf zu achten, dass Werkzeug und Material nicht bestrahlt werden, um keine vorzeitige Aushärtung zu erreichen. Aus diesem Grund wurden auch schwarz eingefärbte, lichtundurchlässige RPS-Becher. Sollen UV-Klarlacke besonders kratzfest sein, werden sie mit einem höhern Vernetzungsgrad ausgerüstet.

Beim Einsatz der UV-Lichtlampe muss der Lackierer unbedingt einen geeigneten Augenschutz, langärmelige Kleidung und eine Gesichtsmaske tragen.

Aufgaben zu Kapitel 7.11

1. Welche Beschichtungsmängel würden entstehen, wenn auf Wasserbasislack eine Klarlackbeschichtung zu früh aufgetragen würde?

2. Benennen Sie die Arbeitsschritte beim Auftragen von Wasserbasislack.

3. Nennen Sie die kratzfesten Klarlacksysteme auf.

4. Welchen Nachteil besitzen kratzfeste Klarlacke in der Reparaturlackierung?

5. Beschreiben Sie den Reflow-Effekt.

6. Welche persönliche Schutzausrüstung muss beim Verarbeiten von UV-härtenden Beschichtungssystemen getragen werden?

7. Nennen Sie die Vorteile, die durch den Einsatz von UV-härtenden Beschichtungssystemen entstehen.

8. Worauf ist bei der Verarbeitung von Mattlack besonders zu achten?

7.12
Additive

Additive (lat. additivum: hinzugegeben, beiliegend) sind Hilfs- oder Zusatzstoffe, die einem Beschichtungsstoff zugegeben werden, um bestimmte Eigenschaften zu verändern oder zu verbessern. Additive werden in sehr kleinen Mengen (max. 5 %) hinzugegeben.

7.12.1
Zusatzstoffe

Im Folgenden werden einige der für die Fahrzeuglackierung wichtigen Additive beschrieben.

■ **Antiabsetzmittel**
Antiabsetzmittel verhindern die Bodensatzbildung und das Entmischen der Pigmente und Füllstoffe beim Lagern eines Gebindes oder bei der Filmbildung des Beschichtungsstoffes.

■ **Beschleuniger/Katalysatoren**
Beschleuniger oder Katalysatoren erhöhen die Geschwindigkeit der chemischen Reaktion bei der Lackhärtung.

■ **Sikkativ/Trockenstoff**
Sikkative beschleunigen den Härtungsprozess bei oxidativ trocknenden Produkten (Alkydharze, Öle). Sikkative sind meist Metallsalze organischer Säuren.

■ **Initiatoren**
Initiatoren sind Beschleuniger oder Härter für Beschichtungssysteme die durch Polymerisation aushärten. Initiatoren sind meist Peroxide, die in Radikale zerfallen und damit eine Kettenreaktion bewirken, die die Reaktion auslöst.

■ **Inhibitoren**
Inhibitoren verhindern ungeplante Reaktionen (z. B. Hautverhinderung, vorzeitige Reaktionen).

■ **Verlaufmittel**
Verlaufmittel verbessern den Verlauf eines Beschichtungsstoffes beim Auftragen. Dies geschieht meist durch Herabsetzten der Oberflächenspannung. Oberflächenunregelmäßigkeiten, die durch Applikation entstehen, werden minimiert (Abb. 3).

■ **Lichtschutzmittel, UV-Absorber**
UV-Strahlen beschleunigen den Abbau des Bindemittels, vor allem in Klarlacken. Der Zusatz von Lichtschutzmitteln und UV-Absorbern verzögert das Vergilben, Verspröden und die Glanzminimierung eines Beschichtungsstoffes. UV-Absorber wandeln die energiereiche, schädliche UV-Strahlung in harmlose Wärmestrahlung um (Abb. 4).

3 Verlaufsmittel

4 UV-Absorber

■ **Hautverhinderer**
Hautverhinderer wirken der Hautbildung an der Oberfläche eines
Beschichtungsstoffes im Gebinde
entgegen.

■ **Auf- bzw. Ausschwimmverhinderer**
Beim Trocknen von lösemittelhaltigen
Beschichtungen entstehen kleine Ver-
wirbelungen, die zu ungleichmäßigen
Oberflächen führen. Siliconöle als Addi-
tive glätten die Oberfläche.

Enthalten Beschichtungsstoffe Pigmente mit unterschiedlichem spezi-
fischem Gewicht und unterschiedlicher
Teilchengröße, neigen diese zum Auf-
schwimmen. Das kann zu Farbveränderungen führen. Trennen sich Pigmente
vom Bindemittel an der Oberfläche einer Beschichtung kann derselbe Effekt
entstehen. Dieser Effekt wird durch den
Einsatz von Aufschwimmverhinderern
vermieden.

■ **Thixotropier-, Verdickungs-
oder Stellmittelmittel**
Thixotropier-, Verdickungs- oder Stellmittelmittel verändern die Rheologie,
die Fließeigenschaften von Beschichtungsstoffen. Sie beugen dem Ablaufen
der Beschichtung durch thixotrope
Fließeigenschaften, durch Veränderung
der Viskosität vor.

Im Ruhezustand eines Beschichtungsstoffes lagern sich die Teilchen
zu großen Agglomeraten (Zusammen-
ballungen) zusammen. Durch Aufrüh-
ren, Einsetzen der Scherkraft, brechen
die Agglomerate auf und es entstehen kleine, streich- und spritzfähige
Teilchen.

■ **Konservierungsmittel (Fungizide,
Bakterizide, Algizide)**
Konservierungsmittel verhindern den
mikrobiologischen Befall von Beschichtungsstoffen sowohl im Gebinde, als
auch als fertige Beschichtung und auf
dem Untergrund. Fungizide wirken
gegen Pilzbewuchs, Bakterizide gegen
Fäulnis, Algizide gegen Algenbewuchs,
z. B. an Schiffsrümpfen.

■ **Dispergiermittel- und Netzmittel**
Dispergiermittel- und Netzmittel verbessern das Umhüllen der Pigmente
und Füllstoffe mit der flüssigen Phase
des Beschichtungsstoffes. Die Oberflächenspannung zwischen Pigment, Füll-
stoff und Bindemittel wird verringert,
die Stabilität des Beschichtungsstoffes
wird erhöht.

■ **Entschäumer**
Entschäumer verhindern die Schaum-
bildung innerhalb des Beschichtungsstoffes bei der Herstellung oder beim
Auftragen. Diese Additive, Mineral-
oder Siliconöle, bewirken, dass die
eingeschlossenen Luftblasen austreten
können, sich an der Oberfläche ab-
setzten und dort platzen.

■ **Mattierungsmittel**
Mattierungsmittel stellen den Glanzgrad eines Beschichtungsstoffes ein.
Es entsteht eine mehr oder weniger
raue Lackoberfläche, an der das Licht
entsprechend diffus gestreut wird.

■ **Weichmacher/Elastifizierer**
Weichmacher oder Elastifizierer werden dem Beschichtungsstoff zugegeben, um die Elastizität und Plastizität
zu verbessern.

Aufgaben zu Kapitel 7.12

1. Erklären Sie den Unterschied zwischen Katalysatoren und Sikkativen.

2. Welche Funktion haben Entschäumer in einem Beschichtungsstoff?

3. Erklären Sie die Wirkungsweise des Ausschwimmverhinderers.

7.13
Beilackierung

Beim Beilackieren handelt es sich um ein Verfahren zum Angleichen eines Farbtones. Es wird in folgenden Fällen angewendet:

- um kleinere Flächen zu reparieren,
- wenn nicht bis zur nächsten Bauteilkante lackiert werden soll und
- um einen Farbtonangleich zu ermöglichen bei einer nicht feststellbaren Farbnuance.

Durch das Bearbeiten kleinerer Stellen können Zeit und Kosten gespart werden. Bei dem Verfahren wird nicht ein komplettes Fahrzeugteil lackiert, sondern nur Teile. Die Beherrschung erfordert Geschick und Übung.

Arbeitsschritte

1. Das zu lackierende Teil wird gereinigt, geschliffen, ggf. gespachtelt und abgeklebt. Das Abkleben erfolgt mit möglichst weicher und lockerer Abdeckung. Beispielsweise werden Teile des Abdeckpapiers lose über die zu lackierende Fläche geklebt, damit Nebel darunter gelangen kann und es keine scharfe Kante gibt, aber dennoch ein Großteil des Bauteils abgedeckt wird. Ebenso wird Klebeband in der Mitte umgeschlagen und mit der nun weichen Kante Richtung zu lackierende Fläche verklebt. Dies bietet sich vor allem an Sicken an. Es ist also wichtig, dass scharfe Kanten vermieden werden. Der Füller sollte etwa 10 cm vor den weichen Kanten auslaufen.

2. Den Füller schleifen und für einen glatten Übergang sorgen. Die Abdeckung auf dem zu lackierenden Teil entfernen und dies gründlich reinigen. Die nun freigelegten Flächen mit Mattierungspaste schleifen, da durch diese der Übergang nicht ausreißt. Wachsfreie Produkte verwenden. Erneut abkleben, wieder locker und diesmal mehr Fläche preisgeben. Nun den Basislack auftragen, zuerst an den Kanten, dann die Fläche. Beim ersten Gang müssen 5 bis 8 cm des Füllers zur Kante hin unbedeckt gelassen werden.

Die reparierte Stelle soll sich farblich nicht abheben. Darum es nötig ist, die Beschichtungsmaterial an den Randzonen der Schadstelle auf der Fläche auszunebeln. Bei einer erfolgreichen Beilackierung ist kein Übergang erkennbar. Bei Seitenteilen wird immer an der engsten Stelle beilackiert, um die Übergangsfläche möglichst gering zu halten. Hier sind Beilackierungen häufig der Fall, da die Karosserieform es durch fehlende Kanten nicht anders zulässt. Perlmutt und Flip-Flop-Lackierungen sind problematisch, da der Vorlack nicht bekannt ist und der Farbton ohne diesen nicht zu erreichen ist. Kratzfeste Klarlacke können nicht beilackiert werden (Kap. 7.11.2).

1 Abkleben

2 Füllerauftrag

3 Füllerschliff

4 Basislack, 1. Gang

1 Basislack,
2. Gang

2 Klarlack

3 Beispritzver-
dünnung

4 Polieren

3. Die Farbnuance von Metalliclacken kann durch verschieden Faktoren beeinflusst werden (Tab. 1). Hier ist ein wenig Erfahrung im Beilackieren wichtig. Der zweite Spritzgang wird dann deckend ausgeführt und von außen nach innen angesetzt um den Spritznebel gering zu halten.

Bei Bedarf kann der Übergang zusätzlich eingenebelt werden, um einen optisch weicheren Übergang zu schaffen. Nach Ablüften des Basislackes kann der Klarlack aufgetragen werden. Hierfür wird das Abdeckpapier auf der zu bearbeitenden Fläche ganz entfernt. Auch der Klarlack soll nicht bis an den Rand geführt werden sondern in der Fläche enden. Harte Kanten müssen vermieden werden.

4. Beispritzverdünnung wird je nach Produkt direkt auf die Klarlackübergange aufgetragen oder mit einem Rest Klarlack vermischt und ebenso auf die Randzonen gesprüht. Diese sorgt mit dem hohen Lösemittelanteil für einen glatten und polierfähigen Übergang, da die Nebelränder aufgelöst werden. Hier können schnell Läufer entstehen.

Nach dem Aushärten des Klarlackes kann dieser poliert werden. Bei einem guten Ergebnis fällt der Basislack in der Fläche nur noch einem geübten Auge auf.

Tab. 1: Beeinflussung der Farbnuancen

	Einflussfaktoren	**Farbton heller**	**Farbton dunkler**
Spritzkabine	Temperatur	höher	niedriger
	Spritzdruck	höher	niedriger
Spritzpistole	Farbdüse	kleiner	größer
	Nadeleinstellung	wenig Material	viel Material
	Spritzdruck	höher	niedriger
	Strahlbreite	größer	kleiner
Spritzmethode	Spritzabstand	größer	kleiner
	Spritzgeschwindigkeit	niedriger	höher
	Ablüftzeit zwischen den Spritzgängen	länger	kürzer
Verdünnung	Art der Verdünnung	kurz	lang
	Spritzviskosität	niedriger	höher

Tab. 2: Beispiele für Beilackierungen

Beilackierung einer Seitenwand bei Einschichtlackierung	
1. Füller und Altlack schleifen (P800 oder feiner, nass)	
2. Bereich mit silikonfreier Schleifpaste behandeln	
3. Decklack in zwei bis drei Spritzgängen am Übergang auslaufend auftragen	
4. Stark verdünnten Decklack oder die pure Verdünnung auf den Übergangsbereich mit reduziertem Drucknebeln	
5. Übergangsbereich mit Polierpaste behandeln	

Tab. 1: Beispiele für Beilackierungen

Beilackierung einer Tür in Zweischichtlackierung	
1. Füller und Altlack anschleifen (P800 und feiner, nass)	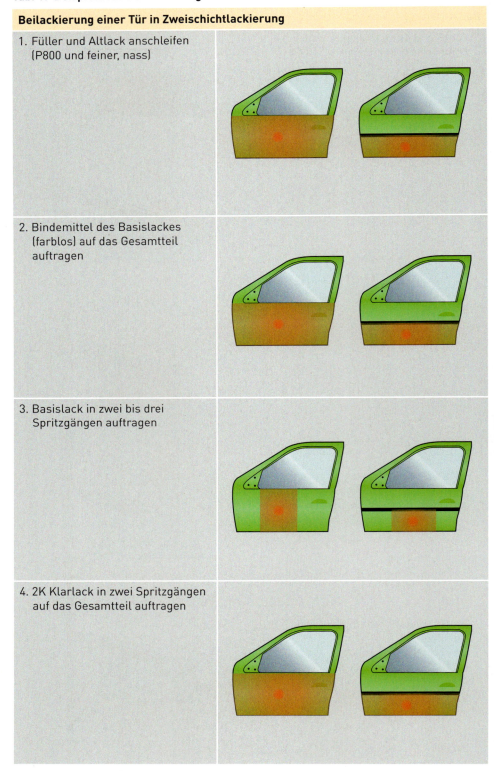
2. Bindemittel des Basislackes (farblos) auf das Gesamtteil auftragen	
3. Basislack in zwei bis drei Spritzgängen auftragen	
4. 2K Klarlack in zwei Spritzgängen auf das Gesamtteil auftragen	

Tab. 2: Beispiele für Beilackierungen

Beilackierung von angrenzenden Teilen	
1. Am Reparaturteil Füller und Altlack schleifen (P800 und feiner).	
2. Angrenzendes beizulackierendes Teil und Übergangsbereich schleifen (Schleifvlies).	
3. Vorlack in zwei bis drei Spritzgängen auf das Reparaturteil und den Übergangsbereich des angrenzenden Teils auftragen.	
4. Bindemittel des Basislackes auf das angrenzende beizulackierende Teil in einem Spritzgang auftragen (Entfällt bei Wasserbasislack).	
5. Basislack in der durch Farbmuster ermittelten Anzahl von Spritzgängen auf das Reparaturteil und den Übergangsbereich auftragen. Im Übergangsbereich durch Nebeln auslaufen lassen.	
6. 2K-Klarlack in zwei Spritzgängen auf die Gesamtfläche auftragen. Beispritzverdünnung in den Übergangsbereich spritzen, um die Spritznebelränder aufzulösen.	

7.14
Lackierfehler

Lackierfehler sind optische und funktionelle Störungen in oder auf der Lackoberfläche. Ohne entsprechende Abhilfemaßnahmen kann ein fehlerhaft lackiertes Fahrzeugteil dem Kunden nicht ausgeliefert werden, da in diesem Fall eine Reklamation angebracht ist. Im Spektrum zwischen einwandfrei hergestellten Lackoberflächen und offensichtlich fehlerhaften Beschichtungen existiert eine große Grauzone. Dabei ist nicht immer klar, ob es sich um eine akzeptable Lackierung handelt oder ob Nacharbeiten notwendig sind. Es hängt auch immer davon ab, welche Art von Lackierfehler an welcher Stelle des Fahrzeugs auftritt. In weniger sichtbaren Bereichen des Fahrzeugs (z. B. Einstiegschweller) wird eine geringe Zahl an Staubeinschlüssen

eher akzeptiert als auf Flächen, die dem Betrachter sofort ins Auge fallen (z. B. Motorhaube).
An diesen gut sichtbaren Stellen müssen alle Fehler beseitigt werden.
Im Sinne der Kundenorientierung ist eine gute Lackierung im Allgemeinen diejenige, die vom Kunden als gelungen akzeptiert wird.

Die Fehlerquellen von Lackierfehlern sind z. B.
- ungenügende Vorarbeiten,
- nicht fachgerechter Umgang mit Lackiermaterialien,
- Probleme mit Geräten/Anlagen
- und eine nicht angepasste Spritztechnik.

Häufig sind gleich mehrere Parameter Grund für Lackierfehler (Tab. 1).
Im Zusammenhang mit Lackierfehlern sind stets deren Ursache und die Möglichkeiten zur Abhilfe zu beachten.

Tab. 1: Mögliche Lackierfehler

Lackierfehler/Abbildung	Mögliche Ursachen	Abhilfemöglichkeiten
Läufer	<ul><li>zu viel Material gespritzt</li><li>zu große Pistolendüse</li><li>Ablüftzeiten nicht beachtet</li><li>zu niedrige Spritzviskosität</li><li>Pistole zu nah am Objekt</li><li>zu geringer Spritzdruck</li><li>Verwendung ungeeigneter Verdünnung</li><li>Temperatur von Untergrund, Lack oder Raumluft zu niedrig</li></ul>	a) Läufer mit Lackhobel oder Wasserschleifpapier P 800 abtragen, weiterer Schliff mit P 1000 bis P 1500 (nach Bedarf auch feiner), danach polieren b) Läufer mit Wasserschleifpapier P 600 bis P 800 schleifen, erneut lackieren
Wolkenbildung	<ul><li>Pistole falsch/ungleichmäßig geführt</li><li>Spritzabstand wurde variiert</li><li>zu niedrige Spritzviskosität</li><li>Ablüftzeiten nicht beachtet</li><li>Verwendung ungeeigneter Verdünnung</li></ul>	Bereich mit Wasserschleifpapier P 600 bis P 800 schleifen, erneut lackieren
Blasen	<ul><li>Salzrückstände von Schleifwasserresten in Sicken und unter Anbauteilen bzw. Handschweiß auf der Lackierfläche</li><li>Fahrzeug wurde vor dem Lackieren nicht mit Siliconentferner abgewaschen</li><li>Spritzluft mit Kondenswasser verschmutzt (Wasserabscheider defekt)</li></ul>	Bereich je nach Schadenstiefe mit Wasserschleifpapier P 400 bis P 800 schleifen, neu lackieren
Haftungsstörungen	<ul><li>Kunststoffteil nicht mit Spezialverdünnung gereinigt und anschließend getempert</li><li>erzinkten Untergrund mit ungeeigneten Materialien beschichtet</li><li>Haftvermittler oder Lacksystem nicht geeignet</li></ul>	Lose Lackschichten ggf. mit Druckluft oder Dampfstrahler entfernen, Bereich je nach Schadenstiefe mit Wasserschleifpapier P 400 bis P 800 schleifen, neu lackieren

Tab. 1: Mögliche Lackierfehler, Fortsetzung

Lackierfehler/Abbildung	Mögliche Ursachen	Abhilfemöglichkeiten
Kocher	■ zu hohe Schichtdicke ohne Ablüftzeit gespritzt (Lösemittel wurden eingeschlossen) ■ Härter und Verdünnung von unterschiedlichen Herstellern verwendet ■ schlecht durchgehärteter Füller	Bereich mit Wasserschleifpapier P 600 bis P 800 schleifen, erneut lackieren (ggf. 2 K-Füller oder -Spritzspachtel als Zwischenschicht dünn spritzen und schleifen)
Hochziehen/Aufquellen	■ Beschichtung auf nicht durchgehärteter oder anlösbarer Altlackierung. ■ Trocknungs-/Härtungsstörungen wegen ungeeigneten Grund-/Füllermaterialien	a) Bereich mit Wasserschleifpapier P 600 bis P 800 schleifen, erneut lackieren (ggf. Füller oder Spritzspachtel als dünne Zwischenschicht. b) Kompletten Lackaufbau an der Schadstelle entfernen, mit 2 K-Füller oder Spritzspachtel dünn isolieren und neu aufbauen.
Orangenhaut/ Orangenschaleneffekt	■ zu hohe Spritzviskosität ■ ungeeignete Verdünnung verwendet ■ Decklack zu dick oder zu dünn aufgespritzt ■ Spritztemperatur zu hoch (> 25 °C)	a) Oberfläche mit Wasserschleifpapier P 800 nivellieren, weiterer Schliff mit P 1000 bis P 1500 (nach Bedarf auch feiner), danach polieren b) Bereich mit Wasserschleifpapier P 600 bis P 800 schleifen, erneut lackieren
Staubeinschlüsse	■ Fahrzeug wurde vor dem Lackieren nicht mit Druckluft ab-/ausgeblasen ■ Wechselintervalle bei Decken- oder Bodenfilter nicht eingehalten ■ Verschmutzte Kleidung ■ Lackmaterial wurde nicht gesiebt ■ kein Überdruck in der Kabine ■ Lackierkabine ist stark verschmutzt	a) Nassschliff mit P 1000 bis P 1500 (nach Bedarf auch feiner), danach polieren (wenn Staub auf der Decklackoberfläche) b) Nassschliff mit P 600 bis P 800, neu lackieren (wenn Staub in tieferen Schichten)
Durchbluten an Spachtelstellen	■ Spachtel wurde nicht homogen mit Härter gemischt, Peroxid aus dem Härter schlägt durch.	Nassschliff mit P 400, Bereich mit 2K-Füller oder -Spritzspachtel dünn isolieren, Zwischenschliff (P 400 bis P 800), erneuter Lackauftrag
Schleifriefen	■ Letzter Schliff vor der Applikation wurde mit zu grobem Schleifpapier vorgenommen ■ Füllerauftrag zu dünn ■ Füller zum Zeitpunkt des Schleifens noch nicht durchgehärtet	Nassschliff mit P 400 bis P 800, neu lackieren
Siliconkrater	■ Druckluft durch Öl- oder Rußpartikel verunreinigt (Ölabscheider defekt) ■ Befall der lackierten Fläche durch Silicone, Wachse, Fette (ungeeignete Handcreme, Cockpit-Spray, siliconhaltige Dichtungsmasse usw.)	Nassschliff mit P 400 bis P 800, neu lackieren

1 Neulackierung,
  Matt-Schwarz

2 Zeitwertlackie-
  rung mit Farbton-
  differenz

7.15
Reparaturlackierungen – Qualitätsarten

Reparaturlackierungen werden je nach ihrer Qualitätsanforderung in verschiedene Arten eingeteilt.

7.15.1
Neulackierung

Bei beschädigten, neuwertigen Fahrzeugen muss bei einer Reparatur ein absolut perfektes Ergebnis erzielt werden. Die Vorarbeiten Spachteln, Füllern und Schleifen sind exakt auszuführen. Es dürfen keinerlei Schleifspuren oder Unebenheiten sichtbar sein. Sorgfältige Abdeckarbeiten müssen präzise durchgeführt werden. Bei der Lackierung dürfen keinerlei Farbtondifferenzen auftreten. Genau so muss die Oberflächenstruktur der Reparaturlackierung der Originallackierung entsprechen. Aufwändige Finisharbeiten müssen stattfinden.

Eine Neulackierung muss nicht immer eine Reparaturlackierung sein, es kann sich auch um eine Umlackierung eines Neuwagens handeln (Abb. 1). Hierbei sollte sich das Ergebnis nicht von der Serienlackierung unterscheiden.

7.15.2
Zeitwertlackierung

Die Zeitwertlackierung ist eine günstigere Variante der Reparaturlackierung. Wie der Begriff schon aussagt, wird der Arbeitsaufwand dem Zeitwert des Fahrzeuges angepasst. Ein älteres Fahrzeug weist meist schon kleinere Lackfehler auf. Darum wird, im Vergleich zu einer Neulackierung, in der Vorbereitung für die Lackierung und bei den Finisharbeiten, weniger Aufwand durchgeführt. Entstandene Farbtondifferenzen werden in Kauf genommen oder durch eine Farbtonangleichung retuschiert (Abb. 2).

7.15.3
Verkaufs- und Gebrauchtwagenlackierung

Diese Art der Reparaturlackierung ist die kostengünstigste Variante. Ist die Altlackierung durch Polieren nicht mehr aufzubereiten, wird diese durch einfaches Überlackieren aufgefrischt. Kleine Beschädigungen werden einfach überlackiert. Da die Abdeckarbeiten nicht so sorgfältig durchgeführt werden, wie bei den zuvor genannten Lackierarten, ist eine solche Lackierung oftmals an Farbnebelresten zu erkennen. Die Altlackierung wird entweder angepaddet oder mit einem Sealer als Haftvermittler grundiert und im Nass-in-Nass-Verfahren lackiert.

Aufgaben zu Kapitel 7.13–7.15

1. In welchen Fällen sollte der Fahrzeuglackierer eine Beilackierung durchführen?

2. Beschreiben Sie den Begriff „Weiche Abdeckung".

3. Vor der Beilackierung soll ein Farbmuster erstellt werden. Beim Vergleich mit der Wagenfarbe stellen Sie fest, dass der Farbton des Farbmusters zu dunkel erscheint. Nennen Sie spritztechnische Möglichkeiten, den Farbton aufzuhellen.

4. Welche Aufgabe hat die Beispritzverdünnung bei einer Beilackierung?

5. Bei den Lackierarbeiten können immer wieder Fehler auftreten. Zählen Sie Fehlerquellen auf, die zu Lackierfehlern führen.

6. Welche Lackierfehler erkennen Sie auf der Abbildung? Beschreibe mögliche Ursachen und Abhilfemöglichkeiten.

      a)   b)   c)

7. Sie wollen Finisharbeiten durchführen. In den Sicken zeigen sich dabei mehrere Kocher. Nennen Sie die Ursache für diesen Lackierfehler. Wie können Sie diesen beseitigen?

8. Welcher Lackierfehler tritt auf, wenn die Spachtelmasse nicht homogen durchmischt wurde oder der Härteranteil zu hoch ist?

9. Welche Lackierfehler erkennen Sie auf den Abbildungen?

        a)   b)

10. Beschreiben Sie die Verkaufs- und Gebrauchtwagenlackierung.

8

Lernfeld 8
Objekte gestalten

Kundenauftrag
▶ Beschriftung eines Fahrzeuges für ein Firmenjubiläum

Arbeitsauftrag

Für die Jubiläumsfeier eines VW Händlers sollen sechs Golf Modelle als Werbeträger von Ihnen gestaltet werden. Die Fahrzeuge stehen jeweils in einer Lackierung zur Verfügung, die der Farbvorliebe zur Zeit des jeweiligen Modellbaujahres entspricht.

Der Schriftzug „GENERATION GOLF" soll auf die Motorhaube und die Seitenpartien der Fahrzeuge appliziert werden.

Auszuführende Arbeiten

1. Der Untergrund ist für die erforderlichen Arbeiten vorzubereiten.

2. Ein geeignetes Applikationsverfahren ist für die Schriftzüge auszuwählen.

3. Nach Information über Schriftarten ist eine Schrift auszuwählen.

4. Eine Entscheidung über geeignete Farbtöne für die Schrift ist zu treffen.

5. Gestaltungsvorschläge sind zu erarbeiten.

6. Die gefertigten Entwürfe sind zu präsentieren.

7. Die gewählten Entwürfe sind auszuführen.

Objektbeschreibung

Die Fahrzeuge stehen in einer der jeweils
meist verkauften Lackierungen ihres
Modelljahres zu Verfügung, um den Zeitgeist zu repräsentieren.

Die Fahrzeuge sind bereits aufgearbeitet
worden, so dass sie keinerlei Lackschäden mehr aufweisen und Sie mit der
Gestaltungsarbeit beginnen können.

Leistungsbeschreibung

Untergrundvorbereitung
Der Untergrund ist zu begutachten und
wenn nötig noch für ihr Applikationsverfahren vorzubereiten.

Entwurfsarbeit
Informationen über Schriftarten und
Farbbeziehungen sind einzuholen. In Col-
lagetechnik sind verschiedene Entwürfe
herzustellen. Für eine Umsetzung sind die
gewünschten Farbtöne exakt mit Farbcode
festzulegen.

Übertragungsverfahren
Ein Übertragungsverfahren ist auszuwählen, um den Schriftzug maßstabsgerecht
auf das Fahrzeug zu übertragen.

8.1
Farb- und Formgestaltung

Um Objekte nach einem selbst erarbeiteten Farbplan wirkungsvoll zu gestalten, eignet sich eine Anordnung von Farbtönen mit Hilfe von Kontrasten und Formen.

8.1.1
Farbkontraste

Sind zwischen zwei oder mehr nebeneinander liegenden Farbflächen deutliche Unterschiede zu erkennen, spricht man von einem Farbkontrast. Das Anfertigen einer kontrastreichen Farbgestaltung kann z. B. durch Anwendung eines der 7 Farbkontraste nach Johannes Itten erfolgen (Tab. 1).

Tab. 1: Farbkontraste

Farbe-an-sich-Kontrast
Hell-Dunkel-Kontrast
Kalt-Warm-Kontrast
Komplementärkontrast
Qualitäts- oder Sättigungskontrast
Quantitätskontrast (Proportionskontrast)
Simultan- und Sukzessivkontrast

Farbe-an-sich-Kontrast

Der Farbe-an-sich-Kontrast ist der einfachste Kontrast, es wirken lediglich nebeneinander gestellte reine Farben. Der stärkste Farbe-an-sich-Kontrast entsteht bei der Gestaltung mit Primärfarben. Die Wirkung des Kontrastes ist sehr auffällig und bunt. Durch Verwendung von Sekundär- und Tertiärfarben verringert sich die Wirkung (Abb. 1).

Hell-Dunkel-Kontrast

Die Verwendung des Hell-Dunkel-Kontrasts erzielt immer eine harmonische Wirkung. Schwarz und Weiß bilden den stärksten Kontrast bei den unbunten Farben, die Komplementärfarben Gelb und Violett bei den bunten.

Je näher die Farben im Farbkreis zusammen liegen, desto abgeschwächter wird die Wirkung. Helle, strahlende Farben in Kombination mit dunklen, in den Hintergrund tretenden Farbtönen verstärkt die räumliche Wirkung (Abb. 2). Der Hell-Dunkel-Kontrast ist, aufgrund der guten Lesbarkeit und Erkennbarkeit von Beschriftungen, der vorherrschende Kontrast für den Fahrzeuglackierer.

1 Farbe-an-sich-Kontrast

2 Hell-Dunkel-Kontrast

1 Gestaltung
in kalten Farben

2 Gestaltung in
warmen Farben

3 Kalt-Warm-
Kontrast

4 Komplemen-
tärkontrast mit
Flimmerer-
scheinung

Kalt-Warm-Kontrast

Eine Farbgestaltung mit dem Kalt-Warm-Kontrast ruft starke, meist entgegengesetzte, Gefühle (z. B. Sommer und Winter, Licht und Schatten) hervor. Blaugrün gilt als die kälteste Farbe im Farbkreis, die komplementäre Farbe Rotorange als wärmste. Je enger zwei Farben im Farbkreis beieinander liegen, desto geringer fällt der Kalt-Warm-Kontrast aus. Da warme Farben in den Vordergrund und kalte in den Hintergrund treten, verstärkt der Kalt-Warm-Kontrast die räumliche Wirkung (Abb. 1–3).

Komplementärkontrast

Einen Komplementärkontrast bilden alle Farben, die sich im Farbkreis gegenüberstehen und die in ihrer Mischung als Körperfarbe ein neutrales Grau ergeben. Komplementäre Farbenpaare bilden den größten Kontrast innerhalb der Bunttöne. Komplementärfarben (Ergänzungsfarben) ergeben einen harmonischen Zweiklang. Bei der Gestaltung mit Farben gleicher Helligkeit, besonders bei Rot und Grün, entstehen starke Spannungen. Diese können zu einem unangenehmen Flimmereffekt vor den Augen führen (Abb. 4).

Qualitätskontrast (Sättigungskontrast)

Der Qualitätskontrast (Sättigungskontrast) entsteht durch die Kombination reiner (gesättigter) und gebrochener (ungesättigter) Farben. Je größer die Sättigungsdifferenz ist, desto stärker erscheint der Kontrast. Die Farbintensität der reinen Farbe wird unterstrichen. Die gesättigten Farben treten in den Vordergrund, die ungesättigten in den Hintergrund. Die Zugabe von Schwarz, Weiß, Grau oder der entsprechenden Komplementärfarbe reduziert die Leuchtkraft (Sättigung) der Farbe.

Der Quantitätskontrast (Proportionskontrast)

Der Quantitätskontrast (Proportionskontrast) beschäftigt sich mit den Größenverhältnissen von Farbflächen zueinander. Die Wirkung des Kontrasts wird durch die Leuchtkraft und die Flächengröße der verwendeten Farbe bestimmt. Jeder Farbton besitzt eine eigene Leuchtkraft, den sogenannten (Lichtwert). Um die Leuchtkraft (Lichtwerte) der einzelnen Farben festzustellen, werden diese vor einem neutralen grauen Hintergrund miteinander verglichen.

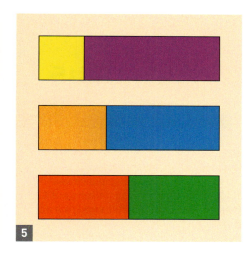

5

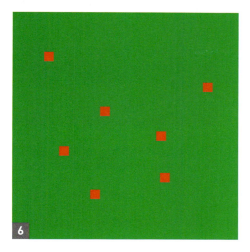

6

5 Harmonische
Flächenaufteilung

6 Signalwirkung
durch die „kleine
Menge Farbe"

7 und 8
Simultane Hellig-
keitseindrücke

Dabei ergeben sich Zahlenwerte, die bereits Goethe festgehalten hat.

Tab. 1: Goethes Lichtwerte

Gelb	:	Orange	:	Rot	:	Violett	:	Blau	:	Grün
9	:	8	:	6	:	3	:	4	:	6

Aus der Tabelle 1 ergibt sich, dass Gelb
z. B. 3 mal so stark leuchtet wie Violett
also im Verhältnis 9 : 3. Soll eine violette
Fläche gegenüber dem Gelb gleichwertig
wirken muss das Violett in einer 3 mal so
großen Fläche vorliegen.
Wird beispielsweise mit zwei gleichgro-
ßen Farbflächen nebeneinander gestaltet,
tritt die Fläche mit der größeren Leuchtkraft in den Vordergrund. Ein Orange würde in Kombination mit Blau nach vorne,
das Blau in den Hintergrund treten.

Möchte man eine harmonische, gleich-
wertige Farbgestaltung vornehmen,
müssen die Lichtwerte in Flächengrößen
verwandelt werden. Dabei werden die
Lichtwerte umgetauscht (Abb. 5).

Bei der Verwendung Primär- und Sekun-
därfarben ergeben die Flächengrößen der
entsprechenden Komplementärfarben in
ihrer Addition immer die Summe 12.

Gelb + Violett   = 3 + 9 = 12
Blau + Orange   = 8 + 4 = 12
Rot + Grün   = 6 + 6 = 12

Um eine ausdruckstarke, spannungs-
reiche Gestaltung zu erzielen, müssen die
Größenverhältnisse verändert werden.
Setzt man eine Farbe mit einem hohen
Lichtwert nur punktuell, in ganz kleiner
Fläche ein, so tritt diese Fläche intensiv
in den Vordergrund, sie hat Signalwirkung
erhalten (Abb. 6).

Simultankontrast/Sukzessivkontrast
Simultan und sukzessiv erzeugte Farben
und Helligkeitseindrücke sind reine Sin-
nesempfindungen. Dennoch können sie in
der Gestaltung von Bedeutung sein, da sie
die Wahrnehmung einer Gestaltung oder
die Lesbarkeit eines Schriftzuges verstärken oder vermindern können (Abb. 7–8).

7

8

1 und 2
  Simultane Farb-
  erscheinungen

3 und 4
  Suksessive Farb-
  erscheinungen

Der Simultankontrast besagt zum einen, dass das Auge zu einer Farbe gleichzeitig (simultan) die Ergänzungsfarbe (Komplementärfarbe) erzeugt. Deshalb erscheinen graue Flächen, die neben oder auf farbigen Flächen stehen in der Komplementärfarbe der angrenzenden Farbe. Wird z. B. eine blaue Beschriftung auf eine graue Fahrzeugtür aufgebracht, so erscheint das Grau leicht orange. Ebenso würde ein grauer Schriftzug eine gelbe Fläche schwach violett und eine violette Fläche schwach gelb erscheinen lassen (Abb. 1 und 2).

Der Simultankontrast bewirkt durch dieses Phänomen eine Kontraststeigerung, also eine empfundene Steigerung der Farbintensität.
Sollen simultane Eindrücke vermieden werden, so muss mit Farben in unterschiedlicher Helligkeit bzw. Sättigung gearbeitet werden, oder es werden der bunten Farbe geringe Mengen der entsprechenden Komplementärfarbe beigemischt.

Zum anderen sagt der Simultankontrast aus, dass das Auge zu jeder Helligkeit eine entgegengesetzte Helligkeit hervorruft. Das bedeutet, dass beispielsweise eine intensiv farbige Motivgestaltung auf einem weißen Kotflügel dunkler wirkt, als auf einem dunkel lackierten (Abb. 1 und 2).

Sukzessive Erscheinungen sind farbige Nachbilder.
Sie erscheinen in komplementären Farben beziehungsweise in entgegengesetzten Helligkeiten. Zu beobachten ist dieses Phänomen sowohl auf anders farbigen Flächen, als auch vor den geschlossenen Augen.

Betrachtet man z. B. einige Sekunden lang ein rotes Quadrat und schaut anschließend sofort auf eine weiße Fläche, so entsteht dem Anschein nach ein hellgrünes Quadrat auf der weißen Fläche (Abb. 3 und 4).

Betrachtet man einige Zeit lang den schwarzen Kreis aus Abb. 3 und fixiert danach sofort den Punkt in Abb. 4 so taucht im weißen Quadrat ein noch hellerer Kreis als sukzessive Helligkeitserscheinung auf.

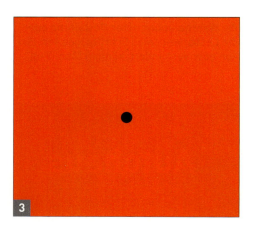

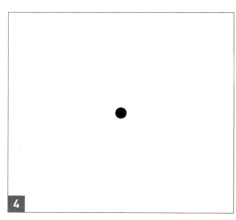

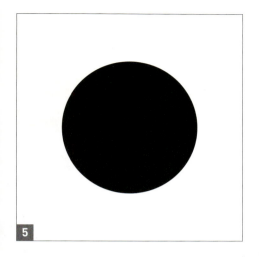

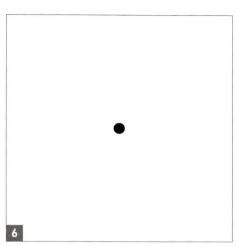

5 und 6
   Sukzessive
   Helligkeits-
   eindrücke

Sukzessive Nachbilder entstehen bevorzugt und besonders stark ausgeprägt bei der Verwendung reiner, ungebrochener Farben. Zu beobachten sind diese Erscheinungen jedoch auch beim Gestalten mit getrübten oder aufgehellten Farben.

Sollen Nachbilder unterbleiben, kann zum einen der Helligkeitskontrast zwischen den dargestellten Flächen verringert werden. Zu anderen wird der simultane Effekt vermindert wenn gebrochene Farbtöne zum Einsatz kommen (Abb. 5 und 6).

Aufgaben zu Kapitel 8.1

1. Erklären Sie den Unterschied zwischen Simultan- und Sukzessivkontrast.

2. a) Erläutern Sie die Wirkungsweise des Quantitäts- und des Qualitätskontrasts.

b) Nennen Sie je ein Beispiel, bei dem die Kontraste gestaltend eingesetzt werden können.

c) Begründen Sie Ihre Wahl.

3. a) Benennen Sie den jeweiligen Kontrast der abgebildeten Fahrzeuge (I–III) .

b) Beschreiben Sie die Wirkung der aufgeführten Kontraste auf den Betrachter.

I II III

1 und 2
  Beispiele
  Farbakkordik

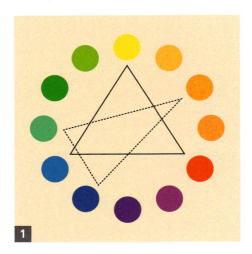

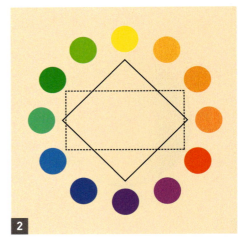

8.1.2
Mehrfarbigkeit

Einfarbige Gestaltungen kann man am längsten betrachten, ohne dieser überdrüssig zu werden. Allerdings fehlt es an Spannung und Aufmerksamkeit. Allein die Verwendung eines zusätzlichen zweiten Farbtons kann die Aufmerksamkeit beim Betrachter enorm erhöhen. So werden beispielsweise Werbegestaltungen auf Fahrzeugen schneller erfasst.

■ Beruhigende Gestaltungen erhält man durch die Wahl von Farben, die im Farbkreis nahe beieinander liegen.

■ Ruhige, monochrome Farbharmonien werden durch Abdunkelung, Aufhellung, Brechen der Farbe erreicht oder durch den Einsatz einer Nuance einer zweiten, zurückhaltenden Farbe.

■ Mit einem kleinen, kräftigen, farblichen Akzent in Kombination mit zurückhaltenden Farbtönen entsteht bereits eine erhöhte Spannung.

Wird mit mehreren Farben gearbeitet, sollte man sich an den Farbkontrasten oder an der Farbakkordik orientieren.

Farbakkordik, Farbklänge

Unter Farbakkordik versteht man eine Wechselbeziehung zwischen objektiver Farbenlehre und subjektiver Farbharmonie, dem Farbempfinden.
Zwei oder mehr Farben gelten als harmonisch, wenn ihre Mischung neutrales Grau ergibt, wenn alle Primärfarben beteiligt sind.

Das entsteht z. B. durch Farbkombinationen, Farbdreiklänge, die sich durch Konstruktion eines gleichseitigen oder gleichschenkligen Dreiecks in den 12-teiligen Farbkreis nach Itten ergeben (Abb. 1). Durch Rotation des Dreiecks innerhalb des Farbkreises kommen unterschiedliche Farbkombinationen zustande.

Eine vierfarbige Gestaltung, ein Farbvierklang, erhält man durch Konstruktion eines Rechtecks oder Quadrats in den 12-teiligen Farbkreis (Abb. 2). Es entstehen immer zwei komplementäre Farbenpaare.

Da Gestaltungen mit komplementären Farbenpaaren vom Betrachter als harmonisch empfunden werden, erscheinen Farbkombinationen nach dem Prinzip der Farbakkordik als angenehm.

3 Punktgestaltung
   mit imaginärer
   Linienführung

4 Gestaltung mit
   waagerechten
   Linien

5 Gestaltung mit
   horizontalen
   Linien

6 Organische Linien

8.1.3
Gestaltungselement Form

Klar gegliederte Formen schaffen Übersichtlichkeit für das Auge, sie ordnen,
unterteilen und unterstützen den Wiedererkennungswert, da sie einfach zu verste-
hen und leicht zu behalten sind.

Gestaltungselemente
Punkt, Linie, Fläche

Im Wesentlichen sind die Gestaltungselemente in der zweidimensionalen Gestaltung auf die drei Grundformen Punkt, Linie und Fläche (Rechteck, Dreieck, Kreis)
zurückzuführen.

Der **Punkt** ist die einfachste Gestaltungsform. Er zieht den Blick sofort auf sich,
ist immer statisch, fest und niemals rich-
tungsweisend.

Bei einer Gestaltung mit **zwei Punkten**
wirken diese zusammen. Die Punkte stehen in einer engen Beziehung, da das Auge zwischen ihnen hin und her
wandert.

Mehr als zwei Punkte ergeben eine Richtung, weil eine imaginäre Linie entsteht.
Durch die imaginären, optischen Ver-
bindungslinien wirken mehrere Punkte
zusammen in ihrer Gesamtheit wie eine
Figur (Abb. 3).

Waagerechte (horizontale) Linien vermitteln den Eindruck von Stabilität, Ferne,
und Distanz. Sie werden mit Weite, Kälte
und Wasser in Verbindung gebracht
(Abb. 4).

Senkrechte (vertikale) Formen wirken
optisch dichter vor dem Betrachter ste-
hend. Sie sind statisch weniger stabil und
erwecken das Gefühl von Nähe und Feuer
(Abb. 5).

Die **Diagonale** steht in ihrer Wirkung
zwischen der Waagerechten und der
Senkrechten. Sie hat somit etwas von
Nähe und von Distanz und wirkt in einer
Gestaltung immer dynamisch und rich-
tungweisend.

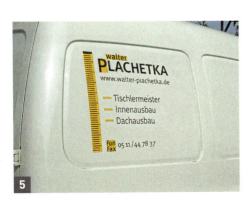

1 Gestaltung
  mit Dreiecken

2 Gestaltung
  mit Kreisformen

3 Reihung

4 Gruppierung

5 Streuung

Organische, frei geschwungene Linien werden immer vor streng geometrischen wahrgenommen. Sie bringen Bewegung ins Bild und benötigen, um harmonisch zu wirken, einen Ausgleich in Form von senkrechten oder waagerechten Linien (S. 217, Abb. 6).

Eine gestalterische Anordnung mit **Quadraten** wirkt harmonisch, kann aber schnell langweilig werden.

Dreiecke sind dominant und treten in den Vordergrund. Durch eine nach oben zeigende Spitze entsteht eine starke Aufwärtsbewegung (Abb. 1).

Der **Kreis** als Zeichen der vollkommenen Geschlossenheit ist harmonisch und zugleich spannungsgeladen. Kreise können problemlos mit jeder anderen Gestaltungsform kombiniert werden (Abb. 2).

Organische Flächen sollten realistisch abgebildet werden. Es wird das Wesentliche dargestellt. Bevorzugt wird eine flächenhafte, einfache, stilisierte Wiedergabe in den Grundformen.

Anordnungsprinzipien
Zur harmonischen Gestaltung und Unterteilung von Flächen mit Formen, können die einzelnen Formen in drei unterschiedlichen Anordnungen arrangiert werden.

Bei der **Reihung** werden gleiche oder ähnliche Elemente wiederholt. Die Wiederholung kann z. B. durch Spiegelung, Drehung, Abwechslung ähnlicher Elemente oder rhythmische Reihung erfolgen (Abb. 3).

Gruppierungen entstehen, wenn sich wiederholende Einzelelemente aneinanderreihen. Es entstehen gemusterte Flächen und Verdichtungen. Die Verdichtungen können symmetrische und asymmetrische Gruppen ergeben (Abb. 4).

Eine **Streuung** oder **Auflockerung** taucht auf, wenn man dieselben Formen in größtmöglicher Unordnung anordnet. Beachtet werden müssen eine gleichmäßige Verteilung der Elemente und das Beibehalten des optischen Gleichgewichts (Abb. 5).

Formenkontraste
Eine Gestaltung mit Formen kann in ihrer Wirkung sowohl durch gezielte Farbwahl als auch durch entsprechende Formenkontraste verstärkt werden.
Im Wesentlichen unterscheidet man drei Kontraste.

Bei dem **Form-an-sich-Kontrast** bilden die drei Grundformen Rechteck, Dreieck, Quadrat den einfachsten und stärksten Kontrast (Abb. 6).

Der **Quantitätskontrast** bezieht sich auf Mengenunterschiede, z. B. viel/wenig, groß/klein, lang/kurz, dick/dünn (Abb. 7).

Der **Richtungskontrast** kann sich entweder auf den Unterschied einer horizontalen und vertikalen Gestaltung beziehen oder auf diagonal angeordnete Strömungen und Gegenströmungen (Abb. 8).

8.1.4
Gestaltbeziehungen

Gestaltbeziehungen entstehen durch die Unterscheidungsmerkmale der einzelnen Formen und deren Anordnung auf der Fläche. Eine geschickte Anordnung kann den Ausdruck einer Gestaltung positiv beeinflussen. Unter Gestaltbeziehungen versteht man u. a. die Schwerpunktbildung, die Optische Mitte und die Proportionen, die Flächen zueinander aufweisen.

Schwerpunktbildung
Durch die Positionierung eines einzelnen Gestaltungsmerkmals bildet sich an dieser Stelle ein Schwerpunkt. Dieser Ort wird „schwerpunktmäßig" betont, er tritt in den Vordergrund.

Farbproportionen, Verhältnisgrößen
Die gewünschte Wirkung der gewählten Farbkontraste und Farbharmonien wird durch gezielte Verhältnisgrößen verstärkt. Aufeinander abgestimmt wird eine flächenmäßige Aufteilung von ungefähr 60 % für die Dominante, 30 % für die Subdominante und 10 % für die Akzentfarbe gewählt.

Die Dominante bestimmt die Grundstimmung einer Gestaltung. Die Subdominante (Kontrastierende) dient als Begleitfarbe, die auf die Dominante abgestimmt ist und dennoch Abwechslung bietet.

Die Akzentfarben können in höchster Sättigungsstufe auftauchen. Sie dürfen nur in kleinen Mengen benutzt werden und dienen als Blickfänge, z. B. bei der Gestaltung eines Logos (Abb. 9).

6 Form-an-sich-Kontrast

7 Quantitätskontrast „Groß-Klein"

8 Richtungskontrast

9 Farbaufteilung nach Verhältnisgrößen

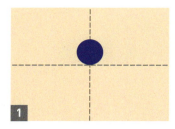

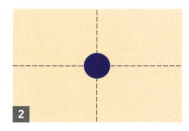

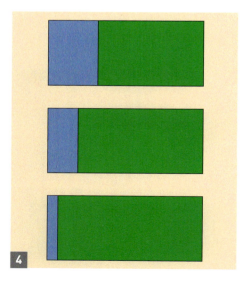

1 optische Mitte

2 geometrische
   Mitte

3 Schriftzug in
   der optischen
   Mitte der Tür

4 Teilung einer
   Fläche in den
   Verhältnissen
   1:3, 1:5, 1:11

5 Streckenteilung
   im Goldenen
   Schnitt

Optische Mitte

Die optische Mitte (Abb. 1) ist etwas höher angesetzt als die geometrische Mitte (Abb. 2). Der Betrachter empfindet die geometrische Mitte immer als ein wenig zu tief liegend. Wird eine mittige anzuordnende Gestaltung hingegen etwas höher gesetzt, wird diese als harmonisch und ästhetisch angesehen (Abb. 3).

Proportionen

Poportionen sind die Maßverhältnisse der einzelnen Teile, der Formen und Gestaltungen zum Ganzen.

Werden Flächen gestaltet, so sollte für das Auge ein harmonisches Ganzes entstehen. Die Anordnung eines Gestaltungselements z. B. auf einer Motorhaube sollte in einem harmonisch wirkenden Verhältnis von zur Verfügung stehendem Platz, Motivgröße und Platzierung auf der Fläche gelingen.

Die einfachste Proportion ergibt sich aus der fortlaufenden Halbierung einer Strecke oder Fläche.

Wird eine Fläche im Verhältnis 1:2, 1:3, 1:4 und so weiter geteilt, erhält man eindeutige, klare Proportionen. Mit ansteigender Teilung (1:12, 1:13) erreicht man allerdings weniger harmonische Proportionen (Abb. 4).

Der Goldene Schnitt

Eine Gestaltung nach dem Goldenen Schnitt wird stets als harmonisch und ausgeglichen wahrgenommen, da sich die Proportionen in der Natur und am menschlichen Körper wiederfinden. Der Goldene Schnitt wird als Inbegriff von Ästhetik und Harmonie empfunden.

Mit Hilfe des Goldenen Schnitts können harmonische Flächen- und Raumaufteilungen erreicht werden. Die Teilung einer Strecke im Goldenen Schnitt heißt, dass sich bei der Teilung einer Strecke (AB), der kleinere Teil der Strecke, der Minor (CB), zum größeren Teil, dem Major (AC) verhält, wie der Größere zum Ganzen (Abb. 5).

Konstruktion des Goldenen Schnitts

Der Einfachheit halber kann bei der Gestaltung im Goldenen Schnitt mit angenäherten Zahlenverhältnisse von 2 : 3; 3 : 5; 5 : 8; 8 : 13 und so weiter gearbeitet werden. Soll die Teilung mathematisch exakt erfolgen, ergibt sich das rechnerische Verhältnis von etwa 1 : 1,618 (Tab. 1).

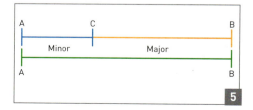

Tab. 1: Zahlenverhältnisse nach dem Goldenen Schnitt

2	3,2
3	4,9
4	6,5
5	8,1
6	9,7
7	11,3
8	12,9
9	14,6
usw.	

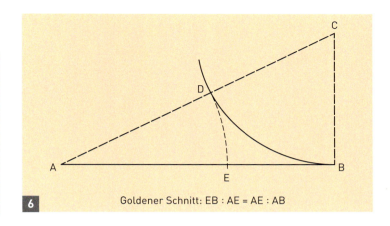

Goldener Schnitt: EB : AE = AE : AB

Die genaue Teilung einer Strecke (Abb. 6) kann durch die Konstruktion mit Lineal und Zirkel in folgenden Arbeitsschritten erfolgen:
- Auf einer vorgegebenen Stecke AB wird auf dem Punkt B eine Senkrechte mit der Hälfte der Länge der Strecke AB gezeichnet. Dies ergibt den Punkt C.
- Zwischen den Punkten AC wird eine Linie gezeichnet.
- Um C wird ein Kreis mit dem Radius BC geschlagen. Daraus entsteht der Schnittpunkt D.
- Um A wird ein Kreis mit dem Radius AD geschlagen.
- Dadurch wird der Teilungspunkt E ermittelt, der die Strecke im Verhältnis des Goldenen Schnitts teilt.

Auch Flächen können nach den Regeln des goldenen Schnitts geteilt werden. Die Teilung erfolgt ebenfalls nach den Verhältnissen 3 : 5, 5 : 8, 8 : 13 usw. Um weitere Größenverhältnisse zu errechnen, werden erstens die Zahlen der vorigen Verhältnisse addiert. Zweitens ergibt die größere Zahl der vorhergehenden Zahlenreihe die kleinere Zahl der folgenden Reihe. Beispielsweise ergibt sich 21 aus 8 plus 13 als größere Zahl. Die 13 der vorangegangenen Reihe bildet die kleinere Zahl der neuen Verhältnisreihe.

Würde z. B. eine Fläche von 160 cm x 320 cm nach diesem Verhältnis geteilt, ergäbe sich die Teilung von ca.:

160 cm in 60 cm zu 100 cm und
320 cm in 120 cm zu 200 cm.

Dabei entsteht ein kleineres Rechteck und ein Quadrat. Die fortlaufende Teilung der Fläche würde immer wieder ein Quadrat und ein Rechteck ergeben.

Das gestalterisch Wichtige sollte da platziert werden, wo die imaginäre Linie die Fläche nach den Proportionen des Goldenen Schnittes teilt.

Nach dem Goldenen Schnitt geteilte Flächen wirken einerseits ausgewogen und ruhig, andererseits erzeugen sie durch die leichte Asymmetrie Kontraste und Spannung in einer Gestaltung.

8.1.5
Optische Täuschungen

Eine optische Täuschung entsteht, wenn das, was das Auge sieht, nicht der Realität entspricht. Das liegt daran, dass der Mensch sich auf seine Sinne verlässt. In rasanter Geschwindigkeit müssen immer wieder neue Eindrücke aus der Umwelt, die auf unsere Sinne einwirken, verarbeitet werden. Um nicht stets Neues erlernen zu müssen, greift das Gehirn zum Teil auf bereits verarbeitete, gespeicherte Eindrücke zurück. Hierbei kann das Auge fehlgeleitet werden und nimmt etwas wahr, was nicht existiert.

Allgemein kann man zwei Gruppen von optischen Täuschungen unterscheiden. Zum einen die, die durch den Hintergrund geschaffen werden und die, die durch die Figur selbst hervorgerufen werden.

6 Konstruktion des Goldenen Schnitts

1 und 2
  Parallel-
  täuschungen

3 und 4
  Größen-
  täuschungen

5 Tiefenwirkung,
  die Kreise treten
  optisch in den
  Vordergrund

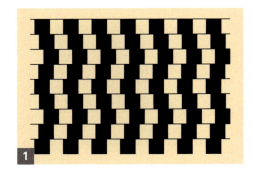

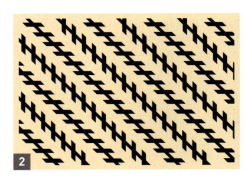

Auch im Lackiererhandwerk treten optische Täuschungen in Form von Linien-, Größen-, Farb- und Helligkeitstäuschungen auf.
Die Linien- und Größentäuschungen müssen z. B. bei großformatigen Gestaltungen auf Fahrzeugen oder bei der Anordnung von Schrift beachtet werden.
Die Farb- und Helligkeitstäuschungen verstärken die Tiefenwirkung, die Plastizität einer Gestaltung oder lassen ein Fahrzeugteil höher, tiefer, länger oder breiter erscheinen, als es in Wirklichkeit ist (Abb. 5).

Linientäuschungen
In Abb. 1 erscheinen die Balken keilförmig angeordnet. Tatsächlich verlaufen sie parallel und die vermeintlichen Trapeze sind quadratisch.
Die Linien in Abb. 2 wirken abgelenkt, nicht parallel durch die kleinen Querstriche, die die langen Linien im spitzen Winkel schneiden. In Wirklichkeit sind sie exakt parallel ausgerichtet.

Größentäuschungen
Die scheinbare Größe von Flächen und Strecken wird von den Dingen beeinflusst,

die sie umgeben. So erscheinen die blauen Kugeln in Abb. 3 unterschiedlich groß, obwohl sie in Wirklichkeit gleich groß sind. Da das Auge auch Gegenstände immer im Zusammenhang mit der Umgebung sieht, erscheint der hintere Zylinder am größten. Die gewonnene Erfahrung lehrt das Auge, dass sich in perspektivischen Zeichnungen und Gestaltungen die hinteren Gegenstände immer verkleinern. Deshalb wirken die Zylinder im Säulengang von vorne nach hinten zunehmend hoch. Tatsächlich sind sie alle gleich hoch (Abb. 4).

Farbtäuschungen
Der Simultan- und der Sukzessivkontrast (S. 213–214) zeigen deutlich, dass die Wahrnehmung von Farbtönen von der umgebenden Farbe abhängig ist.

So erscheinen die inneren Ringe in Abb. 6 durch verschieden farbige Untergründe unterschiedlich hell (Simultane Täuschung).

Eine sukzessive Täuschung ist in Abb. 7 zu sehen. Schaut man einige Sekunden auf das blaue Quadrat und im Anschluss auf das weiße, so scheint sich das weiße Quadrat mit der Komplementärfarbe Orange zu überziehen.

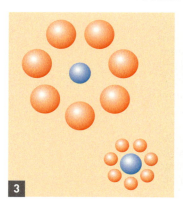

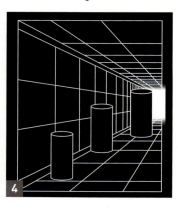

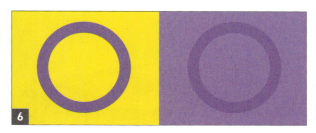

6 Simultane
   Täuschung

7 Sukzessive
   Täuschung

8 bis 12
   Simultane
   Veränderungen

Helligkeitstäuschungen

Helligkeitstäuschungen entstehen wiederum durch Einwirkung der umgebenden Helligkeiten. Dunkle Hintergründe lassen Gegenstände heller aussehen, als sie tatsächlich sind. Der Schriftzug in Abb. 8 tritt deutlicher hervor, als er gleiche Schriftzug in Abb. 9.

Den Einfluss der Umgebung zeigt die Abb. 10. Der graue Balken wird vom menschlichen Auge als ein Balken mit einem Verlauf des Grauwerts von hell nach dunkel wahrgenommen. In Wirklichkeit allerdings besitzt der Balken einen einheitlichen Grautonwert.

Als weiteres Phänomen der optischen Täuschung gilt die Tatsache, dass dunkle Gegenstände kleiner erscheinen als helle

Gegenstände der gleichen Größe. Der schwarze Kreis in Abb. 11 sieht kleiner aus als der identisch große weiße Kreis in Abb. 12.

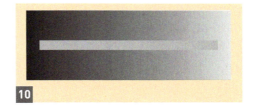

Aufgaben zu Kapitel 8.1.2–8.1.5

1. Erläutern Sie den Unterschied zwischen Schwerpunktbildung und optischer Mitte.

2. Erklären Sie die Begriffe Farbakkordik und Farbdreiklang.

3. Beschreiben Sie die Wirkung der verwendeten Formen auf dem Fahrzeug.
   Welches Anordnungsprinzip ist gewählt worden?

1 Entwurfs-
  zeichnung

2 Farbtrend-
  entwicklung

8.2
Farbplan

So wie ein Architekt ein Haus plant und
dabei die Farben und Materialien mit ihren
eigenen Materialfarbtönen (Metalle, Holz
etc.) für bestimmte Bauteile festlegt, so
wird auch beim Entwurf von Fahrzeugen
genau festgelegt, welche Bauteile welches
Material und welchen Farbton erhalten
sollen. Nicht nur die Karosserieform sondern auch die farbige Gestaltung repräsentieren den Zeitgeist. Aus diesem Grund
wird genau geplant, welche Wirkung bestimmte Farbtöne und Farbkombinationen
haben. Trendscouts erforschen die Farbtrends der kommenden Jahre.
Ein Farbplan ist Bestandteil von Gestal-
tungsentwürfen, die dem Fahrzeuglackierer genau angeben, welcher Farbton bei
der Lackierung verwendet werden soll.
Der exakte Farbton wird durch die Farb-
tonbezeichnung sowie den Farbcode der

jeweiligen Autohersteller genau festgelegt (Kap. 7). Darüber hinaus wird in
einem Farbplan der flächenmäßige Anteil
der einzelnen Farbtöne in einem Raster
dargestellt, um die Wirkung der gewählten Farbtöne (Kontraste, Harmonien etc.)
übersichtlich darzustellen (Kap. 10.2).
Für die Erstellung eines Farbplans gibt
es viele Möglichkeiten der Visualisierung,
z.B. als Collage, als Skizze, als Zeichnung
in digitaler Form oder als Modell (Abb. 1).

8.2.1
Farbtrends

Bis zum Ende der 60er Jahre bot das
Straßenbild überwiegend triste Farbtöne
von Schwarz, Grau, Weiß, Beige und helle
Grün- und Blautöne. Das lag daran, dass
die verwendeten Bindemittel und Pigmen-
te der Farbvielfalt eine Grenze setzten.
In den 70ern gab es eine bunte Vielfalt
von Orange, Gelb, Rot und Grün und Blau.
Heute dominieren wieder Grau, Silber und
Schwarz das Straßenbild (Abb. 2). In der
Gestaltung von Fahrzeugen spiegeln sich
demnach gesellschaftliche Veränderungen bei der Farbpräferenz. Allerdings kann
man auch Gegenströmungen beobachten.
Der Farbton Braun in seinen modischen
Abwandlungen wie Cappuccino, Latte
Macchiato oder Karamell ist beim Käufer
derzeit hoch im Kurs. Der Farbton Weiß
wurde in den letzten Jahren auch wieder
der angebotenen Palette zugefügt.
Die Wahl des Farbtons unterliegt nicht immer individuellen Farbvorlieben, sondern
ist Sachzwängen unterworfen. Bei den
großen Fahrzeugflotten von Dienstwagen,
Firmenwagen und Mietwagen, spielt der

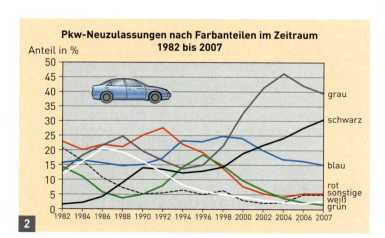

Pkw-Neuzulassungen nach Farbanteilen im Zeitraum 1982 bis 2007

Wiederverkaufswert eine große Rolle. Daher sind die Fahrzeuge der Polizei seit Jahren nicht mehr im Farbton Weiß sondern Silbermetallic lackiert. Neben ökonomischen Aspekten spielen zunehmend technische Aspekte eine Rolle in der Farbwahl der Käufer. So ist es nicht verwunderlich, dass die Mehrzahl der heute gekauften Fahrzeuge über eine Metallic- oder Perlmutteffektlackierung verfügen. Auch Mattlacke werden in der Fahrzeuglackierung neuerdings verwendet. Ein absolutes Novum ist die Entwicklung von Lacken mit einem ChamäleonEffekt, wobei der Farbumschwung nicht vom Blickwinkel, sondern von temperaturunterschieden abhängen kann. Auch Reflow Lacke, die kleine Kratzer wie z. B. Waschstraßenkratzer selbst reparieren, sind auf dem Markt (Kap. 7.11).

8.2.2
Entwurfstechnik

Bei der Erstellung von Entwürfen nutzt man heute in der Regel den Computer. Allerdings ist es nicht sinnvoll sich sofort an den Computer zu setzen, sondern sich zur Ideenfindung und Strukturierung anderer Mittel zu bedienen z. B. einer Mind-Map. Da Gestaltungsaufgaben häufig in Design Teams erarbeitet werden, kann auch die Metaplantechnik nützlich sein (s. S. 347). Wenn man erste Vorstellungen von der

Gestaltung hat, können Skizzen erstellt werden. Dabei kann man sich auf die Gestaltung konzentrieren, ohne von Details abgelenkt zu werden. Bei den ersten schnellen Skizzen werden Größen- und Raumverhältnisse grob festgelegt. Das Ziel ist es, in möglichst kurzer Zeit viele Varianten zu erhalten. Der nächste Schritt ist die Anfertigung von Scribbles. Bei Scribbles handelt es sich um die Verfeinerung ausgewählter Skizzen. Bei einem Scribble sind bereits die gewählten Farben erkennbar und die Maßverhältnisse und Proportionen werden exakter.

Analoge Entwürfe für Kundenpräsentationen gibt es heute nur noch selten. Meistens werden die Scribbles in einem professionellen Grafik- und Bildbearbeitungsprogramm am Computer ausgeführt. Damit lassen sich genaue Bemaßungen ausführen und die Farben können ebenfalls genau festgelegt werden. Außerdem bieten diese Programme die Möglichkeit die Entwürfe auch dreidimensional zu visualisieren. Die beiden folgenden Abbildungen zeigen, wie wichtig die Beschriftung und deren Platzierung auf dem Entwurf sind. Abb. 3 zeigt einen Entwurf mit gut platzierter Beschriftung und exakt benannten Farbtönen für das Farbkonzept. In der Abb. 4 ist die Beschriftung durch die falsche Auswahl der Schrift unleserlich. Außerdem sind die Farbtöne ungenau benannt.

3 Vorbildliches Farbkonzept

4 Unzureichendes Farbkonzept

3

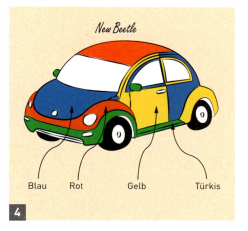

4

8.3
Schrift

Umgangssprachlich versteht man unter Schrift zum einen ein Schriftsystem (z. B. arabische, lateinische, chinesische Schrift) und zum anderen die Schriftart (Times, Bodoni, Arial etc.).

Weltweit wird die lateinische Schrift am häufigsten verwendet. Um die Kommunikation über Schrift zu systematisieren und zu vereinfachen, wurden Ordungssysteme entwickelt.

8.3.1
Die Einteilung der Schrift

Die **DIN 16 518** (Ausgabe 1964) fasst elf unterschiedliche Schriftarten zu Schriftgruppen mit gemeinsamen Merkmalen zusammen.
Die Einteilung der Gruppen I bis IX orientiert sich an der lateinischen Schrift. Die Gruppen I bis IV sind nach ihrer Stilepoche eingeteilt.
Die Unterschiede sind für den Laien kaum erkennbar. Der Fachmann sollte die Schriften genau unterscheiden und aufgrund ihres Aussehens und der damit verbundenen Wirkung gezielt für Gestaltungen einsetzen können. Die Tabelle 1 zeigt die genauen Merkmale.

Tab. 1: Einteilung der Schrift nach DIN 16518

Nr.	Name der Gruppe	besondere Merkmale	Beispiele	Schriftmuster
1	Venezianische Renaissance-Antiqua	kleines „e" mit schräger Linie, schräger Ansatz bei Kleinbuchstaben / Horizontale Serifen weisen Einbuchtungen auf, gemeine ragen z. T. über Oberlängen	Schneidler, Berkeley Old Style	Probe
2	Französische Renaissance-Antiqua	geringe Unterschiede der Strichstärke, ausgerundete Serife / der Querstrich des „e" ist meist horizontal	Sabon, Garamond, Palatino	Probe
3	Barock-Antiqua	deutliche Unterschiede der Strichstärke, schräge Ansätze der Kleinbuchstaben / die horizontalen Serifen sind symmetrisch und weisen keine Einbuchtungen auf, die Mittellänge ist deutlich länger als die Oberlänge	Times New Roman, Baskerville, Caslon	Probe
4	Klassizistische-Antiqua	extreme Unterschiede der Strichstärken, senkrechte kräftige Balken, hauchdünne Querlinien / die Gemeinen ragen nicht mehr über die Oberlänge, die Schriftachse der Rundformen ist vertikal	Bodoni, Madison, Walbaum	Probe
5	Serifenbetonte Linear-Antiqua	optisch gleich starke Striche und Serife	Rockwell, Egyptien	Probe
6	Serifenlose Linear-Antiqua	fehlende Serife, kaum Unterschiede in der Strichstärke	Frutiger, Arial, Helvetica	Probe
7	Antiqua-Varianten	alle Serifschriften, die nicht zu 1–4 gehören	Arnold Boeklin	Probe
8	Schreibschriften	Druckschriften, die Schreibschriften nachempfinden	Brush, Freehand	Probe
9	Handschriftliche Antiqua	Antiquaschriften mit Serifen, die in Schreibformen übergehen	Mistral, Tekton	Probe
10	Gebrochene Schriften	„altdeutsche" Schriften / die Rundungen der Gemeinen weisen viele Brechungen (Frakturen) auf, Versalien, ausgeprägte Rundungen und Verzierungen	Fraktur	Probe
11	Fremde Schriften	Nicht-lateinische Schriften	Qadi Linotype	ܩܐܕ

1 Antiqua Schrift

2 Groteskschrift

3 Schreibschrift

4 Gebrochene Schrift

Eine Vereinfachung dieser Einteilung wurde durch die Neufassung der DIN 16 518 (von 1998) vorgenommen. Diese verringert die elf Schriftgruppen auf fünf.

- Gruppe 1: Antiquavarianten,
- Gruppe 2: Grotesk,
- Gruppe 3: Schreibschriften,
- Gruppe 4: Gebrochene Schriften,
- Gruppe 5: Fremde Schriften.

Diese Neufassung ist allerdings rein formal, sie besitzt keinen offiziellen Status.

Merkmale einer Schriftgruppe

Um eine Schrift in ihrer Aussage und Wirkung beurteilen zu können, muss diese der entsprechenden Schriftgruppe zugeordnet werden können. Dazu sollten die wichtigsten Merkmale gekannt werden (➡ LF 4).

Antiqua-Schriften,

z.B. Garamond, Times, Caslon, Centaur, Baskerville, Bodoni, Walbaum
Antiqua-Schriften haben als Vorbild die Römische Capitalis, eine Schrift der römischen Antike, die zumeist in Stein gemeißelt wurde.

Kennzeichen sind Serifen, unterschiedliche Schriftstärken (Wechselstrich), runde Formen und bei den Minuskeln, meist schräge Achsen an den Rundungen (Abb. 1).

Groteskschriften

z.B. Arial, Franklin Gothic, Gill Sans, Helvetica
Grotesk-Schriften entstanden im 19. Jahrhundert.
Erkennungsmerkmale sind gleiche Strichstärken, reduzierte und klare Form, runde Formen bei Minuskeln und eine senkrechte Achse der Rundungen. Sie besitzen keine Serifen, die Oberlängen der Minuskeln sind oft identisch mit der Versalhöhe (Abb. 2).

Schreibschriften,

z.B. Englische Schreibschrift, Künstlerschreibschrift, Ariston, Ballantines
Die gedruckten Schreibschriften sind an die Handschrift (Chirographie) angelehnt. Gekennzeichnet werden sie durch die Anmutung an Schriften, die wie mit Pinsel oder Feder geschrieben wirken. Sie sind oft kursiv mit unterschiedlichen Strichstärken und geschwungenen Anfangsbuchstaben (Versalien, Abb. 3).

1 Beschriftung
  kombiniert mit
  Bildelementen

2 Schriftzug auf
  dem Fahrzeug-
  fenster

Gebrochene Schriften, z. B. Schwabacher, Fraktur, Gotisch, Rundgotisch

Die gebrochenen Schriften waren bis zum Ende des 2. Weltkrieges vor allem im deutschen Sprachraum üblich. Kennzeichen sind die Betonung der senkrechten Linien und das Brechen aller Rundungen. Die Schriften wirken so, als wären sie mit der Breitfeder geschrieben und haben einen starken Kontrast von fetten und feinen Linien, oft mit feinen Anstrichen und Abstrichen (Endstriche). Die Enden bei den Grundstrichen treten in Rautenform auf (S. 227, Abb. 4). In der Mitte eines Wortes oder einemTeil eines zusammengesetzten Wortes wird ein „langes S" verwendet (Abb. 4).

Fremde Schriften

Unter den fremden Schriften sind alle Schriften zusammengefasst, die nicht auf dem lateinischen Alphabet beruhen. Hierzu zählen z. B. griechische, kyrillische, arabische oder chinesische Schriften.

8.3.2 Bildauswahl und Anordnung

Durch den Digitaldruck werden häufig neben der Beschriftung auch großformatige Bildelemente bei der Gestaltung von Fahrzeugen eingesetzt. Daher ist es wichtig, dass die Schrift neben dem Bild wahrgenommen wird. Dies geschieht durch Hervorhebung mit Hilfe von Form, Farbe und Anordnung.

Anordnung der Elemente

Da die Beschriftung eines Fahrzeugs den vornehmlichen Zweck der Werbung hat, wird die Information meistens in Schriftblöcken gefasst hervorgehoben.

Hierbei muss mit Zurückhaltung vorgegangen werden, denn eine Überladung führt dazu, dass die Werbebotschaft nicht mehr wahrgenommen wird.

Für die Anbringung von Werbung stehen drei Zonen an Fahrzeugen zur Verfügung. Für die Fernwerbung sind Höhen über 2,00 m geeignet, wobei von einem Leseabstand von 20 m ausgegangen wird. Für die Nahwerbung wird der Bereich bis Körperhöhe genutzt. Die Schmutzzone bis ca. 0,50 m ist für die Anbringung von Schriftbotschaften nicht geeignet.

Auch eine gezielte Schriftanordnung erzeugt eine auffällige Wirkung. Eine gerade, horizontale Anordnung, die sich an der Fahrzeuggliederung orientiert, wirkt ruhig und konservativ. Eine von der Fahrzeuggliederung abweichende Schriftanordnung hat eine moderne und auffällige Wirkung.

Die Abb. 1 zeigt eine Beschriftung in Kombination mit Bildelementen. Die Auswahl der Bildelemente ist auf das Gewerk abgestimmt. Durch den Hell-Dunkel-Kontrast ist die Beschriftung gut lesbar. Das Kleeblatt setzt einen Farbakzent.

3 Anwendung des Komplimentärkontrastes

4 Schriftkonstruktion am Zeichenbrett

In der Abb. 2, wird der Firmenschriftzug auf dem Fenster statt in Schwarz in Weiß ausgeführt, um auch hier eine gute Lesbarkeit zu gewährleisten. Durch die Wahl der Schreibschrift wirkt die Gestaltung insgesamt seriös und unaufdringlich. Gleichzeitig wirkt die Schreibschrift wie die Handschrift des Unternehmers.

Abb. 3 zeigt ein ähnliches Fahrzeug, welches durch Schrift und Farbwahl sowie die Auswahl der Gestaltungselemente einen modernen und dynamischen Gesamteindruck vermittelt. In diesem Beispiel wird der Komplementärkontrast zwischen Schriftzug und den Gestaltungselementen angewendet, wodurch sie sich gegenseitig in ihrer Leuchtkraft unterstützen. Gleichzeitig sorgt der Hell-Dunkel-Kontrast zwischen Schriftzug und Wagenfarbe für eine gute Lesbarkeit. Die Schriftart unterstützt die moderne Wirkung der Gesamtgestaltung.

8.3.3 Schriftkonstruktion

Für die Beschriftung von Kastenaufbauten und Planen bei Lastkraftwagen, kann es erforderlich sein Schriften per Hand zu konstruieren (Abb. 4). Gleichzeitig werden dabei Eigenheiten einer Schrift besonders gut wahrgenommen.

Buchstabenabstände
Um eine gute Lesbarkeit des Wortes zu gewährleisten, sind die richtigen Buchstabenabstande zu berücksichtigen (optischer Ausgleich  LF 4).

Eine festgelegte Berechnung zur Bestimmung der Buchstabenabstände gibt es nicht. Die folgenden Angaben gehen von einem Standardabstand von 1,5 Teilen (= 1,5 Balkenbreiten) aus. Bei den Angaben handelt es sich um Näherungswerte. Eine Besonderheit ist bei Buchstabenkombinationen von z. B. LT und LY zu berücksichtigen. Dabei werden die Buchstaben überlappend angeordnet. Daraus ergibt sich ein Negativabstand von -½ Teil.

Beispiel:
Im Wort SPALT ragt der obere T-Balken in den unteren L-Balken hinein. Hilfslinien zur Schriftkonstruktion

Tab. 1: Buchstabenabstände

Buchstabenkombination	Beispiel	Teile
Geschlossene Buchstaben nebeneinander	H E	1,25 Teile
Geschlossene und offene Buchstaben nebeneinander	K E	1 Teil
Offene und schräge Buchstaben nebeneinander	A F	0,75 Teile
Runde Buchstaben	O C	1,5 Teile

Hilfslinien zur Schriftkonstruktion
Sind Balkenstärke und Schrifthöhe bekannt, kann mit dem Zeichnen der Hilfslinien begonnen werden (siehe Folgeseiten). Wichtig ist dabei der waagerechte Verlauf zur Blattkante und der parallele Verlauf der Linien zu einander. Wird ungenau gearbeitet, ist eine unsaubere Schriftkonstruktion die Folge.

Die Konstruktionslinien sollten mit einem dünnen Bleistift nur leicht aufgezeichnet werden. Zu weiche Bleistifte können leicht verschmieren. Durch leichtes Anzeichnen der Linien werden unsaubere Schriftkonstruktionen vermieden. Ein Radieren am Ende der Konstruktion wird dadurch überflüssig.

Beispiele für die Schriftkonstruktion
Gelegentlich müssen große einfache Schriften per Hand konstruiert werden. Dabei werden die Eigenheiten einer Schrift besonders gut wahrgenommen.

Beispiele zeigt die Tabelle 1.

Tab. 1: Beispiele für die Schriftkonstruktion

1 Teil

Abb. 1
Für die Konstruktion einer schmalen Grotesk-Schrift ist die Balkenstärke der Ausgangspunkt. Sie wird im folgenden Beispiel mit einem Teil angegeben.

geometrische Mitte

½ Teil

Abb. 4
Bei den Buchstaben E und F i eine Verkürzung des Mittelba kens um eine halbe Balkenst ke zu beachten. Des Weiterer der Mittelbalken in die optisc Mitte nach oben versetzt. Die Ausgleich wird mit $\frac{1}{10}$ Balken stärke vorgenommen.

Abb. 2
Die Buchstabenhöhe ergibt sich aus der Balkenstärke, die das Verhältnis 1 : 7 beträgt. Ist die Balkenstärke ein Teil, so ergibt sich eine Buchstabenhöhe von sieben Teilen.

1 Teil

seitlicher Übertritt

Abb. 5
Die Buchstaben A, K, V, W, X, Y mü sen mit einem seitlichen Übertritt konstruiert werden, um sie nicht z schmal wirken zu lassen. Bei der a gegebenen Buchstabenbreite und den Buchstabenabständen werden diese Übertritte nicht berücksicht

Abb. 3
Um die Konstruktion zu erleichtern, finden sich Zahlen unter den Buchstabenvorlagen. Diese geben die Buchstabenbreite an. Diese Zahlenangaben sind Teile, keine Zentimeterangaben.

0   1   2   3 3,5

Oberlinie

Grundlinie

Abb. 6
Runde Buchstaben wie S, C, G O und Q reichen über die Grun und Oberlinie hinaus. Dies bewirkt einen optischen Ausglei in der Buchstabenhöhe.

Vorlagen für Schriftzeichen

■ Gerade Buchstaben

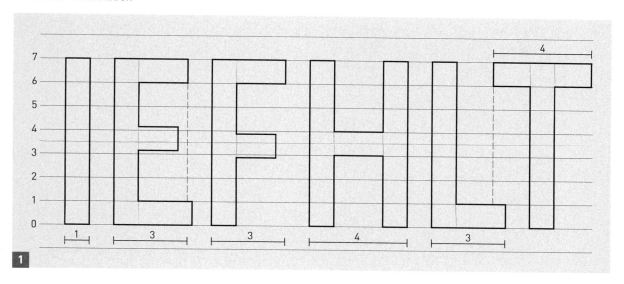

1

■ Schräge Buchstaben

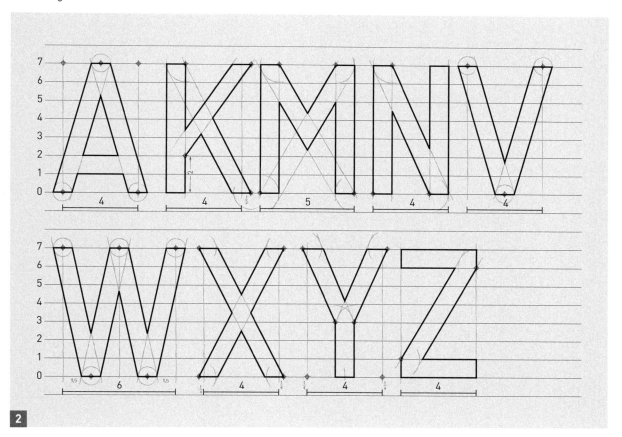

2

■ Runde Buchstaben

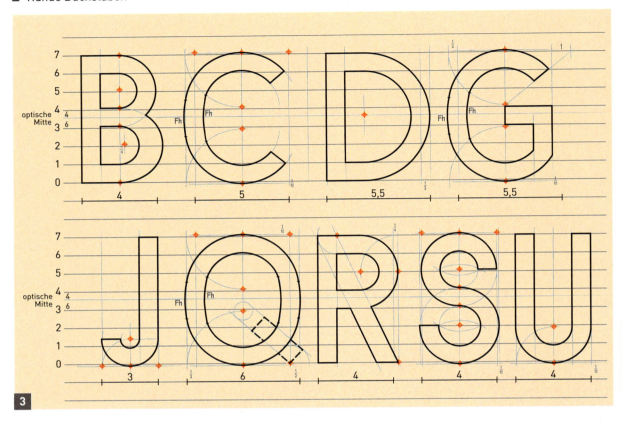

⊕ = Zirkeleinstichpunkt, Fh = Freihand ergänzen, blaue Linien = Konstruktionslinien

■ Wortkonstruktion, Beispiel:

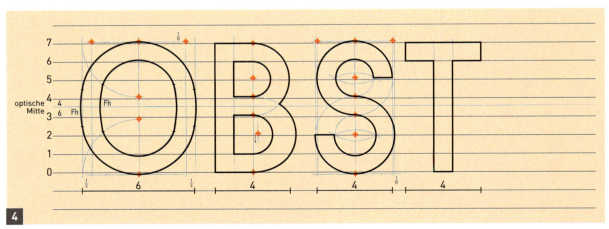

Koordinatensystem zu den Buchstabenabständen

Das Koordinatensystem der Tab. 1 gibt Auskunft über die Buchstabenabstände.

Zur Abstandsermittlung wird in der senkrechten Spalte der vorhergehende Buchstabe gesucht. Danach sucht man in der waagerechten Zeile den nachfolgenden Buchstaben.

Beispiel: FL = 0,5 Teile

Tab. 1: Buchstabenabstände

vorhergehender Buchstabe	nachfolgender Buchstabe																									
	A	B	C	D	E	F	G	H	I	J	K	L	M	N	O	P	Q	R	S	T	U	V	W	X	Y	Z
A	1,25	0,75	0,75	0,75	0,75	0,75	0,75	0,75	0,75	0,75	0,75	0,75	0,75	0,75	0,75	0,75	0,75	0,75	0,75	0	0,75	0,5	0,5	1	0,25	0,75
B	1	1	1,25	1	1	1	1,25	1	1	1	1	1	1	1	1,25	1	1,25	1	1	0,5	1	1	1	1	1	1
C	0,75	0,75	0,75	0,75	0,75	0,75	0,75	0,75	0,75	0,75	0,75	0,75	0,75	0,75	0,75	0,75	0,75	0,75	0,75	0,5	0,75	0,75	0,75	0,75	0,75	0,75
D	1	1	1,5	1	1	1	1,5	1	1	1	1	1	1	1	1,5	1	1,5	1	1	0,5	1	1	1	1	1	1
E	0,75	1	1	1	1	1	1	1	1	1	1	1	1	1	1	1	1	1	1	0,5	1	1	1	1	1	1
F	0	0,5	0,5	0,5	0,5	0,5	0,5	0,5	0,5	0,5	0,5	0,5	0,5	0,5	0,5	0,5	0,5	0,5	0,5	0,5	0,5	0,5	0,5	0,5	0,5	0,5
G	1	1	1	1	1	1	1,5	1	1	1	1	1	1	1	1,5	1	1,5	1	1	0,5	1	1	1	1	1	1
H	0,75	1,25	1	1,25	1,25	1,25	1	1,25	1,25	1	1,25	1,25	1,25	1,25	1	1,25	1	1,25	1	0,5	1	1	1	1	1	1
I	0,75	1,25	1	1,25	1,25	1,25	1	1,25	1,25	1	1,25	1,25	1,25	1,25	1	1,25	1	1,25	1	0,5	1	1	1	1	1	1
J	1	1	1	1	1	1	1	1	1	1	1	1	1	1	1	1	1	1	1	0,5	1	1	1	1	1	1
K	1,25	1	1	1	1	1	1	1	1	1	1	1	1	1	1	1	1	1	1	0,75	1	1,25	1,25	1	1	1
L	0,75	0,5	0,5	0,5	0,5	0,5	0,5	0,5	0,5	0,5	0,5	0,5	0,5	0,5	0,5	0,5	0,5	0,5	0,5	-0,5	0,5	0,5	0,5	0,5	-0,5	0,5
M	0,75	1,25	1	1,25	1,25	1,25	1	1,25	1,25	1	1,25	1,25	1,25	1,25	1	1,25	1	1,25	1	0,5	1	1	1	1	1	1
N	0,75	1,25	1	1,25	1,25	1,25	1	1,25	1,25	1	1,25	1,25	1,25	1,25	1	1,25	1	1,25	1	0,5	1	1	1	1	1	1
O	1	1	1,5	1	1	1	1,5	1	1	1	1	1	1,25	1	1,5	1	1,5	1	1	0,5	1	1	1	1	1	1
P	0,75	1	1,25	1	1	1	1,25	1	1	1	1	1	1	1	1,25	1	1,25	1	1	0,5	1	1	1	1	1	1
Q	1	1	1,5	1	1	1	1,5	1	1	1	1	1	1	1	1,25	1	1,5	1	1	0,5	1	1	1	1	1	1
R	1	1	1,25	1	1	1	1,25	1	1	1	1	1	1	1	1,25	1	1,25	1	1	0,5	1	1	1	1	1	1
S	1	1	1	1	1	1	1	1	1	1	1	1	1	1	1	1	1	1	1	0,5	1	1	1	1	1	1
T	0	0,5	0,5	0,5	0,5	0,5	0,5	0,5	0,5	0,5	0,5	0,5	0,5	0,5	0,5	0,5	0,5	0,5	0,5	0,25	0,5	0,75	0,75	0,75	0,75	0,5
U	1	1	1	1	1	1	1	1	1	1	1	1	1	1	1	1	1	1	1	0,5	1	1	1	1	1	1
V	1	1	1	1	1	1	1	1	1	1	1	1	1	1	1	1	1	1	1	0,75	1	1,25	1,25	1,25	1,25	1
W	0,5	1	1	1	1	1	1	1	1	1	1	1	1	1	1	1	1	1	1	0,75	1	1,25	1,25	1,25	1,25	1
X	1	1	1	1	1	1	1	1	1	1	1	1	1	1	1	1	1	1	1	0,75	1	1,25	1	1	1	1
Y	0,25	0,75	1	0,75	0,75	0,75	1	0,75	0,75	1	0,75	0,75	0,75	0,75	1	0,75	1	1	1	0,75	0,75	1	1	1	1	1
Z	1	1	1	1	1	1	1	1	1	1	1	1	1	1	1	1	1	1	1	0,5	1	1	1	1	1	1

Hinweis: Die Buchstabenabstände werden immer ohne Berücksichtigung der Übertritte gemessen. Ein Beispiel zeigt die nebenstehende Zeichenfolge.

**Anleitung zur Konstruktion von
Buchstaben mit schräg verlaufenden Schriftbalken**

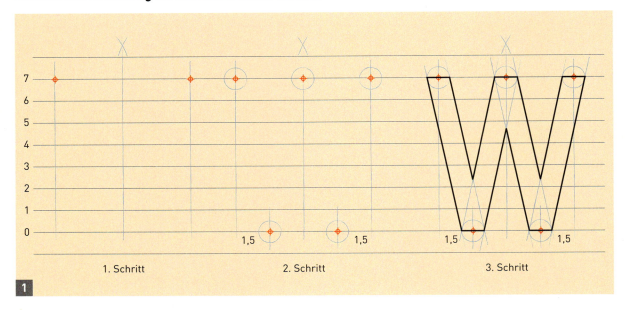

1. Schritt   2. Schritt   3. Schritt

1

1 W-Konstruktion

2 Y-Konstruktion

Schritt 1:
Zwei Senkrechte im Abstand von sechs
Balkenbreiten aufzeichnen. Dieser Abstand
wird nun durch die Verwendung eines
Zirkels halbiert. Daraus ergibt sich der
mittige Einstichpunkt auf der Oberlinie.

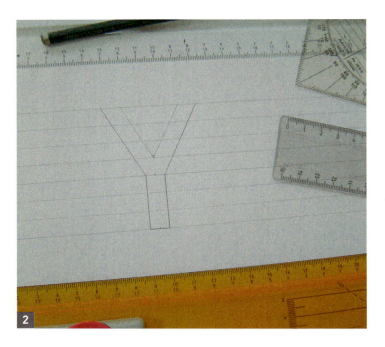

2

Schritt 2:
Auf der Schriftlinie wird von beiden Seiten 1,5 Balkenstärken eingerückt. Diese
Schnittpunkte ergeben die beiden Einstichpunkte.

Um die Einstichpunkte auf Ober- und
Schriftlinie werden Kreisbögen mit dem
Radius einer halben Balkenstärke ge-
zogen.

Schritt 3:
Die Schräglinien einzeichnen, in dem diese die Kreise nur berühren dürfen.

Die Konturen des Buchstabens werden
zum Schluss nachgezogen.

Ein häufiger Fehler bei der Konstruktion
von Schrägbuchstaben ist die falsche Balkenstärke der Schräglinien. Dieser Fehler
entsteht, wenn kein Zirkel für die Konstruktion verwendet wird.

Ist kein Zirkel zur Hand, muss die Balkenstärke im rechten Winkel zur Schräglinie
gemessen werden.

Anleitung zur Konstruktion von Buchstaben mit Rundbogen

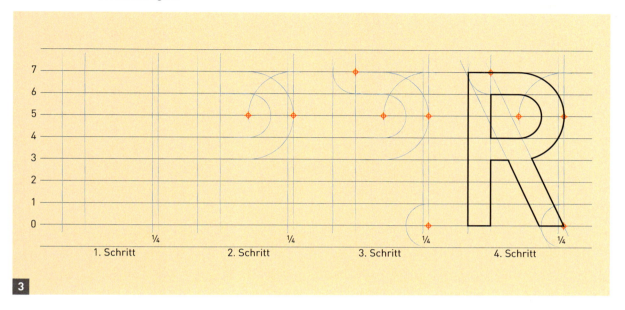

3

Schritt 1:
Senkrechter Balken mit einer Balkenstärke einzeichnen. Buchstabenbreite und einen Überstand von ¼ Balkenstärke markieren.

Schritt 2:
Einstichpunkt für die Rundung ermitteln. Hierzu die 2 Balkenbreiten von oben auf der äußersten rechten Begrenzungslinie nach unten gehen. Mit dem Zirkel einstechen und den Radius bis zur Oberlinie in den Zirkel einstellen. Kreisbogen nach unten schlagen.

Schritt 3:
Äußere Rundung um den Einstichpunkt einzeichnen. Der Radius ergibt sich aus der Strecke, Einstichpunkt – Oberlinie. Innere Rundung durch die Verringerung des Radius um eine Balkenbreite konstruieren.

Schritt 4:
Einstichpunkt für den Schrägbalken ermitteln. Einen Kreis mit dem Radius der Balkenstärke um den Einstichpunkt zeichnen.

Mit den Hilfskreisen den Schrägbalken einzeichnen unter Berücksichtigung der Balkenbreite.

Buchstabenlinien nachzeichnen.

Die Buchstaben B und P werden wie der Buchstabe R konstruiert.

Bei dem Buchstaben B ist darauf zu achten, dass die untere Rundung breiter ist als die obere Rundung.

Ohne der Verwendung eines Zirkel sind die Konstruktionen der runden Buchstaben nicht möglich.

3   R-Konstruktion

Anleitung zur S-Konstruktion

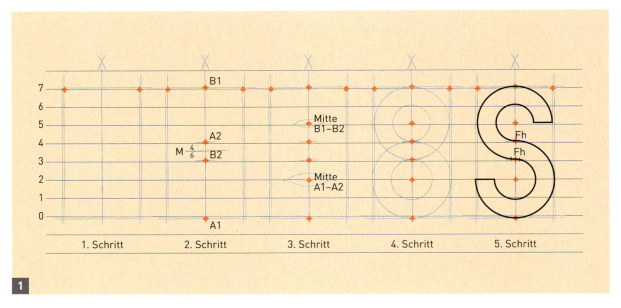

1

1 und 2
   S-Konstruktion

Schritt 1: Aufzeichnen der Buchstabenbreite und eines Überstandes von $1/10$.
Konstruktion der Mittelsenkrechten.

Schritt 2: Ermittlung der optischen Mitte
mit den Punkten A1, A2 und B1 und B2.

2

Schritt 3: Teilung der Strecken A1–A2 und
B1–B2. Die ermittelten Mitten sind die
Einstichpunkte für die Rundungen.

Schritt 4: Einzeichnung der Rundungen,
so dass eine Acht entsteht. Dabei ist der
Übertritt über die Ober- und Grundlinie zu
beachten (Übertritt $1/10$ Balkenstärke).

Schritt 5: Die Enden ergeben sich aus
einer Waagerechten zu den Einstichpunk-
ten.

Schritt 6: Die Mittelverbindung ist freihand
einzuzeichnen. Buchstabenkontur am
Ende nachzeichnen.

Hinweis:
Bei der S-Konstruktion ist der häufigste
Fehler das ungenaue Einstechen mit dem
Zirkel. Wird dabei unsauber gearbeitet, ergeben sich falsche Kreisbogengrößen. Die
oberen Kreise müssen etwas kleiner sein
als die unteren Kreise.

Aufgaben zu Kapitel 8.3

1. In welche fünf Gruppen sollte der Fahrzeuglackierer die Vielzahl an Schriften
zur einfacheren Kundenberatung einteilen?

2. Woher kommt das äußere Erscheinungsbild der Gebrochenen Schriften?

3. Beschreiben Sie den Unterschied zwischen Schreibschriften und
handschriftlichen Antiqua Schriften.

4. Bestimmen Sie die jeweilige Gruppe der folgenden vier Schriften (Abb. a–d)
gemäß der vereinfachten Schrifteneinteilung, indem Sie die eindeutigen
Merkmale herausstellen.

5. Beschreiben Sie die Unterscheide zwischen einer serifenlosen und einer
serifenbetonten Linearantiqua.

6. a) Ordnen Sie die gewählten Schriften auf dem Anhänger den entsprechenden
Schriftgruppen zu.

b) Kennzeichnen Sie folgende typografische Begriffe am Wort „Gebäudema-
nagement" auf dem Anhänger: Schriftbreite, Schrifthöhe, Ober- Unter- und
Mittellänge, Grundlinie, Versalie, Minuskel, Buchstabenabstand, Schriftschnitt,
Balkenstärke.

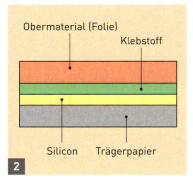

Obermaterial (Folie)

Klebstoff

Silicon   Trägerpapier

1 **Fahrzeug mit
   Vollverklebung**

2 **Aufbau
   einer Folie**

3 **Detailansicht
   mit perforierter
   Folie für Fenster-
   flächen**

8.4
Folien

Folien werden im Fahrzeuglackiererhand-
werk für Beschriftungen auf Fahrzeugen
sowie die Vollverklebung (Car Wrapping),
eingesetzt (Abb. 1). Im gestalterischen Bereich können sie z. B. auch bei Airbrush-
arbeiten als Abdeckmaske verwendet
werden.
Den weitaus größten Teil dieser verwendeten Folien nehmen die selbstklebenden
Folien ein. Selbstklebende Folien besitzen
auf ihrer Rückseite einen dünnen Klebe-
film, der sich dem Untergrund anpassen
kann.

8.4.1
Aufbau einer Folie

Eine handelsübliche Folie für eine Folienbeschriftung setzt sich aus Obermaterial,
Kleber, Silicon- und Trägerpapier zusammen (Abb. 2).

Obermaterial (Folie)
Kunststofffolien werden aus Polyester,
Polyolefinen wie Polyethylen (PE),
Polypropylen (PP) oder Polyvinylchlorid
(PVC) hergestellt.

Polyesterfolien sind sehr widerstandsfähig gegen Lösemittel, temperaturbestän-
dig und schrumpfen nicht. Sie besitzen
eine starre Struktur und können sich deshalb unebenen Flächen nicht anpassen.
Polyesterfolien sind nur glasklar und
gold- und silberfarben herzustellen.

Wegen ihres hohen Glanzgrades und der
Transparenz werden sie meist als Dekor-
folien benutzt.

Polyethylen-und Polypropylenfolien
werden als so genannte umweltschonen-
de Folien gehandelt. Sie weisen eine kurze
Lebensdauer auf und sind sehr teuer.

Aus **Polyvinylchlorid** werden die meisten
Folien hergestellt. Sie können für alle
Haltbarkeitsbereiche produziert werden,
für den kurz-, mittel- und langfristigen
Einsatz. Polyvinylchloridfolien gelten als
qualitativ hochwertig und sind kostengünstig herzustellen. Für die Fahrzeug-
vollverklebung werden hochwertige
mehrschichtig gegossene PVC-Folien verwendet, die sich durch ihre herausragende
Dimensionsstabilität und besonders gutes
Anschmiegeverhalten bei Sicken und kon-
kaven Flächen auszeichnen. Diese Folien
haben auch eine sehr hohe Glanzhaltung
auch bei mechanischer Belastung (Waschanlage). Außerdem sind sie im Sieb-
druckverfahren bedruckbar. Diese Folien
sind auch in RAL-Farbtönen wie das Ver-
kehrsblau für die Polizei (RAL 5017), das
Tief-Orange für Straßenbetriebsfahrzeuge
(RAL 2011) und Hellelfenbein für Taxis
(RAL 1015) unter den Herstellerfarbcodes
zu erhalten. Auch Hausfarben für das Corporate Identity können nachgestellt werden. Transparente Folien dieser Art werden wegen ihres guten UV-Schutzes zum
Schutz von Digitaldrucken bei der Fahrzeugbeschriftung verwendet. Auf Fenstern
werden sie perforiert eingesetzt, um der
Verkehrssicherheit zu genügen (Abb. 3).
Außerdem gibt es auch Spezialfolien wie
die Steinschlag- und Sonnenschutzfolien.

Kleber

Die Eigenschaften eines Klebers haben ebenso großen Einfluss auf die Anwendungsmöglichkeiten und Haftungsdauer einer Folie. Versagt der Kleber, kann die Folie nicht mehr am Untergrund haften. Selbstklebende Folien werden entweder mit Kautschuk- oder Polyacrylatkleber versehen.

Kautschukkleber weisen durch ihr Fließverhalten schlechte Schneideeigenschaften auf. Das bedeutet, dass der Kleber nach dem Schneiden (Plotten) an den Schneidekanten wieder zusammenfließt. Das macht ein Entgittern (Entfernen überflüssiger Folienteile) von Motiven und Schriften nahezu unmöglich. Kautschukkleber hat eine hohe Anfangshaftung, da sich der Kleber durch die Fließfähigkeit sofort der Oberfläche anpasst. Die Klebkraft kann jedoch nicht mehr erhöht werden, was zu einem leichten Ablösen der Folie führt. Kautschukkleber finden ihren Einsatz meist auf Übertragungsfolie (Application-Tape) zur Übertragung des Folienplots vom Trägerpapier auf den Untergrund. Da keine hohe Endfestigkeit erreicht wird, ist das Tape leicht und rückstandsfrei abzuziehen. Vorwiegend sind Kleber aus **Polyacrylat** im Einsatz. Die Kleber sind witterungs- und alterungsbeständig. Sie finden Verwendung im Innen- und Außenbereich, für den kurz- bis langfristigen Einsatz. Folien für den kurzfristigen Einsatz müssen bis zu zwei Jahre haltbar sein. Der mittelfristige Einsatz einer Folie fordert eine Haltbarkeit von bis zu sieben Jahre.

Folien mit einer Lebensdauer von sieben bis zehn Jahren sind für die langfristige Anwendung vorgesehen. Polyacrylatkleber zeichnen sich durch eine geringe Anfangshaftung aus. Durch fachgerechtes Anrakeln erlangen sie jedoch eine bessere und langfristigere Endhaftung als Kautschukkleber (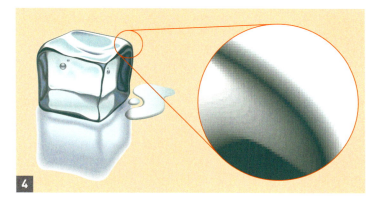 LF 4). Aufgrund ihres transparenten Aussehens ermöglichen Polyacrylatkleber Hinterglas-Gestaltungen.

Polyacrylatkleber sind auch als Gleitkleber im Handel zu finden. In diesen Klebern

sind kleine „Justierelemente" in Form von Hohlglaskugeln eingebettet. Diese Kügelchen werden beim Rakeln zerstört und die Haftung tritt ein. Das ermöglicht ein genaues Positionieren der Folien im Vorfeld. Dies ist besonders bei mehrteiligen und sehr großen Gestaltungen und Beschriftungen von Vorteil. In diesem Fall kann auf das Nassklebeverfahren (LF 4) verzichtet werden.

Silicon- und Trägerpapier

Die Siliconschicht, die sich auf dem Trägerpapier befindet, fungiert gemeinsam mit dem Trägerpapier als Schutzabdeckung. Die Siliconschicht verhindert das Zusammenkleben der aufgerollten Folie. Das Trägerpapier schützt den Klebstoff vor Verschmutzung und Austrocknung. Zudem „trägt" das Trägerpapier das Motiv bis zur Übertragung auf den Untergrund. Es muss ein beim Übertrag leicht abzulösen sein. Außerdem muss das Trägerpapier eine ausreichende Haftung auf der Folie beim Schneiden besitzen.

8.4.2
Bilddateien

Neben einfarbigen Folien für Beschriftungen oder Vollverklebungen werden zunehmend mit Digitaldrucken versehene Folien verklebt.

Pixelgrafiken

Bilder werden an einem Bildschirm durch farbige Punkte (Pixel) erzeugt. (Abb. 4) Jeder Monitor besteht aus kleinen Punkten, auf denen jeweils ein Farbpunkt erzeugt werden kann. Je größer die Anzahl

4   Pixelgrafik

4

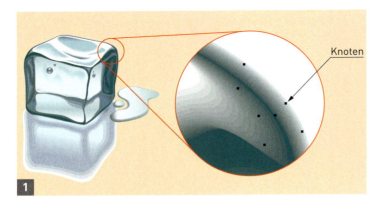

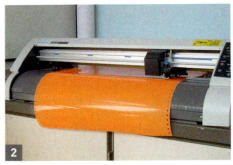

1 Bild als
  Vektorgrafik

2 Plotter

der Pixel auf einer bestimmten Fläche ist, desto schärfer erscheinen die Konturen des Bildes. Die Konturen bei einer Pixeldatei sind bei sehr genauer Betrachtung treppenartig abgestuft. Außerdem unterscheiden sich die Farben benachbarter Pixel meist nur schwach voneinander. Bei einem Monitor mit einer Auflösung von z. B. 1280 x 1024 Pixel sind 1 310 720 Pixel vorhanden. Bei einem sehr großen Monitor sieht das Bild mit dieser Auflösung auf kurze Entfernung eher unscharf, bei einem kleinen Monitor sieht es gestochen scharf aus.

Die Anzeige des Bildes am Monitor sagt allerdings noch nichts darüber aus, wie hoch die Auflösung eines digitalen Bildes ist. Sie kann unter Umständen deutlich besser sein als der Monitor es darstellen kann. Aber auch eine hohe Anzahl der Pixel des Bildes kann eine hohe Auflösung nur vortäuschen, wenn z. B. ein Bild mit 6 Millionen Pixeln eine Seitenlänge von 100 cm hat. Eine verlässliche Größe für die Auflösung eines Bildes ist die Angabe in dpi (Dots per Inch = Punkte pro Inch). Hier wird angegeben, wie viele Punkte sich auf einer Länge von einem Inch (2,54 cm) befinden. Für Druckqualität ist eine Auflösung von 300 dpi meist ausreichend. Gängige Dateiformate für Pixeldateien tragen die Endungen jpg, bmp, gif oder tif.

Vektorgrafiken
Eine Datei, die von einem Plotter zum Schneiden von Folien verwendet werden soll, muss klare Konturlinien besitzen. Diese Linien werden nicht durch viele

Punkte erzeugt, sondern durch wenige Knoten, die Informationen über die Verbindung zum vorhergehenden und nachfolgenden Knoten enthalten. So entsteht eine eindeutige Linie zwischen zwei Knoten (Abb. 1). Diese kann durch Verschieben und Veränderung der Knoteneigenschaften bei Bedarf verändert werden. Pixeldateien müssen zur Verarbeitung im Plotter in eine Vektorgrafik umgewandelt werden.
Für diese Vektorisierung gibt es spezielle Programme. Das Ergebnis ist allerdings nur bei kontrastreichen Schwarzweiß-Bildern so gut, dass es ohne Weiterbearbeitung geplottet werden kann. Häufig müssen störende Knoten beseitigt und unpassende Linien geändert werden. Vektorgrafiken werden z. B. als HPGL Datei (Endung plt) gespeichert und verarbeitet.

8.4.3
Plotten

Gestaltungen und Schriften aus selbstklebenden Folien werden meist mit Schneideplottern hergestellt (Abb. 2). Schriftzüge können am Computer entworfen und auf die entsprechende Größe gebracht werden. Die Daten werden an den Plotter gesendet. Dieser funktioniert ähnlich wie ein Drucker. Er hat allerdings anstelle eines Druckerkopfes ein Schneidemesser.
Dieses Messer schneidet die Konturen von Motiven und Schriften in die Folie. Die Plottertechnik ermöglicht es, die Folien und Klebstoffschicht zu durchtrennen, ohne das Trägerpapier durchzuschneiden.

8.4.4
Arbeitsablauf einer Folienverklebung

Bei der Übertragung von Schriftzügen, Gestaltungen mit Digitaldrucken wie auch bei der Vollverklebung geht man ähnlich vor. Als Werkzeuge benötigt man eine Rakel (bei der Vollverklebung mit Filzkante), einen Cutter oder ein Skalpell und einen Heißluftfön. Für die Arbeitsschritte einer Schriftübertragung siehe ⬚➡ LF 4.

Beim Auftragen von ganzen Gestaltungen handelt es sich um das Auftragen größerer Folienflächen auf Teilbereiche eines Fahrzeugs. Hierbei werden meistens große und überwiegend glatte Flächen beklebt. Bei der Vollverklebung müssen hingegen alle Rundungen, Sicken und Kanten überklebt werden, wobei auch hier nur Teilbereiche aus gestalterischen Gründen beklebt werden können, wie z. B. Motorhaube, Dach oder die Kotflügel.

Arbeitsschritte einer Vollverklebung

■ In allen Fällen ist für ein gutes Ergebnis und die Haltbarkeit der Verklebung eine gute Reinigung des Untergrundes nötig. Bei einer vorausgehenden Reinigung in der Waschanlage ist das Konservierungswachs wegzulassen. Wachsreste müssen mit Isopropanol entfernt werden.

■ Vor der Weiterverarbeitung frisch bedruckter Folien sollten man ca. 72 Stunden warten.

■ Die Folien werden mit einer Zugabe von 5–10 cm zugeschnitten und mit Klebeband am Werkstück befestigt.

■ Danach werden sie mit Klebeband am Werkstück befestigt.

■ Öffnungen wie z. B. Radhäuser werden ebenfalls grob ausgeschnitten.

3 Reinigung des Untergrunds

4 Zuschneiden der Folie

5 Anheften an die Karosserie

6 Anpassen an die Karosserie

1 Abziehen der
  Folie vom
  Trägerpapier

2 Erwärmen
  der Folie

3 Anrakeln
  der Sicken

4 Passgenaue
  Bearbeitung
  der Ränder

5 Umschlagen
  der Ränder

■ Die Trägerfolie wird vorsichtig abgezogen und über die zu bearbeitende
  Fläche gezogen.

■ Von der Mitte aus wird die Folie fest
  zum Rand hin angerakelt. Bei gewölbten Flächen wird die Folie dabei
  weiträumig erwärmt.

■ Die Sicken werden fest angerakelt, damit sich die Folie an diesen kritischen
  Stellen nicht löst.

■ Die überstehenden Ränder erst nach
  Abkühlung umschlagen und abschnei-
  den.

■ Zum Abschluss werden noch einmal
  alle Ränder und tiefgezogenen Flächen
  erwärmt. So wird die Folie durch die
  Hitze in der Form fixiert. Gegebenenfalls erfolgt eine Versiegelung der
  Kanten.

■ Winzige Luftbläschen diffundieren in
  der in der Regel innerhalb weniger
  Tage durch die Folie. Größere Lufteinschlüsse müssen vorsichtig mit einer
  Nadel eingestochen und die Luft mit
  der Rakel herausgedrückt werden.

  Nach ca. 72 Stunden ist der Kleber ausgehärtet. Mit einer Autowäsche in der
  Waschanlage sollte man 3–6 Wochen
  warten. Auch eine Politur ist erst nach
  ca. 3 Wochen angeraten, wobei auf
  wachsfreie silicon- oder teflonhaltige
  Produkte für Kunststoffoberflächen
  zurückgegriffen werden sollte. Durch
  Erwärmen mittels Heißluftfön können
  die Folien leicht entfernt werden.

8.5
Zierlinien,
Zierstreifen, Dekore

Zierlinien, Zierstreifen und Dekore geben einem Serienfahrzeug eine individuelle Note. Damit lassen sich die Fahrzeugformen dezent betonen oder ein außergewöhnliches, sportliches Design erstellen

8.5.1
Zierlinien

Die verwendeten Zierlinien bestehen wie auch herkömmliche Beschriftungsfolien aus Folienstreifen. Sie sind in vielen Farbtönen und Breiten erhältlich. Neben Standardfarbtönen sind auch einige Chrom-, Perlmutteffekt- und fluoreszierende Farbtöne erhältlich. Mit Zierlinien lassen sich dezente Akzente setzen (Abb. 6), aber je breiter die Linien gewählt werden desto sportlicher wird der Charakter der Gestaltung. Zierlinien für Felgen werden gern bei Motorrädern genommen. Diese Zierstreifen sind leicht vorgekrümmt, so dass sie sich optimal dem Rand von Felgengrößen von 11 Zoll bis 26 Zoll anpassen (Abb. 7).

8.5.2
Zierstreifen

Neben den einfachen Zierlinien gibt es auch doppelte oder dreifache Zierstreifen, wie sie auch im Motorsport verwendet werden. Im Gegensatz zu den Zierlinien werden Zierstreifen mit Application

Tape geliefert. Diese Mehrfachlinien können zudem Nummern und Schriftzüge enthalten (Abb. 8). Die Farbskala entspricht der von einfachen Zierlinien. Außerdem sind auch spezielle Designs erhältlich z. B. das Raceflag Design, Carbon und Kevlar.

8.5.3
Dekore

Manche Autofahrer legen besonderen Wert auf das Styling ihres Fahrzeugs. Angeregt durch Computerspiele, Filme oder Werbung ist ihnen das Aussehen ihres Fahrzeugs besonders wichtig. Da Airbrush und Pinstriping teuer sind, ist das Angebot an Aufklebern von Flames, Tribals und anderen Dekoren eine preiswerte Alternative. In Verbindung mit Linien und Streifen entstehen auf diese Art zum Teil aufwändige Designs (Abb. 9).

6 Zierlinie

7 Felgenzierlinie

8 Racingstreifen

9 Dekor

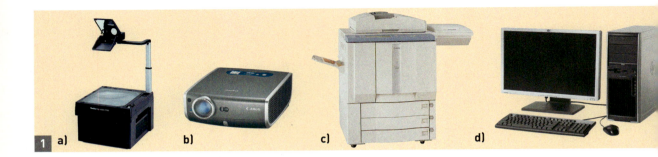

1 a) b) c) d)

1 Geräte für
  Übertragungs-
  techniken
  a) Overhead-
     projektor
  b) Beamer
  c) Kopiergerät
  d) PC

2 Netzraster,
  Ausgangsmotiv

3 Vergrößertes
  Netzraster

8.6
Vergrößerungstechniken

Beim Übertragen von Motiven müssen
diese vergrößert oder verkleinert werden.
Dabei wird unterschieden zwischen

■ geräteunterstützten Methoden und
■ manuellen Methoden.

Geräteunterstützte Methoden
Bei der geräteunterstützten Methode
können Motive durch Computer, Beamer,
Scanner, Tageslicht- bzw. Diaprojektoren
oder Fotokopiergeräten in ihrer Größe verändert werden (Abb. 1).

Manuelle Methode
Sollen großformatige Motive übertragen
werden, wird häufig die manuelle Methode
angewendet.
Die einfachste Art ist das Motiv auszumes-
sen. Hierzu wird ein Maßstab festgelegt
und mit Hilfe eines Lineals die vergrößerte

Zeichnung angefertigt. Das ist nur möglich, wenn es sich um ein geometrisch
einfaches Motiv handelt.

Für komplexe Motive ist eine Übertra-
gungsart mit Hilfe eines Netzrasters gebräuchlich.

Dazu wird über die Vorlage ein quadrati-
sches Raster gezeichnet. Die Rastergröße
ist abhängig von der Komplexität des zu
übertragenden Motivs. Die horizontalen
und vertikalen Linien des Rasters können
zur besseren Übersichtlichkeit mit Ziffern
und Buchstaben gekennzeichnet werden
(Abb. 2).

Soll das zu übertragende Motiv z. B. in
vierfacher Vergrößerung gezeichnet werden, zeichnet man das Raster in vierfacher
Größe auf den Untergrund. Die Anzahl der
Quadrate auf der Vorlage muss mit der
Anzahl der Quadraten des Vergrößerungs-
rasters übereinstimmen.

Anschließend werden die Schnittpunkte
zwischen Motiv und Rasterlinien der
Vorlage auf das Vergrößerungsraster
übertragen. Durch Verbinden der Schnittpunkte entsteht die vergrößerte Darstellung (Abb. 3).

2

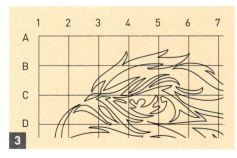

3

8.7
Maßstabsrechnen

Gegenstände in Teilzeichnungen können in natürlicher Größe, in einer Vergrößerung oder in einer Verkleinerung dargestellt werden. Der Maßstab (M) gibt an, in welchem Verhältnis das gezeichnete Maß zum wirklichen Maß steht. Hierbei wird das Zeichenmaß mit ZM und das Wirklichkeitsmaß mit WM abgekürzt. Die Formel lautet:

$$M \text{ (Maßstab)} = \frac{\text{Wirkliches Maß (WM)}}{\text{Zeichnungsmaß (ZM)}}$$

Der Maßstab 1 : 50 (ZM : WM) bedeutet, dass 1 cm auf der Zeichnung 50 cm in Wirklichkeit entsprechen. Demnach ist die Zeichnung eine Verkleinerung.
Der Maßstab 2 : 1 (ZM : WM) bedeutet, dass 2 cm auf der Zeichnung 1 cm in Wirklichkeit entsprechen. Die Zeichnung ist somit eine Vergrößerung.

Berechnungsbeispiel 1
Der Buchstabe F (Abb. 4) befindet sich auf einem Fahrzeug und wurde hier im Maßstab 1 : 5 als Entwurf gezeichnet, d. h. es handelt sich bei der Zeichnung um eine Verkleinerung.
Wie groß ist das wirkliche Maß?

WM = ZM · M
WM = 45 cm · 5 cm
    = 225 cm
    = 2,25 m

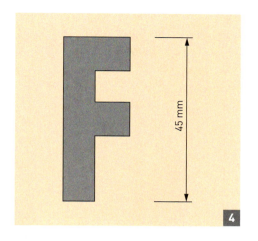

1 Beispiel-
   buchstabe

45 mm

4

Berechnungsbeispiel 2
Der Buchstabe F (Abb. 4) befindet sich auf einem Fahrzeug und ist eine Vergrößerung im Maßstab 5 : 1. Wie groß ist das Zeichenmaß?

ZM = WM : M
ZM = 45 cm : 5 cm
    = 9 cm

Berechnungsbeispiel 3
Das wirkliche Maß des Buchstaben F beträgt 6,75 m und das Zeichnungsmaß beträgt 45 cm.
Wie groß ist der Maßstab?

M = WM : ZM
M = 675 cm : 45 cm
  = 15
=> **M 1 : 15**

Aufgaben zu Kapitel 8.7

1. Für eine Beschriftung wird ein Entwurf im Maßstab 1 : 2 gezeichnet. Dafür ist auf der Zeichnung eine Beschriftungsfläche mit der Länge 35 cm und Höhe 25 cm angegeben. Berechnen Sie die wirklichen Maße der Beschichtungsfläche in m.

2. Ein Schriftzug soll im Maßstab 1 : 15 gezeichnet werden. Die wirkliche Höhe beträgt 1,20 m. Berechnen Sie das Zeichnungsmaß in dm.

3. Ein Buchstabe auf einem Firmenwagen hat die Höhe von 0,75 m. Das Zeichenmaß auf der Skizze beträgt 0,05 m. Berechnen Sie den Maßstab.

9

Lernfeld 9
Lackierverfahren anwende

Kundenauftrag
▶ Lackierung an Baufahrzeugen

Arbeitsauftrag

Das Bauunternehmen Hoch-Tiefbau hat verschiedene Baufahrzeuge ersteigert. Diese Baufahrzeuge sollen in Ihrer Lackiererei auf die Firmenfarben des Bauunternehmens umlackiert werden. Die Farben der Firma ergeben sich aus deren Firmen-Logo.

Die Umlackierung der Baufahrzeuge ist möglichst zeit- und kostensparend durchzuführen.

Aus diesem Grund schlägt Ihr Arbeitgeber vor, auch mit anderen Spritzsystemen zu arbeiten. Neben dem herkömmlichen Hochdrucksystem stellt er ein Airmix-, ein Airless- und ein Elektrostatisches-Spritzsystem zur Verfügung.

Auszuführende Arbeiten

1. Die Fahrzeuge sind zu reinigen.

2. Vorhandene Korrosionsstellen sind großflächig zu entrosten und zu grundieren.

3. Die Altlackierung wurde geprüft und ist mit einem Sealer zu beschichten.

4. Es sind Spritzmuster mit den unterschiedlichen Spritzsystemen anzufertigen.

5. Es sind drei Farbentwürfe für den Betonmischer anzufertigen.

6. Das für das jeweilige Fahrzeug passende Spritzsystem ist auszuwählen.

7. Die verschiedenen Baufahrzeug sind in den Firmenfarben mit einem 2K-Einschichtlack mit dem ausgewählten Spritzsystem zu lackieren.

8. Oberflächenberechnungen für die Oberfläche der Mischtrommel des Betonmischers, sowie der Lademulde des Lastkraftwagens sind durchzuführen.

9. Berechnung der erforderlichen Menge 2K-Einschichtlack in Liter, wenn der Verbrauch von spritzfertig angemischtem Lack bei 10,2 m^2 pro Liter liegt und die Flächen zweimal lackiert werden.

Objektbeschreibung

Bei den Baufahrzeugen handelt es sich um einen gebrauchten Schaufelbagger in den Farben Gelb und Weiß sowie um einen Radlader in den Farben Rot und Weiß.
Die weiteren Fahrzeuge sind ein oranger Lastkraftwagen mit Kippmulde und ein Betonmischer.
Die Fahrzeuge sind stark verschmutzt.
Die Lackierungen aller Baufahrzeuge sind in einem guten Zustand.
Kleinere, vorhandene Korrosionsschäden sind nur oberflächig. Durch die bereits entstandene Benutzung der Fahrzeuge sind Gebrauchsspuren wie Lackabschärfungen vorhanden.
Die Altlackierung hat eine gute Haftung und ist lösemittelfest.

Leistungsbeschreibung

Reinigen der Fahrzeuge
Die Fahrzeuge sind Mittels Hochdruckreiniger von allen alten Bauverschmutzungen zu säubern.

Korrosionsschäden entfernen und grundieren
Die leichte oberflächige Korrosion ist mit den geeigneten Werkzeugen zu entfernen. Metallisch blanke Stellen sind mit einer Epoxidharzgrundierung zu beschichten.

Sealer spritzen
Um eine schnelle Umlackierung zu ermöglichen, sind die kompletten Altlackierungen mit Sealer zu beschichten.

Anfertigen von Spritzmustern
Es sind Spritzmuster mit den zur Verfügung gestellten Spritzsystemen anzufertigen

Anfertigen der Farbentwürfe
Für den Betonmischer sind drei Farbentwürfe, unter Berücksichtigung der Firmenfarben, anzufertigen

Auswahl des richtigen Spritzsystems
Für die endgültige Lackierung ist das passende Spritzsystem auszuwählen. Dabei sind Faktoren wie Oberflächenstruktur, Rationalität und Einsatzmöglichkeit zu berücksichtigen.

Lackieren der Baufahrzeuge
Die Baufahrzeuge sind mit einem 2-Komponenten-Einschichtlack in den Firmenfarben Grau, Schwarz und Violett zu lackieren.

Berechnung der Oberflächen
Die Oberfläche der Mischtrommel des Betonmischers und die Oberfläche der Kippmulde des Lkws sind in m² zu berechnen. Hierbei wird die Mischkugel nur außen lackiert, die Kippmulde des Lkws allseitig. Die Maße sind der beigefügten Aufmaßzeichnung zu entnehmen.

Berechnung der Materialmengen
Die Materialmenge des 2-K-Einschichtlackes ist zu berechnen.
Die zu lackierenden Teile sind zweimal zu beschichten.
Den Verbrauch entnehmen Sie der Objektbeschreibung.

Aufmaßzeichnungen:

Betonmischer

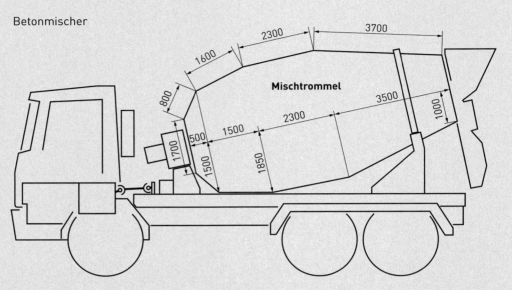

Kippmulde Lkw

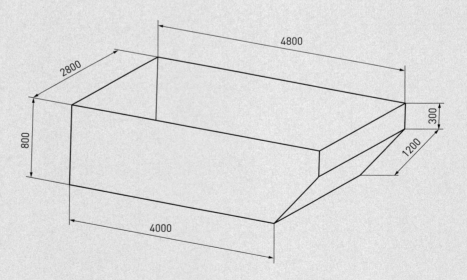

9.1
Einteilung der Nutzkraftwagen

Wie auch bei den Personenkraftwagen bietet die DIN ISO 70010 eine Einteilung der Nutzkraftwagen nach bestimmten Merkmalen.

Nutzkraftwagen sind nach ihrer Bauart zur Beförderung von Personen, Gütern und für besondere Einsatzzwecke bestimmt. Weiterhin sind sie zur Leistung einer besonderen Arbeit und/oder zum Ziehen von Anhängefahrzeugen konzipiert. Einige Fahrzeugformen, z. B. der Pickup, werden in der Einteilung nach DIN nicht aufgeführt, sind aber als eigenständige Fahrzeugformen im Straßenbild häufig anzutreffen.

Tab. 1: Fahrzeugformen von Nutzkraftwagen (Auswahl)

Benennung	Merkmale der Aufbauten	Beispiele
Spezial PKW (Kleinstlieferwagen)	Diese Form beruht teilweise auf einem Serien PKW, der ab der B-Säule einen kastenförmigen Aufbau besitzt. Aufgrund der vielfältigen Bau- und Nutzungsformen variiert die Anzahl der Türen und Fenster. Beim reinen Transportfahrzeug sind die Seitenfenster des Kastenaufbaus meistens nicht verglast.	VW Caddy Citroen Berlingo Renault Kangoo Fiat Doblo Cargo Opel Combo
Pick-up	Der Vorderwagen besteht aus einer Fahrerkabine, die auch eine zweite Sitzreihe haben kann. Daran schließt sich ein offener Pritschenaufbau an, der durch ein starres Verdeck oder eine Persenning (Planenabdeckung) geschlossen werden kann.	VW Amarok Fiat Strada Toyota Hilux Nissan Navara Ford Ranger
Klein-Transporter	Geschlossener Aufbau, Fahrerhaus ohne Trennwand. Festes Dach, Schiebedach/Faltdach möglich. 2 - 4 seitliche Türen, Heckklappe. 4 oder mehr Sitze in mind. 2 Sitzreihen. Die hintere Sitzreihe muss zur Vergrößerung der Ladefläche herausnehmbar sein.	VW T5 Mercedes Viano Renault Trafic Fiat Fiorino Opel Vivaro
Transporter/Kleinbus	Geschlossener kastenförmiger Aufbau. Für die Personenbeförderung fehlt die Trennwand zwischen Fahrerhaus und Ladefläche. Meistens 3 Türen, wobei die hintere Tür als Schiebetür konzipiert. Meistens 2 Hecktüren. Für die Personenbeförderung max. 16 Sitze.	VW Crafter Fiat Ducato Mercedes Sprinter Ford Transit Opel Movano Renault Master Iveco Daily
Wohnmobil	Basis ist ein Serienfahrzeug im Klein-Transporter oder Transportersegment. Der Sonderaufbau enthält alle Einbauten eines Caravans (Küche, Nasszelle und je nach Größe mehrere Betten).	Hymer Van Hymer Tramp Challenger Mageo
Linienbus (Niederflur)	Stadtomnibus mit tiefgelegtem Fahrzeugboden (ca. 320 mm). Fehlende Podeste zwischen den Achsen erleichtern den Personeneinstieg sowie die Nutzung der Gänge (behindertengerecht). Max. 36 Sitzplätze, 72 Stehplätze sowie 2 Stellplätze für Rollstühle oder Kinderwagen.	Mercedes Citaro Setra Multiclass MAN Lion's City Volvo 7700

Tab. 1: Fahrzeugformen von Nutzkraftwagen (Auswahl)

Benennung	Merkmale der Aufbauten	Beispiele
Reisebus	Kraftomnibus für komfortables Reisen über lange Distanzen mit vielfältigen Aufbauvarianten als niedriger zweiachsiger Standardbus, Hochdecker. Sanitäre Einrichtung möglich. Ca. 50 Sitzplätze bei 2-Achsfahrgestell-Bussen und bis 75 Sitzplätze bei 3-Achsfahrgestellbussen.	Setra Comfortclass Volvo 9700 Mercedes Travego Neoplan Tourliner
Doppeldecker-Bus	Linienbus oder Reisebus mit einem zweiten Personendeck. Bei Linienbussen sind für das häufige Ein- und Aussteigen breitere Türen vorhanden. Bei den zweigeschossigen Reisebussen sind sanitäre Einbauten sowie eine Küchenpantry vorhanden.	Setra S 431 DT Neoplan Skyliner
Vielzwecklastkraftwagen	Lastkraftwagen, der Güter auf einem offenen (Pritsche) oder einem geschlossenen Aufbau (Aufbau mit Plane oder Kasten) transportiert. In Kombination mit Anhänger als Zugfahrzeug einsetzbar.	MAN TGL Mercedes Vario Renault Master
Speziallastkraftwagen (Kipper)	Sonderfahrzeug für den Baustellenverkehr zum schnellen Abladen von Schüttgütern mit Ladeflächenkippeinrichtung.	MAN TGL Mercedes Atego Volvo FMX Scania R 24 Iveco Eurocargo
Speziallastkraftwagen (Mischer)	Sonderfahrzeug, das Aufgrund seines besonderen Aufbaus zum Transport von Flüssigbeton bestimmt ist. In die gleiche Gruppe sind auch Tanklastzüge und Kesselwagen einzuordnen.	MAN TGL Mercedes Axor Scania P380
Sattelzugmaschine	Zugmaschine, die eine besondere Vorrichtung zum Mitführen von Sattelanhängern hat, wobei ein wesentlicher Teil des Gewichtes des Sattelanhängers von der Zugmaschine getragen wird.	MAN TGL Mercedes Actros Volvo FE Iveco Stralis

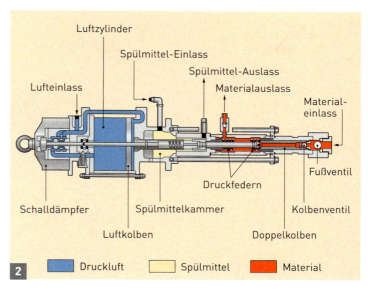

Luftzylinder

Spülmittel-Einlass

Spülmittel-Auslass

Lufteinlass

Materialauslass

Material-
einlass

Druckfedern

Fußventil

Schalldämpfer

Spülmittelkammer

Kolbenventil

Luftkolben

Doppelkolben

	Druckluft		Spülmittel		Material

9.2
Lackierverfahrens-
techniken

Um gleichmäßige Oberflächen mit einheitlichen Schichtdicken zu erzielen, wird das
Material mittels Pistolen verspritzt.
Beim Spritzen wird Beschichtungsmaterial mit Luft- oder Materialdruck in feine
Tröpfchen zerstäubt, die sich auf dem zu
beschichtenden Untergrund verteilen und
dort einen geschlossenen Beschichtungsfilm bilden.
Dank des vergleichsweise schnellen Auf-
trags können große oder mehrere Flächen
rationell beschichtet werden.
Grundsätzlich existieren verschiedene
Spritzverfahren, die für unterschiedliche
Anwendungsgebiete vorgesehen sind
( LF 1).

9.2.1
Airless-Spritzen

Hinter dem Begriff des Airless-Spritz-
verfahrens verbirgt sich ein Applikations-
prinzip, bei dem Beschichtungsmaterial
unter hohem Materialdruck (bis über 450
bar) durch einen Schlauch an eine Spritzpistole geführt wird und an deren Düse
ohne zusätzliche Druckluft (also „luftlos")
zerstäubt wird (Abb. 1). Dieses Verfahren
ähnelt dem Versprühen von Wasser mit
einem Gartenschlauch.
Als besonders vorteilhaft erweist sich
dieses Spritzverfahren beim Verarbeiten
großer Materialmengen und Beschichten
großer oder mehrerer Flächen sowie zum
Erzeugen höherer Schichtdicken (bis über
500 μm Trockenschichtdicke) (Abb. 4).

1 Airless-Gerät

2 Funktionsschema
einer Airless-
Pumpe

3 Airless-
Spritzdüsen

4 Airless-Be-
schichtung eines
Stahlaufbaus

1   Pistolenfilter für
    ein Airless-Gerät

2   Spritzwinkel und
    Strahlbreite beim
    Airless-Spritzen

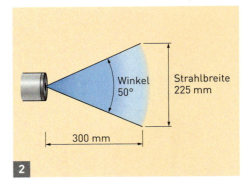

Winkel 50°

Strahlbreite 225 mm

300 mm

Eine Airless-Anlage (Abb. 2, S. 253) besteht aus drei Hauptkomponenten:

■ Antriebs- bzw. Druckpumpe, um den benötigten Druck und Materialfluss konstant zu halten

■ Druckschlauch zum Befördern des Materials zur Pistole gefördert

■ Spitzpistole zur Zerstäubung des Materials (inklusive Düse aus Hartmetall und Pistolenfiltern) (Abb. 1)

Mit dem Airless-Spritzverfahren können Materialien unterschiedlicher Art und Viskosität verarbeitet werden. In der Regel liefern Hersteller ihre Materialien bereits spritzfertig eingestellt an. Es können bei Verwendung der entsprechenden Düsen auch thixotrope und extrem hochviskose Beschichtungsstoffe gespritzt werden. Trotz einer ähnlichen Spritztechnik wie bei dem Hochdruckspritzverfahren erfordert das Airless-Spritzen ein gewisses „Gerätegefühl". Beim Spritzen muss der Verarbeiter gleichmäßige Gänge mit gleich bleibender Geschwindigkeit und Entfernung zum Objekt auftragen. Außerdem dürfen sich die Spritzgänge wegen der geringen Zerstäubung und des scharf abgegrenzten Strahls nicht überlappen, um eine einheitliche Schichtdicke zu erhalten. Die Breite des Spritzstrahls wird durch die Düsenbohrung und den Spritzwinkel der Düse bestimmt (S. 253, Abb. 3). Hierzu sind die Düsen mit Kurzbezeichnungen in mm (bei US-Geräten in Inch) versehen. Die Abkürzung 448 bedeutet z. B., dass die Düsenbohrung bei einem 40°-Spritzwinkel in Europa 0,48 mm beträgt (Abb. 2). Airless-Geräte verfügen über so genannte Druckübersetzungen von 23 : 1 bis 75 : 1. Das bedeutet, dass ein Gerät mit einer

Druckübersetzung von 75 : 1 bei einem Eingangsdruck von 6 bar bis zu 450 bar Spritzdruck erreichen kann.
Ein unerfahrener Anwender hat i. d. R. mit Schwierigkeiten zu kämpfen, weil beim Airless-Spritzen das Material verhältnismäßig dick aufgetragen wird. Eine zweite oder dritte Schicht muss bei erreichen der gewünschten Mindestschichtdicke nicht aufgetragen werden. Ein Kreuzgang (Applikation einer zweiten Schicht 90° versetzt zur ersten Beschichtung) ist nicht notwendig.

Um sicher und effektiv mit einem Airless-Gerät arbeiten zu können, muss ein Anwender beim Airless-Verfahren Kenntnisse über folgende Zusammenhänge besitzen:

■ Baugruppen eines Airless-Systems,
■ unterschiedliche Pumpensysteme,
■ Druckübersetzungsverhältnisse der Airless-Geräte,
■ Weite und Spritzwinkel von Spritzdüsen,
■ Behebung von Störungen bei „Stoppern" (Verstopfungen der Düse),
■ Wartung und Reinigung der Geräte.

Unfallverhütung beim Airless-Spritzen
Wegen des hohen Materialdrucks und der damit zusammenhängenden Gefahren sind die Sicherheitsvorschriften der Geräteteherstellen noch penibler zu beachten als beim Hochdruckspritzen.

Beim Betätigen der Airless-Pistole ist zwingend darauf zu achten, dass sich weder eigene Körperteile des Anwenders noch andere Personen vor der Düse befinden.

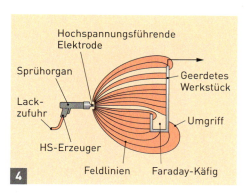

3 Airmix-Gerät
   im Einsatz

4 Prinzip des
   Umgriffs beim
   elektrostatischen
   Spritzen

Ein Auftreffen des unter Höchstdruck stehenden Spritzmaterials auf die Haut kann zu Schäden an der Haut und den Blutgefäßen führen. In schlimmsten Fällen kann aufgrund des eindringenden Lackes eine Blutvergiftung auftreten oder es kann wegen des hohen Drucks zum Abtrennen einzelner Fingerglieder kommen. Beim Platzen eines porösen Airless-Schlauchs oder beim Herausschießen einer Verstopfung aus der Düse kann es ebenso zu schwersten Verletzungen (sogar mit Todesfolge) kommen.

Um diese Gefährdungen zu vermeiden, sollten folgende Regeln beachtet werden:
- Kein fahrlässiger Umgang mit Airless-Pistolen
- Keine Veränderungen an den Einstellungen der Anlagen ohne Rücksprache mit dem Kundendienst vornehmen
- Der Maximaldruck darf nicht überschritten werden
- Die Geräte müssen geerdet sein
- Regelmäßige Wartung der Anlage (defekte Teile und poröse Schläuche müssen ersetzt werden)

9.2.2
Airmix-Spritzen
Um die Vorzüge des Airless- und des Hochdruckspritzverfahrens gleichermaßen auszunutzen, gibt es Mischverfahren, so genannte Airmix-, Spraymix-, Air-Combi- bzw. Aircoat Systeme (⟶ LF 1). Genau wie bei konventionellen Airless-Geräten wird der Beschichtungsstoff bei diesen Systemen verdichtet und durch den Materialdruck an der Düse vorzerstäubt (Abb. 2). Anders als beim herkömmlichen

Prinzip arbeiten die Airmix-Verfahren mit einem relativ geringen Materialdruck. Durch die zusätzliche Feinzerstäubung des Materials sind qualitativ hochwertigere Oberflächen herstellbar. Der Spritzdruck beträgt bis zu 50 bar.
Bei den meisten Airmix-Systemen ist es möglich, die Luftunterstützung komplett auszuschalten und es behelfsmäßig als Airless-Gerät zu verwenden. Damit können höhere Schichtdicken in einem Spritzgang erzielt werden.

9.2.3
Elektrostatisches Lackieren
Die elektrostatischen Auftragsmethoden sind Beschichtungsverfahren, bei denen das versprühte Lackmaterial als Nass- oder Pulverlack unter Zuhilfenahme elektrostatischer Aufladung von dem geerdeten Werkstück angezogen und dadurch auf dieses aufgetragen wird. Durch die Aufladung werden auch Bereiche mit beschichtet, die mit anderen Spritzverfahren schwierig zu erreichen wären. Diesen Vorgang nennt man Umgriff (Abb. 4). Aus diesem Grund eignen sich elektrostatische Lackierverfahren besonders für kompliziert geformte oder gerundete Werkstücke und spart dabei Arbeitszeit und Material. Das elektrostatische Lackieren wird bevorzugt in der Automobilindustrie in Lackierstraßen verwendet. Darüber hinaus setzen es mittelständische Betrieben in manuellen oder teilautomatisierten Anlagen unter Zuhilfenahme spezieller Pistolen ein (S. 256, Abb. 1–2). Beschichtet werden u. a. hohe Stückzahlen unterschiedlicher Metallobjekte (z. B. Schaltschränke, Rohre usw.), Kunststoffteile oder MDF-Objekte (im Möbelbau).

1 Pistole zur manu-
   ellen Pulverbe-
   schichtung

2 Manuelle Pul-
   verlackierung
   eines Stahlteils

3 Automatische
   Pulverbeschich-
   tung von Rohren

4 Prinzip des
   elektrostatischen
   Spritzens

MDF ([➡] LF 2) kann nur bei einem Min-
destfeuchtegehalt von 8 % elektrostatisch
lackiert werden.

Beim elektrostatischen Lackieren in der
industriellen Serienlackierung werden die
Lacke mit Rotationszerstäubern auf (Abb.
3) die Flächen aufgetragen ([➡] LF 9)
Beim Verlassen der Düse oder Sprühglo-
cke wird das Material negativ aufgeladen.
Auf dem Weg zum geerdeten Werkstück
stoßen sich die mit gleicher Ladung verse-
henen Teilchen voneinander ab und lagern
sich gleichmäßig auf dem positiv geladenen Objekt ab (Abb. 4). Beim Einbrennen schmelzen die Lackteilchen zu einem
Film zusammen.
Da je nach System ein Hochspannungsfeld
von 80 bis 150 kV erzeugt werden muss,
können handwerkliche Betriebe den entsprechenden Sicherheitsauflagen kaum
Rechnung tragen, so dass dieses Verfahren im Handwerk i. d. R. nicht eingesetzt
werden kann.

Seit einigen Jahren werden zur elektrostatischen Beschichtung in erster Linie
Pulverlacke eingesetzt. Vorteilhaft ist,
dass diese Materialien lösemittelfrei und
fest sind und während des Applikations-
prozesses keine Lösemittelemissionen
auftreten. Anfallendes Overspray kann
wieder in den Lackierkreislauf gebracht
werden. Wegen der vergleichsweise hohen Einbrenntemperaturen sind Pulver-
beschicht ungen für viele Kunststoffe un-
geeignet. Für Pulverlack müssen andere
Lackieranlagen verwendet werden als für
die elektrostatische Nassbeschichtung.
Seit Mitte der 1990er Jahre wird Pulverlack u. a. als „Pulverslurry" verwendet
Hierbei wird das Pulver in Wasser dispergiert und kann dadurch mit konventionellen Zerstäubungsanlagen im Werk
appliziert werden. Dieser Lack ergibt
einen guten Verlauf bei vergleichsweise
niedrigen Schichtdicken und verfügt über
einen geringen Lösemittelgehalt.

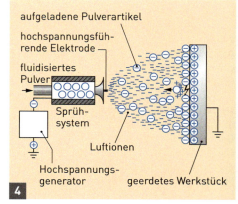

aufgeladene Pulverartikel

hochspannungsfüh-
rende Elektrode

fluidisiertes
Pulver

Sprüh-
system

Luftionen

Hochspannungs-
generator

geerdetes Werkstück

5

5 Heißspritzpistole
  mit Lufterwär-
  mung

6 Heißspritzpistole
  mit Fließbecher

7 Temperatur-
  messung bei
  der Erwärmung
  von Lack im
  Wasserbad

6

9.2.5
Heißspritzen

Beim Heißspritzverfahren wird das Beschichtungsmaterial durch einen mit einem elektronisch gesteuerten Durchflusserhitzer oder mit einem Thermoschlauch auf die notwendige Spritztemperatur konstant erwärmt. Je nach verarbeitetem Material kann die Spritztemperatur zwischen 20 °C und 85 °C. variieren.

Die Spritzviskosität wird durch das Erwärmen des Lackes herabgesetzt, so dass das Material dünnflüssiger wird. Daraus ergeben sich folgende Vorteile gegenüber anderen Spritzverfahren:
- Reduziertes Overspray (bis 30 %) durch niedrigeren Spritzdruck.
- Verarbeitung hochviskoser Materialien möglich.
- Gleichmäßiger Verlauf durch bessere Benetzung des Untergrunds.
- Niedrige Läuferneigung.
- Reduzierte Trockenzeiten.
- Verarbeitung auch bei niedrigen Außentemperaturen möglich.

Einige Heißluftspritzsysteme erhöhen die Zerstäuberlufttemperatur anstatt die des Materials, so dass die Erwärmung bei Geräten mit Materialzuführung über einen Lackschlauch erst in der Pistole stattfindet (Abb. 5). Diese Geräte können keine hochviskosen Materialien verarbeiten, da

der Lack in diesem Zustand nicht durch den Schlauch transportiert werden kann. In Fließbecherpistolen können Materialien höherer Viskosität allerdings besser verarbeitet werden, da der Lack hierbei im Becher erwärmt wird (Abb. 6).

Eine punktuelle Erwärmung des Beschichtungsstoffes (z. B. in einem Wasserbad, Abb. 7) kann durchgeführt werden, wenn man auf spezielle Heißspritzpistolen verzichten möchte. Das warme Material kann dann mit einer konventionellen Pistole verarbeitet werden. Da dieses Verfahren keine konstante Spritztemperatur ermöglichen kann, ist es nur behelfsmäßig einsetzbar.

7

1   Typenschild

9.2.6
Berechnung des Energiebedarfs

Energiesparen wird sowohl im Privathaushalt als auch im Lackierbetrieb immer wichtiger, da die Energiekosten fortwährend ansteigen und der Umweltschutz in den Vordergrund getreten ist. Nachhaltige Energienutzung wird sowohl durch Einsatz regenerativer Energien als auch z. B. durch Verwendung energiesparender Leuchtmittel gefördert. Zusätzlich sollte der Umgang mit Energie sparsam erfolgen, da die anfallenden Energiekosten dem Kunden anteilig in Rechnung gestellt werden. Aus diesem Grund ist es erforderlich, den Energieverbrauch der verwendeten Geräte zu kennen und berechnen zu können.

Die Lackierung gehört zu den energieintensivsten Prozessen in einem Lackierbetrieb. Eine Spritzkabine hat z. B. pro m² durchströmter Kabinenfläche einen Wärmeenergiebedarf von ca. 50 000 kWh pro Jahr. Zum Vergleich liegt der Jahresverbrauch an Strom eines Zwei-Personen-Haushalts etwa bei 2 700 kWh.

In Lackierereien wird elektrische Energie vor allem für Ventilatoren, Pumpen, Druckluftkompressoren, Beleuchtung und zum Betrieb unterschiedlicher Geräte verwendet.

Die Technik im Fahrzeuglackiererbereich wird stets verbessert, um energieeffizienter und umweltschonender arbeiten zu können.

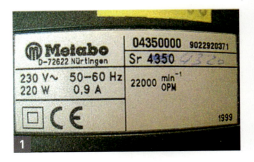

1

Berechnungsbeispiel

Ein Lackierraum wird mit 12 Leuchten zu je 60 Watt beleuchtet. Die Beleuchtung wird 5 Tage lang je 9 Stunden eingeschaltet. Eine kWh kostet 21 Cent.

Frage:
Wie hoch sind die Stromkosten für die Beleuchtung an 5 Tagen?

Lösungsweg:
12 Leuchten · 60 Watt · 9 h · 5 Tage
Der Preis wird üblicherweise in kWh berechnet.

12 · 0,060 kWh · 9 h · 5 Tag = 32,40 €

Antwort:
Die Beleuchtung an 5 Tagen kostet 32,40 €.

Aufgaben zu Kapitel 9.2.6

1. In einem Lackiererbetrieb leuchten täglich:
     1. 4 Leuchtmittel zu je 60 Watt 3 Stunden
     2. 1 Leuchtmittel mit 100 Watt 5 Stunden

     a) Wie hoch sind die monatlichen Energiekosten für die Beleuchtung, wenn 1 kWh 0,20 € einschließlich Mehrwertsteuer kostet?
     b) Wie können diese monatlichen Energiekosten verringert werden?

2. Eine Lackierkabine soll auf 24 °C erwärmt werden. Um 80 m³ Luft in einer Stunde zu erwärmen wird eine Leistung von 1 kWh benötigt.
     a) Wie viel kWh werden benötigt, um in einer Stunde 30 000 m³ zu erwärmen?
     b) Wie viel kostet diese Lufterwärmung einer Stunde, wenn 1 kWh 0,13 € kostet?

9.3
Berechnung von Körpern

Im Beruf des Fahrzeuglackierers ist es notwendig, die Größe der zu bearbeitenden Fläche zu kennen ([→ LF 1). Oft sind es keine einfachen Flächen, sondern Körper, die sich aus einzelnen zweidimensionalen Flächen zusammensetzen.

Um die Beschichtungsfläche der Trommel des Betonmischers (Abb. 2) berechnen zu können, wird der Gesamtkörper in berechenbare Körper zerlegt. Es müssen somit zwei Körperformen berechnet werden: Ein Zylinder und zwei Kegelstümpfe.

2

Formeln zur Körperberechnung

Zylinder

Die Grund- und Deckfläche sind Kreise, die Seite ist ein Rechteck.

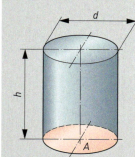

$$V = A \cdot h = \frac{d}{2} \cdot \frac{d}{2} \cdot \pi \cdot h$$

$$A_M = d \cdot \pi \cdot h$$

$$A_o = A_M + \frac{d}{2} \cdot \frac{d}{2} \cdot \pi \cdot 2$$

V	Volumen	in dm³ (l)
A	Grundfläche	in m²
h	Höhe	in m
d	Durchmesser	in m
A_M	Mantelfläche	in m²
A_o	Oberfläche	in m²

Kegelstumpf

Die Deckfläche ist ein kleinerer Kreis als die Grundfläche.
Die Seite ist der Ausschnitt aus einem Kreisring.

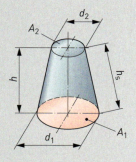

$$V = \frac{A_1 + A_2}{2} \cdot h$$

$$A_M = \frac{d_1 + d_2}{2} \cdot \pi \cdot h_s$$

$$A_o = A_M + \frac{d_1}{2} \cdot \frac{d_1}{2} \cdot \pi + \frac{d_2}{2} \cdot \frac{d_2}{2} \cdot \pi$$

V	Volumen	in dm³ (l)
h	Höhe	in m
d_1	unterer Durchmesser	in m
d_2	oberer Durchmesser	in m
A_1	Grundfläche	in m²
A_2	Deckfläche	in m²
A_M	Mantelfläche	in m²
h_s	Seitenhöhe	in m
A_o	Oberfläche	in m²

2   Zu beschichtende Körper (Betonmischer)

1 Zeichnungsvor-
lage zur Körper-
berechnung

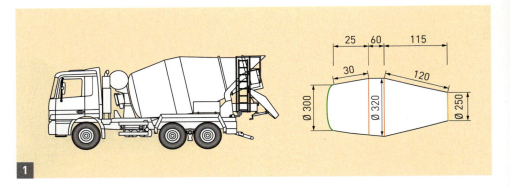

Beispielaufgabe
Die Mischtrommel des Betonmischers soll
nach der Abb. 1 neu beschichtet werden,
da die Firma ihre Hausfarben geändert
hat. Die Mischtrommel soll komplett hell-
grau beschichtet werden.

1. Berechnen Sie die Beschichtungsfläche
   in m² für die gesamte Mischtrommel.
2. Mit wie viel Liter Inhalt kann die
   Mischtrommel gefüllt werden?
3. Wie viel Beschichtungsmaterial wird
   benötigt, wenn pro m² mit einem Verbrauch von 0,150 l gerechnet wird?
4. Welche Kosten entstehen, wenn 500 ml
   Beschichtungsstoff 11,50 € kosten?

Berechnung

Aufgabe 1
Um die Fläche zu berechnen, wird die
Mischtrommel in berechenbare Körper
zerlegt. Die Körper 1 und 3 sind Kegelstümpfe und Körper 2 ist einen Zylinder.
Zu beachten ist, dass bei der Berechnung
der Kegelstümpfe jeweils eine Grundfläche wegfällt und bei dem Zylinder sogar
beide (siehe rote Linien in Abb. 1).

Aufgabe 2
Der Inhalt der Mischtrommel wird mit
Hilfe der Volumenformel berechnet.

1. Mantel und Oberfläche berechnen

Körper 1: Kegelstumpf Mantelfläche

$$A_M = \frac{d_1 + d_2}{2} \cdot \pi \cdot h_s \qquad\qquad A_M = \frac{3,20 + 3,00}{2} \cdot \pi \cdot 0,3 \qquad\qquad \mathbf{2,97\ m^2}$$

Körper 1: Kegelstumpf Oberfläche (nur eine Grundfläche grün)

$$A_O = A_M + \frac{d_2}{2} \cdot \frac{d_2}{2} \cdot \pi \qquad\qquad A_O = 2,97 + \frac{3,00}{2} \cdot \frac{3,00}{2} \cdot \pi \qquad\qquad \mathbf{10,04\ m^2}$$

Körper 2: Zylinder nur Mantelfläche
$$A_M = d \cdot \pi \cdot h \qquad\qquad A_M = 3,20 \cdot \pi \cdot 0,60 \qquad\qquad \mathbf{6,03\ m^2}$$

Körper 3: Kegelstumpf Mantelfläche

$$A_M = \frac{d_1 + d_2}{2} \cdot \pi \cdot h_s \qquad\qquad A_M = \frac{3,20 + 2,50}{2} \cdot \pi \cdot 1,20 \qquad\qquad \mathbf{10,74\ m^2}$$

Körper 3: Kegelstumpf Oberfläche (nur eine Grundfläche orange)

$$A_O = A_M + \frac{d_2}{2} \cdot \frac{d_2}{2} \cdot \pi \qquad\qquad A_O = 10,74 + \frac{2,50}{2} \cdot \frac{2,50}{2} \cdot \pi \qquad\qquad \mathbf{15,65\ m^2}$$

| | **Summe** | **45,43 m²** |

Die gesamte Beschichtungsfläche der Mischtrommel beträgt 45,43 m².

2. Volumen berechnen

Körper 1: Kegelstumpf

$V = \dfrac{A_1 + A_2}{2} \cdot h$ $\qquad$ $V = \dfrac{d_1}{2} \cdot \dfrac{d_1}{2} \cdot \pi + \dfrac{d_2}{2} \cdot \dfrac{d_2}{2} \cdot \pi \cdot h$ $\qquad$ $V = \dfrac{3{,}20}{2} \cdot \dfrac{3{,}20}{2} \cdot \pi + \dfrac{3{,}00}{2} \cdot \dfrac{3{,}00}{2} \cdot \pi \cdot 0{,}25$ $\qquad$ **3,778 m³**

Körper 2: Zylinder

$V = A \cdot h$ $\qquad$ $V = \dfrac{d}{2} \cdot \dfrac{d}{2} \cdot \pi \cdot h$ $\qquad$ $V = \dfrac{3{,}20}{2} \cdot \dfrac{3{,}20}{2} \cdot \pi \cdot 0{,}60$ $\qquad$ **4,825 m³**

Körper 3: Kegelstumpf

$V = \dfrac{A_1 + A_2}{2} \cdot h$ $\qquad$ $V = \dfrac{d_1}{2} \cdot \dfrac{d_1}{2} \cdot \pi + \dfrac{d_2}{2} \cdot \dfrac{d_2}{2} \cdot \pi \cdot h$ $\qquad$ $V = \dfrac{3{,}20}{2} \cdot \dfrac{3{,}20}{2} \cdot \pi + \dfrac{2{,}50}{2} \cdot \dfrac{2{,}50}{2} \cdot \pi \cdot 1{,}15$ $\qquad$ **14,894 m²**

Summe $\qquad$ **23,497 m³ = 23.500 l**

Der Betonmischer kann mit 23.500 l gefüllt werden.

Aufgabe 3
Die Summe der Gesamtfläche aus Aufgabe 2 kann hier zur Berechnung herangezogen werden, da die gesamte Mischtrommel beschichtet wird.

45,43 m² · 0,150 l/m² = 6,815 l

Es werden 6,815 l Beschichtungsstoff zum Beschichten der Mischtrommel benötigt.

Aufgabe 4
Das Ergebnis aus Aufgabe 3 kann hier zur Berechnung herangezogen werden, da zur Preisberechnung die gesamte Beschichtungsstoffmenge benötigt wird.

$\dfrac{6{,}815\ l}{0{,}500\ l} \cdot 11{,}50\ € = 156{,}75\ €$

Insgesamt kostet der Beschichtungsstoff für die Mischtrommel 156,75 €.

Aufgaben zu Kapitel 9.3

1. Berechnen Sie nach der untenstehenden Abbildung des Anhängers mit Siloaufbauten
   a) die Gesamtbeschichtungsfläche und
   b) das Gesamtvolumen.

2. Wie viel l Inhalt befinden sich in den Silos insgesamt, wenn das erste Silo ganz gefüllt ist, das zweite nur zu $\frac{1}{3}$ und das dritte zur Hälfte?

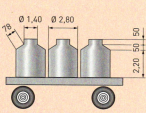

3. Zwei zylinderförmige Stahlbehälter sollen allseitig beschichtet werden (d = 1,50 m, h = 50 cm).
   a) Berechnen Sie die gesamte Lackierfläche in dm².
   b) Berechnen Sie die erforderliche Menge an Lackfarbe in Liter, wenn für 1 m² eines mehrschichtigen Lackaufbaus ein Verbrauch von 1.250 ml gerechnet wird.

4. Berechnen Sie die Gesamtbeschichtungsfläche der Mischtrommel des Betonmischers aus dem Kundenauftrag.

1 Automobilwerk

2 Rohkarosserien
  auf dem Weg zur
  Lackierstraße

9.4
Serienlackierung

Eine Serienlackierung hat außer dem Lackschichtaufbau mit der handwerklichen Reparaturlackierung wenig gemeinsam. So wird in einer modernen Lackierstraße kaum noch Personal für den eigentlichen Lackierprozess eingesetzt. Die meisten Arbeitsschritte laufen vollautomatisch durch den Einsatz von Robotern ab, um Fehler zu minimieren und die Kosten zu senken. Daraus ergibt sich eine hohe Prozesssicherheit und eine gleich bleibende Qualität.

Die Lackiererei eines Automobilwerkes (Abb. 1) ist ein eigenständiger Bereich. Die vorgefertigten Rohkarosserien werden in einen neuen Produktionskreislauf eingebunden. Die Karosserien sind bereits mit Türen, Motorhaube und Heckdeckel vormontiert (Abb. 2).
Jede Karosserie wird dabei mit einem computerlesbaren Code versehen, um Fehler bei der Farbgebung zu vermeiden. Tritt bei einem Produktionsschritt ein Fehler auf, ist dadurch kein Ausschuss entstanden. Die Karosserie wird aus der Schleife genommen und der Fehler (wenn möglich) behoben. Anschließend wird sie in den Kreislauf zurückgeführt. Anbauteile aus Kunststoff, z. B. Stoßfänger und Spiegelkappen, werden entweder in eigenen kleineren Lackierstraßen beschichtet oder außerhalb des Werkes lackiert.

Probleme, die dabei auftreten können, sind die Farbtongenauigkeit mit der werkseitig lackierten Karosserie.

Alle Automobilhersteller arbeiten eng mit den Lackherstellern zusammen, um Lacktechnologien zu verwenden, die kompatibel mit den Reparaturlacken sind. Die Fahrzeughersteller erwarten von den Lackproduzenten eine perfekte Reparaturlösung. Ebenso werden zwischen Lackhersteller und Automobilbauer Farbtrendprognosen erarbeitet, um die Farbgebung der Fahrzeuge der Zukunft festzulegen.

Prozesse einer Serienlackierung
Zu den einzelnen Prozessen einer Serienlackierung gehören
- das Reinigen der Rohkarosserie,
- eine Phosphatierung,
- eine Kathodische Tauchlackierung (KTL),
- eine Nahtabdichtung (NAD),
- der Unterbodenschutz (UBS),
- das Einlegen von Dämmmatten,
- das aufbringen einer Füllerschicht (Funktionsschicht),
- die Zwischentrocknung,
- das Reinigen,
- der Basislackauftrag,
- die Zwischentrocknung,
- der Klarlackauftrag und
- eine Hohlraumkonservierung.

Eine schematische Darstellung zeigt die Abb. 3.

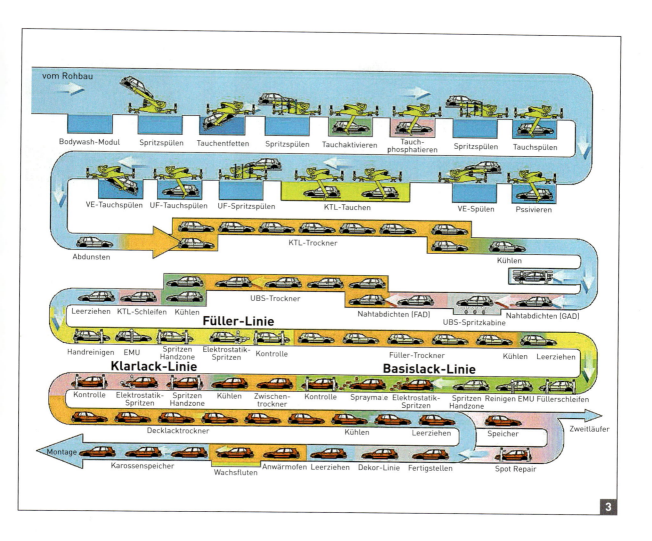

vom Rohbau

Bodywash-Modul · Spritzspülen · Tauchentfetten · Spritzspülen · Tauchaktivieren · Tauch-phosphatieren · Spritzspülen · Tauchspülen

VE-Tauchspülen · UF-Tauchspülen · UF-Spritzspülen · KTL-Tauchen · VE-Spülen · Passivieren

Abdunsten · KTL-Trockner · Kühlen

Leerziehen · KTL-Schleifen · Kühlen · **Füller-Linie** · UBS-Trockner · Nahtabdichten (FAD) · UBS-Spritzkabine · Nahtabdichten (GAD)

Handreinigen · EMU · Spritzen Handzone · Elektrostatik-Spritzen · Kontrolle · **Klarlack-Linie** · Füller-Trockner · **Basislack-Linie** · Kühlen · Leerziehen

Kontrolle · Elektrostatik-Spritzen · Spritzen Handzone · Kühlen · Zwischentrockner · Kontrolle · Spraymate · Elektrostatik-Spritzen · Spritzen Handzone · Reinigen EMU Füllerschleifen

Decklacktrockner · Kühlen · Leerziehen · Speicher · Zweitläufer

Montage · Karossenspeicher · Wachsfluten · Anwärmofen Leerziehen · Dekor-Linie · Fertigstellen · Spot Repair

3

Eine moderne Hochleistungslackierstraße bewältigt einen Fahrzeugdurchsatz von bis zu 1300 Karosserien täglich. Dabei hat eine Karosserie eine durchschnittliche Durchlaufzeit von 18 Stunden, wobei die reine Prozess-Fertigungszeit etwa 7 Stunden beträgt.

Pro Karosserie werden annähernd folgende Materialmengen verwendet:

- 2,2 kg Phosphatierung,
- 7,9 kg Grundierung durch die Kathodische Tauchlackierung,
- 3,2 kg Füller,
- 3,6 kg Basislack,
- 1,7 kg Klarlack.

Weiterhin werden bei einer Serienlackierung etwa 20 verschiedene Füllerfarben eingesetzt, um Basislackmaterial einzusparen. Die Anzahl der Seriefarben beläuft sich auf etwa 30 Farbtöne, wobei mehr als 200 Sonderfarbtöne angeboten werden können. Diese Sonderfarbtöne werden in eigens ausgelagerten Lackieranlagen appliziert.

Würde man die komplette zu beschichtende Oberfläche eines Oberklasse-Fahrzeuges ermitteln, ergäbe sich eine Gesamtoberfläche von bis zu 92 m². Davon sind jedoch nur 12–15 m² zu beschichtende Außenfläche.

3 Schematische Darstellung der Serienlackierung

1 Reinigungsbad

2 Phosphatierungs-
bad

3 KTL-Becken

4 Schema der KTL

9.4.1
Reinigen der Rohkarosserie

Die metallischen Oberflächen und die Hohlräume der Rohkarosserien weisen durch die verschiedenen Fertigungsprozesse Verschmutzungen durch Fette, Öle und Stäube auf. Um die Qualität der Folgeprozesse zu verbessern, wird die Karosserie in ein Reinigungsbecken getaucht und anschließend mit einer entfettenden Lösung abgespritzt (Abb. 1). Bleiben danach noch Verschmutzungen zurück, müssen diese per Hand entfernt werden.

9.4.2
Phosphatierung

Die gereinigte Rohkarosserie wird in ein phosphatsäurehaltiges Bad getaucht (Abb. 2). Durch einen chemischen Prozess

wird dabei eine gleichmäßige, kristalline Metall-Phosphatschicht, z. B. Zinkphosphat, auf der Metalloberfläche gebildet. Diese etwa 1–3 μm dicke Schicht ist ein hervorragender Korrosionsschutz und ein optimaler Untergrund für die folgende Beschichtung. Der Phosphatierungsprozess wird auch als „Bondern" bezeichnet.

9.4.3
Kathodische Tauchlackierung

Um einen verbesserten Korrosionsschutz zu erreichen, muss die Karosserie einheitlich mit einer gleichbleibenden Schichtdicke grundiert werden. Dies geschieht durch ein Nassanlagensystem, der kathodischen Tauchlackierung (KTL). Damit alle Außen- und Innenflächen sowie Hohlräume gleichermaßen beschichtet werden, wird die Karosserie wiederum in ein Tauchbecken eingeführt (Abb. 4). Dabei sind die Lackpartikel der Tauchgrundierung positiv geladen, die Karosserie wird negativ geladen (Abb. 3). Als Anode wird der positive und als Kathode der negative Pol bezeichnet (Kap. 7).

Dadurch lagern sich die Lackteilchen in einem gleichmäßigen Film an der Karosserie ab. Um dies zu gewährleisten, ist eine optimale Badströmung notwendig, die computerunterstützt kontrolliert wird. Damit keine Lufteinschlüsse in der Karosserie entstehen können, gibt es zwei Tauchverfahren.

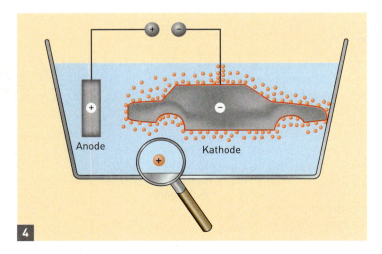

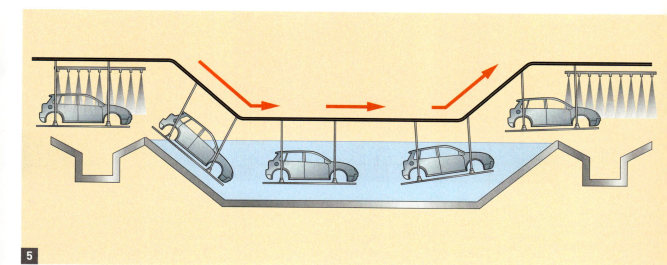

5

Pendelfördertechnik (Abb. 5): Durch Kippbewegungen sollen Lufteinschlüsse vermieden werden.
Diese Technik wird vor allem bei hohen Karosserien eingesetzt.

RoDip-Technologie (Rotationstauchen, Abb. 6): Hierbei vollzieht die Karosserie eine 360°-Drehung. Dabei wird sie vollständig geflutet.
Die dadurch entstandene Grundierschicht hat eine Dicke von ca. 15–25 µm.

Durch Filteranlagen zur Badpflege und integriertem Rückgewinnungssystemen wird Grundiermaterial gespart. Der ge-schlossene Kreislauf einer kathodischen Tauchlackieung schont die Umwelt und nutzt die Ressourcen mehrfach.

Verlässt die Karosserie das Tauchbecken, ist die Grundierung noch sehr weich und könnte sogar mit dem Finger verschoben werden. Erst im Trockenofen, bei einer Temperatur von 175 °C und einer Dauer von zirka 15 Minuten, erhärtet die Grundierung.

Bevor die Karosserie in die Füllerlinie einfährt, werden kleine Oberflächenmängel der KTL von Hand geschliffen und im Anschluss gereinigt.

5 Pendelförer-
   technik

6 RoDip-Technik

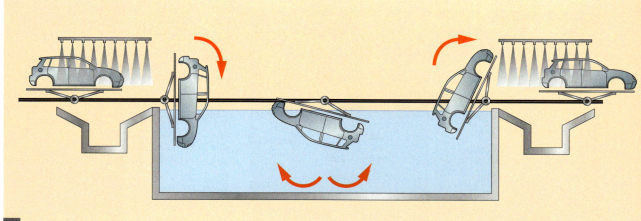

6

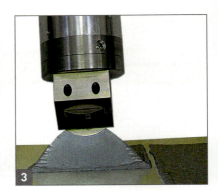

1   Nahtabdichtung

2   Unterboden-
    schutz

3   Dämmmatten

4   Füllerauftrag

9.4.4
Nahtabdichtung

Bei dem Arbeitprozess Nahtabdichtung
(NAD) werden Blechüberlappungen,
Blechkanten, Falze, Stoßverbindungen
und Schweißnähte mit einer Dichtmasse
versiegelt (Abb. 1). Die Dichtmasse ist eine
Polyurethanmasse mit hoher Viskosität.
Sie wird größtenteils maschinell durch
speziell entwickelte Roboter aufgetragen.
Nur an maschinell unzugänglichen Stellen
wird die Dichtmasse per Hand aufgespritzt. Die Nahtabdichtung zählt ebenfalls
zum werkseitigen Korrosionsschutz.

9.4.5
Unterbodenschutz

Unterbodenschutz (UBS) oder Steinschlagschutz ist ein hochviskoser, elastischer Beschichtungsstoff auf PVC-Basis.

Radhäuser und Unterboden werden mit
Steinschlagschutz-Grund versehen. Dieser Schutz benötigt eine Trocknungstem-
peratur von 150 °C bei etwa 15 Minuten
und kann daher nur bei den Rohkarosserien eingesetzt werden (Abb. 2).

Nach dem Trockenprozess werden Dämmmatten aufgebracht, um die Dröhnwirkung
zu verringern. Dies kann entweder maschinell geschehen (Abb. 3) oder manuell
durch Einkleben von bereits fertig zugeschnittenen Matten.

9.4.6
Füller

Einige schwer zugängige Partien, z. B.
die Türfalze, werden als erstes manuell
beschichtet. Die weitere Rohkarosserie
erhält einen Füllerauftrag in einem elektrostatischen Verfahren. Die Füllerschicht
wird auch als Funktionsschicht bezeichnet. Sie weist eine Schichtdicke von
30–45 µm auf (Abb. 4).

Die Aufgaben des Füllers sind
■   das Ausgleichen von kleinen Uneben-
    heiten,
■   die Vereinheitlichung der Oberfläche,
■   als Haftvermittler für die folgenden
    Beschichtungen zu dienen.

Die Füllerschicht wird im darauf folgenden
Arbeitschritt in einem Trockenofen für
ca. 17 Min. bei 130 °C getrocknet. Kleinere Oberflächenstörungen können im
Anschluss manuell entfernt werden.

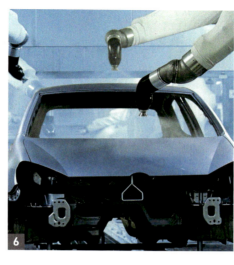

5 Reinigung mit
Straußen- oder
Emufedern

6 Basislackauftrag

7 Rotationszer-
stäuber mit
Direktaufladung

9.4.7
Reinigung

Bevor die Karosserie mit Füllerauftrag
in die Basislack-Linie einfährt, wird die
Karosserie durch Walzen gereinigt. Diese
sind mit Straußen- oder Emu-Federn
ausgestattet (Abb. 5).

Diese Federn haben die Eigenschaft sich
nicht statisch aufzuladen. Sie nehmen
trotzdem den Staub auf und geben ihn an
ein Absauggebläse ab. Die Karosserie wird
ähnlich wie in einer Waschstraße durch
diese Walzen gereinigt.

9.4.8
Basislackauftrag

In der Lackstraße herrscht eine Reinraum-
atmosphäre. Hierbei handelt es sich um
einen absolut staubgeschützten Bereich
des Automobilwerkes.
Durch einen angebrachten Computercode
erkennt der Spritzroboter welcher Farbton
zu spritzen ist.

Die Spritzroboter beschichten die Karos-
serie mit einer 12–25 µm dicken
Schicht Wasserbasislack (Abb. 6). Der
Auftrag erfolgt elektrostatisch durch
Rotationszerstäuber (Abb. 7). Diese gibt es
in den Ausführungen Direktaufladung und
Außenaufladung.

Die Spritzroboter sind in der Lage, unmittelbar für jede ankommende Karosserie
einen Farbwechsel durchzuführen, ohne
dass dabei viel Material verloren geht.
Das verarbeitete Basislackmaterial ist von
seiner Viskosität und seiner Zusammensetzung speziell für die entsprechende
Lackierstraße produziert und kann mit
herkömmlichen Pistolen nicht verarbeitet
werden.

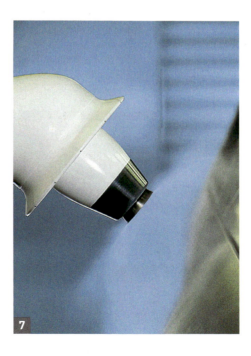

1 Klarlackauftrag
  mit Außenauf-
  ladung

2 Hohlraumkonser-
  vierung

3 Trocknung der
  Hohlraumkonser-
  vierung

4 Qualitätskontrolle

9.4.9
Klarlack

Nach einer Ablüftzeit von etwa drei Minuten bei 60 °C wird die Karosserie in die
Klarlack-Linie befördert. Klarlack kann
je nach Automobilhersteller als Nasslack
oder als Pulverlack appliziert werden
(Abb. 1). Das Auftragsverfahren entspricht
dem Gleichen der Basislackbeschichtung.
Am Ende sollte die Klarlackbeschichtung
eine Schichtdicke von 55–65 μm aufweisen. Als Faustregel kann eine dreimal so
hohe Schichtdicke des Klarlackes, gegenüber dem Wasserbasislackes angenommen werden.

Nach einer Trockenphase von ca. 22 Minuten bei einer Temperatur von 130 °C
verlässt das Fahrzeug die Lackierstraße
(Abb. 1).

9.4.10
Hohlraumkonservierung

Die lackierte Karosserie wird mit einer Hohlraumkonservierung versehen
(Abb. 2). Diese soll den Korrosionsschutz
verbessern und die Langlebigkeit der Karosserie gewährleisten. Dazu wird die Karosserie leicht angewärmt. Anschließend
werden die Hohlräume mit einer Wachslö-
sung beschichtet. Bevor die Karosserie
den Lackierbereich des Automobilwerkes
verlässt, wird die Hohlraumkonservierung
im Wachstrockner bei 50 °C für ca. 6 Minuten getrocknet (Abb. 3).

Im Anschluss werden Qualitätskontrollen
der Lackoberfläche und eventuelle kleine
Nachbesserungen durchgeführt (Abb 4).
Sind schwerwiegende Fehler vorhanden,
wird die Karosserie aus dem Fertigungs-
prozess ausgegliedert. Hat die Rohkarosserie alle Kontrollen positiv durchlaufen,
gelangt sie über den Karosseriespeicher
zur weiteren Montage.

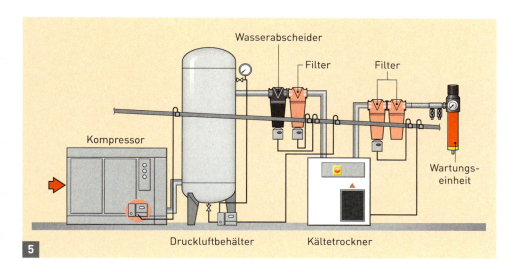

5 Schema eines Druckluftsystems

6 Kolbenkompressor

7 Schraubenkompressor

Wasserabscheider

Filter

Filter

Kompressor

Wartungseinheit

Druckluftbehälter

Kältetrockner

5

9.5
Druckluftaufbereitung

In einem Lackierbetrieb werden üblicherweise Spritzgeräte verwendet, die mit einem Druckluftsystem betrieben werden. Auch andere Geräte und Anlagen werden pneumatisch (luftangetrieben) eingesetzt, wie z. B. Hebebühnen, Papierpressen, Excenterschleifer, Pistolenwaschanlagen usw.

9.5.1
Kompressoren

Die für die jeweilige Arbeit benötigte Luft wird von einem Kompressor angesaugt, zusammengepresst und verdichtet (komprimiert), ihr Volumen wird dadurch verkleinert (Abb. 5).
Die gängigen Kompressoren für Lackiereien sind die Kolben- und die Schraubenkompresssoren.

Kolbenkompressoren
Kolbenkompressoren werden häufig in kleinen, handwerklichen Lackierbetrieben eingesetzt (Abb. 6). Sie sind ideal bei schwankendem Druckluftverbrauch, d. h. sie erzeugen nur dann verdichtete Luft, wenn sie ein Verbraucher (z. B. Lackierpistole, pneumatische betriebenes Werkzeug usw.) benötigt. Es kann ein Druck von bis zu 35 bar aufgebaut werden. Ein Kolbenkompressor saugt die Luft an, ver-

dichtet sie durch die Hin- und Herbewegung des Kolbens und stößt sie wieder aus (Verdrängerprinzip).

Schraubenkompressoren
Wird kontinuierlich ein nahezu gleichbleibendes Luftvolumen benötigt, wie es in mittelständischen oder industriellen Lackiereeien der Fall ist, werden Schraubenkompressoren verwendet (Abb. 7). Dort werden sie i. d. R. gemeinsam mit mehreren gleichen Geräten im Verbund eingesetzt.
In einem Schraubenkompressor rotieren zwei unterschiedlich profilierte Drehkolben, welche die zu verwendende Umgebungsluft ansaugen, durch ihre Drehbewegung verdichten und mit einem Druck von bis zu 14 bar in das Luftsystem der Lackiererei abgeben.

6

7

1 Druckluftbehälter

2 Druckluft-
   schlauch

3 ¼-Zoll-Nippel

4 Schlauchschelle

9.5.2
Druckluftbehälter

Damit der Kompressor zur Bereitstellung
von Druckluft nicht permanent in Betrieb
sein muss, werden ihm Druckluftbehälter
nachgeschaltet. Diese speichern einen
Vorrat an verdichteter Luft, der bei Bedarf
sofort entnommen werden kann (Abb. 1).
Der Kompressor erzeugt in dieser Zeit
keine Druckluft, steht in Bereitschaft und
spart dadurch Strom. Darüber hinaus ver-
schleißt der Motor aufgrund der größeren
Schaltintervalle in geringerem Maße und
ist dadurch weniger wartungsintensiv.
Ein Druckluftbehälter springt als Luftlie-
ferant ein, wenn mehrere Verbraucher
mehr Druckluft abnehmen, als der Kompressor gleichzeitig produzieren kann.
Der Maximaldruck, auf den ein Behälter ausgelegt ist, liegt aus Gründen der
Sicherheit mindestens 1 bar über dem
maximal erreichbaren Kompressorhöchst-
druck.
Kolbenkompressoren werden häufig mit
integriertem Druckluftbehälter geliefert.

9.5.3
Druckluftleitungen,
-schläuche und Anbauteile

Für den Drucklufttransport in einer Lackiererei sind leistungsfähige Schläuche
notwendig. Diese müssen bei mechanischen und chemischen Belastungen
stabil, aber dennoch leicht, biegsam
und abriebfest sein. Druckluftschläuche
werden meist aus Polyurethan (PU) oder
NBR-Nitrilkautschuk (englisch: Nitrile Bu-
tadiene Rubber) hergestellt und erhalten
durch ein eingelegtes Kunststoffgeflecht
ihre Stabilität (Abb. 2).
Unter Zuhilfenahme von Schlauchkupp-
lungen und so genannten Nippeln werden
die Schläuche an alle anderen Komponenten des Druckluftsystems angeschlossen
(Abb. 3). Das Abspringen der Schlauch-
kupplungen verhindern Schlauchschellen
und -klemmen, die an die Schlauchenden
geschraubt werden und die Kupplungen
dort befestigen. Der Durchmesser der
Anschlüsse beträgt in Lackierereien meistens ¼ Zoll (Abb. 4).

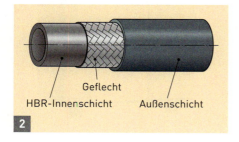

Geflecht

HBR-Innenschicht   Außenschicht

Um die Druckluft durch Bereiche zu transportieren, an denen keine flexiblen Schläuche notwendig sind, wird eine Ringleitung mit einem System aus Polyethylen- oder Kupferrohren auf den Wänden horizontal unterhalb der Decke angebracht (Abb. 5). Für Abnahmestellen werden vertikale Verbindungsstücke eingesetzt, welche die Luft bis zur Abnahmestelle an der Wartungseinheit leiten. Diese Rohre haben den Vorteil, dass sie noch stabiler als Schläuche sind und auch nach jahrelangem Einsatz keine Materialermüdung zeigen.

9.5.4
Kältetrockner

In der Umgebungsluft sind Verunreinigungen vorhanden, die für unser Auge meist nicht sichtbar sind. Die Luft enthält Wasserdampf, Öl in Form von festen Schwebeteilchen und Feinstaub unterschiedlicher Zusammensetzung (z. T. mit Schwermetallen, wie Cadmium, Blei oder Quecksilber angereichert). Verfügt die Lackiererei über einen älteren Kompressor, wird die Luft unwillkürlich noch mit feinsten Rostpartikeln oder in das Gerät geratenes Motorenöl versetzt.

5 Ringleitung, Ausschnitt

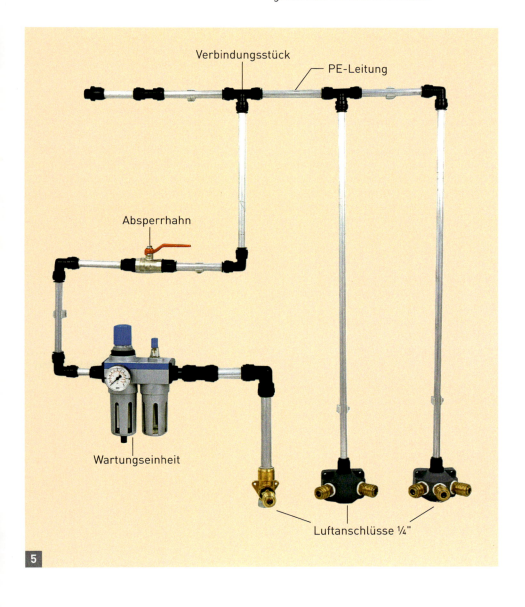

Verbindungsstück
PE-Leitung
Absperrhahn
Wartungseinheit
Luftanschlüsse ¼"

5

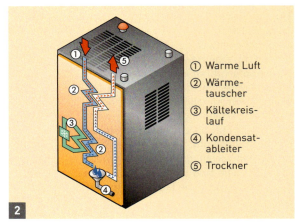

① Warme Luft
② Wärme-
   tauscher
③ Kältekreis-
   lauf
④ Kondensat-
   ableiter
⑤ Trockner

1 Kältetrockner

2 Funktionsprinzip
   eines Kältetrock-
   ners

Diese Verunreinigungen können die Funktionen des gesamten Druckluftsystems, der angeschlossenen Anlagen und Geräte und nicht zuletzt die Qualität der lackierten Oberfläche beeinträchtigen.

Um das Wasser mitsamt den Verunreinigungen abzuscheiden, setzt man Kältetrockner ein (Abb. 1). Innerhalb des Kältetrockners wird der Luft durch den Einsatz von Wärmetauschern entzogen. Beim Herunterkühlen der Druckluft bis unter den Taupunkt verringert sich deren Fähigkeit, Wasserdampf mit sich zu führen und sie gibt das verunreinigte Wasser als Kondensat ab. Dieses Kondensat wird im Kältetrockner gesondert abgeschieden und muss aufgrund seines Verschmutzungsgrades aufbereitet werden (Abb. 2).

Taupunkt

Die Wasserdampfaufnahmefähigkeit der Luft ist abhängig von der Temperatur. Luft, die nicht vollständig mit Wasserdampf gesättigt ist (relative Feuchte von unter 100 %) ist in der Lage, bei konstanter oder steigender Temperatur zusätzlichen Wasserdampf aufnehmen. Sinkt die Temperatur, steigt die relative Feuchte an. Ist eine relative Feuchte von 100 % erreicht, kommt es zur Tauwasserbildung, der Kondensation. Die Temperatur, bei der die **Kondensation** auftritt, nennt man **Taupunkt**.

Den Effekt der Kondensation mit feuchtem Niederschlag auf einer Fläche kann man beobachten, wenn man eine Getränkeflasche aus dem Kühlschrank in die warme Luft der Küche herausnimmt oder im Winter als Brillenträger einen geheizten Raum betritt.

9.5.5.
Wartungseinheit

Zur Abnahme von Druckluft durch den Lackierer befinden sich an den Wänden einer Lackiererei stets so genannte Wartungseinheiten. Für die Vorarbeiten befinden sie sich an den Arbeitsplätzen der jeweiligen Mitarbeiters oder im Bereich der Geräte oder Anlagen, die mit Druckluft betrieben werden (pneumatische Hebebühne, Papierpresse, Pistolenwaschautomat usw.). Für die eigentliche Lackierung ist eine Wartungseinheit in der Lackierkabine angebracht.

Die Bestandteile einer Wartungseinheit können je nach Qualitätsanforderungen der Werkstatt und abhängig vom Hersteller im „Baukastenprinzip" nach den entsprechenden Bedürfnissen zusammengestellt werden (Abb. 3).

Der Öl- und Wasserabscheider (Zyklonabscheider) dient gemeinsam mit dem Sinterfilter der Absonderung von letzten flüssigen (Wasser, Öle) und festen (Partikel > 5 µm) Bestandteilen der Druckluft. Das Trennen von Öl und Wasser im Bronzefilter wird durch den Unterschied der Oberflächenspannung der beiden Flüssigkeiten ermöglicht Ein Ablassventil verhindert den Wiedereintritt der Verschmutzungen in das System.

Während in einem Sinterfilter gröbere Partikel herausgefiltert werden, kann ein Feinfilter aus Mikrofasern sogar kleinste

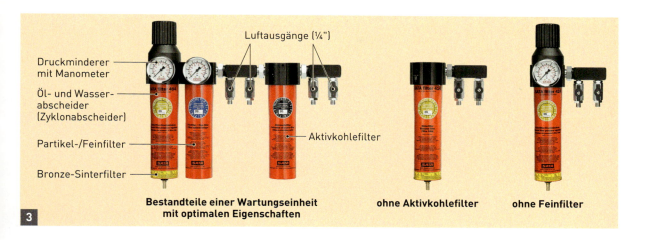

Luftausgänge (¼")

Druckminderer
mit Manometer

Öl- und Wasser-
abscheider
(Zyklonabscheider)

Partikel-/Feinfilter

Aktivkohlefilter

Bronze-Sinterfilter

**Bestandteile einer Wartungseinheit
mit optimalen Eigenschaften**

ohne Aktivkohlefilter

ohne Feinfilter

3

Teilchen in einer Größe von bis zu 0,01 μm aufnehmen. Man spricht bei dieser Luftqualität dann von technisch reiner Luft. Die Öl-, Wasser-, und Partikelabscheidung sorgt dafür, dass keine Lackierfehler wegen verschmutzter Druckluft entstehen und verlängert gleichzeitig die Lebensdauer pneumatisch betriebener Werkzeuge und Geräte.

Will man eine Vollmaske mit Luftzufuhr beim Lackieren verwenden, wird in der Wartungseinheit zusätzlich ein Aktivkohlefilter benötigt. Dieser sorgt für die Vorreinigung der Atemluft, wie es sonst der Gasfilter einer üblichen Spritzmaske macht. Die endgültig gereinigte Luft kann vom Lackierer durch die hinter dem letzten Filter angebrachten Abnahmehähne per Schlauch und entsprechendem Anschluss entnommen werden.

3 Unterschiedliche Wartungseinheiten

Aufgaben zu Kapitel 9.5

1. Nennen Sie die für handwerkliche Lackierereien üblicherweise verwendete Kompressorart und erläutern Sie, warum diese in kleineren Betrieben häufig verwendet wird.

2. Welche Anforderungen müssen Druckluftschläuche in Lackierereien erfüllen?

3. Erläutern Sie das Prinzip eines Kältetrockners.

4. In einem Büroraum werden sieben neue Schreibtischlampen mit neuen Leuchten ausgestattet. Drei Leuchten haben eine Leistung von 60 Watt und vier haben 40 Watt. In diesem Büro brennen die Leuchten fünf Tage in der Woche ca. sieben Stunden lang.
Berechnen Sie die Stromkosten für vier Wochen, wenn eine kWh 0,225 € kostet.

5. In der Empfangshalle einer Lackiererei wird eine 25 Watt-Glühlampe durch eine 60 Watt-Glühlampe ersetzt. Diese wird an fünf Tagen für ca. sechs Stunden eingeschaltet. Wie hoch sind die Mehrkosten im Monat, wenn eine kWh 0,13 € kostet?

6. Berechnen Sie den Mantel, die Oberfläche und das Volumen eines Kegelstumpfes mit den folgenden Maßen:
– d_1 = 1,50 m,
– d_2 = 3,00 m,
– h_s = 1,35 m,
– h = 1,29 m.

10

Lernfeld 10

Design- und Effektlackierungen ausführen

Kundenauftrag
▶ Umlackieren eines Pkw und Aufbringen eines Bildes

Arbeitsauftrag

Ein Kunde hat einen Gebrauchtwagen gekauft, den er von dem Lackierbetrieb in einem Flip-Flop-Lack umlackiert haben möchte. Als persönliche Note soll ein Bild in Airbrushtechnik auf die Motorhaube appliziert werden und selbiges soll mit Schrift versehen werden.

Auszuführende Arbeiten

1. Der Pkw ist für die Umlackierung vorzubereiten.

2. Das Fahrzeug ist im vorgegebenen Farbton zu lackieren.

3. Die Motorhaube ist mit dem gewünschten Bild zu versehen.

Objektbeschreibung

Pkw

Beim Pkw handelt es sich um einen VW Golf III. Er ist in einem guten Zustand, lediglich leichte Dellen befinden sich an der Beifahrertür. Die Fahrertür weist Kratzer im Bereich des Türschlosses auf. Am Heck befindet sich narbiger Rost, die Motorhaube weist diverse Steinschläge auf, ebenso wie die Außenspiegel.
Die Altbeschichtung ist noch voll tragfähig.

Motiv für die Motorhaube

Das Motiv, das für die Motorhaube vorgesehen ist, ist eine Comicfigur (Fisch), die es an den Lack anzugleichen gilt.

Leistungsbeschreibung

Instandsetzen des Pkw

Die Schadstellen am Fahrzeug sind zu beseitigen. Rost ist zu entfernen, Spachtel- und Füllerarbeiten sind auszuführen.

Schleifen des Pkw

Die Altbeschichtung des kompletten Pkw ist mit geeignetem Schleifpapier zu schleifen. Dazu gehören ebenso die Türfalze.

Reinigen und Abkleben

Das Fahrzeug ist zu reinigen und abzukleben. Die Besonderheiten in Bezug auf das Abkleben bei einer Ganzlackierung müssen hierbei beachtet werden um den Zugriff auf die Türfalzen zu ermöglichen.

Lackieren des Pkw

Der Pkw ist im Farbton L041 als Grundton und nach der Trocknung mit Flip-Flop-Lack der Farbe Cyan-Red zu lackieren. Im Anschluss wird der Klarlack aufgetragen.

Anfertigen einer Schablone und Aufbringen des Bildes

Für das Motiv und die Schrift sind Schablonen anzufertigen. Die Motorhaube ist mit feinem Schleifpapier (P1200-2000) nass anzuschleifen. Mit Hilfe der Schablonen ist das Motiv (Fisch) grob auf die Motorhaube zu übertragen. Hierbei muss die Schichtdicke beachtet werden. Im Anschluss wird mit einer Airbrushpistole das Bild angeglichen um weichere Übergänge zu schaffen.

Klarlack auftragen.

Zuletzt ist die Motorhaube mit Klarlack zu versiegeln.

1   Dekorpistole

2   Airbrushpistole

3   Einfache Hebelfunktion

4   Doppelte Hebelfunktion

10.1
Applikationswerkzeuge und -geräte

Viele Designlackierungen können mit einer üblichen Lackierpistole ausgeführt werden, die für den Auftrag von Basislack verwendet wird. Für großflächige Arbeiten mit niedrigem Detailgrad sind diese gut geeignet, da große Flächen schnell und gleichmäßig bearbeitet werden können. Sollten kleine Flächen zu bearbeiten oder spezielle Details gewünscht sein, verwendet man Dekor-Spritzpistolen oder Airbrushpistolen, die speziell für diese Anwendungen entwickelt wurden.

Dekor-Spritzpistolen

Dekor-Spritzpistolen (Abb. 1) sind im Prinzip Mini-Lackierpistolen; kleine Ausführungen der HLVP Pistolen. Sie sind leichter, handlicher und verfügen über eine Rund- und Breitstrahlregulierung.

Es gibt verschiedene Düsensätze der jeweiligen Hersteller, meist bis zu einer Größe von 1,4 mm. Die Fließbecher der Pistolen fassen 0,125 ml.

Airbrushpistolen

Die Airbrushtechnik wurde ursprünglich zur Retusche von Illustrationen eingesetzt. Der Luftpinsel, wie Airbrush wörtlich zu übersetzen ist, wurde bereits vor mehr als hundert Jahren erfunden, aber ihren Einzug in die Fahrzeuglackiererei hat die Airbrushtechnik erst viel später gefunden.

Das Prinzip von Airbrushpistolen (Abb. 2) ist das feine Zerstäuben des Lackes. Die Pistolen werden im Wesentlichen in zwei Gruppen eingeteilt: Pistolen mit einfacher oder mit doppelter Hebelfunktion.

Bei einfacher Hebelfunktion (Abb. 3) wird die Farbmenge vor der Nutzung eingestellt und über den Hebel der Luftstrom reguliert. Diese Modelle sind kostengünstig.

Bei Airbushpistolen mit doppelter Hebelfunktion (Abb. 4) reguliert man per Fingerdruck sowohl Luftmenge als auch die Farbmenge. Der Druck nach unten ist hierbei für die Luft, der Zug nach hinten für das Material zuständig. Hierzu benötigt man sehr viel mehr Übung als beim Umgang der Pistole mit einfacher Funktion, dafür ist sie vielseitiger in ihrer Anwendung.

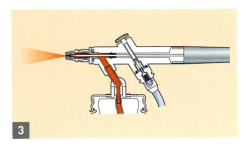

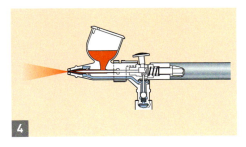

1   Fotorealistisches Motiv

2   Fließ- und Saugbecher

3   Pinstriping

4   Schwertschlepper

Die Airbrushtechnik ist im Fahrzeugbereich auch unter dem Begriff Custom Painting bekannt. Es handelt sich hierbei um keine serienmäßig hergestellten Lackierungen, sondern für einen Kunden (customer = Kunde) hergestellte Unikate.

Die niedrige Viskosität der Airbrushmaterialien lässt es zu, dass die Düsen besonders klein sein können und somit ein sehr feiner Strahl möglich ist. Aufgrund der Feinheit des Spritzstrahls lassen sich detailgetreue, fotorealistische Motive auf das Fahrzeug bringen (Abb. 1).

Die üblichen Pistolen sind mit einem Fließbechersystem ausgestattet, es gibt aber auch die Variante der Saugbecher (Abb. 2). Durch diese wird das Verschütten des Lackes an schwer zugänglichen Stellen vermieden (für einige Fließbechersysteme können Deckel erworben werden) und sie fassen größere Mengen Farbe als die Fließbecher.
Das ist von Vorteil, wenn man sich selbst Farben anmischt und größere Mengen davon benötigt ohne sich die genaue Zusammensetzung zu merken.

Allerdings bleiben stets Reste in den Bechern, die nicht angesaugt werden können. Die meisten Airbrushmaterialien lassen sich durch Einstellung der Viskosität mit einer 0,15 mm-Düse spritzen, für die übrigen sind Düsensätze bis zu einer Größe von 0,6 mm zu bekommen.

Pinstriping
Pinstriping (pinstripe = Nadelstreifen) beschreibt die Kunst Freihand feine Zierlinien mit einem Pinsel aufzutragen (Abb. 3). Die aufgebrachten Linien sind meist symmetrisch und dienen allein der Dekoration.

Beim Pinstriping verwendet man Pinsel mit langen Borsten, die flach und leicht angeschrägt sind. Diese „Schwertschlepper" (Abb. 4) sind aus Fehhaar (Eichhörnchen) hergestellt. Die Lacke des Pinstripings werden extra für diesen Zweck entwickelt und sollen auf den ungeschliffenen Klarlack aufgetragen werden.

Durch die Länge der Borsten wird viel Material aufgenommen und kann so lange appliziert werden, ehe man absetzen muss. Durch den kurzen Griff liegt der Pinsel sicher in der Hand.

5

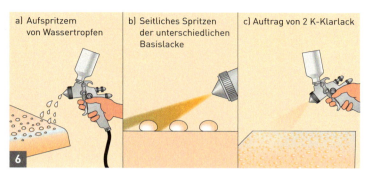

a) Aufspritzem von Wassertropfen

b) Seitliches Spritzen der unterschiedlichen Basislacke

c) Auftrag von 2 K-Klarlack

6

10.2
Kreative Lacktechniken

Um einem Fahrzeug ein individuelles Äußeres zu geben, können sowohl ganze Fahrzeuge oder auch nur Teilflächen mit kreativen Lacktechniken einzigartig gestaltet werden.

10.2.1
Wassertropfen-Effektlackierung

Der Wassertropfeneffekt beruht auf der Tatsache, dass sich Wassertropfen auf einer lackierten Oberfläche absetzen. Bei niedrigem Druck und großer Düsenöffnung wird vollentsalztes Wasser aufgespritzt. Dadurch entsteht ein tropfenförmiges Lackierbild (Abb. 5). Die Wasserschicht geht keine Verbindung mit dem Lackuntergrund ein, sondern lagert sich tropfenförmig auf diesem ab. Auf die Wassertropfen wird direkt im Anschluss von einer Seite heller, von der anderen Seite dunkler Lack im spitzen Winkel aufgenebelt. Es entsteht ein stilisierter Schatten der Wassertropfen.
Nachdem das Wasser verdunstet ist, wird die Effektlackierung abschließend mit einem unpigmentierten Lack beschichtet (Abb. 6).

7

10.2.2
Spiritustechnik

Mit dieser Technik ist es möglich, Imitationen z. B. von Wurzelholz- oder Granit herzustellen (Abb. 7–8).

Die Ursache des Effekts wird durch die Kombination von Wasser und Spiritus erreicht. Gearbeitet wird mit einem wasserverdünnbaren Basislack als farbgebendes Material. Im nassen Zustand wird tropfenweise Spiritus eingeträufelt. Der Effekt beruht drauf, dass Spiritus die Oberflächenspannung des Wassers beim Eindringen an der betreffenden Stelle herabsetzt und dadurch die Beschichtungsoberfläche aufreißt. Durch das Eindringen des Spiritus werden die Pigmente, die sich in der Lackschicht befinden, verschoben und lagern sich in ungleichmäßigen Haufen aneinander.

Die jeweilige Werkstoffimitation richtet sich nach dem Farbton des Basislackes und den verwendeten Pigmente z. B. Metalliceffekt-Basislack für Granitoptik.

8

5 Wassertopfen-Effektlackierung

6 Arbeitsschritte der Wassertropfenlackierung

7 und 8 Wurzelholzimitation

1 Durchschliff-
  technik

2 Farbflächen

10.2.3
Durchschlifftechnik

Die Durchschlifftechnik beruht darauf,
dass eine bereits applizierte Beschichtung
teilweise wieder freigelegt wird.

Es besteht die Möglichkeit, Intarsien zu
erzeugen oder unterschiedliche Farbflächen freizulegen (Abb. 1).

10.2.4
Intarsienornamente

Zunächst wird eine nicht saugende, glatte
Fläche mit hellem Füller beschichtet
und nach dem Aushärten geschliffen.
Darauf werden schmale Stränge von un-
verdünntem 2 K-Lack mit kleinen Kunst-
stoffflaschen und langem Auslassstutzen
mit kleiner Öffnung aufgebracht. Dabei
können verschnörkelte, ornamentartige
Muster erzeugt werden. Nach dem
Aushärten heben sich die Linien wenige
Millimeter vom Untergrund ab. Sie werden
mit einem schwarzen 1 K-Basislack
überzogen.

Für zusätzliche Effekte können Perlmut-
teffektlacke partiell eingenebelt werden.
Anschließend wird die gesamte Fläche
mit 2 K-Klarlack beschichtet, damit beim
nassen Überschleifen der Linien der tiefer
liegende schwarze Bereich nicht beschädigt werden kann. Nach dem Schliff
treten die Ornamente plastisch hervor.
Die Fläche wird abschließend mit einem
2 K-Klarlack geschützt.

10.2.5
Farbflächen

Für das Herstellen von Farbflächen wird
der Untergrund zunächst entfettet, geschliffen und gereinigt. Danach wird die
Fläche vorsichtig mit einem Hammer
rückseitig mit verschieden tiefen Beulen
versehen. Nachdem die Platte grundiert
wurde, werden unverdünnte 2 K-Lacke
in unterschiedlichen, kontrastreichen
Farbtönen nacheinander aufgetragen.
Zwischen den jeweiligen Beschichtungen
ist ein vorsichtiger Zwischenschliff mit
Schleifpad oder -vlies vorzunehmen.
Wenn die Schichten komplett ausgehärtet sind, wird die Oberfläche mit einem
Exzenterschleifer plan geschliffen. Dabei
werden die Partien, die von der Rückseite
mit dem Hammer bearbeitet worden sind,
durch den Schleifvorgang zuerst von den
oberen Farbschichten befreit. Rund um
diese Stellen kommen die unterschiedlichen Farbschichten zum Vorschein.
Wenn der gewünschte Effekt erreicht ist,
wird die Fläche mit schützendem 2 K-
Klarlack überzogen (Abb. 2).

10.2.6
Wassertransfertechnik

Die Wassertransfertechnik ist sehr vielseitig. Mit diesem Verfahren lassen sich nahezu alle dreidimensionalen Gegenstände mit
unterschiedlichem Dekor wie Holz-, Mar-
mor-, Leder- so wie gegenständlichem Design beschichten. Das gewünschte Dekor
wird auf eine wasserlösliche Folie (Film)
aus Polyvinylalkohol (PVA) gedruckt. Be-
druckt werden können alle Teile, die auch
zu lackieren sind. Auf diese Weise kann individuell und einzigartig gestaltet werden.

Arbeitsschritte der Durchführung der Wassertransfertechnik

- Motivwahl und Zuschnitt mit
  ca. 1–2 cm Überstand.

Motivzuschnitt

- Wasserbad auf 28–32 °C erhitzen.

Erhitzen des Wasserbades

- Folie mit Motiv nach unten in das
  Wasserbad legen. Folie muss glatt
  und faltenfrei aufliegen.

- Vermeidung von Fettspuren durch
  z. B. Fingerabdrücke auf der Folie.

Einlegen der Folie

- Folie mit Aktivator besprühen, der
  Folienträger löst sich auf, das Motiv
  schwimmt an der Wasseroberfläche.

- Das zu beschichtende Teil auf die
  schwimmende Motivschicht in das
  Wasserbad tauchen.

Besprühen mit Aktivator

- Durch den Wasserdruck wird der
  Motivfilm gleichmäßig an das zu
  beschichtende Teil gepresst.

- Die überschüssige Polyvinylalkohol-
  Trägerschicht wird durch Auswaschen
  entfernt.

- Aufbringen der schützenden
  Schlusslackierung.

Eintauchen des zu beschichtenden Objekts

10.2.7
Folientechnik

Unter dem Begriff Folientechnik versteht man eine kreative Gestaltung von Fahrzeugen. Hierbei erfährt ein noch feuchter Basislack, der auf einen farbigen Untergrund aufgespritzt wird, eine „Bearbeitung" mit herkömmlichen Haushaltsfolien.

Diese Technik eignet sich auch für große Flächen und kaschiert leichte Unebenheiten im Untergrund.

Die Arbeitsschritte werden im Folgenden auf einem pigmentierten, vollständig getrockneten Basislack als Untergrund demonstriert.

Arbeitsschritte

1. Auftragen des zweiten, verdünnten Basislacks in abweichendem Farbton. Die Nassschichtdicke muss so hoch sein, dass die feuchte Beschichtung mehrere Minuten lang bearbeitet werden kann.
Drei satte Spritzgänge sind empfehlenswert.

Auftrag des zweiten Basislacks

2. Eine dünne, herkömmliche Haushaltsfolie kräftig zerknüllen, wieder entfalten und leicht glätten. Das Tragen von Handschuhen verhindert zum einen den Eintrag von Fettspuren auf der Oberfläche, zum anderen wird die Faltenstruktur der Folie verstärkt.
Die erzeugte Struktur der Folie wird anschließend in die Beschichtung übertragen.

Folie knüllen

3. Folie mit gleichmäßigem Faltenbild locker auf den Basislack legen, ohne dabei die Falten herauszustreichen. Falls gewünscht, kann die Folie durch leichtes Verschieben zusätzlich strukturiert werden.
Folien justieren und vor dem nächsten Arbeitsschritt an den Seiten fixieren oder festhalten.

Folien justieren

4. Mit Druckluft aus einer Spritz- oder Abblaspistole die Folie gleichmäßig in den feuchten Basislack blasen. Die zuvor in die Folie gedrückten Falten werden in die feuchte Beschichtung übertragen. Bei diesem Vorgang muss die Folie leicht festgehalten werden.

Einblasen mit Druckluft

5. Nach einer kurzen Antrockenfase die leicht angetrocknete Folie langsam und vorsichtig entfernen. Ein Faltenmotiv ist im Lack entstanden. Die Beschichtung vor dem nächsten Arbeitsgang völlig durchtrocknen lassen.

Ist ein weiterer Farbton gewünscht, kann der Vorgang mit abweichendem Farbton wiederholt werden.

**Folien entfernen,
Beschichtung trocknen lassen**

6. Abschließend wird ein 2K-Klarlack auftragen.

Klarlackauftrag

7. Die bei der Folientechnik entstandenen Unebenheiten werden beseitigt, indem Klarlackspritzgänge und Zwischenschliffe so oft wiederholt werden, bis eine glatte Oberfläche entstanden ist.

**Platte nach Zwischenschliff
und Abschusslackierungen**

10.2.8
Schablonieren mit geschnittener Motivchablone

Mit Hilfe von Schabloniertechniken werden individuelle Gestaltungen auf Fahrzeugen aufgebracht. Exemplarisch wird im Folgenden eine Möglichkeit des Arbeitens mit geschnittener Maskierfolie und gerissener Motivschablone (Kap. 10.2.9) vorgestellt.

Um mit der Schabloniertechnik feinteilige Motive auszulackieren, muss die gewünschte Applikation auf eine Folie gebracht werden. Diese durchsichtigen Folien (Maskierfolien) bestehen aus PVC und sind auf einer Seite mit einem Acryl-Klebstoff versehen. Dadurch ist die Maskierfolie selbstklebend und nach Gebrauch rückstandsfrei wieder zu entfernen. Nachfolgend sind die einzelnen Arbeitsschritte aufgeführt.

Arbeitsschritte

1. Das gewählte Motiv wird entweder spiegelverkehrt auf die Folie skizziert und ausgeschnitten oder professionell ausgeplottet. Wird von Hand geschnitten, muss darauf geachtet werden, dass das Transferpapier nicht durchgeschnitten wird.

Geplottete Folie

2. Vorsichtiges Freilegen, Entgittern des Motivs durch Entfernen der geplotteten Motivteile.

Freilegen des Motivs

3. Falten- und blasenfreies Aufkleben der Maskierfolie auf das zuvor aus der Folie entfernte Motiv.

Aufkleben der Maskierfolie

4. Im spitzen Winkel vorsichtig die Schutzschicht von der Maskierfolie abziehen und
vermeiden, dass sich kleine Motivteile
lösen.

Schutzschicht entfernen

5. Beschichtungsuntergrund mit Silikonent-
ferner gründlich reinigen, mattieren und
nochmals reinigen.

Reinigen des Untergrundes

6. Folie positionieren und auf das Fahrzeug
kleben. Darauf achten, dass beim Aufkleben keine Luftbläschen oder Falten in der
Folie entstehen. Dabei die Folie an einer
Seite auflegen und langsam abschnitts-
weise aufkleben. Immer wieder zu den
Rändern glatt streichen.

Folie positionieren

7. Übertragungsfolie langsam abziehen,
so dass die Motivfolie frei auf dem
Untergrund liegt.

Übertragungsfolie entfernen

8. Sorgfältiges Abkleben aller Teile die nicht beschichtet werden sollen. Schnittkanten fest andrücken, um ein Unterlaufen des Lacks zu vermeiden (ggf. Fillsealer spritzen).

Abkleben

9. Lackieren der Fläche, indem das Motiv möglichst von vier Seiten genebelt wird. So wird ein konturenscharfes Motiv erreicht und das Unterlaufen der Beschichtung verhindert. Zu hohe Schichtdicken können ein Mitziehen oder Ausreißen des Lacks beim Entfernen der Folie bewirken.

Lackieren des Motivs

10. Zügiges, aber vorsichtiges Entfernen der Schablone, ohne das Motiv zu beschädigen. Dabei muss darauf geachtet werden, dass die feuchten Beschichtungsreste von der Schablone nicht auf das lackierte Motiv gelangen.

Entfernen der Motivschablone

11. Abschlusslackierung mit Klarlack und gegebenenfalls Zwischenschliff durchführen, um vorhandene sichtbare Schnittkanten zu beseitigen.

Werden mehrere Farbtöne gewünscht, wird der Vorgang mit weiteren Motivschablonen wiederholt.

Lackierte Fläche

1 Gerissene
   Pappschablone

2 Verschwommene
   und scharfe
   Motive

3 Sich wieder-
   holende Motive

4 „Real Flames"

10.2.9
Schablonentechnik
mit Handschablonen

Die Schablonentechnik ist eine relativ einfach und schnell zu handhabende Technik.
Mit geschnittenen oder gerissenen Hand-
schablonen aus Pappe oder Kunststoff
kann eine Flächengestaltung durchgeführt
werden. Die Form der Schablone ist individuell wählbar (Abb. 1). Es können zum
Beispiel tropfen- oder schuppenförmige
Schablonen und konturenscharfe oder
verschwommene Linien gerissen werden
(Abb. 2). Im Handel sind vorgefertigte, geschnittene Airbrush-Schablonen erhältlich,
die jedoch relativ teuer sind.

Ausführung der Technik:
Die Technik wird auf einem lackierten Untergrund durchgeführt, der mit Schleifpapier P 800 oder mit Mattierungspaste behandelt wurde. Die geschnittene Schablone
wird locker aufgelegt und mit der Hand
festgehalten. Mit einer kleinen Lackier-

pistole wird mit wenig Druck über die Kanten genebelt. Bei zu starkem Druck würde
die Schablone flattern und es ergäben sich
unscharfe Konturen.

Anschließend wird die Schablone entfernt,
an andere Stelle aufgelegt, und wiederum
Beschichtungsstoff aufgenebelt. Dieser
Vorgang wird so oft wiederholt, bis der gewünschte Effekt erzielt wird (Abb. 3). Um
den Effekt zu verstärken, können mehrere
Farbtöne ineinander verlaufend schablo-
niert werden. Durch unterschiedliche, verlaufende Farbtöne entsteht beispielsweise
der „Real Flames" Effekt (Abb. 4).
Wird mit Pappschablonen gearbeitet darf
nur dünn genebelt werden, da andernfalls
die Schablone vom Beschichtungsstoff
durchnässt würde und unsaubere oder
ungewünschte Abdrücke die Folge sein
würden.

Nach Fertigstellung der Gestaltung wird
abschließend die gesamte Fläche mit
Klarlack beschichtet.

1 Schwarzer
   Marmor

2 Marblizer auf
   schwarzem
   Untergrund

3 Marblizer auf
   einem farbigen
   Verlauf

4 Fixierung mit
   rot eingefärbtem
   Klarlack

10.2.10
Marblizer

Bei Marblizer handelt es sich um ein Produkt, welches in seiner Funktion noch einzigartig auf dem Markt ist. Deswegen kann
hier kein übergeordneter Begriff gefunden
werden kann. Marblizer bietet die Möglichkeit zur Darstellung von Strukturen die
Marmor gleichen (Abb. 1).

Es handelt sich um einen hochpigmentier-
ten Pearl-Basislack auf Alkydbasis. Dieser
wird spritzfertig verkauft. Er kann mit einer
1,3 mm bis 1,5 mm Düse bei 0,8 bar mit
einer HVLP-Spritzpistole oder einem Pinsel
appliziert werden.

Der Lack bleibt in einer Schichtdicke von
etwa 100 µm je nach Raumtemperatur bis
zu 10 Minuten verarbeitbar.

Arbeitsschritte
1. Die hellen Perlglanzpigmente erreichen
die stärkste Wirkung auf einem dunklen
Untergrund (Abb. 2). Auch mit anderen
Farbtönen können gute Effekte erzielt
werden. Der Marblizer wird auf den Untergrund appliziert. Nach dem Applizieren des
Marblizers wird in die noch feuchte Schicht
Folie, Textilien, Papier oder ähnliches eingelegt. Durch Verschieben und Verformen
wird der marmorähnliche Effekt erzielt. Im
Anschluss wird die Folie wieder entfernt.

2. Ist die Beschichtung gehärtet, wird die
Struktur mit Klarlack fixiert. Es ist möglich
den Marblizer mit lasierenden Materialien
überzulackieren, um die gewünschte
Farbigkeit zu erhalten. Der kontrastreiche
Untergrund bestimmt andernfalls den
Farbton.

Da er für Folien-, Wisch- und Tupftech-
niken vorgesehen ist, hat er nach der
Verarbeitung eine reliefartige dreidimensionale Struktur mit stark variierenden
Schichtdicken. Da starke Schichtdicken-
differenzen vorliegen, muss im Anschluss
ein Klarlack mit hohem Festkörperanteil
gewählt und mindestens ein Zwischenschliff einkalkuliert werden.

Marblizer bietet die Möglichkeit individuelle
Strukturen mit einer deutlichen Tiefenwirkung zu schaffen (Abb. 3–4).

> Bei der Verarbeitung müssen folgende
> gesundheitliche Aspekte beachtet
> werden:
> ■ Es ist nur mit einer geeigneten
>   Schutzausrüstung zu arbeiten.
> ■ Arbeitsräume müssen eine Absau-
>   gung haben und gut durchlüftet sein.
> ■ Die Arbeitsplatzgrenzwerte sind zu
>   beachten.

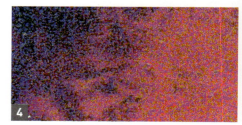

10.2.11
Candy-Lack

Die Candy-Lacke haben ihren Namen von der Ähnlichkeit mit Zuckerglasuren, z. B. von kandierten Äpfeln (Abb. 5).

Die Lacke gibt es in zwei Ausführungen: Als Beigemisch zum Klarlack und als transparenter Beschichtungsstoff, der direkt auf den Basislack aufgetragen wird.

Die Lasuren sind ein zweikomponentiges Produkt. Ihnen muss spezieller Härter hinzugefügt werden, wobei dieser je nach Lackaufbau variiert und entsprechend angepasst werden muss.

Es wird empfohlen den Lack im Kreuzgang aufzubringen, da er zu Streifenbildung neigt. Zwischen den einzelnen Spritzgängen darf die Ablüftzeit nicht länger als fünf Minuten betragen, da der Lack am besten nass-in-nass aufgetragen wird. Die Oberfläche sollte beim folgenden Auftrag noch klebrig sein. Drei bis fünf Spritzgänge sind nötig, um den Farbton gleichmäßig zu applizieren.

Nach dem letzten Spritzgang muss eine Aushärtungszeit von 12 Stunden eingehalten werden, bevor der Klarlack aufgetragen wird.
Der transparente Beschichtungsstoff wird mit einer Airbrush aufgetragen. Gearbeitet wird mit einer 0,4 mm Düse, die mit etwa 2,1 bar beaufschlagt wird.

5

5 Kandierter Apfel

6 Candylack auf einem Fahrzeug

Das Beigemisch zum Klarlack erfordert den Einsatz einer Spritzpistole. Bei einer HVLP-Pistole wird eine 1,3 mm Düse mit einem Spritzdruck von 0,8 bar verwendet.

Dem Klarlack wird die konzentrierte Beimischung in dem Mischungsverhältnis 5:1 hinzugefügt. Auch bei Verwendung des Candyskonzentrats im Klarlack, muss eine Schlussbeschichtung mit Klarlack erfolgen.

Das Beigemisch zum Klarlack ist nur für kleine Flächen und nicht für Ganzlackierungen geeignet, da ein Zwischenschliff den Effekt zerstören würde und der Klarlack nass-in-nass aufgebracht werden muss.

Der beliebteste Farbton ist „apple red" (Abb. 6). Dieser wird häufig zur Darstellung von Flammen verwendet.

6

1 Flammen-
   imitation

2 Rostimitation

3 Steinimitation

4 Holzimitation

10.2.12
Imitation

Im Bereich des „custom painting" wird
Airbrush häufig eingesetzt, um neben fo-
torealistischen Motiven Materialien und
Untergründe zu imitieren. Neben Flammen
sind auch Stein, Holz und Rost ein oft ver-
wendetes Motiv.

Flammenimitation
Unter „true fire" werden komplette Sets
zur möglichst realistischen Darstellung von
Flammen angeboten (Abb. 1). Es handelt
sich dabei meist um eine Zusammenstel-
lung von Farbtönen und Flammenscha-
blonen. Die Farbtonpalette der Sets reicht
von Schwarz über Violett bis zu Orange und
Gelb. Dazu werden Candykonzentrate geliefert, die mit den Basisfarben kombiniert
werden können.
Es handelt sich bei diesen Sets um Basisfarben auf Acrylbasis.
Zu einer realistischen Darstellung lehnen
die meisten Künstler die Verwendung von
Schablonen ab, da diese häufig zu unrealis-
tisch scharfen Kanten führen.

Rostimitation
Ein Trend, der sich speziell bei Oldtimer-
liebhabern entwickelt hat, ist die Imitation
von Rost auf einem vollkommen intakten
Lack (Abb. 2). Der Wunsch ist, das Objekt
gebraucht und alt aussehen zu lassen. Bei
der Darstellung von Rost werden Airbrush-
Lacke mit Farbtönen im Oxidrotbereich
eingesetzt.

Steinimitation
Bei Steinimitaten kommt es auf den Typ an,
der imitiert werden soll.
Die einfachste Methode ist die Darstellung
von porösen, körnigen Steinoberflächen,
wie beispielsweise bei Sandstein. Hierzu
werden „Sprenkelaufsätze" für das Airbrush verwendet oder viel Materialmenge
mit wenig Luftzufuhr verarbeitet, um kleine
Punkte über das Blatt zu verteilen. Dies
kann auf farbigem Untergrund erfolgen
oder mit lasierenden Materialien überar-
beitet werden.

Um aderndurchzogene Gesteinsarten, wie
z. B. Marmor, dazustellen, können einzelne
markante Linien eingefügt werden (Abb. 3).

Holzimitation
Im Airbrushbereich werden Holzimitati-
onen angewendet. Die im Fahrzeuglackier-
bereich ausgeführte Wurzelholztechnik
wird im Airbrush nicht eingesetzt.

Holzstrukturen werden von Hand aufgetragen. Die Fläche wird in einem entsprechenden Holzfarbton grundiert und mit
dunkleren Farbtönen werden dann die
Strukturen nach eigenem Ermessen aufgetragen und verwischt.

Auffällig ist, dass in den meisten Fällen
Bretter dargestellt werden (Abb. 4). Selten
wird ein Werkstück als komplettes Stück
Holz gestaltet.

5 Mehrfarbenlackierung

6 und 7
Zweifarbenlackierung an Kleinwagen

8 Zweifarbenlackierung am Motorrad

10.3
Zwei- und Mehrfarbenlackierung

Die klassischen Zweifarbenlackierungen (z. B. am VW-Käfer) und VW-Transporter hatten ihre Blütezeit in den Jahren um 1950. Um 1995 kam ein Polo-Modell mit Mehrfarbenlackierung, der „Harlekin", auf den Markt (Abb. 5).

Das Problem der industriellen Zwei- und Mehrfarbenlackierungen ist der erhöhte Produktionsaufwand und somit ein erhöhter Kostenfaktor. Deshalb werden vorwiegend hochwertige Fahrzeuge wie Maybach (seit 2002) oder Bugatti (seit 2005) mit mehrfarbiger Lackierung serienmäßig angeboten.

Das Fahrzeug muss zuerst im geforderten Grundfarbton lackiert werden. Nachdem die Beschichtung ausgehärtet ist, werden die entsprechenden Teile angeschliffen und im gewünschten zweiten Farbton lackiert.

Zweifarbig abgesetzt wird meist das Dach (Abb. 6) mit den Säulen oder an der „Gürtelline" gegliedert, auf ungefähr zweidrittel der Türhöhe geteilt.

Werden spezielle Partien in weiteren Farbtönen gewünscht, wird dies häufig individuell vom Fahrzeuglackierer durchgeführt. Die Arbeit erfordert ein sehr sauberes Abkleben mit Konturenband, sorgfältiges Anschleifen der neu zu lackierenden Teile und ausreichende Trockenzeiten zwischen den einzelnen Arbeitsgängen.

Mittlerweile werden auch Zwei- und Mehrfarbenlackierungen auf preiswerteren Modellen industriell wieder häufiger durchgeführt, beispielsweise auf dem Mini-Cooper und auf Motorrädern. (Abb. 7 und 8)

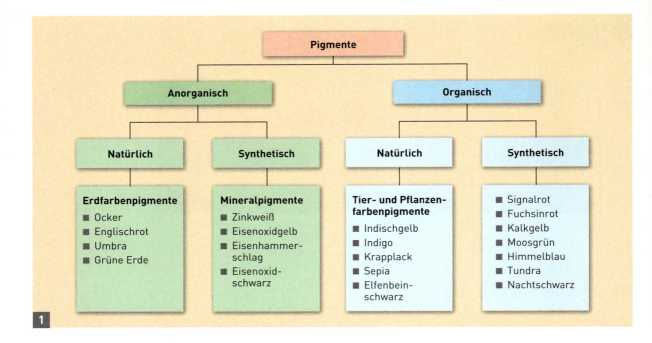

1 Einteilung
der Pigmente

10.4
Effektlacke

Die Bestandteile, die einer Beschichtung
ein farbiges Aussehen beziehungsweise
einen farbigen Effekt geben, nennt man
Farbmittel (⯈ LF 1).
Nach **DIN 55943** werden Farbmittel in zwei
Gruppen unterschieden:
- Farbstoffe und
- Pigmente.

Farbstoffe sind im Bindemittel löslich,
während Pigmente im Bindemittel unlöslich sind.

10.4.1
Pigmente

Pigmente sind im Anwendungsmedium
unlösliche pulver- oder blättchenförmige
Farbmittel.
Pigmente können in anorganische und
organische Pigmente eingeteilt werden.
Beide Gruppen lassen sich wiederum in
natürlich vorkommende und synthetisch
hergestellte Pigmente untergliedern.
Anorganisch natürliche Pigmente werden
als Erdfarben bezeichnet, die synthetisch

hergestellten anorganischen Pigmente
als Mineralfarben.
Organisch natürliche Pigmente spielen in der
heutigen Farbgebung kaum noch eine Rolle.
Organische synthetische Pigmente unter-
scheiden sich von den anorganischen
Pigmenten vor allem durch ihre größere
Farbstärke und durch reinere Farbtöne. Ei-
ne Einteilung der Pigmente zeigt die Abb. 1.
Werden Pigmente zur reinen Farbgebung
verwendet, müssen sie über ein hohes
Deckvermögen verfügen.

Die **Deckkraft** der Pigmente hängt vor
allem von deren Fähigkeit ab, Licht zu
streuen, d. h., dass möglichst viel Licht
völlig ungerichtet und in der Farbe des
Pigmentes zurückgeworfen wird. Das
Streuvermögen der Pigmente hängt von
zwei Faktoren ab:
- Brechungsindex des Pigmentes,
- Teilchengröße des Pigmentes.
Der Brechungsindex ist die Fähigkeit
des Pigmentkristalls, den Lichtstrahl
abzulenken. Er errechnet sich aus der
Geometrie des Lichtstrahls beim Eintritt
in den Pigmentkristall. Ein hoher Brechungsindex führt zu hoher Streuung
und damit zu guter Deckkraft. Die Tab. 1
zeigt die Brechungsindices einiger
Weißpigmente.

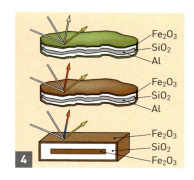

Die Teilchengröße des Pigmentes hat ebenfalls Einfluss auf das Streuvermögen. Je kleiner die Teilchen sind, desto besser ist die Deckkraft. Bis herunter zu etwa 0,2 μm Größe der Pigmentteilchen steigt das Streuvermögen. Werden die Teilchen noch kleiner, ist die Wechselwirkung mit dem Licht, dessen Wellenlange etwa 0,4–0,7 μm beträgt, nicht mehr so gut. Die Deckkraft wird dann wieder geringer, die Pigmente wirken transparent.

Tab. 1: Brechungsindices einiger Weißpigmente

Weißpigmente	Brechungsindex
Bariumsulfat	1,64
Bleicarbonat	1,94
Zinksulfid	2,37
Titandioxid	2,75

10.4.2 Effektpigmente

Die Gruppe der Pigmente, die nicht ausschließlich zur Farbgebung oder zum Korrosionsschutz (Kap. 7) eingesetzt werden, nennt man Effektpigmente. Die Wirkung der Effektpigmente ist einerseits abhängig vom Pigment, andererseits beruht sie auf physikalischen Effekten, wie der Reflexion. Zu den Effektpigmenten zählen
- Metallpigmente,
- Perlglanzpigmente,
- Tagesleuchtpigmente und
- Nachleuchtpigmente.

Grundsätzlich wird zwischen Leafing und Non-Leafing-Pigmenten unterschieden. Die **Leafing-Pigmente** richten sich nach

dem Beschichten an der Filmoberfläche aus. Die **Non-Leafings** verteilen sich nach der Applikation gleichmäßig im Beschichtungsfilm sind dadurch vor Abrieb geschützt.

Metalleffektpigmente
Metalleffektpigmente (Metallics) werden in Metallic-Lacken eingesetzt. Sie bestehen aus flächig ausgebildeten Aluminium-, Kupfer- oder Bronzeplättchen. Der Effekt entsteht durch Reflexion. Die sehr glatten Plättchen reflektieren das Licht gerichtet an der Oberfläche und brechen bzw. streuen es an den Kanten. Unterschieden wird zwischen den Typen Cornflakes, Silberdollar und VMP (Vacuum Metallized Pigment; engl.: Vakuum metallisierte Pigmente), die unterschiedliche Strukturen aufweisen. Cornflakes sind unregelmäßig mit rauer Struktur, der Silberdollar weist eine glattere Oberfläche und runde Strukturen auf. Die VMPs sind aufgrund ihrer extrem glatten Oberfläche hoch reflektierend.

Einen speziellen Effekt der Metallics ruft der silbrig glänzende **Diamanteffekt** hervor. Die Wirkung beruht auf dem Zusatz von Aluminiumteilchen, die wesentlich größer sind als die Aluminiumteilchen der herkömmlichen Metallic-Lackierungen und den „Sparcle-Effekt" erzeugen (Abb. 2).

Perlglanzpigmente
Perlglanzpigmente sind Glanzpigmente aus transparenten Plättchen mit hoher Brechzahl (Abb. 3–4). Sie geben den Glanz natürlicher Perlen wieder. Natürliche Perlen bestehen aus abwechselnden Schichten von Calciumcarbonat ($CaCO_3$) und Proteinen.

2 Diamanteffekt

3 Perlglanz-pigmente

4 Querschnitt Perl-glanzpigmente

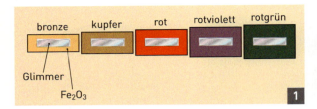

1 Farbigkeit in Abhängigkeit zur Ummantelung

2 und 3 Beispiele für Flip-Flop-Farbumschläge

4 Prinzip des Tagesleuchteffekts

5 Prinzip des Nachleuchteffekts

Diese Schichten haben unterschiedliche Brechungsindizes. Das auftreffende Licht wird von der Calciumcarbonatschicht zu einem Teil reflektiert, der andere Teil wird hindurch gelassen. Dieser Teil durchbricht die transparente Proteinschicht und der Vorgang wiederholt sich wieder und wieder an den folgenden Schichten. Es entsteht der Eindruck eines Glanzes, der aus der Tiefe stammt. Perlglanzpigmente sind auch unter der Bezeichnung Perlmutt- oder Pearleffect-Pigment zu finden.
Zur Herstellung von Perlglanzpigmenten verwendet man einen reflektierenden Kern, der mit farbverändernden Oxiden ummantelt wird. Je nach Dicke der Ummantelung ist, sich die Farbigkeit. Ebenso wird die Farbigkeit von dem verwendeten Metalloxid beeinflusst (Abb. 1).

Interferenzpigmente
Eine weitere Entwicklungen der Perlglanzpigmente sind die Interferenzpigmente. Der schillernde Effekt entsteht durch die Überlagerung von Strahlen. Diese werden sowohl an der Oberfläche, als auch an der unteren Seite der hauchdünnen Metalloxidoberfläche reflektiert und überlagen sich dabei.

Flip-Flop Pigmente
Flip-Flop Pigmente verändern ihre Farbe je nach Blickwinkel und Lichteinfall (Abb. 2 und 3). Diesen Farbumschlag bezeichnet

man als Flip-Flop-Effekt. Der Farbflop entsteht durch das Zusammenwirken von Brechung des Lichts, Reflexion und Interferenz. Diese Wechselwirkung ist wiederum abhängig von der Wegstrecke des Lichts im Pigmentkristall und vom Betrachtungswinkel. So verändern sich je nach Blickwinkel die Intensität des Glanzes und der Farbton. Mit einem Pigment können mehrere unterschiedliche Farbtöne dargestellt werden.

Tagesleuchtpigmente
Unter Tagesleuchtpigmente versteht man fluoreszierende Pigmente, welche bei Tageslicht eine leuchtende Wirkung zeigen. Die Leuchtwirkung der Pigmente entsteht, indem das Pigment kurzwelliges, unsichtbares UV-Licht in langwelliges sichtbares Licht umwandelt. Diese Umwandlung erfolgt ohne zeitliche Verzögerung.

Nachleuchtpigmente
Nachleuchtpigmente besitzen die Eigenschaft, nach einer Lichtbestrahlung nachzuleuchten. Dieses Phänomen wird als Phosphoreszenz bezeichnet (Abb. 4). Die Stärke des Nachleuchtens ist abhängig von der Intensität und der Dauer der Bestrahlung. Bei den Pigmenten handelt es sich um Zinksulfidkristalle, die mit Aktivatoren (Cadmium, Selen, Europium) versetzt sind. Durch diesen Zusatz sind die Pigmente zum Teil als giftig einzustufen. Die Pigmente nehmen die Lichtstrahlung auf und geben diese, in längere Lichtwellen umgewandelt, mit zeitlicher Verzögerung, wieder ab (Abb. 5).

Bei der Fahrzeuglackierung muss darauf geachtet werden, dass jedes selbstleuchtende, nachleuchtende oder reflektierende Material an einem KFZ und an deren Anhängern als Beleuchtungseinrichtung angesehen wird und somit in der Regel verboten ist (§ 49a StVZO).

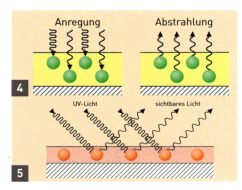

Aufgaben zu Kapitel 10.1–10.4

1. Benennen Sie die Teile 1-10 der Dekorpistole und deren Zubehör.

2. Beschreiben Sie kurz den Unterschied zwischen einer Airbrushpistole mit einfacher und doppelter Hebelfunktion.

3. a) Welche Vorteile bietet die Folientechnik in Bezug auf den Untergrund?
   b) Erklären Sie, warum das Motiv bei der Folienlackierung von allen vier Seiten genebelt werden sollte.
   c) Beschreiben Sie, wodurch der Effekt der „Real Flames" bei der Schablonentechnik entsteht.

4. a) Woher stammt der Name des „Candy-Lacks"?
   b) Beschreiben Sie kurz die beiden Ausführungen, die die Candy-Lack-Technik bietet.

5. Warum ist eine Fläche, die mit dem Marblizer-Effekt gestaltet wurde, abschließend unbedingt mit einem Klarlack zu versehen?

6. a) Nennen Sie den Farbkontrast mit dem das folgende Fahrzeug gestaltet wurde.

   b) Beschreiben Sie die Wirkung, die durch die Mehrfarbenlackierung im oben genannten Kontrast erreicht wird.

7. Worin unterscheiden sich Farbstoffe und Pigmente?

8. Wovon hängt die Deckkraft eines Pigments ab?

9. Beschreiben Sie, wodurch der Effekt der Interferenz hervorgerufen wird.

10. Erklären Sie, wodurch Non-Leafing-Pigmente vor Abrieb geschützt sind, Leafing-Pigmente hingegen nicht.

11. Beschreiben Sie, wodurch sich Tages- und Nachleuchtfarben in ihrer Wirkung unterscheiden.

12. Erklären Sie den Effekt, der auf dem nebensthenden Bild zu sehen ist.

11

Lernfeld 11

Oberflächen aufbereiten

Kundenauftrag
▶ Fahrzeug aufbereiten

Arbeitsauftrag

Für ein Autohaus soll ein Gebrauchtfahr-
zeug aufbereitet werden. Dabei handelt
es sich um einen zehn Jahre alten Volvo
V40 D. Damit er beim Verkauf einen höheren Erlös erzielt, sind sämtliche Auf-
bereitungsarbeiten durchzuführen. Diese
beziehen sich auf den Fahrzeuginnenraum
und auf die Lackierung der Karosserie.
Die Felgen sind dabei ebenfalls zu berücksichtigen.

**Auszuführende Arbeiten
Karosserie und Felgen:**

1. Die Kratzschäden am Außenspiegel
   sind durch Spot-Repair zu beseitigen.

2. Die gesamte Lackierung ist aufzupolieren und zu konservieren.

3. Der Farbton der Kunststoffstoßleisten
   ist aufzufrischen.

4. Die Einparkkratzspuren auf den Leichtmetallfelgen sind zu reparieren.

5. Zwei kleine Steinschlagschäden in der
   Windschutzscheibe sind zu reparieren.

6. Eine kleine Delle am vorderen rechten
   Kotflügel ist durch eine lackschadens-
   freie Ausbeultechnik zu egalisieren.

**Auszuführende Arbeiten
Innenraum:**

1. Ein Brandloch in der Türverkleidung
   ist zu reparieren.

2. Die Befestigungslöcher einer Mobiltelefonhalterung müssen fachmännisch
   beseitigt werden.

3. Das abgenutzte Leder des Fahrer-
   und Beifahrersitzes ist aufzufrischen.

4. Flecken im Teppichboden des
   Innenraumes sind durch geeignete
   Reinigungsmittel zu entfernen.

Objektbeschreibung

Die Spiegelschale des rechten Außen-
spiegels weist kleine Abschürfungen bis
auf den Kunststoffuntergrund auf.

Die Aluminium-Leichtmetallfelgen sind
durch Bremsstaub stark verschmutzt. Die
äußeren Kanten weisen leichte Einparkkratzspuren auf.

Die Altlackierung weist eine seidenmatte
Oberfläche auf. Diese berührt auf Verschmutzungen und Witterungsabnutzung
des Lackes. Der linke vordere Kotflügel
hat einen höheren Glanzgrad als die Ge-
samtkarosserie.

Zwei durch Steinschlag verursachte Glasschäden sind fachmännisch zu reparieren.
Die Glasschäden befinden sich knapp außerhalb des Sichtbereiches.

Die Kunststoffstoßleisten sind durch die
Einwirkung von UV-Strahlen stark in Mitleidenschaft gezogen worden. Der einst
dunkelgraue Ton ist sehr ausgeblichen.

Der rechte vordere Kotflügel besitzt eine
kleine Delle. Die Delle ist ca. 2 cm groß
und nicht sehr tief. Lackbeschädigungen
sind nicht zu erkennen.

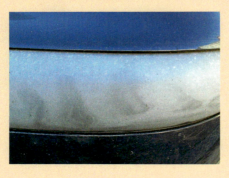

Die Textilverkleidung der Beifahrertür weist in der Nähe des Türöffners ein Zigarettenbrandloch auf. Der Textilbezug ist komplett durchgebrannt.

Die Vordersitze des Fahrzeuges sind mit einem Stoff-Leder-Mix überzogen. Das Sitzleder ist im Sitzbereich stark abgenutzt, erkennbar an den hellen Abschabungen.

Durch den Ausbau der Mobiltelefonhalterung ist ein Loch in den Kunststoffarmaturen sichtbar.

Die Teppichböden des Fahrzeuges weisen zum Teil starke Verschmutzungen auf. Hinter dem Beifahrersitz befindet sich ein weißlicher Fleck, der durch ausgelaufenes Poliermittel entstanden ist.

Leistungsbeschreibung

Außenspiegel reparieren

Der rechte Außenspiegel ist in Wagenfarbe durch Spot-Repair zu reparieren. Finisharbeiten sind durchzuführen.

Polieren der Karosserie

Die gesamte Karosserie ist zu reinigen, aufzupolieren und anschließend zu versiegeln.

Auffrischen der Kunststoffstoßleisten.

Die stark ausgeblichenen Kunststoffstoßleisten sind zu reinigen und mit einem geeigneten Pflegemittel zu behandeln. Dadurch soll der ursprüngliche Farbton wieder erzielt werden.

Aufbereitung der Leichtmetallfelgen

Die Leichtmetallfegen sind zu reinigen. Die Parkspuren sind durch eine fachmännische Aufbereitung zu reparieren.

Glasreparatur

Die beiden Steinschlagschäden in der Frontscheibe sind durch eine Glasreparaturtechnik zu beheben.

Kotflügel ausbeulen

Die kleine Delle am rechen Vorderkotflügel ist durch Ausbeulen ohne Lackieren zu egalisieren.

Brandloch in der Türverkleidung

Das vorhandene Brandloch in der Beifahrertür ist durch eine Textilreparaturtechnik zu reparieren. Es soll in Struktur und Farbe der vorhandenen Textilabdeckung angeglichen werden.

Loch im Armaturenbrett

Das Loch im Armaturenbrett ist durch eine Interieur-Reparaturtechnik zu beheben. Die Reparaturstelle ist in Struktur und Farbe dem vorhandenen Kunstleder anzupassen.

Fahrer- und Beifahrersitze

Das abgesessene Leder beider Sitze soll aufbereitet werden. Dazu sind die Lederpartien durch Färbung anzugleichen und aufzubereiten.

Teppiche reinigen

Der komplette Teppichboden im Innenbereich ist durch geeignete Reinigungsmittel und -verfahren zu reinigen. Dabei sind Flecken zu entfernen.

11.1
Schadensbilder

Kleinschäden lassen sich durch speziell entwickelte Reparatursysteme unkompliziert und preiswert beheben, ohne dabei auf teure Ersatzteile zurückzugreifen. Auf arbeitsintensive Demontage- und Montagearbeiten wird bei diesen Systemen verzichtet.

Tab. 1: Verschiedene Arten von Kleinschäden

	Brandlöcher in Polstersitzen		Lackschrammen und Lackkratzer
	Bohrlöcher in Armaturenbrettern		Kleine Beulen und Dellen ohne Lackbeschädigung
	Glasschäden durch Steinschlag, die sich nicht im Sichtbereich befinden		Ausgeblichene und verwitterte Lacke
	Parkschrammen an Felgen		Verschmutzte und unansehnliche Innenräume
	Verblichene Verdecke bei Cabrioletts		Kunststoffschäden

1 Kleiner Lack-
   schaden

2 Lackieren der
   Fehlstelle

3 Polieren der
   Schadstelle

11.2
Repairsysteme

Die Reparatur der im Kap. 11.1 genannten kleinen Schäden bezeichnet man als
Smartrepair. Der Begriff „Smart" leitet
sich aus dem Englischen ab und ist eine
Abkürzung für **S**mall to **m**edium **a**rea
repair **t**echnic.

Ziel von Smartrepair ist es, leichte Schäden preiswert und ohne großen Aufwand
schnell zu beheben. Oft werden bei einer
herkömmlichen Reparatur die Beseiti-
gungskosten höher sein, als der erzielte
Mehrerlös. Durch den Einsatz dieser
Reparatursysteme lässt sich der Wiederverkaufswert eines Gebrauchtfahrzeuges
erheblich steigern.

Zu den Arbeiten, die durch Smart-Repair
ausgeführt werden, zählen:

- Dellen ausbeulen ohne Lackierung,
- Spotrepair,
- Lackaufbereitung,
- Armaturenbrett- und Interieur-
  Reparatur (Leder und Kunstleder),
- Polsterreparatur,
- Steinschlagreparatur an der Wind-
  schutzscheibe,
- Alufelgen-Aufbereitung,
- Kunststoffreparatur an Stoßfängern,
- Verdeckreparatur und -färbung.

11.2.1
Spotrepair

Spotrepair ist eine punktuelle Reparatur
von kleinen bis mittleren Lackschäden,
die direkt am Fahrzeug durchgeführt werden. Die Reparatur ist auf die Schadstelle
begrenzt, so dass die Originallackierung
größtenteils beibehalten wird. Spotrepair
ist dadurch eine kostengünstige und zeit-
wertgerechte Reparaturmethode. Für eine
Reparatur dieser Art sollten jedoch verschiedene Voraussetzungen gegeben sein.
Die Schadstelle in einer Fläche sollte maximal einen Durchmesser von 3,5 cm nicht
überschreiten und möglichst in Randnähe
sein (Abb. 1–3).
Bei Streifschäden an Stoßfängern sollte
sich dieser an der Seite oder an den
Ecken befinden.

Bei einem dunklen Originallack mit wenig
Metallic-Anteil ist die Reparatur am Besten durchzuführen. Bei diesen Farbtönen
ist die Ausbesserungsstelle nicht mehr
sichtbar.

Nicht zu empfehlen ist eine Spotrepair-
Technik bei 2-Farben-Lackierungen,
Mattlackierungen oder bei Pulver-Slurry
beschichteten Fahrzeugen. Dabei ist die
Gefahr von Abrisskanten zwischen Reparaturstelle und Originallackierung gegeben.

Eine Übersicht der geeigneten und nicht
geeigneten Zonen zeigt die Tab. 1.

Tab. 1: Geeignete und ungeeignete Zonen für ein Spotrepair

Nicht geeignet für Kleinreparatur:
– Karosseriezone B

Bedingt geeignet für Kleinreparatur:
– Karosseriezone B

Sehr gut geeignet für Kleinreparatur:
– Karosseriezone C

Sehr gut geeignet für Kleinreparatur:
– Karosseriezone D

1 Vergleich Neulack und verwitterter Lack

2. Poliermittel auf Kunststoff

3. Schematische Darstellung der Lackporen

11.2.2
Lackaufbereitung

Ruß, Schmutz, Feuchtigkeit, Staub und UV-Strahlen können den Lack stumpf und unansehnlich machen.
Um den verwitterten, ausgeblichenen oder durch Waschstrassen fein verkratzten Lack neuen Glanz zu geben, ist die Politur grundsätzlich das wirksamste Mittel. Neuwertige Lacke sollten seltener poliert werden, da jeder Poliervorgang einen Lackabtrag bedeutet (Abb. 1).

Ob manuell oder maschinell poliert wird, hängt vom Zustand des Lackes bzw. von der Tiefe der zu entfernenden Kratzer ab. Vor dem Polieren müssen alle unlackierten Kunststoffteile abgeklebt oder abgedeckt werden. Poliermittel würden Flecken hinterlassen, die nur sehr schwer zu entfernen sind. 2K-Einschichtlackierungen sind besonders problematisch, da sie Flecken zurücklassen (Abb. 2).

Der Einsatz einer Politur ist nur für gealterte Lacke zu empfehlen (Abb. 3).

Es sollte nicht bei direkter Sonneneinstrahlung poliert werden, da das Poliermittel antrocknet und es zu Schlieren kommen würde.

Der Ablauf eines Poliervorgangs wird in Kapitel 11.5 beschrieben.
Nur wenn ein Fahrzeug mit dem geeigneten Konservierungsmittel behandelt wird, bleibt sein Glanz erhalten (Kap. 11.3).

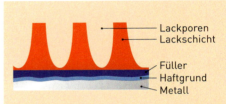

Neuer Fahrzeuglack. Lacktäler und -spitzen sind noch gleichmäßig verteilt.

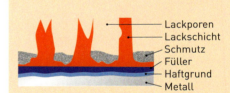

Fahrzeuglack nach ca. 2 Jahren. Lacktäler und -spitzen sind ungleichmäßig verteilt. Einige Spitzen sind bereits gebrochen. Schmutzpartikel haben sich abgelagert.

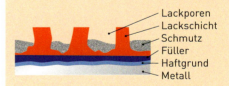

Fahrzeuglack nach einer Politur. Die Lackspitzen wurden begradigt, das führt zu einer Abnahme der Lackstärke.

4 Felgenauf-
   bereitung

5 Verdeckfärbung:
   Vorher/Nachher

11.2.3
Leichtmetallfelgenaufbereitung

Bordstein-, Salzschäden oder Schrammen
können durch eine Felgenaufbreitung
oder -reparatur kostengünstig behoben
werden.

Es gibt von den Automobilherstellern he-
rausgegebene Reparaturleitfäden. Diese
geben an, welche Schäden noch reparabel
sind oder ob die Felge ausgetauscht werden muss.

Je nach Beschädigungsgrad werden die
Felgen gestrahlt, geschliffen und mit geeigneten Metallspachtelmassen gespachtelt.

Felgen ohne Spachtelauftrag werden
aufpoliert und anschließend klarlackiert.

Bei gespachtelten Felgen erfolgt der herkömmliche Lackaufbau einer Reparaturlackierung (Abb. 4).

11.2.4
Verdeckfärbung

Bei der Verdeckfärbung werden ausgeblichene Stoffverdecke dauerhaft eingefärbt.
Die Stoffstruktur bleibt erhalten.

Die Farben Schwarz, Weiß, Dunkelblau,
Braun und Grün sind erhältlich. Bevor der
Farbton mit dem Pinsel auf das Verdeck
aufgetragen wird, muss dieses mit einem
eigens dafür erhältlichen Reiniger gesäubert werden. Alle nicht zu färbenden Stellen des Fahrzeuges müssen abgedeckt
werden (Abb. 5).

Aufgaben zu Kapitel 11.2

1. a) Beschreiben Sie den Begriff Smartrepair.

    b) Nennen Sie Gründe für die Durchführung von Smartrepair.

2. Nennen Sie fünf Reparatursysteme, die unter Smartrepair fallen.

3. Weshalb sind Spotrepair-Lackierungen bei Pulver-Slurry Beschichtungen
    problematisch?

4. Weshalb müssen Kunststoffteile vor dem Poliervorgang abgeklebt werden?

5. Wo findet man Angaben, ob eine Felge reparabel ist oder ob sie ausgetauscht
    werden muss?

6. Welche Farbtöne werden zur Verdeckfärbung angeboten?

1 Durch UV-
Strahlung
ausgeblichene
Lackierung

2 Abperlendes
Wasser

3 Füllen kleinster
Kratzer mit Kon-
servierungsmittel

11.3
Reinigungs- und
Konservierungs-
maßnahmen

Die meisten Autobesitzer legen im Hin-
blick auf den Wiederverkaufswert großen
Wert auf die Pflege ihres Fahrzeugs. Im
Sinne des Werterhalts und der Optik des
Pkws sowie zur Vermeidung frühzeitiger
Reparaturlackierungen muss der Lack je
nach Belastung in bestimmten Intervallen
konserviert und aufbereitet werden.

11.3.1
Witterungsschutz

Schädigungen des ungeschützten Lackes
können u. a. durch UV-Strahlung (Abb. 1),
Streusalz, Kfz- und Industrieabgase oder
Umwelteinflüsse hervorgerufen werden.
Fahrzeuge, die ständig der Witterung aus-
gesetzt sind, sollten rechtzeitig vor den
Gefahren geschützt werden.

Zum Schutz des Autolacks werden Konservierungsmittel aufgetragen, die aus
unterschiedlichen Komponenten bestehen
können. Herkömmliche Produkte enthalten Öl-Wachskombinationen, welche eine
hydrophobe (wasserabweisende) Wirkung
haben. Auf hydrophoben Oberflächen perlt
das Wasser ab (Abb. 2). Je höher und kleiner die Tropfen sind, desto besser ist der
bestehende Lackschutz.
Weitere Produkte werden mit Polytetraflu-
orethylen (PTFE) versehen, das unter
dem Handelsnamen Teflon® bekannt
ist. PTFE ist ebenso hydrophob sowie
schmutzabweisend und widerstandsfähig
gegen viele Säuren, Basen, Alkohole und
Kraftstoffe. Neuere Produkte bestehen
aus Bestandteilen in Nanogröße, die zusätzlich auch geringen mechanischen Belastungen widerstehen können. Allerdings
ist die Verträglichkeit dieser Produkte für
Mensch und Umwelt noch umstritten.
Von der Verwendung siliconhaltiger Ver-
siegelungen ist abzusehen, da diese bei
einer künftigen Reparaturlackierung
Oberflächenstörungen verursachen können.
Der Auftrag der Materialien kann maschinell oder manuell erfolgen und wird ar-
beitstechnisch ähnlich wie bei den Finisharbeiten durchgeführt (Kap. 11.5.4).

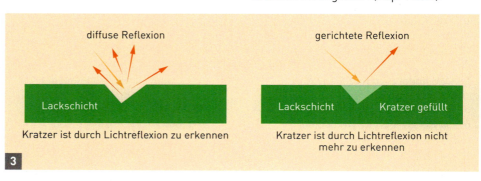

diffuse Reflexion   gerichtete Reflexion

Lackschicht   Lackschicht   Kratzer gefüllt

Kratzer ist durch Lichtreflexion zu erkennen   Kratzer ist durch Lichtreflexion nicht mehr zu erkennen

4

5

4   Verschmutzun-
    gen am Lack
    im Bereich des
    Einstiegs

5   Portalwasch-
    anlage im Einsatz

6   Wagenwäsche
    mit Hochdruck-
    reiniger

Beim Auftragen werden kleinste Kratzer durch das Konservierungsmaterial gefüllt, so dass diese nicht mehr zu erkennen sind. Grund dafür ist die durch das Füllen des Kratzers wiederhergestellte gerichtete Reflexion des Lichts. Die zuvor bestehende diffuse Reflexion hatte den Kratzer deutlich hervortreten lassen (Abb. 3).

11.3.2
Lackpflege/Fahrzeugwäsche

Um den Autolack so lange wie möglich glänzend erscheinen zu lassen, muss das Fahrzeug in bestimmten Intervallen gereinigt werden. Anhaftende Verschmutzungen (z.B. in angetrocknetem Schlamm gebundener Sand, Abb. 4) können Kratzer im Lack verursachen oder die Oberfläche schädigen (Vogelkot, Zementspritzer, Batteriesäure usw.). Sie müssen zeitnah durch Waschen entfernt werden.
Eine Fahrzeugwäsche im öffentlichen Raum ist aufgrund des Gewässerschutzes fast überall verboten, so dass für

die Reinigung nur Waschanlagen oder Arbeitsplätze mit Ölabscheidern in Frage kommen. In keinem Fall darf durch Fugen oder Risse im Boden Schmutzwasser in das Erdreich gelangen.

Fahrzeugwäsche mit Waschanlagen
Waschanlagen gibt es als Waschstraßen (Kfz wird mit einem Förderband durch einen Tunnel geführt, Fahrer kann im Auto bleiben) und Portalwaschanlagen (Fahrzeug wird eingefahren und nach dem Waschen wieder herausrangiert, Fahrer muss das Auto verlassen) (Abb. 5). Nach einer Vorwäsche, welche die groben Verschmutzungen von der Karosserie spült, wird das Kfz mit einem Reinigungsschaum eingesprüht, der fest haftende Verschmutzungen anlöst. Anschließend wird das Auto zwei vertikalen und einer horizontalen Bürste durch rotierende Bewegungen gereinigt. Die Bürsten bestehen entweder aus Kunststofffasern oder -streifen oder zur besonderen Lackschonung aus textilen Werkstoffen. Abschließend wird das Restwasser mit Druckluftdüsen von der Oberfläche und aus den Karosseriespalten geblasen. Zusätzlich können auch noch Unterbodenwäsche und Konservierung oder ein Wachsauftrag durchgeführt werden.

Nanopartikel
Nanopartikel oder Nanoteilchen sind eine Zusammensetzung von sehr wenigen bis mehreren tausend Atomen oder Molekülen.
Ein Nanometer entspricht
10^{-9} m = 0,000 000 001 m.
Das griechische Wort „nanos" bedeutet „Zwerg" oder „zwergenhaft" und bezeichnet sehr kleine Dinge. Durch ihre große Oberfläche (große Teilchenoberfläche im Verhältnis zum Volumen) sind sie widerstandsfähiger als größere Teilchen.

6

1 Ausbesserungs-
   arbeiten an der
   Gummidichtung
   eines Sonnen-
   dachs

2 Verchromte Felge

3 Oldtimer mit
   Weißwandreifen

Manuelle Fahrzeugwäsche

Bei der Reinigung von Hand kann mit einem Wasserschlauch oder einem Hochdruckreiniger benetzt werden (S. 307, Abb. 6). Anschließend wird von Hand oder mit einer Sprühflasche ein Gemisch aus Wasser und geeignetem Reiniger aufgetragen. Nach einer Einwirkzeit wird die Flüssigkeit mit Schlauch/Hochdruckreiniger abgespült. Um keine Wasserflecken zu erhalten, muss der Lack mit einem Fensterleder oder einem Mikrofasertuch getrocknet werden.

Mit dem Hochdruckreiniger kann auch der Motor sowie der Motorraum oder der Unterboden des Fahrzeugs gereinigt werden.

11.3.3
Kunststoff- und Glasreinigung

Üblicherweise werden die sich am Fahrzeug befindenden Kunststoffteile (Stoßfänger, Spiegelkappen, Einstiegschweller, sonstige Anbauteile), Gummileisten und Glasscheiben bei der Wagenwäsche zusammen mit den Blechteilen gereinigt. Sollten sich hartnäckigere Verschmutzungen festgesetzt haben, müssen diese Bereiche nochmals gesondert gereinigt werden.

Kunststoffteile können mit Scheuer- oder Nagelbürsten von Schmutz befreit werden. Bei lackierten Kunststoffteilen ist allerdings darauf zu achten, dass die Lackoberfläche nicht beschädigt oder abgetragen wird. Gummileisten kann man mit schwach lösenden Verdünnungen, Polituren oder harten kleinen Bürsten säubern. Bei groben Verschmutzungen kann zum Retuschieren ein besonders elastischer Lack aufgetragen werden (Abb. 1). Schmutz auf Glasflächen kann mit Universalverdünnung abgewaschen oder einer Klinge (Cutter, Rasierklinge) abgekratzt werden.

11.3.4
Chromschutz

Kühlergrills und -figuren, Zierblenden sowie andere Fahrzeugteile (z. B. Felgen, Abb. 3) sind aus optischen Gründen bei einigen Fahrzeugen mit einem Chromüberzug versehen. Für die Reinigung dieser Bauteile kann entweder eine konventionelle Politur oder ein gelartiger Spezialreiniger verwendet werden, der auch zum Überarbeiten von Leichtmetallfelgen im Gebrauch ist. Nach der Applikation des Reinigers muss dieser einige Minuten einwirken. Anschließend wird er mit Wasser abgespült. Die Materialien werden als alkalische und saure Produkte angeboten. Aus diesem Grund ist bei der Verwendung auf Haut- und Augenschutz zu achten. Darüber hinaus darf beim Arbeiten kein Reiniger auf Lackoberflächen tropfen, da diese beschädigt werden können.

11.3.5
Felgenreinigung und Reifenpflege

Auch Reinigung und Pflege der aus Felgen und Reifen bestehenden Räder sind für den optischen Gesamteindruck eines Fahrzeugs wichtig. Felgen und Reifen sind

chemischen Einflüssen (z. B. Streusalz) und mechanischen Belastungen (z. B. Berührung von Bordsteinkanten) ausgesetzt und können dadurch optisch beeinträchtigt werden. Felgen sind nach einiger Zeit zudem mit schwarzen Partikeln bedeckt, die vom Bremsabrieb verursacht werden. Zur Reinigung von Felgen wird im Anschluss an eine Hochdruckreinigung der Räder der in Kap. 11.3.4 bereits beschriebene Reiniger verwendet.

Für die Verbesserung der Optik und zum Schutz vor Versprödung werden Reifen mit einem speziellen Pflegemittel eingesprüht, das anschließend gleichmäßig auf der Fläche verrieben wird. Wird mit dem Pflegemittel kein optisch zufriedenstellendes Ergebnis erzielt, kann mit spritz- oder streichbarem, schwarzem Reifenlack eine Aufbereitung vollzogen werden. Reifenlack ist zur Ausbesserung von Weißwandreifen (Abb. 2) oder zur Hervorhebung von Reifenschriftzügen auch in Weiß erhältlich. Die Haltbarkeit des aufgetragenen Reifenlacks ist allerdings stark begrenzt.

11.3.6
Reinigung und Pflege von Cabriodächern

Cabrios verfügen beim Dach entweder über ein zusammenklappbares Hardtop oder über ein faltbares Softtop. Ein Hardtop kann aus Stahl, Aluminiumlegierungen oder GFK sein. Ein Softtop besteht aus Stoff oder PVC (Abb. 4). Damit Cabriodächer nicht verspröden oder undicht werden, müssen sie regelmäßig gereinigt und gepflegt werden.

Grundsätzlich sollte man so selten wie möglich mit einem Cabrio durch eine Waschanlage fahren, da Undichtigkeiten Wasser in den Innenraum eintreten lassen können. In jedem Fall ist eine Waschanla-

4 Cabrio mit Softtop

ge zu bevorzugen, die anstatt mit Bürsten mit Textillappen reinigt. Dadurch werden Kunststoff-Heckscheiben nicht zerkratzt.

Hardtops können auf die gleiche Art und Weise wie die Restkarosserie gereinigt werden, allerdings sind die Dichtungen und das Gestänge in regelmäßigen Abständen auf Funktion zu überprüfen.

Softtops müssen vorsichtiger gesäubert werden, da sie empfindlicher gegen aggressive Reinigungsmethoden sind. Eine Vorreinigung ist mit Seifenlauge und Hochdruckreiniger oder weicher Bürste durchzuführen. Insekten- und Vogelkotreste können danach mit lösemittelfreiem Reiniger und einer weichen Bürste entfernt werden. In Dichtungen setzen sich Staub und feiner Sand ab, daher sind diese mit Seifenlauge und einem Baumwolllappen zu säubern. Sind alle Flächen gereinigt und getrocknet, kann das Verdeck mit einer geeigneten Imprägnierung vor der Witterung geschützt werden. Zum Pflegen der Dichtungen eignen sich silicon- und glycerinhaltige Mittel, die ein Versprödung der Bauteile verhindern. Vermattete Heckscheiben können mit einer Politur wieder in einen klaren Zustand versetzt werden. Die Mechanik und das Gestänge des Verdecks sind zur Funktionserhaltung in vorgeschriebenen Intervallen zu schmieren.

Zeigen sich Risse oder Beschädigungen im Softtop, können diese von einem Autosattler repariert werden.

Aufgaben zu Kapitel 11.3

1. Nennen Sie die Einflüsse, die einen ungeschützten Lack schädigen können.

2. Welche Produkte werden als Konservierungsmittel für Autolacke eingesetzt?

3. Welche beiden Arten von Kfz-Waschanlagen existieren und wie unterscheidet man sie?

1 Verschmutzter
   Innenraum

2 Polsterreparatur
   Leder

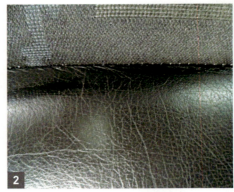

11.4
Aufbereitung des Fahrzeuginnenraums

Bei der Neulackierung eines Kraftfahrzeuges ist häufig eine Innenlackierung notwendig. Besonders, wenn die neue Farbe des Fahrzeuges optisch nicht mit der alten Farbgebung des Innenraums harmoniert (Kap. 12.4).

Die Innenraumaufbereitung beansprucht viel Zeit, da nach der Lackierung noch eine Innenreinigung erfolgen muss. Erst dann kann das Fahrzeug auch von außen lackiert werden.

11.4.1
Innenlackierung

Vor der Innenlackierung müssen im Fahrgastraum Armaturen, Verkleidungen, Zierleisten, Polsterungen und alle mechanischen Teile ganz oder teilweise entfernt oder abgedeckt werden. Dabei müssen die durch eine Verkleidung abgedeckten Stellen aus wirtschaftlichen und zeitlichen Gründen nicht neu beschichtet werden, da sie nicht sichtbar sind. Hier reicht eine Abdeckung aus. Zusätzlich muss eine gründliche Säuberung der zu beschichtenden Flächen erfolgen, da besonders an den Türfalzen und Türsäulen Öle, Fette und Schmutz vorhanden sind.

Vor dem Lackieren des Motorraums müssen Kabel und Zündspulen, die an die Beschichtungsflächen angrenzen, losge-

schraubt und in der Mitte gebündelt werden. Auch hier ist eine Entfettung der zu beschichtenden Flächen notwendig, damit eine fehlerfreie Lackierung erfolgen kann.

Zur Reinigung der zu lackierenden Stellen eignen sich herkömmliche Reinigungsmittel. Bei der Entfernung der Roststellen wird oft ein druckluftgetriebener Nadelentroster verwendet, da das Schleifen von Hand oder mit der Schleifmaschine durch fehlende Zugänglichkeit erschwert wird. Erfolgt eine unzureichende Entfettung oder Entrostung der zu lackierenden Stellen, haftet bereits die Grundierung schlecht (➥ LF1).

Für die Innenlackierung werden nebelreduzierte Innenraum-Spritzpistolen verwendet. Diese sind zur Beschichtung kleiner unzulänglicher Flächen geeignet.

11.4.2
Innenreinigung

Im Anschluss an die Innenlackierung muss eine Innenreinigung erfolgen. Zunächst werden der Innenraum und der Kofferraum mit einem Industriestaubsauger gereinigt. Dazu gehört auch das Saugen der Polster, Ablagefächer, des Handschuhkastens und Aschenbechers.

Neben den herkömmlichen Reinigungsmitteln und Werkzeugen wie Lappen, Bürsten und Pinsel, findet Trockeneis immer mehr Verwendung. Bei Trockeneis handelt es sich um Kohlendioxid, welches auf −78,5 °C abgekühlt wurde.

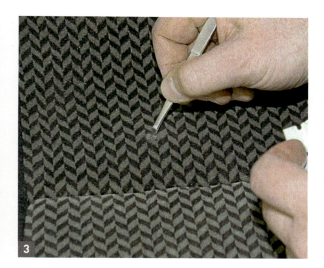

Bei höheren Temperaturen geht es sofort in den gasförmigen Zustand über und verdampft rückstandslos. Mit Trockeneis lassen sich fast alle Verschmutzungen entfernen, z. B. Öle, Wachse, Fette oder Klebstoffrückstände. Roststellen können damit nicht entfernt werden.

Die zu reinigende Fläche wird mit Trockeneiskügelchen bestrahlt. Durch den thermischen Schock haften die Schmutzpartikel nicht mehr so gut an der Oberfläche und bröseln schließlich ab. Je nach Verschmutzungsgrad muss die Menge und der Druck entsprechend eingestellt werden.

Um einen neuen angenehmen Geruch und eine hohe Sauberkeit zu erzielen, kann eine chemische Reinigung aller Textilien im Innenraum erfolgen. Dazu gehören Polster, Teppiche und der Fahrzeughimmel.

Polsterreparatur
Kleine Löcher in der Türverkleidung oder den Sitzbezügen werden mit speziellem Reparaturmaterial (Stofffasern) ausgebessert. Aus den verschiedenen Farben der Stoffasern kann die richtige Mischung zusammengestellt werden.

Zuerst wird Kleber in die Schadstelle eingelassen, dann folgen die Stoffasern. Mit dem Bügeleisen wird der Klebstoff erhitzt und die Stelle verschlossen.

Lederbezüge zeigen nach einiger Zeit Gebrauchsspuren durch Abrieb, Kratzer oder Brüche. Zur Auffrischung werden Lederfarben eingesetzt, die den Lederbezügen farblich angepasst werden müssen. Kleine Löcher und Risse können mit Flüssigleder ausgeglichen werden. Es gibt diverse Strukturpapiere, welche die Struktur der Lederpolster aufweisen. Mit einem erhitzten Heizstempel wird das Papier auf die Reparaturmasse gedrückt, so dass die Struktur übertragen wird (Abb. 3–4).

Kunststoffreparatur
Alle im Innenraum befindlichen Kunststoff-teile (Armaturenbrett, Verkleidungen, Ablageflächen, Pedale) werden mit einem Kunststoffreiniger behandelt. Hierbei sollten auch alle Ritzen der Bedienelemente und Lüftungsöffnungen beachtet werden. Zusätzlich bietet sich die Behandlung mit einem Kunststoffpflegemittel an, um die Kunststoffteile wie neu erscheinen zu lassen. Löcher im Armaturenbrett werden mit einer speziellen Füllmasse aufgefüllt und farblich dem Bauteil angepasst. Mit Strukturpapier oder Strukturspritzmasse wird die Struktur angeglichen. Türdichtungen, Fensterrahmen und Bereifung werden mit speziellen Gummi- und Vinylpflegemitteln gereinigt, um ein natürliches und gepflegtes Aussehen zu erlangen. Anschließend erfolgt die Scheibenreinigung mit einem Glasreiniger.

3 Polsterreparatur Sitzbezüge

4 Kunststoff-reparatur

1 Schleifblüten

2 Schleifzylinder

3 Schleifblütenex-
   zenter

4 Schleifhobel

5 Ziehklinge

11.5
Finish-Arbeiten,
Schleif- und Polierpasten

Die Reparaturlackierung wird vom Kunden kritischer betrachtet als die Originallackierung. Aus diesem Grund sind die Polierarbeiten von besonderer Wichtigkeit.

11.5.1
Lackierfehler beseitigen

Kleinere Staubeinschlüsse, Lackläufer und Oberflächenstrukturfehler (Orangenhaut) müssen beseitigt werden.
Staubeinschlüsse lassen sich mit Schleifblüten (P1500–P2500, Abb. 1) planschleifen, die auf einen Schleifzylinder aufgeklebt werden. Der Schleifzylinder ist ein kleiner Schleifblock, mit einem Durchmesser von ca. 3 cm (Abb. 2). Die Schleifblüten können statt auf dem Schleifzylinder auch auf einen Blütenexzenter aufgebracht werden, um damit die Staubeinschlüsse maschinell zu entfernen (Abb. 3).

Größere **Lackläufer** werden mit dem Schleifblock bearbeitet und mit P1200 nass plan geschliffen. Sie können auch mit einem Lackhobel (Abb. 4) oder einer Ziehklinge (Abb. 5) abgeschnitten werden. Für kleinere Läufer verwendet man P1500 um diese zu egalisieren.

Oberflächenstrukturfehler, wie die Orangenhaut, werden mit einer 3,5-Hub-Exzenter-Schleifmaschine großflächig ausgeschliffen. Hierzu wird Schleifpapier der Körnung P1500 verwendet.
Zur Reduzierung der Polierzeit empfiehlt es sich bei allen Lackierfehlern den Reparaturbereich mit P3000 nachzuschleifen, um gleichmäßige und minimale Rautiefen zu erzielen.

6   Polierscheiben

7   Poliermaschine

8   Hologramme

11.5.2
Poliermedien

Poliermedien (Abb. 6) unterscheiden sich durch Größe, Form, Material sowie durch ihre Schleifleistungen.

Es gibt folgende Arten:
- Lammfelle,
- Schaumstoffscheiben von hart bis weich,
- genoppte Polierpads in verschiedenen Härtegraden.

Lammfelle haben den höchsten Lackabtrag bei verwitterten Lacken und können mit allen Schleifpasten verwendet werden. Lammfelle mit stark verdichtetem Wollvlies sind geeignet für das Polieren von kratzfesten Klarlacken.

Glatte Schaumstoffscheiben sind weniger aggressiv als Lammfelle und können ebenfalls mit allen Schleifpasten verwendet werden. In Verbindung mit Exzenter-Poliermaschinen lassen sich damit auch Hologramme entfernen.

Genoppte Polierpads sind, je nach Härtegrad, für Schleifpasten geeignet. Weiche genoppte Scheiben sind ideal für die Verwendung von Hochglanzpolituren. Mit ihnen lassen sich nur schwächere Hologramme entfernen.

11.5.3
Poliermaschinen

Bei den Poliermaschinen können zwei Typen unterschieden werden. Rotierende Poliermaschinen (Abb. 7) erzielen einen höheren Lackabtrag, neigen aber zur Hologrammbildung. Exzenter-Poliermaschinen erzielen hingegen einen geringeren Lackabtrag, lassen aber auch keine Hologramme entstehen. Die beste Methode ist, mit einer rotierenden Maschine vorzuarbeiten und mit einer exzentrischen Maschine nachzupolieren.

Hologramme sind gleichmäßige Polierriefen, die durch rotatives Polieren erzeugt werden. Diese gleichmäßigen Riefen ermöglichen eine Lichtreflexion mit einer Tiefenwirkung (Abb. 8). Es entsteht ein 3D-Effekt, der besonders bei Sonnenlicht und bei dunklen Lackierungen zu sehen ist.

1 Polierpasten

2 Arbeiten mit der Schleifpaste

3 Feinkörnige Polierpaste in der Anwendung

4 Aufpolierte Autotür

11.5.4
Schleif- und Polierpasten

Schleifpasten (Abb. 1) oder -polituren sind in Wachs- und Paraffinemulsionen einge-rührte Schleifpartikel. Dabei handelt es sich meist um Bimsmehle.

Grobkörnige Schleifpasten sind zum Vor-schleifen bzw. Vorpolieren geeignet und er-zeugen einen höheren Lackabrieb. Sie ent-fernen Nassschliffspuren von P2000er oder P3000er Schleifmitteln, sowie eine Vielzahl gröberer Waschstraßenkratzer (Abb. 2). Die Pasten sind sparsam zu verwenden, da sie sonst einen dicken Belag bilden, der zum Schmieren neigt. Die Schleifpaste darf nicht antrocknen. Die Schleifpartikel würden in diesem Fall erneute Kratzer er-zeugen.

Feinkörnige Schleifpasten sind scho-nender und eignen sich zum Polieren von weniger angegriffenen und verkratzen Lacken. Außerdem wird diese Paste zum Nachpolieren der grobkörnigen Schleif-paste verwendet (Abb. 3).

Die Paste ist sparsam einzusetzen und bis zum Schluss durchzupolieren. Es dürfen keine Rückstände der Polierpaste auf dem Lack bleiben.

Feinkörnige Schleifpasten entfernen klei-nere Schleifriefen. Sie gleichen Spritz-übergänge aus, in dem sie den Lacknebel entfernen. Schleifpasten wirken reinigend und glättend, aber weniger glanzgebend. Sie greifen den Lack mehr oder weniger an.

Hochglanzpoliermittel sind Emulsionen von Ölen und Wachsen, denen Alumini-umoxid beigefügt ist. Sie sind Glanz- und Glättungsmittel von Lackierungen. Sie entfernen Haarlinienkratzer und erzeugen wolken- und hologrammfreie Ergebnisse. Hochglanzpoliermittel entwickeln Über-züge dünner Öl- und Wachsschichten und konservieren zugleich den Lack. Dabei verleihen sie der Lackierung einen höheren Tiefenglanz. Auch diese Poliermittel sind durchzupolieren (Abb. 4).

11.5.5
Arbeitsablauf des Polierens

Hochglänzende Lackoberflächen werden durch drei Hauptarbeitschritte erzielt:

Schritt 1

Verwendet wird eine Rotations-Polier-maschine mit einem Lammfell. Damit die Wärmeentwicklung gering bleibt, soll das Lammfell angefeuchtet werden. Schleif-paste ist auf dem Lammfell zu verteilen. Die Drehzahl der Maschine wird zwischen 1500–2500 U/min eingestellt. Die Polierma-schine ist mit mittlerem bis starkem Druck über die Kanten zu führen. Dieser Vorgang sollte je nach Härte und Durchtrocknung des Lackes ca. 10–20 Sekunden dauern. Zum Ende des Arbeitsschrittes wird die Poliermaschine kurz flach aufgesetzt und die Drehzahl bei geringem Druck erhöht. Dadurch wird eine bessere Oberfläche erzielt. Im Anschluss wird die Oberfläche mit einem Microfaser-Poliertuch gesäubert (Abb. 5–7).

Schritt 2

Die Poliermaschine wird anschließend mit einem genoppten Polierschwamm be-stückt. Die feinere Schleifpaste wird auf dem Polierschwamm verteilt und die Dreh-zahl der Maschine auf 1500–2500 U/min zurückgestellt. Nun wird die zu polierende Stelle großflächig mit mäßigem Druck po-liert. Gegen Ende des Arbeitschrittes wird die Drehzahl erhöht und der Druck noch-mals reduziert, um ein Hochglanzfinish zu erhalten.
Die Stelle wird anschließend gesäubert, so dass keine Politurspuren mehr vorhanden sind (Abb. 8–10).

Schritt 3

Entstehen bei dunklen Farbtönen Holo-gramme, müssen diese mit einer Exzen-ter-Poliermaschine und einem weichen, genoppten Polierschwamm gleichmäßig und intensiv nachpoliert und entfernt werden (Abb. 9).

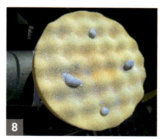

5 Lammfell-scheibe mit Politur

6 Polieren mit dem Lammfell

7 Drehzahl regeln

8 Noppenscheibe mit Politur

9 Auspolieren

10 Reinigen mit einem Mikro-fasertuch

1 Symbol für den Hautschutz

2 Symbol für die Hautreinigung

3 Symbol für die Hautpflege

4 Anwendung von Hautreinigungsmitteln

11.6
Hautschutzplan

Beim Arbeiten mit lösemittelhaltigen Materialien wird die Haut stark belastet wenn keine entsprechenden Schutzmaßnahmen ergriffen werden. Durch den ständigen Kontakt mit Wasser wie bei der Fahrzeugreinigung mittels eines Schwammes wird die Haut angegriffen. Dazu kommen die extremen Temperaturgefälle: Im Winter wird ein Fahrzeug vom Hof in die Werkstatt gefahren und gleich im Anschluss werden frisch lackierte Teile in die Trocknungsanlage gebracht. Dabei können Temperaturdifferenzen von bis zu 70 °C auftreten. Um diese Belastungen zu minimieren werden betriebsspezifische Hautschutzpläne erstellt. Die Inhalte werden durch die auszuführenden Tätigkeiten und die Materialien, mit denen die Haut in Kontakt gerät bestimmt. Hautschutzpläne sind vom Arbeitgeber im Zuge einer Betriebseinweisung zu erstellen und im Betrieb auszuhängen. Sie teilen sich im wesentlichen in 3 Kategorien: vorbeugender Hautschutz, schonende Hautreinigung und regenerierende Hautpflege. Für jeden Zweck gibt es im Fachhandel spezielle Präparate. Die Symbole der Hautschutzpläne können variieren, die Einteilung nach blau für den Hautschutz, grün für die Hautreinigung und rot für die Hautpflege ist hingegen einheitlich (Abb. 1–3).

11.6.1
Hautschutz

Hautschutz wird vor dem Beginn der Arbeit angewendet. Die zu verwendenden Hautschutzmittel wirken als Schutzfilm gegenüber Belastungen und sollen Schäden der Haut vorbeugen. Zudem werden durch den Einsatz von Hautschutzmitteln nachfolgende Verschmutzungen leichter zu entfernen sein. Hautschutzmittel ersetzen auf keinen Fall die Verwendung von Schutzhandschuhen.

11.6.2
Hautreinigung

Hautreinigung erfolgt nach einem Arbeitsschritt, bei dem die Hände verunreinigt wurden. Die Tenside in Hautreinigungsmitteln greifen bei jeder Anwendung den natürlichen Schutzfilm der Haut an. So sollte stets versucht werden ein besonders mildes Reinigungsmittel zu verwenden, welches dennoch den gewünschten Reinigungserfolg zeigt.

Lösemittel sind zur Reinigung nicht zu verwenden, da sie die Haut stark angreifen. Auch von mechanischen Belastungen wie durch die Verwendung von Bürsten ist abzusehen. Die Hände sollten nach der Reinigung gründlich abgetrocknet werden. Dies sollte nicht mit Heißluft geschehen.

11.6.3
Hautpflege

Die Hautpflege erfolgt am Ende des Arbeitstages. Die Pflegemittel sollen zur Rückfettung der Haut beitragen (Abb. 4). Da hierbei häufig stark fettende Cremes zum Einsatz kommen, sollten diese nicht während der Arbeitszeit verwendet werden. Es besteht sonst die Gefahr durch Berührung zu lackierender Teile die Grundlage zu Lackfehlern zu liefern.

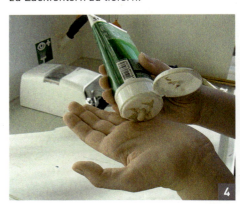

Aufgaben zu Kapitel 11.4–11.6

1. Welche Reinigungsmethode findet in Innenräumen immer mehr Verwendung?

2. a) Für welche Reparatur benötigen Sie die abgebildeten Stofffasern?
b) Beschreiben Sie kurz die Reparaturmethode.
c) Worum handelt es sich bei den Abbildungen?
d) Wofür werden die Materialien verwendet?

a)

b)

c)

3. Nach der Lackierung stellen Sie Staubeinschlüsse fest. Mit welcher Schleif-blütenkörnung lassen sich diese am Besten herausschleifen?

4. Es werden zwei Poliermaschinentypen unterschieden. Worin besteht der Unterschied bei der Verwendung?

5. Wofür eignen sich die abgebildeten Poliermedien?

a)

b)

c)

6. Erklären Sie den Begriff Hologramme hinsichtlich des Polierens.

7. Erläutern Sie den Unterschied zwischen Schleifpasten und Hochglanzpoliermittel.

8. Nennen Sie wesentliche Inhalte von Hautschutzplänen.

12

Lernfeld 12

Mobile Werbeträger gestalten

Kundenauftrag
▶ Gründung eines Lackierzentrums

Arbeitsauftrag

An ihrem Wohnort ist die Gründung eines Lackierbetriebes in einem neu erschlossenen Gewerbegebiet zu planen. Für die Planungen liegen Entwurfszeichnungen des Gebäudes vor. Für einen erfolgreichen Betriebsstart ist eine umfassende Werbekampagne mit verschiedenen Werbemitteln durchzuführen. Dazu ist im Vorfeld ein Corporate Identity-Handbuch für den Betrieb zu erstellen.
Dieses Handbuch soll die Grundlage für alle Werbemaßnahmen und das weitere Erscheinungsbild der Firma sein.

Auszuführende Arbeiten

1. Eine Firmenschrift ist auszuwählen.

2. Firmenfarben sind auszuwählen.

3. Ein geeigneter Firmenname ist zu finden.

4. Ein Logo, Signet und Schriftzug (Firmenname) sind zu gestalten.

5. Für die Geschäftsvordrucke (Rechnungen, Flyer, Visitenkarten) ist jeweils ein Layout zu entwerfen.

6. Die Gestaltung der Firmenfahrzeuge ist unter CI-Gesichtspunkten zu planen.

7. Das Anzeigenlayout ist anzufertigen.

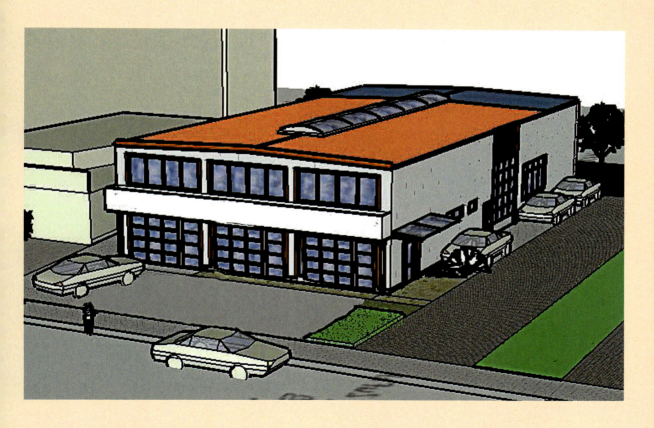

Objektbeschreibung

Das geplante Werkstattgebäude hat an der Fassade eine große Freifläche. Darauf ist die Montage eines Firmenschildes vorzunehmen. Das Schild soll den Firmenname und das Logo zeigen.

Die Fahrzeugflotte besteht aus zwei PKW: ein Kombi und eine Limousine. Als Nutzfahrzeuge stehen ein Kastenwagen, ein Pick-up und ein Abschleppfahrzeug für die Gestaltung zur Verfügung.

Leistungsbeschreibung

Das Fimenschild aus Aluminium ist in Schabloniertechnik mit dem Firmennamen und dem Logo zu versehen.
Für die Fahrzeuge ist die Beschriftung in Folientechnik vorzunehmen.
Die gewählten Gestaltungselemente sind auf den verschiedenen Beschichtungsträgern/Werbeträgern einzupassen, um ein einheitliches Corporate Design zu erhalten.

1 Ablauf einer
  Werbekampagne

2 Die fünf Ms der
  Werbeplanung

12.1
Werbeplanung

Werbung ist Kommunikation mit Hilfe von Werbeträgern (Insertionsmedien, elektronische Medien, Außenwerbemedien), geeigneten Werbemitteln und deren Gestaltung durch Werbeelemente. Ein Werbekonzept (Werbeplan oder Werbekampagne) ist die gezielte Maßnahme eines Unternehmens, gegenwärtige Produkte oder Dienstleistungen anzubieten (Abb. 1). Diese Aktionen sind meist zeitlich befristet. Die Entwicklung einer Werbekampagne beginnt mit der Marktforschung und einer Prognose über die Erfolgsaussichten einer Werbestrategie. Eine weitere Rolle spielen der Zielmarkt und die Käufermotive. Sind diese fest umrissen, kann über die weiteren Teilbereiche der Kampagne entschieden werden, die als „Fünf-Ms" bezeichnet werden: Mission, Money, Message, Media, Measurement (Abb. 2)

Werbeziele können sein:

Informationen über
■ ein neues Produkt,
■ eine bestimmte Dienstleistung,
■ die Funktionsweise eines Produkts,
■ eine Preisänderung.

Einstellungsänderung:

■ Die Vorliebe für eine bestimmte Marke hervorrufen
■ Zum Markenwechsel ermutigen.
■ Die Einstellung zu einem Produkt ändern.
■ Zum sofortigen Kauf animieren.

Erinnerung:

■ Den Kunden daran erinnern, dass er ein Produkt oder eine Dienstleistung bald wieder braucht.
■ Die Marke in Erinnerung rufen.
■ Den Markennamen/Firma in Erinnerung bringen.
■ Den Kunden erinnern, dass ein Produkt wieder verfügbar ist.

Werbebudgets sind in der Regel fester Bestandteil der Budgetierung des gesamten Unternehmens.
Bei der **Werbebotschaft** reicht die bloße Präsentation von Tatsachen in der Regel nicht mehr aus. Nur wenige Produkte verkaufen sich allein durch einen positiven Nutzen. Es muss immer „nachgeholfen" werden, indem ein zielgruppenspezifischer Zusatznutzen besonders heraus gestellt und vermittelt wird, der unter Umständen nicht vorhanden ist.

1 Slice-of-Life-
   Beispiel

2 Kundenbefragung

Neben der rationalen Faktenvermittlung spielt die psychologische Ebene eine große Rolle. Hierbei lassen sich bestimmte Stile der Werbebotschaft erkennen, die branchen- oder gar produkttypisch sein können:

- **Slice-of-Life-Technik:** Es werden die zufriedenen Produktverwender in Alltagssituationen gezeigt (Abb. 1).
- **Lifestyle-Technik:** Ein zum Produkt passender, meist luxuriöser Lebensstil wird dem Kunden vermittelt.
- **Dreamworld-Technik:** Die Träume und Fantasien der Kunden werden zur Bewerbung ausgebeutet.
- **Stimmungsbild-Technik:** Eine bestimmte Atmosphäre in Verbindung mit dem Produkt soll dem Käufer vermittelt werden. Die Leistungen des Produkts treten fast völlig in den Hintergrund.
- **Musical-Technik:** Die Werbung bedient sich der Musik als Erkennungszeichen für das Produkt.
- **Kompetenz-Technik:** Hierbei werden dem Kunden die Vorzüge der meist technischen Produkte tatsächlich erklärt.
- **Wissenschafts-Technik**: Das Produkt wird im Rahmen eines Tests oder Umfrage gezeigt oder verliehene Gütesiegel werden genannt (Abb. 2).
- **Testimonial-Technik:** Eine manchmal auch bekannte Persönlichkeit berichtet von ihren Erfahrungen mit dem Produkt und gibt ein Urteil (Testimonial) ab.

Für die Werbebotschaft und deren Sprache gibt es eine grundlegende Formel:

- **Keep It Short and Simple**

Bedeutung: Fasse dich kurz und so einfach wie möglich.

Bsonders bei mobiler Werbung muss die Botschaft im wahrsten Sinne im Vorbeifahren erfasst werden können. Vom Werbeziel hängt es ab, mit welchen Werbemitteln und Werbeträgern geworben wird. Weitere Faktoren sind der Zeitraum (Streuzeit) und das Gebiet (Streugebiet) in dem die Werbemaßnahme stattfinden soll.

12.1.1
Werbemittel

Werbemittel sind Werbebotschaften, die durch die verschiedenen Werbeträger an die Konsumenten übermittelt werden. Ein Werbemittel kann beispielsweise eine Anzeige sein. Als Werbeträger für diese Anzeige kann eine Zeitung oder Zeitschrift dienen.
Der Werbeträger ist das Medium, mit dem die Werbebotschaft übermittelt wird.

Traditionelle Werbemittel sind z. B.:
- gedruckte Anzeigen und Beilagen in Zeitungen und Zeitschriften sowie Telefonbüchern und Adressverzeichnissen,

- Spots in Hörfunk und Fernsehen,
- Plakate,
- Werbegeschenke, Warenproben.

Moderne Werbemittel sind z. B.:
- Onlinewerbung in Form von eigenen Homepages,
- Weblogs, Werbebanner,
- Popups.

Werbemittel wirken durch Kombination der Werbeelemente zu optischen, akustischen oder optisch-akustischen Werbemitteln. Werbeelemente können z. B. sein:
- Farben (optisch),
- Formen (optisch),
- Bilder und Grafiken (optisch),
- Typografie und Schrift (optisch),
- Licht (optisch),
- Sprache, Musik, Geräusche (akustisch),
- Papierwahl (haptisch).

Das geeignete Werbemittel wird bei der Planung einer Werbekampagne ausgewählt. Wichtig für die Auswahl des Werbemittels sind die Zielgruppe und deren Medienkonsum.
Um möglichst viele Personen anzusprechen wird meistens nicht nur ein Werbemittel, sondern eine Kombination aus mehreren Werbemitteln gewählt, dem Mediamix. Ist eine Entscheidung über die Werbemittel gefallen, werden meistens anschließend die Werbeträger ausgewählt.

12.1.2
Werbeträger

Ein Werbeträger ist alles, was die Werbetreibenden an die Umworbenen herantragen.
Zu den traditionellen Werbeträgern zählen z. B.:
- Zeitung, (Fach-Zeitschrift, Broschüre, Flyer etc.,
- Radio und Fernsehen,
- Plakatwand, Litfaßsäule,
- Werbebrief,
- Verkehrsmittel,
- Kugelschreiber, Tragetasche.

Der modernste Werbeträger ist das Internet. Die Auswahl des/der geeigneten Werbeträger/s hängt von der Zielgruppe und vom zur Verfügung stehenden Budget ab. Weiterhin spielt es eine Rolle, ob der Umworbene bekannt ist und mittels Direktwerbung z. B. einem Werbebrief persönlich angesprochen werden kann oder ob die Zielgruppe durch anonyme Massenwerbung angesprochen wird.

12.1.3
Werbegrundsätze

Bei der Vielzahl der Werbemöglichkeiten kann man leicht den Überblick verlieren. Daher gibt es vier Grundsätze, die der Werbetreibende beherzigen muss, um mit der Werbemaßnahme auch tatsächlich sein Ziel zu erreichen. Diese vier Grundsätze sind:
- **Wirksamkeit:** Die eingesetzten Werbemittel- und träger müssen so gewählt werden, dass sie den beabsichtigten Zweck erfüllen und dabei die Aufmerksamkeit der Zielgruppe auf sich lenken.
- **Wahrheit:** Die Werbung muss sachlich richtig informieren und darf weder täuschen noch irreführen.
- **Klarheit:** Die Werbeaussage muss klar und leicht verständlich sein
- **Wirtschaftlichkeit:** Die Kosten der Werbemaßnahme müssen in einem vernünftigen Verhältnis zum Werbeerfolg stehen.

Den Werbetheorien zufolge muss die Wirkung der Werbung der AIDA-Formel (S. 324, Abb. 1) genügen.

Die AIDA-Formel gibt es seit 1898. Sie wurde entwickelt, um den Ablauf eines Verkaufsgespräches darzustellen.
Ihre Weiterentwicklung ist das AIDCA-Modell. Dieses fügt zwischen Desire (Besitzwunsch) und Action (Kaufwunsch) noch die Gewinnung des Vertrauens (Confidence) beim Umworbenen ein. Dieses Schema wurde um die abschließende Zufriedenheit (Satisfaction) des Käufers zu AIDCAS erweitert. Eine andere Formel zur Abbildung von Werbewirkungsstufen ist die ACCA-Formel (S. 324, Abb. 2).

1   AIDA Formel

2   ACCA Formel

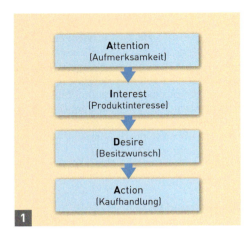

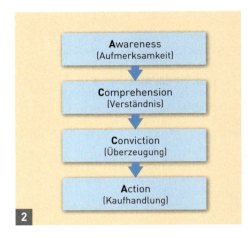

12.1.3
Werbeerfolgskontrolle

Die Werbeerfolgskontrolle hat den Zweck den Erfolg einer Werbekampagne zu messen. Dabei bedient sie sich der Mittel der Empirie, d. h. der Erhebung von Daten durch Umfragen. Es ist schwierig, den Werbeerfolg rational zu messen, weil der ökonomische Erfolg, der durch erhöhten Absatz und höheren Gewinn nachgewiesen werden kann, nicht der einzige Erfolg ist, der sich eingestellt haben kann.

Eine Erhöhung des Bekanntheitsgrades oder ein besseres Image ist ein nicht zu verachtender Werbeerfolg und kann u. U. das Ziel der Werbung gewesen sein. Allerdings ist dies nicht messbar und kann nicht eindeutig auf eine Werbemaßnahme zurückgeführt werden.

In kleinen Betrieben ist dieser Aufwand in der Regel nicht zu leisten und nicht im Werbebudget enthalten. In diesem Fall muss auf einfache Mittel der Werbeerfolgskontrolle zurückgegriffen werden.

Beim Angebot von Dienstleistungen, wie im Falle eines Lackierbetriebes, kann die Steigerung der Kundenfrequenz ein Indiz für den Werbeerfolg sein. Hierzu sind Zählungen einfach durchzuführen (Strichliste, Lichtschranke). Eine direkte Rückmeldung erhält man auch über eine Kundebefragung bei der Auftragsannahme.

Bei einer Werbemaßnahme über das Internet sind die Klicks auf das Werbebanner ein erstes Indiz für die Wahrnehmung der Anzeige.

Aufgaben zu Kapitel 12.1

1.   Welche Werbeziele können mit einer Werbekampagne verfolgt werden?

2.   Nennen Sie die fünf Ms einer Werbekampagne.

3.   Welche Werbestile werden in der Werbebotschaft eingesetzt?

4.   Erklären Sie die Bedeutung der AIDA-Formel.

5.   Nennen Sie die vier Werbegrundsätze.

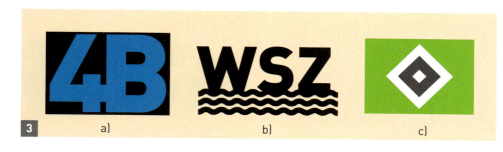

3   a)   b)   c)

12.2
Logo

Der Begriff Logo bezeichnet im modernen Sprachgebrauch ein Symbol, das als Marken- oder Firmenzeichen Verwendung findet und das visuelle Erscheinungsbild eines Unternehmens prägt. Von der ursprünglichen Bedeutung „logos" (griechisch für „Wort") abweichend, beinhaltet ein Logo neben dem Wort auch Bildelemente. Deshalb müsste es richtigerweise als Signet bezeichnet werden.
Neben Firmen können auch Organisationen wie Vereine, Verbände, Parteien oder Bildungseinrichtungen Logos verwenden. Das Ziel eines Logos ist dabei immer die Abgrenzung von anderen Firmen und Produkten.

Man kann bestimmte Produkte einfacher auswählen und zuordnen, wenn sie über ein Logo schnell erfasst werden können. Um das zu erreichen muss ein Logo durch Sprachen und Kulturen verständlich sein, wenn es international genutzt wird. Firmenintern sorgen Logos für die Identifikation mit der Gemeinschaft und zeigen das „Firmengesicht" nach außen.
Logos können abstrakt sein, aus Zeichen oder einem Bild bestehen, ggf. mit Schrift kombiniert werden oder ausschließlich aus Schrift bestehen (Abb. 3).

12.2.1
Gestaltungsregeln

Für die Gestaltung eines Logos beauftragen Unternehmen in der Regel Werbeagenturen.
Dabei sollten die vier nachfolgenden Grundregeln berücksichtigt werden:

Verständlichkeit
Das Logo kann die Bedeutung eines Namens unterstreichen, oder auf die Branche des Unternehmens hinweisen. Das kann durch ein grafisches Element oder eine bestimmte Schrift geschehen, z. B. die Muschel eines Energiekonzerns oder der Kranich einer Fluggesellschaft.

Unverwechselbarkeit
Das Logo transportiert das Image eines Unternehmens. Eine eigene Identität lässt sich nur dann damit aufbauen, wenn es noch nicht mit anderen Assoziationen besetzt ist. Ein Unternehmenslogo kann dann unverwechselbar sein, wenn z. B. ein Akronym erstellt wird durch die Verwendung von Initialen einer unternehmensspezifischen Wortgruppe.
Beispiele: **VW** (**V**olks**w**agen) oder **BMW** (**B**ayerische **M**otoren **W**erke).

Ähnlichkeiten mit andern Logos bergen die Gefahr, übersehen oder verwechselt zu werden. Eine unzureichende Unverwechselbarkeit kann daher zu rechtlichen Problemen führen.

Einprägsamkeit
Die Formel KISS: „Keep it Short (and) Simple" sollte auch bei der Gestaltung eines Logos gelten. Kurze, einfache Logos haben einen größeren Wiedererkennungswert und eine höhere Einprägsamkeit. Einige Unternehmenszeichen sind so einfach, dass sie fast jeder auswendig nachzeichnen kann, z. B. das Logo eines Computerherstellers oder einer Bank.

1   Mazda Logo
    a) Emblem
    b) Siebdruck auf
       Kunststoff
    c) Briefkopf, Fax
    d) Siebdruck auf
       Textilie

Reproduzierbarkeit

Farbenfroh gestaltete Logos sind technisch leicht herzustellen und haben eine große Auffälligkeit. Sie haben jedoch den Nachteil, dass sie auf Firmenstempeln, Faxen oder auf Werbegeschenken (T-Shirts, Kugelschreiber, etc.) möglicherweise nicht mehr gut zu erkennen sind. Ein Hell-Dunkel-Kontrast ist unverzichtbar, sodass das Logo auch Schwarz-Weiß darstellbar ist, d. h., auch in kopierter Form erkennbar ist. Das Logo ist ein Hinweisschild und das Tor zum Unternehmen und keine Illustration (Abb. 1).

12.2.2
Entwicklung eines Firmenlogos

Ein Logo besteht aus Hauptelementen und Nebenelementen. Ein Hauptelement ist der Name des Unternehmens und/oder das angebotene Produkt bzw. die Dienstleistung.

Ein Unternehmen, das sich erst einen „Namen" machen muss, kann auf seinen Namen im Firmenlogo nicht verzichten und auch nicht auf das Produkt, was hinter der Firma steht. Für den Firmenstart zunächst verzichtbare Nebenelemente sind grafische Elemente und ein Slogan. Die Nebenelemente können im Laufe der Zeit ergänzt werden. Wie die Entwicklung der Logos bekannter Unternehmen zeigen, sind auch Logos einer Entwicklung unterworfen. Dabei werden die grundlegenden Elemente meistens nur ein wenig „verjüngt".

Neben der Bezeichnung Logo gibt es noch die markenrechtliche Bezeichnung Marke. Auch hier gibt es Wortmarken, Wort-Bild-Marken und Bildmarken.

Ein Unternehmenszeichen kann durch die Anmeldung beim Patent- und Markenamt zu einer Marke werden. Es ist dann urheberrechtlich geschützt.

1a

1b

1c

1d

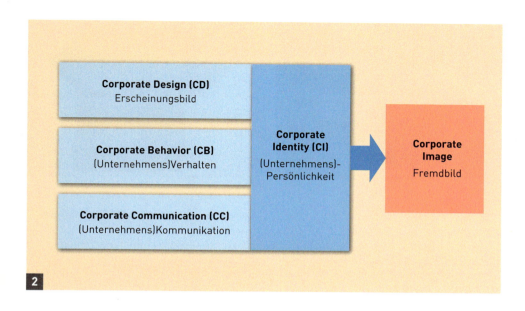

12.3
Corporate Identity

In vielen Bereichen des Wirtschaftslebens ist die Zahl der Anbieter für Produkte und Dienstleistungen in den letzten Jahren stark gestiegen. Zudem ist durch den Einsatz neuer Kommunikationstechnologien die Verbreitung von Angeboten und von Werbung intensiviert worden. Konsumenten und Kunden müssen eine Vielzahl an Informationen verarbeiten, bevor sie sich für den Kauf eines Produkts oder einen Auftrag entscheiden können.

Von daher wird ein unverwechselbares Erscheinungsbild eines Unternehmens, eine Identität, in der Öffentlichkeit immer wichtiger. Diese Identität hat großen Einfluss auf die Entscheidungen des Kunden. Unter Identität (engl. Identity) versteht man alles, was charakteristisch für ein Unternehmen, eine Partei, einen Verein oder eine Institution ist.

Wird diese Identität durch den geplanten Einsatz von Verhalten (engl. Behaviour), Kommunikation (engl. Communication) und Erscheinungsbild (engl. Design) innerhalb des Unternehmens nach innen und nach außen weitergegeben, spricht man von Unternehmensidentität (engl. Corporate Identity).

Ein wichtiges Ziel einer Corporate Identity (CI) ist die Entwicklung von Vertrauen und Glaubwürdigkeit in ein Unternehmen. Eine solche Maßnahme kann nicht erfunden werden, sie muss herausgefunden und festgehalten werden.

Gemeinsam festgelegte Ziele z. B. der Umgang mit Kunden und Mitarbeitern, das öffentliche Auftreten oder Umweltbewusstsein müssen im Selbstbild der Firma (innen) und im Fremdbild (außen) übereinstimmen. Eine Corporate Identity ist kein fester Zustand, sondern ein Prozess, der ständig überprüft und gepflegt werden muss. Nur so ergibt sich auf Dauer ein unverwechselbares Unternehmensleitbild das Sympathie, Vertrauen und Wiedererkennung beim Kunden erreicht und somit auch die Kundenbindung an das Unternehmen stärkt.

Corporate Identity setzt sich im Wesentlichen aus drei Elementen zusammen:

■ Corporate Design (CD),
■ Corporate Behaviour (CB) und
■ Corporate Communication (CC).

Corporate Image (CI) ergibt sich aus dem Zusammenwirken von CD, CB und CC (Abb. 2).

1 Corporate De-
   sign auf einem
   Firmenfahrzeug

2 CD auf Kleidung

3 und 4
   CD auf Werbe-
   geschenken

12.3.1
Corporate Design (CD)

Das Corporate Design spielt eine wichtige Rolle innerhalb einer CI, da sich die Identität eines Unternehmens für den Beobachter am ehesten aus der optischen Erscheinung ergibt. Ziel des Corporate Designs ist es, eine einheitliche Gestaltung aller visuellen Informationen und Kommunikationen zu schaffen. Dies bezieht sich auf eine immer wiederkehrende Hausfarbe, Hausschrift und ein einheitliches Logo. Verwendet werden müssen diese Elemente überall dort, wo die Firma visuell in Erscheinung tritt. Das kann sowohl auf Firmenfahrzeugen sein (Abb. 1), als auch auf Geschäftspapieren aller Art. Auch auf der Bekleidung der Mitarbeiter sollte das Corporate Design wiederzuerkennen sein. Ein einheitliches, gepflegtes Erscheinungsbild auf der Arbeitskleidung wirkt seriös und zuverlässig auf den Kunden (Abb. 2). Auch Werbemaßnahmen, Verpackungen, die Firmenarchitektur und Internetauftritte sollten einheitlich gestaltet sein. Werden z. B. Werbegeschenke auf Messen und Ausstellungen verteilt, sind diese durch ein durchgängiges CD leicht dem Betrieb zuzuordnen (Abb. 3–4). Dies ist sowohl für kleine und mittelständige

Betriebe, als auch für größere Unternehmen leicht durchführbar.
Durch diese Maßnahmen entsteht ein einheitliches, charakteristisches Image, eine Unverwechselbarkeit, die die Glaubwürdigkeit und den Wiedererkennungswert beim Kunden erhöht. Dies führt letztendlich zur Absatzförderung.

Festgelegt werden alle CD-Elemente in einem Corporate Design Handbuch (engl.: CD-Manual), das jedem Mitarbeiter zugänglich sein muss. Hierin finden sich alle CD-Elemente so aufbereitet wieder, dass sie jederzeit reproduzierbar sind.

12.3.2
Corporate Behaviour (CB)

Corporate Behaviour (Unternehmenskultur, Verhalten) bezieht sich auf den Umgang der Mitarbeiter und der Unternehmensführung untereinander, sowie auf das Auftreten gegenüber Kunden, Lieferanten und der Öffentlichkeit.
Der Aufbau einer Unternehmenskultur ist ein langfristig angelegter Prozess. Dieser Prozess ist veränderbar und flexibel. Das Ziel ist das Schaffen einer positiven Atmosphäre zur Stärkung der Identifikation der

5

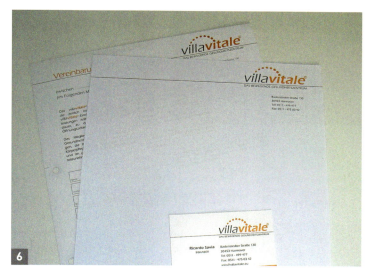

6

Mitarbeiter mit dem Unternehmen und zur Förderung der Zusammenarbeit. Dadurch entsteht eine Verbesserung des Firmenimages in der Öffentlichkeit sowie eine Leistungssteigerung der Mitarbeiter.

12.3.3
Corporate Communication (CC)

Corporate Communication bezieht sich auf die gesamte Unternehmenskommunikation und stellt diese nach innen und nach außen dar. Dazu gehören z. B. die einheitliche Konzeption von Messen, Presse- und Öffentlichkeitsarbeit, Anzeigen und Werbemaßnahmen. Alle gedruckten Werbemittel müssen z. B. über die gleiche Corporate Communication und das gleiche

Corporate Design verfügen wie die Geschäftspapiere (Abb. 1, 2). Vermittelt wird ein einheitliches Erscheinen verbunden mit Imagestärkung.

12.3.4
Corporate Image (CI)

Das Corporate Image (engl. Fremdbild) gehört nicht direkt zu den drei Grundpfeilern einer Corporate Identity. Jedoch entsteht das Corporate Image durch Corporate Identity Maßnahmen in der Öffentlichkeit. Corporate Image ist folglich das Bild und die Vorstellung eines Unternehmens welches sich der Konsument aufgebaut hat.

5 und 6
Corporate Design/Communcation auf gedruckten Werbemaßnahmen und Geschäftspapieren

Aufgaben zu Kapitel 12.3

1. Was ist die ursprüngliche Bedeutung des Begriffs „Logo" und wie wird der Begriff heutzutage verwendet?

2. Nennen Sie drei wichtige Gestaltungsregeln für ein Logo.

3. Benennen Sie die Logoart für die folgenden Logos.

4. Woraus setzt sich eine Corporate Identity-Maßnahme zusammen?

5. Welche Vorteile ergeben sich aus einer langfristig angelegten Corporate Identity-Maßnahme?

1   Farbgebung mit hohem Wiedererkennungswert

2 und 3   aktuelle Farbtöne des Jahres 2012

4   Farbtöne in hoher Sättigung

5   Gestaltung mit gebrochenen Farbtönen

12.4 Farbwirkungen

Farben gehören zu den stärksten optischen Reizen. Farben können das Wohlbefinden steigern und stimmungsaufhellend sein. Sie können psychische und physische Belastungen reduzieren oder erhöhen. Zudem beeinflussen Farben die Sicherheit, indem sie leiten und Orientierung geben (➡ LF 4).

Ziel der Farbgestaltung auf Fahrzeugen ist es die Farbtöne so zu wählen, dass keine Eintönigkeit und keine Reizüberflutung, sondern Anregung und Ausgleich entstehen. Dies erhöht den Wiedererkennungswert, z. B. von Firmenfahrzeugen (Kap. 12.2) oder bringt individuelle Gestaltungen hervor (Abb. 1).

Je nach Fahrzeugnutzung bzw. Firmenzugehörigkeit werden immer wieder neue Farbkonzepte benötigt. Auch für den privaten Sektor erscheinen häufig neue Farbtrends auf dem Markt. Der aktuelle Trend im Jahr 2012 sind Farbtöne der Eisblau- und Brombeerpalette, Braun für Limousinen und Gelb für Kleinwagen (Abb. 2–3).

Dabei spielen die psychologische Wirkung der einzelnen Farben, die Farbharmonien und die Farbkontraste eine große Rolle.

Als harmonisch werden Farbgestaltungen mit monochromen Farbtönen, also mit Farben innerhalb einer Farbtonreihe empfunden. Einfarbige Gestaltungen wirken stets ausgeglichen und verhalten. Die Betrachter werden einer solchen Farbgestaltung nicht schnell überdrüssig.
Das Arbeiten mit Farben gleicher Sättigung und Helligkeit bewirkt eine ebenso ruhige Grundstimmung wie das Gestalten mit Farbtönen, die im Farbkreis dicht beieinander liegen (➡ LF 4).

Die Kombination von unterschiedlichen Farbtönen kann zum einen durch die jeweils eigene Farbwirkung, z. B. anregend und dynamisch, wirken, zum anderen wird die Wirkung durch das Anwenden eines Farbkontrasts gesteigert (Kap. 8.1). Kontrastierende Farben beeinflussen sich gegenseitig, wirken lebhaft und interessant. Werden komplementäre Farbenpaare in hoher Sättigung verwendet, können diese allerdings schnell grell wirken (Abb. 4–5).

Nachfolgend werden Beispiele für Fahrzeuge mit stark kontrastierender Wirkung auf den Betrachter gezeigt.

Das Fahrzeug im Orangefarbton wirkt heiter und fröhlich, ist auffällig und dominant. Der blaue Wagen hingegen ruft beim Betrachter die gegensätzliche Empfindung hervor. Das Blau beruhigt, ist frisch und nicht wärmend, wie das Orange (Abb. 6, 7).

In Tabelle 1 werden die wichtigsten Farbtöne mit deren Wirkung und symbolischer Bedeutung in unserem Kulturkreis aufgeführt.

7 und 8
   Fahrzeuge mit
   gegensätzlicher
   Farbwirkung

Tab. 1: Farbwirkungen

Farbton-bereiche	Wirkung und Einfluss auf die Stimmung	Symbolik, Assoziation
Gelb	Verbreitet Optimismus und Fröhlichkeit; verstärkt Strukturen; bringt Helligkeit; fördert Kommunikation und Kreativität; ist lebhaft, heiter, jung, anregend, strahlend, manchmal oberflächlich.	Sonne, Sommer, Licht, Gold, Neid, Eifersucht, Krankheit
Blau	Lässt andere Farben zur Geltung kommen; ist konzentrationsfördernd, sachlich, kühl, frisch, beruhigend.	Himmel, Meer, Ruhe, Kälte, Ferne, Treue, Vertrauen, Friede,
Dunkelblau	Dunkelblau wirkt seriös und verkleinernd; ernst, fest, beruhigend.	Dunkelblau: Nachlässigkeit, Melancholie
Hellblau	Hellblau wirkt heiter, erweiternd, frisch, sauber.	
Rot	Aktivierend bis aggressiv; regt geistig und körperlich an; ist mächtig, kraftvoll und erotisch; in Verbindung mit Gold edel; helles Rot wirkt kalt, Rot mit Braunanteilen warm.	Liebe, Macht, Kraft, Feuer, Aktivität, Leidenschaft, Blut, Krieg
Grün	Beruhigend und anregend zugleich; gibt Sicherheit und Geborgenheit; ist Appetit anregend; leicht mit andren Farbtönen zu kombinieren.	Natur, Frühling, Fruchtbarkeit, Hoffnung, Sicherheit, Normalität, Neid, Geiz
Hellgrün	Hellgrün wirkt zart bis kühl.	
Dunkelgrün	Dunkelgrün warm, fest, stabil, natürlich.	Blaugrün: Eis, Kälte,
Blaugrün	Blaugrün wirkt kühl, technisch, sachlich.	Sachlichkeit, Starre, Distanz
Orange	Heiter und stimulierend; ist lebendig, mitteilsam, belebend, wärmend; in großen Flächen dominant; mit Erdtönen warm und verkleinernd.	Energie, Wärme, Freude, Sonnenglut, Bewegung

1 und 2
Fahrzeuge mit gegensätzlicher Farbwirkung

Fahrzeuge, die goldfarben lackiert sind, treten immer in den Vordergrund. Sie symbolisieren Luxus, können allerdings schnell angeberisch wirken.

Autos mit silbernem Farbton sind in ihrer Wirkung elegant und neutral. Sie werden mit Schnelligkeit, aber auch Langeweile verbunden (Abb. 1, 2).

Tab. 1: Farbwirkungen, Fortsetzung

Farbton-bereiche	Wirkung und Einfluss auf die Stimmung	Symbolik, Assoziation
Violett	Wirkt feierlich, majestätisch, sakral; luxuriös und prächtig in Kombination mit Gold und Silber.	Glaube, Mystik, Alter, Reife, Schatten, Magie, Reichtum, Königlichkeit, Depression, Melancholie,
Pink	Pink wirkt fröhlich, modern, feminin und warm; in großen Flächen dominant; in Kombination mit Gold edel.	Pink: Modernität, Jugendlichkeit
Beige	Beruhigend, unaufdringlich; gut mit anderen Farben zu kombinieren.	Neutralität, Normalität, Langeweile
Braun	Wärmend, dämpfend, beruhigend und zugleich tragend, stabil, robust, beständig, behäbig, passiv.	Erde, Bequemlichkeit, Anpassung, Armut, Schwere
Weiß	Verstärkt Strukturen; starke Veränderung durch Licht und Schatten; stark weitend; wirkt sauber, frisch, neutral.	Schnee, Kälte, Reinheit, Unschuld, Vollkommenheit, Friede, Neutralität, Verletzlichkeit, Sterilität
Schwarz	Stark lichtschluckend und einengend; ist seriös, schwer, abstrakt, drückend, ernst, traurig, negativ, finster, dennoch energiegeladen.	Solidität, Seriosität, Energie, Stabilität, Unheil, Trauer, Tod, Angst, Nacht, Böses
Grau / Silber	Lässt andere Farben leuchten; ist edel, seriös, vornehm, unauffällig, gedämpft und zeitlos; Silber gilt als „moderner Glanz" und „Farbe für Schnelligkeit".	Intelligenz, Neutralität, Würde, Sachlichkeit, Eleganz, Seriosität, Langeweile, Verfall, Verfall, Depression
Gold	Tritt immer in den Vordergrund; ist hell und warm; wirkt leicht aufdringlich bis prahlerisch.	Glück, Ruhm, Schönheit, Sonne, Luxus, Angeberei, Verblendung, Materialismus.

12.5
Schriftwirkung

Erhält der Fahrzeuglackierer die Aufgabe
eine Beschriftung auf einem Fahrzeug
durchzuführen muss die Auswahl der
Schrift gezielt erfolgen.

12.5.1
Schriftauswahl

Die Beschriftung auf einem vorüberfah-
renden Fahrzeug muss vom Betrachter im
Bruchteil einer Sekunde wahrgenommen,
und inhaltlich erfasst werden können.
Der Einsatz einer Schriftart sollte deshalb
nicht willkürlich erfolgen. Die Auswahl ist
stark vom Einsatz und der beabsichtigten
Wirkung abhängig. Wichtigstes Merkmal
neben der Wirkung ist die Lesbarkeit und
die schnelle Wahrnehmung der Schrift.
Eine schnelle Informationsaufnahme kann
nur erfolgen, wenn die Schrift systema-
tisch und einheitlich angeordnet ist und
keine Schriftenmischung erfolgt (Abb. 3),
(Kap. 8.3). Veränderungen mit Schriftschnit-

ten innerhalb einer Schriftfamilie mindern
jedoch die Lesbarkeit nicht. Jede Schriftart
kann durch Veränderung der Balkenstärke,
der Buchstabenabstände, sowie im Verhältnis von Schrifthöhe und Schriftbreite modifiziert werden (LF 4).

Als Regel für die Fahrzeugbeschriftung
gilt, eine möglichst klare, gut lesbare
Schriftart auszuwählen, z. B. aus der
Gruppe der Groteskschriften.

Allerdings gibt es auch Ausnahmen.
Manchmal wird gezielt eine gebrochene
Schrift oder Schreibschrift gewählt. Dieser Schriftzug wird vom Betrachter bei
einem entsprechenden Bekanntheitsgrad
als Bild, und nicht als Text, wahrgenommen. Die Bedeutung hat sich bereits im
Gedächtnis des Betrachter verankert.
Auf diese Weise wird ein Schriftzug zum
Markenzeichen. Für den Namen eines
Betriebes ist das von großem Vorteil, weil
damit ist ein hoher Wiedererkennungswert verbunden ist. Bei der Auswahl ist
ebenfalls zu berücksichtigen, dass ein
Fahrzeug auf beiden Seiten beschriftet
werden muss. Kursive Schriften, die auf

1   Schriftzug als
    Markenzeichen

der Fahrerseite z. B. durch die Schräglage
eine dynamische Wirkung erzeugen, würden auf der Beifahrerseite eine völlig entgegengesetzte Wirkung haben (Abb. 1).

12.5.2
Schriftwirkung, Schriftaussage

Um den Kunden richtig beraten zu können, muss der Fahrzeuglackierer wissen,
welche Wirkung die jeweilige Schriftart
beim Betrachter erzeugt.

Einsatz von Antiquaschriften
Antiqua-Schriften wirken vornehm. Sie
werden oft für Werbung und auf Fahrzeugen verwendet, die auf ein anspruchs-
volles, edles Geschäft, Restaurant oder
eine seriöse Dienstleistung hinweisen will.
Antiquaschriften sind auch bei längeren
Zeilen gut zu lesen, da die Serifen am
Buchstabenfuß das Auge beim Lesevor-
gang in der Zeile halten.

Einsatz von Groteskschriften
Die Grotesk-Schriften sind eine abstrakte
Variante der Antiqua. Durch die fehlenden
Serifen ergibt sich ein klares, gut lesbares
Schriftbild, das allerdings etwas abstrakt
und nüchtern wirkt. Die Schriften sind bei
kurzen Zeilen besonders gut lesbar und
werden deshalb häufig auf Firmenfahrzeugen eingesetzt. Sie werben vor allem
für technisch und modern ausgerichtete
Firmen oder innovative Handwerksbetriebe.

Einsatz von Schreibschriften
Schreibschriften werden eingesetzt, um
Individualität auszudrücken. Die Schriften
wirken elegant, verspielt, festlich und zart.
Sie finden Verwendung in z. B. traditionellen Handwerksbetrieben, Schreibwa-
ren- oder Musikgeschäften, Cafés oder
Geschäften für festliche Kleidung.
Schreibschriften sind in großer Menge
schlecht zu lesen. Man beschränkt sich
deshalb, vor allen auf Fahrzeugen, auf
eine sehr geringe Textmenge. Beispielsweise kann lediglich der Firmenname
in Schreibschrift gehalten werden, alle
weiteren Informationen in einer Grotesk-
Schrift, da die Lesbarkeit sonst nicht gegeben ist.

Einsatz von gebrochenen Schriften
Gebrochene Schriften drücken grundsätzlich Tradition und Altertümlichkeit
aus.
Sie sind als Mengentext schwierig zu
lesen und sollten daher nur für kurze
Überschriften, Firmennamen oder Titel
genutzt werden. Traditionelle deutsche
Restaurants, Kunsthandwerksbetriebe,
Hersteller von deutschem Bier oder
Wein haben häufig gebrochene Schriften
in ihrem Schriftzug. Wegen ihrer Verwendung im Dritten Reich werden gebrochener Schriften von vielen Menschen,
insbesondere im europäischen Ausland,
abgelehnt.

Einsatz fremder Schriften
Der Einsatz fremder Schriften sollte nur
in Ausnahmefällen geschehen.
Werden fremde Schriften als Ornament
verwendet kann es zu Missverständnissen
führen, wenn unklar ist, was der Schriftzug bedeutet. In fremden Schriften gibt es
unterschiedliche Schriftarten und -schnit-
te, die schwierig zu erschließen sind. Ohne
fundierte Kenntnisse in der jeweiligen
fremden Schrift läuft man Gefahr, dass
es bei Beschriftungen zu Fehldeutungen
kommt. Auf Fahrzeugen sollten die fremden Schriften aufgrund der schlechten
Lesbarkeit lediglich benutzt werden, wenn
sie einen hohen Wiedererkennungswert
haben oder innerhalb einer Corporate
Identity-Maßnahme notwendig sind.

Aufgaben zu Kapitel 12.5

1. a) Bennen Sie die auf dem Fahrzeug gewählten Schriften.
   b) Beurteilen Sie die Beschriftung bezüglich Lesbarkeit und Informationsaufnahme.

2. Begründen Sie, warum und wie sich die Wirkung der unten dargestellten Busgestaltung verändert.
Beziehen Sie die Wirkung der gewählten Farbtöne mit ein.

a)

b)

3. a) Welche Schrift ist für den Firmenwagen gewählt worden?
   b) BeschreibenSie, welche Aussage Schrift und Farbwahl vermitteln?

1 Schriftletter

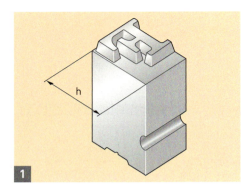

12.6
Typografie

Mit dem Begriff der Typografie wird die planmäßige Anwendung von Schrift in einem Gestaltungsprozess beschrieben. Sie ist die visuelle Umsetzung des Sprechens. Im typografischen Sinne wird Schrift gemeinsam mit Linien, Flächen, Bildern und anderen Gestaltungselementen als Einheit präsentiert. Die Präsentation unterliegt den Grundlagen der Ästhetik und der Funktion der jeweiligen Medien. Diese Medien sind meistens Druckerzeugnisse. Typografie kann aber auch beim Gebrauch am PC bzw. zur Darstellung im Internet (Webdesign) benötigt werden. Die Typographie beschäftigt sich mit Grundelementen der Textgestaltung und der harmonischen Anordnung, damit das fertige Produkt angenehm zu lesen ist. Ursprünglich war die Typographie das Satzverfahren mit gegossenen Metalllettern (Abb. 1). Heutzutage versteht man darunter die Arten der modernen elektronischen Drucksatzerstellung.

12.6.1
Anwendung typografischer Regeln

Die Gestaltung eines Druckerzeugnisses ist das Bemühen um eine logische Gruppierung und Ordnung eines vorgegebenen Textes. Dazu stehen dem Typografen vier Grundelemente zur Verfügung:

- Wahl der Schriftform,
- Schriftmischung,
- Verhältnis zum Raum,
- Farbwahl.

Die Wahl der Schriftform hat eine grundlegende Bedeutung. Moderne Textverarbeitungsprogramme bieten viele Möglichkeiten der Schriftgestaltung. Die Möglichkeiten des Desktop-Publishing mit Hilfe eines Personal Computers ein Layout herzustellen, auszudrucken oder für den professionellen Druck in der Druckerei vorzubereiten, sind sehr vielseitig. Aber gerade diese Vielfalt an Gestaltungsmöglichkeiten stellt manche Anwender vor Probleme, so dass es zu einem Durcheinander an Schriftarten, Schriftgrößen und Schriftschnitten kommen kann.

Für ein ruhiges Schriftbild wird gesorgt, wenn nicht mehr als zwei unterschiedliche Schriftarten auf derselben Fläche angeordnet werden. Für die Kombination zweier Schriften, z. B. für eine Werbebeschriftung, empfiehlt es sich, eine Serifenschrift (➡ LF4) und eine serifenlose Schrift zu verwenden. Dabei sollte jede Schrift einer besonderen Aufgabe zugeordnet werden, z. B. Schrift für Firmendaten und Schrift für den Slogan.

Übliche Schriftgrößen für Druckerzeugnisse

- Konsultationsgrößen 6 bis 8 p:
  - Geschäftsbedingungen, Telefonbuch, Taschenbuch, Fußnoten, Lexika, Visitenkarten ...
- Lesegrößen 9 bis 12 p:
  - Bücher, Zeitungen, Fließtexte, Prospekte, Geschäftskorrespondenz ...
- Schaugrößen I 12 bis 14 p:
  - Überschriften, Kinderbücher
- Schaugrößen II ab 24 p:
  - Titel- oder Plakatschriften

Für die Lesbarkeit der Schrift spielt die Schriftgröße eine entscheidend Rolle. Schriftgrößen werden in Punkt (p) angegeben. Diese typografische Einheit stammt aus dem Buchdruck und bezeichnet die Höhe des Bleikegels, auf dem sich der zu druckende Buchstabe befindet (Abb. 1). Die Schriftgröße ist daher immer etwas größer als die tatsächliche Buchstabengröße. In der Typografie wird der französische Didot-Punkt (1 p = 0,376 mm) als Einheit verwendet. Die Schriftgröße ist in der DIN 16507-1 festgelegt. Die typografische Verwendung dieser Einheit darf nicht mit der der Darstellung über die EDV verwechselt werden. Hier wird die Einheit Desktop-Publishing-Punkt (DTP-Punkt, 1 pt = 0,3527 mm) verwendet. Dabei ist noch zu beachten, dass die Darstellung der Schriftgröße durch die Auflösung des Bildschirms unterschiedlich ist.

Wie bei der Menge an Schriftarten ist auch von der Anwendung zu vieler Schriftgrößen abzuraten. Der Anwender sollte sich auf maximal drei Größen beschränken und dies für die Unterscheidung von Wichtigem oder weniger Wichtigem einsetzen.

Die Wahrnehmung guter Lesbarkeit hängt auch von der Lesegewohnheit ab. Eine vertikale Ausrichtung der Schrift ist für uns schlecht lesbar. Diese „chinesische" Anordnung ist dabei schwerer zu lesen, als eine gegen den Uhrzeigersinn in die Vertikale gedrehte Schrift, die man mit nach links gedrehtem Kopf lesen kann.

Schrift in Versalien wirkt aufdringlich und ist besonders bei mehr als zwei Wörtern nicht gut lesbar. Bei längeren Texten in Versalien springt das Auge wegen der fehlenden Ober- und Unterlängen leicht aus der Zeile.

12.6.2
Satzspiegel und Satzarten

Um die Gestaltungselemente für das Druckerzeugnis auf der Fläche sinnvoll und ästhetisch anzuordnen, wird als Ordnungsprinzip der typografische Raster verwendet. Der Raster ist als Grundlage konstant, die Anordnung typografischer Elemente auf dem Raster ist variabel. Das Format wird in den zu beschriftenden Teil (Satzspiegel) und den nicht zu beschriftenden Teil (Rand) eingeteilt (S. 339, Abb. 7). Mit den Möglichkeiten des PC, kann ein Raster als Tabelle hinterlegt und die Gestaltungselemente in dieses Tabellenraster eingefügt werden.

Das Schriftbild wird in hohem Maße durch die Satzausrichtung bestimmt. Man unterscheidet die Satzarten

- Blocksatz,
- Flattersatz (rechtsbündig und linksbündig),
- Satz auf der Mittelachse und
- Sonderformen (z. B. Konturensatz).

Der **Blocksatz** ist durch klar umrissene Spalten gekennzeichnet. Diese vermitteln ein strenges, geschlossenes Bild und machen einen langweiligen Gesamteindruck. Außerdem kann es zu großen Wortabständen kommen, die den Lesefluss erheblich stören und Lücken in den Text reißen. Der durchschnittliche Wortabstand im Blocksatz sollte etwa der Breite eines „i" entsprechen. Besonders bei schmalen Spalten führt der Blocksatz zu unschönen Trennungen (Abb. 3).

Dies ist Blocksatz. Dies ist Blocksatz.
Dies ist Blocksatz. Dies ist Blocksatz.
Dies ist Blocksatz. Dies ist Blocksatz.
Dies ist Blocksatz. Dies ist Blocksatz.
Dies ist Blocksatz. Dies ist Blocksatz.
Dies ist Blocksatz. Dies ist Blocksatz.
Dies ist Blocksatz. Dies ist Blocksatz.
Dies ist Blocksatz. Dies ist ...

3 Text im Blocksatz

Beim **Flattersatz** werden Trennungen vermieden, so dass der Lesefluss möglichst wenig behindert wird. Dadurch entstehen kurze und lange Zeilen, die das Gesamtbild leicht stören. Um diesen negativen Effekt abzumildern, wird auf einen ausgewogenen Wechsel zwischen kurzen und langen Zeilen geachtet.

1 Flattersatz

2 rechtsbündiger Flattersatz

3 Satz auf der Mittelachse

4 Konturensatz

5 Formsatz

Manchmal muss u. U. manuell umgebrochen werden, damit es einen günstigen Zeilenfall gibt. Im Vergleich zum Blocksatz ist der Platzbedarf höher (Abb. 1).

Dies ist Flattersatz. Dies ist Flattersatz. Dies ist Flattersatz. Dies ist Flattersatz. Dies ist Flattersatz. Dies ist Flattersatz. Dies ist Flattersatz. Dies ist Flattersatz. Dies ist Flattersatz. Dies ist Flattersatz. Dies ist Flattersatz. Dies ist Flattersatz. Dies ist Flattersatz. Dies ist Flattersatz.

1

Beim rechtsbündigen Flattersatz wird die gerade Satzkante nach rechts verlegt, die linke Kante flattert. Die Lesbarkeit ist durch den unterschiedlichen Zeilenbeginn erschwert und daher eignet er sich nicht für längere Texte. Er bietet sich dort an wo die rechte Satzkante bündig mit rechts davon stehendem Gestaltungselement abschließen soll, z. B. Bildtexte, Tabellen, Marginalien (Abb. 2).

Dies ist rechtsbündiger Flattersatz. Dies ist rechtsbündiger Flattersatz Dies ist rechtsbündiger Flattersatz. Dies ist rechtsbündiger Flattersatz. Dies ist rechtsbündiger Flattersatz. Dies ist rechtsbündiger Flattersatz. Dies ist rechtsbündiger Flattersatz.

2

Beim **Satz auf Mittelachse** (zentriert) werden die Textzeilen auf die Mitte der jeweiligen Textzeile zentriert, so dass bei einem Einzug die Mitte verschoben sein kann. Der Wechsel von kurzen und langen Zeilen ist für ein ausgewogenes Satzbild noch wichtiger als beim Flattersatz. Im Idealfall sollte der Text mit kurzen Zeilen beginnen und enden. Daher ist auch eine ungerade Zeilenzahl vorteilhaft (Abb. 3).

Dies ist Satz auf der Mittelachse (zentriert). Dies ist Satz auf der Mittelachse (zentriert). Dies ist Satz auf der Mittelachse (zentriert). Dies ist Satz auf der Mittelachse (zentriert). Dies ist Satz auf der Mittelachse (zentriert). Dies ist Satz auf der Mittelachse...

3

Neben den grundlegenden Satzarten gibt es auch Varianten, die für spezielle Zwecke eingesetzt werden. Dazu zählt der **Konturensatz**, wobei die Textzeile an der Kontur einer Abbildung oder eines anderen Gestaltungselementes entlangläuft (Abb. 4).

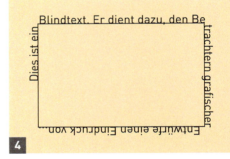

4

Eine weitere Variante ist der **Formsatz**, wobei der Text treppenförmig, dreieckig oder ähnlich geformt sein kann (Abb. 5).

Dies
ist Formsatz. Dies
ist Formsatz. Dies ist Formsatz.
Dies ist Formsatz. Dies ist Formsatz.

5

Ähnlich dem Formsatz ist der **Figurensatz**. Hierbei wird der Text in die Kontur eines Gegenstandes eingefügt, so dass die Außenkanten der Zeilen die bildhafte Form ergeben. Somit wird der Text gleichzeitig zur Illustration (Abb. 6).

toAutoAutoAuto
oAutoAutoAutoAutoAuto
toAutoAutoAutoAutoAutoAuto
AutoAutoAutoAutoAutoAutoAuto
utoAutoAutoAutoAutoAutoAutoAutoAutoAu
AutoAutoAutoAutoAutoAutoAutoAutoAutoAutoAuto
utoAutoAutoAutoAutoAutoAutoAutoAutoAutoAutoAutoA
AutoAutoAutoAutoAutoAutoAutoAutoAutoAutoAutoAutoAut
AutoAutoAutoAutoAutoAutoAutoAutoAutoAutoAutoAutoAu
AutoAuto   utoAutoA
utoA   Auto

6

6 Figurensatz

7 Satzspiegel in einem Layout-programm

DTP-Programme bieten die Möglichkeit, Texte, Grafiken und andere Gestaltungselemente in Tabellen übersichtlich anzuordnen.

Die Tabellenzellen bieten die Möglichkeit Texte in Kolonnen (Spalten) anzuordnen und die Textausrichtung zu ändern. Weiterhin sind alle Satzarten in den Zellen anwendbar. Im Grunde kann eine Tabelle wie ein typografisches Raster verwendet werden (Abb. 7).

Für den Satzspiegel spielt das Papierformat der jeweiligen Druckerzeugnisse eine entscheidende Rolle. Die gängigen Formate wurden in Deutschland 1973 festgelegt.

7

Tab. 1: Zeitungsformate/DIN-Formate

Format	Größe (mm)	Zum Vergleich	
Broadsheet-Format	375 x 600	DIN A0	841 x 1189
Nordisches Format	400 x 570	DIN A1	594 x 841
Rheinisches Format	350 x 510	DIN A2	420 x 594
	350 x 520	DIN A3	297 x 420
	350 x 530	DIN A4	210 x 297
Schweizer Format	320 x 475	DIN B0	1000 x 1414
Berliner Format	315 x 470	DIN B1	707 x 1000
Tabloid-Format	235 × 315	DIN B2	500 x 707
Half-Broadsheet	300 × 375	DIN B3	353 x 500
Tabloid-Extra	305 × 455	DIN B4	250 x 353

Davor gab es ca. 60 unterschiedliche Formate. Es haben sich fünf grundlegende Formate ergeben (siehe Tabelle 1). Die Tabelle zeigt die Maße der Formate im Verkaufsformat d. h. auf die Hälfte gefaltet. Das offene Broadsheet-Format (deutsches breites Blatt) hat nach der Tab. 1 die Abmessungen 750 mm x 1200 mm. Im Vergleich dazu sind gebräuchliche DIN Formate gegeben. Der Satzspiegel (größtmöglicher bedruckbarer Bereich) variiert bei den Zeitungen.

Aufgaben zu Kapitel 12.6

1. Erklären Sie den Begriff „Typografie".

2. Nennen Sie vier typografische Regeln.

3. Wozu benutzt mein einen typografischen Raster?

4. In welcher Maßeinheit Schriftgrößen angegeben?

5. Ordnen Sie die Schriftgrößen den entsprechenden Druckerzeugnissen zu.
   a) 6–8 p   A) Schaugrößen II
   b) 9–12 p   B) Konsultationsgrößen
   c) 12–14 p   C) Schaugrößen I
   d) Ab 24 p   D) Lesegrößen

6. Nennen Sie fünf Satzarten außer Block- und Flattersatz.

7. Erläutern Sie den Unterschied zwischen Block- und Flattersatz.

8. Erklären Sie den Zusammenhang zwischen Druckformat und Satzspiegel.

9. Wie heißt die Drucksatzerstellung mit elektronischen Medien.

12.7
Stilisierung

Als Stilisierung bezeichnet man die Vereinfachung einer naturgetreuen Darstellung, z. B. eines Fotos, die bis zur Abstraktion führen kann. Der Zweck ist die Reduzierung und Vereinfachung auf das Wesentliche. Die einfachste Möglichkeit der Stilisierung ist die Reduktion der Farbigkeit auf eine Schwarz-Weiß Darstellung.

Bei dem gezeigten Beispiel dient das Farbfoto eines Fahrzeuges zur Stilisierung, um es für die Gestaltung eines Firmenlogos zu verwenden. Die am Ende entstandene Schwarz-Weiß-Zeichnung wird durch Einscannen digitalisiert und mit einem Grafikprogramm vektorisiert. Dadurch kann die Abbildung mit einem **Schneidplotter** ausgeschnitten und als **Lackierschablone** für eine Firmenbeschriftung eingesetzt werden. Die Folie kann auch für eine Folienbeschriftung verwendet werden.

Arbeitsschritte zur manuellen Herstellung des Motivs

- Das gewählte Motiv (Abb. 1) wird Schwarz-Weiß ausgedruckt oder eine farbige Vorlage kopiert. Dadurch sind die Licht und Schattenpartien bereits leichter zu differenzieren.
- Mit einem schwarzen Stift werden die Schattenpartien zusammengefasst (Abb. 2). Hierfür ist etwas Übung und Vorstellungsvermögen nötig, um die richtigen Stellen auszuwählen und zu betonen, oder zu vernachlässigen. Nur die schwarzen Bereiche werden auf ein weißes Blatt Papier übertragen. Am Günstigsten ist es die Vorlage auf der Rückseite mit einem weichen Bleistift zu schraffieren und anschließend diese schwarzen Bereiche (Schatten) mit einem Stift durchzureiben.
- Die durchgepauste Zeichnung wird gleichmäßig und deckend mit Schwarz ausgemalt, bis das komplette Motiv fertiggestellt ist (Abb. 3).
- Nun kann die Zeichnung eingescannt und am Computer weiterbearbeitet werden, um das gewünschte Firmenlogo zu gestalten (Abb. 4).

1 Ausgedrucktes Bild

2 Schatten-bereiche markiert

3 Fertige stilisierte Zeichnung

4 Firmenlogo

Autohaus Mustermann

1   Digitale
    Bildvorlage

2   Umwandlung in
    1 Bit Schwarz-
    Weiß Zeichnung

3   Einstellung der
    Schattenwirkung

4   Fertige Schwarz-
    Weiß Vorlage

5   Farbige Variante

Arbeitsschritte zur Herstellung am Computer

Da die manuell hergestellte Vorlage für die Weiterbearbeitung mit dem Computer digitalisiert werden muss, bietet es sich für geübte Nutzer an, eine Vorlage direkt am PC zu erstellen.

Alle herkömmlichen **Grafikprogramme** bieten dazu einfache Werkzeuge an, um dies in wenigen Arbeitsschritten zu tun.

■ Zunächst wird auch bei dieser Art der Herstellung eine Darstellung ausgewählt und in das Programm importiert (Abb. 1). Dies kann ein bereits vorhandenes Digitalfoto sein oder das Einscannen einer Vorlage, die vom Kunden bereitgestellt wird.

■ Die Farbvorlage wird zunächst in eine 1 Bit Schwarz-Weiß Darstellung umgewandelt (Abb. 2). Mit Bit bezeichnet man die maximal mögliche Menge an Farbabstufungen bei der Computergrafik. In diesem Fall eine Abstufung von Schwarz zu Weiß oder umgekehrt. Bei Farbvorlagen gibt es im RGB-Farbraum (additiver Farbraum) eine Farbtiefe von 24 Bit und im CMYK-Farbraum (subtraktiver Farbraum) sogar eine Farbtiefe von 32 Bit. Das bedeutet, es gibt 281 Billionen Farbmöglichkeiten.

■ Durch einen Schieberegler im Programm kann der Licht- und Schatteneffekt wunschgemäß eingestellt werden (Abb. 3).

■ Durch die Bestätigung der Einstellung erhält man eine Schwarz-Weiß-Darstellung der Vorlage, die dann durch Vektorisierung und Plotten für die Herstellung des Firmenlogos verwendet werden kann (Abb. 4).

■ Die Schwarz-Weiß-Vorlage kann für Gestaltungsvorschläge auch in eine zweifarbige Darstellung umgewandelt werden (Abb. 5).

Anhang

1   Moderator

Steuert das Gespräch durch Denk-
anstöße und kurze Fragen, Achtung:
Keine Frageketten benutzten.
- Unterbricht zu lange Reden.
- Fasst die Antworten zusammen,
ohne diese zu werten.
- Die Gesprächsleitung moderiert,
ohne zu beurteilen.
- Dokumentiert die Ergebnisse z. B.
durch Visualisierung mithilfe von
Karten, Flipchart, Pinwand oder
Tafelanschrieb.
- Fasst die Inhalte und Ergebnisse
zusammen und dokumentiert sie.

Präsentations- und Methodenstechniken

Um Inhalte zu entwickeln oder Ergebnisse zu präsentieren kommen vielfältige
Möglichkeiten in Frage. Im Folgenden wird
eine Auswahl zum Erarbeiten, Entwickeln
und Präsentieren vorgestellt.

Gesprächsführung/Moderation

Ein zielgerichtetes Gespräch eignet sich
zur Klärung eines Sachverhalts, zur Erarbeitung eines neuen Themas oder zur
Ergebnispräsentation mehrerer Gruppen.
Ein solches Gespräch sollte von einer
Person geleitet werden, die als Moderator bezeichnet wird (Abb. 1).

Jedes Gespräch, so wie jede Form der
Kommunikation, beginnt mit der Aufnahme einer Beziehung mit den Ge-
sprächspartnern. Je intensiver die Beziehung aufgebaut wird, um so stärker
ist die Motivation sich ergebnisorientiert
zu beteiligen.

Um ein solches konstruktives Gespräch
durchzuführen, gibt es Regeln, an die sich
der Moderator und die Teilnehmer einer
Diskussionsgruppe halten sollten.

Die Rolle des Moderators:
- Klärt das Ziel, den Auftrag des Ge-
sprächs und führt ggf. in die Thematik
ein.
- Nennt die Regeln.
- Setzt Zeitvorgaben für die einzelnen
Diskussionsbeiträge.

Die Rolle der Diskussionsgruppe:
- Hört aktiv zu, um entsprechend über-
legt antworten zu können.
- Lässt dem Gesprächspartner Zeit,
umauf die gestellten Fragen begründet
antworten zu können.
- Fasst sich kurz, denn andere möchten
auch noch etwas sagen.
- Bleibt beim Thema und schweift mit
den Antworten nicht ab.
- Unterbricht nicht, lässt die Gesprächs-
partner ausreden.
- Hält Blickkontakt beim Reagieren
auf Fragen aus der Gruppe.
- Ist freundlich und höflich, akzeptiert
die Aussagen der Beteiligten.
- Die Diskussionsgruppe bringt die
Inhalte ein.

Mind-Map
Ein Mind-Map ist eine „Gedankenkarte"
in Form einer grafischen Darstellung.
Sie dient als Hilfsmittel zum Sammeln und
Ordnen von Ideen, Gedanken oder Vor-
kenntnissen zu einem Thema. Dazu
werden Texte mit Hilfe von Stichpunkten,
Symbolen, Bildern, Farben und Linien
festgehalten. Da die linke Gehirnseite nur
Texte und Sprache verarbeitet, wird durch
die bildliche Darstellung in einer Mind-
Map auch die rechte Gehirnhälfte angesprochen.

Bei einem Mind-Map werden beide
Gehirnseiten aktiv angeregt. Es ist ein
schnelleres Erfassen und Merken von
Zusammenhängen und Strukturen
möglich.

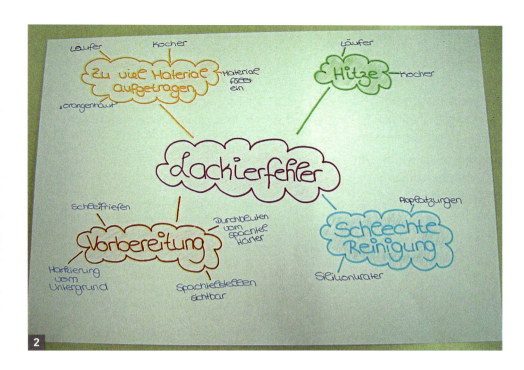

2　Mind-Map
zum Thema
„Lackierfehler"

Erstellen eines Mind-Maps:

Um ein Mind-Map anzufertigen, benötigen Sie folgende Materialien:

- Pinwand, Flipchart, Plakatbögen oder Tafeln z. B. mit Packpapier bezogen.
- Diverse farbige Stifte für ein direktes Beschreiben des Untergrundes.
- Papier, Schere, Klebstoff oder Nadeln zum Anheften von ausgeschnittenen Ideen.

Eine Mind-Map wird begonnen, indem das Hauptthema in die Mitte geschrieben wird. Es bietet sich an, das Hauptthema in Versalien (Großbuchstaben) zu schreiben und es, wenn möglich, zusätzlich mit einem Bild darzustellen. So konzentrieren sich die Gedanken immer wieder aufs Neue auf das eigentliche Thema.
Die wichtigsten Gliederungspunkte zum Hauptthema werden auf Linien (Haupt-äste) geschrieben, die vom Mittelpunkt abgehen.
Diese Hauptäste können Nebenlinien (Nebenäste) ausbilden, die mit Unter-Punkten besetzt werden. Die Nebenäste sollten inhaltlich zum jeweiligen Hauptast gehören (Abb. 2).

Um die Lesbarkeit einer Mind-Map zu gewährleisten, sollten folgende Gestaltungshinweise beachtet werden:

- Formulieren Sie keine ganzen Sätze, verwenden Sie lediglich Stichworte auf den Linien.
- Verwenden Sie zur Visualisierung häufig Bilder oder Symbole.
- Schreiben Sie möglichst waagerecht, um die Lesbarkeit zu erleichtern.
- Schreiben Sie beim Beschriften der Nebenlinien in Druckschrift mit Groß- und Kleinbuchstaben.
- Wählen Sie für zusammengehörende Strukturen oder Inhalte jeweils eine Farbe aus.
- Zeichnen Sie die Äste mit wichtigen Informationen dicker, als die mit untergeordneten Informationen.
- Beschränken Sie die Zahl der Haupt-äste.
- Nebenäste sollten höchstens nur noch eine weite Gliederungsebene aufweisen.

Schichtdickenmessuhr

- Mit der Schichtdickenmessuhr wird die Nass- und Trockenschichtdicke eines Beschichtungsstoffes gemessen.
- Schichtdicken werden festgestellt, um z. B. vorgegebene Mindestschichtdicken zu überprüfen und ggf. zu korrigieren.

Schichtdickenmessuhr

`1`

1 Beispiel einer Präsentationsfolie

Präsentationsprogramme

Ein Präsentationsprogramm ist ein Computerprogramm, mit dessen Hilfe z. B. eine Präsentation beim Kunden, ein Referat oder ein Vortrag erarbeitet und einer Gruppe vorgestellt werden kann (Abb. 1). Die Inhalte einer Präsentation werden auf unterschiedliche Folien aufgeteilt. In die Folieninhalte können Texte, Grafiken, Tabellen, Bilder, Video- und Audiosequenzen eingebaut werden. Die Folienpräsentation erfolgt mit einem Beamer.
Damit ein Präsentationsprogramm sinnvoll eingesetzt werden kann, sind einige Regeln zur Gestaltung zu beachten.

Grundsätze

- Lesen Sie die Präsentation nicht vor, sie soll den Vortrag lediglich unterstützen.
- Hetzen Sie nicht von Folie zu Folie, sondern geben Sie den Zuhörern Zeit, um den Inhalt der Folien verarbeiten zu können.
- Planen Sie zwei bis drei Minuten je Folie ein.
- Gliedern Sie die Folien in Themenblöcke und bilden Sie Überschriften.
- Überfüllen Sie die Folien nicht. Nehmen Sie eine neue Folie in Ihren Vortrag auf, bevor die Folie mit zu viel Informationen gefüllt ist.

Hinweise zur Foliengestaltung:

- Verwenden Sie eine einheitliche Folienvorlage mit einem einheitlichen Hintergrund für alle Folien.
- Der Hintergrund sollte einfach und klar sein, damit er nicht vom Inhalt ablenkt.
- Benutzen Sie klare, lesbare und genügend große Schrifttypen. Die Aussage der Schrift muss zum gewählten Thema passen.
- Vorzugweise soll eine dunkle Schrift auf hellem Untergrund verwendet werden.
- Wechseln Sie die Schrifttypen und Farben nicht ständig. Die Elemente sollten wiederkehrend sein. Zwei Schriftarten sind meist ausreichend.
- Fügen Sie Bilder, Organigramme oder Autoformen ein, diese sollten farblich auf den Inhalt abgestimmt sein.
- Beschränken Sie die Anzahl der Objekte. Ein Bild o. Ä. reicht in den meisten Fällen je Folie aus.
- Mit Aufzählungszeichen können Folieninhalte strukturiert und große Textmengen stichpunktartig verkürzt werden.
- Benutzen Sie möglichst nicht mehr als vier bis sechs Aufzählungszeichen pro Folie.
- Sinnvoll ist es, nicht alle Informationen auf einmal anzuzeigen. Blenden Sie zusammenhängende Inhalte nacheinander ein.
- Möchten Sie die Folien mit Effekten (Blinken, Auflösen, Rotieren, Toneffekten, ...) animieren, verwenden Sie diese sparsam und unaufdringlich. Handeln Sie nach dem Grundsatz:

Weniger ist mehr!

- Eine Präsentation ist nur dann einprägsam, wenn jeder verwendete Effekt für sich wirken kann.
- Gestalten Sie das Ende der Präsentation mit einer Abschlussfolie. Gewähren Sie den Zuhörern die Möglichkeit, Fragen zu stellen und zu diskutieren.
- Kontrollieren Sie vor der Präsentation Ihre Folien auf Rechtschreibung.
- Sichern Sie die Lesbarkeit und deutliche Erkennbarkeit aller Elemente von jedem Platz der Teilnehmer aus.

Metaplan-Methode

Die Metaplan-Methode beinhält mehrere unterschiedliche Methoden. Es findet ein interaktives Arbeiten statt, bei dem mittels beschriebener Karten visualisiert wird und mit Hilfe von und Gruppengesprächen und Moderation gearbeitet wird. Durch die Diskussion in Gruppen und das Beschriften und Gestalten der Karten, werden alle Schüler und Schülerinnen an der Erarbeitung einer Lösung beteiligt. Diese anschauliche Methode eignet sich besonders für die Planung von Prozessen, zur Entscheidungsfindung und zur Problemlösung.

Durchführung der Metaplan-Methode

- Erläuterung des Problems bzw. des Kundenauftrages.
  (Beispielsweise: Erklären Sie Ihrem Kunden, wieso Sie möglichst nur mit lösemittelfreien Beschichtungen arbeiten, indem Sie die Schädigungen am menschlichen Körper durch Lösemittel darstellen, Abb. 2).
- Sammeln von Aussagen und Ideen zu einer bestimmten Fragestellung oder zu einem Kundenauftrag

- Sortieren der Karten nach sinnvollen, gemeinsam festgelegten Kriterien und Kategorien.
- Ggf. sortieren nach anderen Gesichtspunkten oder einer alternativen Fragestellung
- Entscheidung für eine Lösung oder Vorgehensweise durch Diskussion in der Gruppe unter Mitwirkung des Moderators
- Sollte die Einordung einer Karte nicht eindeutig sein, entscheidet die Mehrheit über die Zuordnung, wobei der Moderator die Diskussion leitet.

Gestaltung der Karten

- Achten Sie auf Lesbarkeit!
- Druckschrift mit Groß- und Kleinbuchstaben (Versalien und Gemeinen)
- Nur eine Aussage je Karte
- Verwendung von gleichen Farbtönen für zusammenhängende Sachverhalte
- Benutzung von Stichworten, keine ganzen Sätze
- Besonders wichtige Aussagen können mit einem Rahmen oder unter Verwendung von Formen gekennzeichnet werden um so eine leichter zugeordnet werden zu können (Abb. 2).

2 Beispiel einer Lösung mit der Metaplan-Methode

1   Herstellerangaben in Englisch

Englische Fachbegriffe

In der Werbung, in Technischen Merkblättern und in Herstellerangaben wird der Fahrzeuglackierer oft mit englischen Fachbegriffen konfrontiert. Die folgende Tabelle zeigt eine Auswahl der wichtigsten Fachbegriffe.

Englisch	Deutsch	Englisch	Deutsch
Accident damage	Unfallschaden	Main beam	Fernlicht
Airbag	Luftsack	Nozzle	Düse
Airbrush	Luftpinsel	Off	Aus
Aircondition system	Klimaanlage	On	Ein, An
Back up light	Rückfahrscheinwerfer	Paint code	Farbnummer
Body	Karosserie	Paint remover	Abbeizmittel
Break	Bremse	Painting	Lackieren
Bulb	Glühlampe	Painting technique	Lackierverfahen
Chassis	Fahrwerk	Potlife	Topfzeit
Clean	Reinigen	Primer	Grundierung
Colour	Farbe	Regulation	Vorschriften
Customer satisfaction	Kundenzufriedenheit	Top coat	Decklack
Door	Tür	Two coat system	Zweischichtsystem
Engine hood	Motorhaube	Two components system	Zweikomponentensystem
Firstaid	Erste Hilfe	Tyre	Reifen
Foil	Folie	Undercoating	Unterbodenschutz
Fuse	Elektrische Sicherung	Water filler	Wasserfüller
Headlights	Scheinwerfer	Weather resistant	Witterungsbeständig
Infra red drying	Infrarot-Trocknung	Wheel	Rad

Lernfeld 12

Sachwortverzeichnis

L

Bildquellenverzeichnis

Verlag und Autoren danken den nachstehend aufgeführten Personen und Firmen für die Bereitstellung von Bild- und Informationsmaterial.

A.T.G Autozubehör-Teile-Gerl GmbH & Co. KG, Siegsdorf: 305.5; Abfallwirtschaftsbetrieb des Landkreises Rastatt, Rastatt: 59.3; Audi AG, Ingolstadt: 109.1; Auto Eggert, Dresden: 79.4; Blackhawk S. A., Strasbourg: 84.2, 84.3; BMW AG, München: 246.1; BOGE KOMPRESSOREN Otto Boge GmbH & Co KG, Bielefeld: 270.1; BOLLMANN & Co Pulverlacke, Amriswill: 256.2; Bosch Rexroth AG – Unternehmenszentrale, Lohr am Main: 127.6; C. & E. FEIN GmbH, Schwäbisch Gmünd-Bargau: 106.5; Canon Deutschland GmbH, Krefeld: 244.1b, 244.1c; CarCon GmbH, Frankfurt/Oder: 80 (beide); Daimler AG, Stuttgart: 168.2, 329.9; Daimler Chrysler AG, Stuttgart: 252.1, 252.2, 252.4, 252.5, 304.1; deckermedia GbR, Vechelde: 259.2; Dempf, Markus, Buchloe: 240.2; Dr. Gustav Gail Drucklufttechnik GmbH, Köln: 182.3; 3M Deutschland GmbH, Neuss: 22.3; Dürr Aktiengesellschaft, Bietigheim-Bissingen: 112.1; Erich Schlemper GmbH & Co. KG, Velbert: 270.4; Feine Werkzeuge Dieter Schmid, Berlin: 95.8; Heraeus Noblelight GmbH, Kleinostheim: 56.1; Herkules Hebetechnik GmbH, Kassel: 60.1; Hewlett-Packard GmbH, Böblingen: 244.1d; HSK GmbH & Co KG, Großostheim-Ringheim: 25.4, 83.3, 84.1, 98.4, 98.5; iStockphoto, Calgary: 69.4; J. Wagner GmbH, Markdorf: 253.1, 256.1; JOSAM Richttechnik GmbH, Henstedt-Ulzburg: 98.2, 98.3; KAESER Kompressoren GmbH, Coburg: 269.7; Karosserie Burger, Blaubeuren: 97.3, 108 .2; KCL Kächele Cama Latex GmbH, Eichenzell: 47.1; Krautzberger GmbH, Eltville am Rhein: 257.1; Kulkafoto – Mathias Kulka, Berlin: 95.3; L. E. T. Automotive NV, Deinze: 135.7; Lohan, Anke, Auetal: 63.2, 64.1, 111 (beide); Mengel, Uta: 178.1, 179, 191.1, 197 (beide); Mercedes Benz AG, Stuttgart: 149.3; Mercedes-Benz Museum Bildarchiv, Stuttgart: hintere Umschlagseite (Daimler Benz AG); Meyer KfZ Eyb, Ansbach: 184.1; Pelikan Vertriebsgesellschaft mbH & Co. KG, Hannover: 244.1a; Picture-Alliance GmbH, Frankfurt/Main: 334.1 (obs/Coca Cola); Piesslinger GmbH, Molln: 256.3; Robert Bosch GmbH, Gerlingen-Schillerhöhe/Stuttgart: 180.6–8; Robert Bosch GmbH Bosch Power Tools Communications (PT/COM), Leinfelden-Echterdingen: 181.1; Rund, Wolfgang, Kassel: 124.1-.3; SATA GmbH & Co. KG, Kornwestheim: 29.5, 33.2c, 53.2, 273.3; SCHÄFER WERKE GmbH, Neunkirchen: 168.1; Standox GmbH, Wuppertal: 204 (alle), 205 (alle); STÜRMER Maschinen GmbH, Hallstadt: 181.3; Theo Förch GmbH & Co KG, Neuenstadt: 271.1; Truna Trading GmbH, Traunstein: 182.1; TT-TransTechnik GmbH, Turgi: 60.3; Varta Autobatterie GmbH & Co. KGaA, Hannover: 129.4; Verlag Arthur Niggli, Teufen: 182.2; VOGEL GERMANY GmbH & Co KG, Kevelaer: 95.5; Volkswagen AG, Wolfsburg: 209.1; Walter Blombach GmbH, Remscheid: 95.9; Weiss, Thorsten, Hohenbrunn: 169.6; Wieländer & Schill, VS Schwenningen: 305.4; Wieländer & Schill MV Marketing + Vertriebs GmbH & Co KG, Villingen-Schwenningen: 94.2, 95.11, 99.4, 102.8, 103.2, 104.1, 104.3, 105.4, 105.5, 106.4, 107.6–8; Zoonar.com, Hamburg: 307.6.

Hintere Umschlagseite: Tatra und Bugatti Royal: Clara Cunningham, Courtesy of AllCarCentral; Rolls Royce: Franklin Cunningham, Courtesy of AllCarCentral.

Alle sonstigen Fotos: Autorenteam Westermann (Finkenzeller, Herrmann, Knötschke, Lohan, Mengel, Riedel)

Zeichnungen: deckermedia GbR, Vechelde

Hinweis: Für den Fall, dass berechtigte Ansprüche von Rechteinhabern unbeabsichtigt nicht berücksichtigt wurden, sichert der Verlag die Vergütung im Rahmen der üblichen Vereinbarungen zu.

Einteilung der Kunststoffe nach Ausgangsprodukten

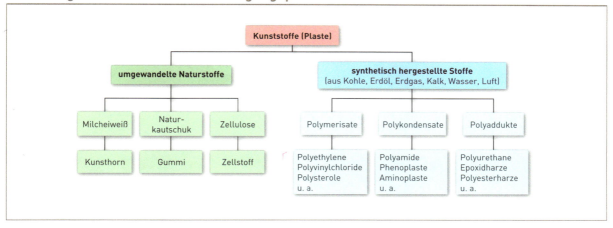

Basis-Polymere – Bezeichnungen

DIN EN ISO 1043, Teil 1: 2002-06

Kennbuchstaben für die Komponentenbegriffe					
Kenn-buchstabe	Komponenten-Begriff	Kenn-buchstabe	Komponenten-Begriff	Kenn-buchstabe	Komponenten-Begriff
A	Acetat, Acryl, Acrylat, Acrylnitril, Amid	E	Ethyl, Ethylen, Ester	OX	Oxid
		EP	Epoxid	P	Penten, Phenol, Phenylen, Phthalat, Poly, Polyester, Propylen, Pyrrolidon, Per
AC	Acetat	F	Fluor, Fluorid, Formaldehyd		
AK	Acrylat	FM	formal		
AL	Alkohol	I	Iso, Imid	S	Styrol, Sulfid
AN	Acrylnitril	IR	Isocyanurat	SI	Silicon
B	Butadien, Buten, Butyral, Butyrat, Butylen	K	Carbazol, Keton	SU	Sulfon
		L	flüssig	T	Tetra, Tri, Terephthalat
C	Carbonat, Carboxy, Cellulose, Chlor, Chlorid, chloriert, Cresol	M	Melamin, Meth, Methyl, Methylen	U	Urea, ungesättigt
				UR	Urethan
		N	Nitrat, Naphtalat	V	Vinyl
D	Di, Dien	O	Octyl, Oxy, Olefin	VD	Vinyliden

Kurzzeichen für Polymere

Kurzzeichen	Bezeichnung	Kurzzeichen	Bezeichnung
ABS	Acrylnitril-Butadien-Styrol	PET	Polyethylenterephthalat
AMMA	Acrylnitril-Methylmethacrylat	PF	Phenol-Formaldehyd
ASA	Acrylnitril-Styrol-Acrylester	PIB	Polyisobutylen
CA	Celluloseacetat	PMMA	Polymethylmethacrylat
CAB	Celluloseacetobutyrat	POM	Polyoxymethylen, Polyformaldehyd
CF	Kresol-Formaldehyd	PP	Polypropylen
CMC	Carboxymethylcellulose, Cellulose-glykolsäure	PS	Polystyrol
		PSU	Polysulfon
CN	Cellulosenitrat	PTFE	Polytetrafluorethylen
CP	Cellulosepropionat	PUR	Polyurethan
EC	Ethylcellulose	PVAC	Polyvinylacetat
EP	Epoxid	PVAL	Polyvinylalkohol
EVAC	Ethylen-Vinylacetat	PVB	Polyvinylbutyral
ETFE	Ethylen-Tetrafluorethylen	PVC	Polyvinylchlorid
MC	Methylcellulose	PVDC	Polyvinylidenchlorid
MF	Melamin-Formaldehyd	PVF	Polyvinylfluorid
MPF	Melamin-Phenol-Formaldehyd	PVFM	Polyvinylformal
PA	Polyamid	SAN	Styrol-Acrylnitril
PAN	Polyacrylnitril	SB	Styrol-Butadien
PC	Polycarbonat	SI	Silicon
PCTFE	Polychlortrifluorehtylen	SMS	Styrol-α-Methylstyrol
PDAP	Polydiallyphthalat	UF	Urea-Formaldehyd
PE	Polyethylen	UP	ungesättigter Polyester

1886 Benz Motorwagen

1913 Ford Model T

1934 Citroen 11CV

1947 Tucker Torpe...

1886 Daimler Motorkutsche

1924 Opel Laubfrosch

1936 Tatra 77

1949 Citroen 2CV

Der Motorwagen von Karl Benz gilt als das erste sich selbstständig fortbewegende Automobil. Dies wurde nur möglich durch den 1876 erfundenen Otto Motor. Die Erfindung des Diesel Motors 1893 trug ebenso zum Erfolg des Automobils bei.	Die ersten Automobile erinnern noch stark an offene Kutschen. Die Aufbauten bestehen aus Klappverdecken. Die Form ist sehr kantig. Im Motorsport werden immer leistungsfähigere Motoren entwickelt.	Mit der Kabinenform entwickelt sich eine eigenständige Karosserieform. Henry Ford führt die Massenfertigung am Fließband ein. Opel führt als erstes deutsches Unternehmen die Fießbandfertigung beim Opel Laubfrosch ein.	Die stärkeren und daher auch größeren Motoren führen zu einer Streckung der Karosserie. Kunstformen führen zu einer geschwungenen Linie der Kotflügel und Trittbretter.	Die selbstragende Karosserie wird erstmals beim Opel Olympia eingesetzt. 1938 wird der VW Käfer vorgestellt. Der Aerodynamiker Paul Jaray bringt seine Kenntnisse aus dem Flugzeugbau in den Automobilbau ein.	Der Tucker Tor... ist seiner Zeit v... Er hat bereits B... zineinspritzung... Scheibenbrems... Die bisher aus d... Karosserie hera... stehenden Kotf... werden erstma... eine glatte Seit... fläche mit den T... einbezogen. Die...tonform bestim... neue Design.
1886–1900	**1900–1910**	**1910–1920**	**1920–1930**	**1930–1940**	**1940–19...**
	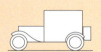			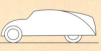	
Kutschenform	Kabinenform	Airflowkabine	Airflowform	Jarayform	Schalen/Ponto...

1908 Baker Roadstar

1924 Rolls Royce Phantom

1936 Opel Olympia

1949 Borgward Hans...

1909 Opel 4/8

1927 Bugatti E27 Royale

1938 VW KDF Wagen

1950 Mercedes 180...